일본의 선거와 유권자의식

국립중앙도서관 출판시도서목록(CIP)

일본의 선거와 유권자의식 / 고바야시 요시아키 편 ;
나일경 옮김. -- 서울 : 논형, 2008
  p. ; cm. -- (논형학술총서 ; 39)

원표제: 日本における有權者意識の動態
원저자명: 小林良彰
색인수록
일본어 원작을 한국어로 번역
ISBN 978-89-90618-75-7 94340 : ₩20000
ISBN 978-89-90618-29-0(세트)

344.913-KDC4
324.952-DDC21   CIP2008000512

Center for Civil Society with Comparative Perspective
게이오대학 21COE-CCC 총서, 다문화 세계의 시민의식의 동태

일본의 선거와 유권자의식

고바야시 요시아키 편 / 나일경 옮김

일본의 선거와 유권자의식

지은이 ㅣ 고바야시 요시아키 외
옮긴이 ㅣ 나일경

초판 1쇄 인쇄 ㅣ 2008년 1월 20일
초판 1쇄 발행 ㅣ 2008년 1월 30일

펴낸곳 ㅣ 논형
펴낸이 ㅣ 소재두
편집 ㅣ 최주연, 김현경
표지 ㅣ 이순옥

등록번호 ㅣ 제2003-000019호
등록일자 ㅣ 2003년 3월 5일
주소 ㅣ 서울시 관악구 봉천2동 7-78 한립토이프라자 5층
전화 ㅣ 02-887-3561 **팩스** ㅣ 02-887-6690

ISBN 89-90618-75-7 94340
값 20,000원

권두언

　이 총서는 일본 문부과학성이 '21세기 COE 프로그램'으로 선정한 '다문화·다세대·교차세계의 정치사회질서 형성—다문화 세계의 시민의식의 동태'(이하 부제로 약칭함)의 연구성과 중 일부를 정리한 것이다. '21세기 COE 프로그램'은 일본의 대학에 세계 수준의 연구와 교육의 거점을 형성하는 것과 연구 수준의 향상, 그리고 세계를 선도하는 창조적인 인재양성을 도모할 목적으로 문부과학성이 중점적인 지원을 하기 위해 시작한 프로그램이다.

　20세기는 다양한 분야에 걸친 지혜의 축적으로 희망과 꿈을 실현하고, 불가능한 일들을 극복해내는 일이 인간에게 가능하다는 것을 거듭 증명해 왔다. 한편 21세기를 맞이한 우리들에게는 20세기의 세계가 해결할 수 없었던 다양한 문제들—전쟁과 빈곤 등—이 남겨져 있다. 이들 문제는 글로벌한 사회로의 변화와 더불어 국가의 틀을 뛰어넘는 다양한 요인들이 유발한 상이한 차원의 정치 문제들로 인해 더욱 복잡한 양상으로 나타나고 있으며, 우리들이 시급히 해결해야 할 문제들이다.

　이와 같은 문제의 대부분은 기존의 '지식'으로는 처방할 수 없는 것들로 새로운 분석과 해결의 틀을 요구한다. '다문화 세계의 시민의식의 동태'에 관한 연구와 교육의 거점은 특정한 정치·사회적 지도자층을 주요한 분석 대상으로 삼아왔던 기존 정치학의 지식뿐 아니라 다문화 세계의 시민의식에 초점을 맞추어 복합적인 관점으로부터 문제의 해명을 시도한다. 본 거점은 세계적인 영향력을 가짐과 동시에 독창적인 연구와 교육의 거점으로서의 커다란 가능성을 미래를 향해 열어나가고 있다.

게이오대학이 '다문화 세계의 시민의식의 동태'에 관한 연구와 교육의 거점을 형성하는 것은 "사람을 성장시키고, 학문과 가치를 창조하며, 실제 세계에 공헌하는 것에 의해서 국제적으로 존경받는 대학으로서 사회를 선도한다"는 게이오대학의 사명에 비추어볼 때, 매우 중요한 의미를 지닌다. 즉, 세계의 복잡화와 다양화가 진전되고, 다문화간의 충돌이 빈번해지고 있는 현재, 본 연구와 교육의 거점은 다문화 세계에서의 시민의식의 동태와 생성 및 변화의 메커니즘을 해명하며, 사람들의 행복한 생활을 떠받치는 다문화 공생의 글로벌한 사회의 실현을 선도할 것이기 때문이다.

시민의식을 중심으로 연구와 교육의 거점을 만드는 것은 게이오대학의 오랜 전통과 긴밀하게 연관되어 있다. 게이오대학의 역사를 돌이켜보면, 에도시대 말기인 1858년, 후쿠자와 유키치(福澤諭吉) 선생이 게이오기주쿠(慶應義塾)를 창립하게 된 계기는 당시 '특권을 이용한 횡포'로 상징되는 사농공상의 신분제도 속에서 사무라이 집단들이 자신들의 이해관계에 입각해 정치를 하고, 특권을 행사하는 것에 대한 비판의식 때문이었다. 후쿠자와 선생은 사람이란 각자의 생명·사유재산·명예에 관해 평등한 권리를 가지고 있다는 점을 강조하며, 그 유명한 "하늘은 사람 위에 사람을 만들지 않으며, 사람 밑에 사람을 만들지 않는다"는 말을 남겼다. 한편 후쿠자와 선생은 일본에 신분계급이 존재하는 것에 대한 책임은 특권을 행사하는 사무라이뿐 아니라 이를 간과하는 시민에게도 있다는 점을 강조하였다. '인민의 무지로 인해 스스로가 초래한 재앙'을 경계했던 것이다. 신분에 상관없이 모든 사람에게 열려 있었던 게이오대학은 후쿠자와 선생의 저서의 제목이기도 한 '학문의 권장'을 실천하는 시민계몽의 장이었던 것이다.

따라서 시민을 위한 시민정치학을 축적하는 것은 게이오대학의 하나의 사명이라고 해도 과언이 아니다. 이러한 전통하에서 게이오대학의 정치학과는 100년 이상의 역사를 축적하였고, 현재 일본에서 전임교원의 수가 가장 많은 정치학 그룹을 형성하게 되었다. 또한 정치학을 둘러싼 법학·사회학·미디어 커뮤니케이션의 그룹들도 활발한 활동을 전개하고 있다. 그러한 의미에서 이들 그룹에 의한 '다문화 세계의 시민의식의 동태'에 관한 공동 연구와 교육의 거점이 앞으로 더욱 활발하게 세계적인 수준의 연구와 교육을 실시해나가리라고 확신한다.

2005년 2월 10일
게이오대학 총장 야스니시 유이치로(安西祐一郎)

총서 '21세기 COE-CCC 다문화 세계의 시민의식의 동태'
간행을 맞이하여

이 총서는 문부과학성에 의해 선정된 21세기 COE 프로그램 '다문화
·다세대·교차세계의 정치사회질서 형성—다문화 세계의 시민의식의 동
태'(이하, 21COE—CCC로 표기)의 사업 추진과 관련된 연구성과의 일부
이다. 게이오대학은 2002년과 2003년 2년간에 걸쳐 12개의 거점이 21세
기 COE 프로그램으로 선정되었다. 이 총서를 간행하게 된 21COE—CCC
는 2004년에 선정되어 동년 가을에 출발한 것으로 사회과학분야에서 게이
오대학이 세 거점 중 하나이다. 이 세 거점 중에서 특히 21COE—CCC는
게이오대학의 법학연구과 정치학 전공을 중심으로 한 것이며, 이와 더불
어 법학연구과의 민법전공, 사회학연구과 사회학 전공, 미디어 커뮤니케
이션 연구소가 참여하고 있다. 이 프로그램의 커다란 특징은 기존의 정치
적 지도자층에 관한 연구에 편향되었던 정치분석에 시민의식의 분석이라
는 새로운 관점으로 비교연구를 지향하고 있다는 점에 있다. 이러한 목적
을 달성하기 위해 게이오대학의 21COE—CCC에서는 다문화 시민의식에
관한 연구센터(the Center for Civil Society with Comparative Pers-
pective) 및 시민의식 데이터 아카이브(the Data Archive for Civil

Society)를 설립해 사업을 추진하고 있다.

21COE-CCC는 일본뿐 아니라 국제적으로도 도움이 되는 매우 중요한 연구와 교육의 거점이다. 왜냐하면 최근, 글로벌화의 진행과 더불어 많은 국가에서 다문화간의 충돌이 빈번해지고 있으며, 다문화간의 공생이 현재 그리고 미래의 중요한 테마가 되고 있기 때문이다. 다문화 세계에서의 문제는 정치지도자 선에서 해결될 수 있는 성질의 것이 아니다. 상이한 문화 속에서 생활하는 시민들간의 혹은 시민들과 정치지도자층 간의 관계를 시야에 넣고 해결책을 모색하지 않으면, 상이한 문화간의 충돌이 수반하는 문제 혹은 다문화간 공생과 같은 문제를 해결할 수 없을 것이다. 이 때문에 다문화 세계의 시민의식의 동태와 생성 및 변화의 메커니즘을 해명하고, 다문화간의 공생을 위한 해결책을 고찰하는 연구와 교육의 거점이 일본뿐 아니라 국제적으로 매우 중요한 의미를 지닌다고 말할 수 있다.

지금까지의 정치학은 전통사회·근대화·글로벌화를 하나의 연장선상에서 포착하여, 사회의 근대화가 진행되면 전통적 가치가 약화되어 근대적 가치관을 국민들이 공유할 수 있으리라는 사고방식에 젖어 있었다. 또한 글로벌화로의 이행을 낙관적으로 생각하여, 현 상황을 이행기로 간주하는 연구들이 적지 않았다. 그러나 전(全)지구적 규모로 전개되고 있는 종교 대립 및 민족 대립을 통해 알 수 있는 바와 같이 전통사회와 근대사회, 그리고 글로벌 사회가 동시에 존재하고, 각 사회의 상이한 가치관의 공존으로 인해 분쟁이 발생함으로써 그 해결이 종래의 사고방식으로는 힘들어지고 있다. 한편 그러한 상황 속에서 다문화간의 공생을 추구하는 움직임이 서서히 나타나고 있다. 이러한 상황 속에서 전통사회, 근대사회, 그리고 글로벌 사회가 동시에 존재하는 사회의 주요한 행위자로서 시민이 다시 한 번 부각될 필요가 있다고 생각한다. '다문화·다세대·교차세계의 정치

사회질서 형성—다문화 세계의 시민의식의 동태'를 연구 테마로 삼고 있는 본 거점은 앞으로 세계적 수준의 연구와 교육을 전개해나갈 것이라고 확신한다.

본 거점은 다음과 같은 형태로 구성되어 있다. 즉, 「Ⅰ. 시민의식 일본 분석」, 「Ⅱ. 시민의식의 비교 분석」, 「Ⅲ. 시민의식 미디어 분석」, 「Ⅳ. 시민의식 데이터·아카이브」라는 네 개의 연구 단위가 있으며, 나아가 그 산하에 「Ⅰ-1. 시민의식 일본 서베이」, 「Ⅰ-2. 전후 시민의식 연구」, 「Ⅰ-3. 전전 시민의식 연구」, 「Ⅱ-1. 시민의식 비교 서베이」, 「Ⅱ-2. 국제관계 시민의식 연구」, 「Ⅱ-3. NGO/NPO 연구」, 「Ⅲ-1. 미디어 내용 분석」, 「Ⅳ-1. XML화」라는 여덟 개의 하위 연구단위를 설치하여 상호간에 밀접한 연계를 맺는 가운데 프로그램을 추진해오고 있다.

이번 총서의 간행에서는 1권부터 6권까지가 「Ⅰ-1. 시민의식 일본 서베이」, 7권과 8권이 「Ⅰ-2. 전후 시민의식 연구」, 9권과 10권이 「Ⅰ-3. 전전 시민의식 연구」, 11권과 12권이 「Ⅱ-1. 시민의식 비교 서베이」, 13권이 「Ⅱ-2. 국제관계 시민의식 연구」, 14권과 15권이 「Ⅲ-1. 미디어 내용분석」의 현시점에서의 성과를 정리하였다. 한편, 「Ⅱ-3. NGO/NPO 연구」의 연구성과는 이 총서와는 별도로 세 권의 보고서를 출간하였고, 「Ⅳ-1. XML화」의 연구성과는 「아시아의 법과 정치의 다언어 데이터베이스 시스템」(『아시아 학술공동체의 구상과 구축』, NTT출판, 2005년)으로 간행하였다.

본 거점은 2008년도에 그 성과가 완성될 예정이다. 그러한 의미에서 이 총서는 현재까지의 중간 연구성과를 정리한 것이며, 따라서 앞으로 해결해야 할 과제를 적지 않게 남겨두고 있다. 그럼에도 불구하고 현시점에서의 연구성과를 간행하게 된 것은 앞으로의 연구를 위한 중요한 발판으로 삼음과 동시에 연구자들과 일반 시민들로부터 다양한 의견의 수렴을 통해 본 거점과 사회와의 연계를 심화시킴으로써 보다 바람직한 연구와 교육의 거점이 형성되기를 기대하고 있기 때문이다.

2005년 2월 10일

21COE-CCC 거점의 책임자 고바야시 요시아키(小林良彰)

차 례

서장
일본정치의 위기와 과제

1장
일본의 유권자의식에 관한 연구의 계보와 과제

2장
일본의 정책쟁점과 그 변용

3장
일본에서의 정책쟁점에 관한 유권자의식과 그 변용

4장
2004년 참의원선거의 정책 쟁점과 유권자의식

5장
일본의 정부지출과 유권자 행태

6장
일본 정치에서의 업적평가와 유권자의식

11장
환태평양지역의 가치관과 사회·정치참가 및 또 하나의 측면

일본 정치의 위기와 과제

고바야시 요시아키(小林良彰)

한일간 정치의 차이점

한국과 일본은 매우 닮은 것 같으면서도 적지 않게 다른 점이 많다. 정치도 그 중 하나이다. 대통령제의 한국과 의원내각제의 일본은 정치문화가 적지 않게 다르다. 국민이 직접 정치지도자를 선출하는 한국에서는 변화의 속도가 빠르고 정치가 역동적이지만, 다른 한편으로 지나치게 변화가 많아서 정치가 불안정하기도 하다. 이에 반해서 국민이 간접적으로밖에 정치지도자를 선출할 수 없는 일본은 정치가 안정적이기는 하지만, 변화의 속도가 너무 느리고 개혁을 바라는 국민의 바람이 정치에 반영되지 않는 경우도 있다.

일본에서는 대통령제를 채택하지 않기 때문에 정치지도자인 수상을 선출할 권리를 국회의원이 가지고 있다. 때문에 일본에서는 한국보다도 국회의원 선거가 중요한 의미를 지닌다. 여당이 국회의 과반수를 유지할지라도 의석수가 크게 줄어드는 경우, 여당의 총재가 수상의 자리에 머무는 것은 사실상 불가능하다. 만약 국회의원 선거에서 의석수가 크게 줄어들었음에도 수상을 계속하고자 한다면 야당은 물론 여당에서도 비판의 목소리가 높아 구심력을 잃게 되고, 국회에 내각불신임안이 제출되는 경우에는 가결될 가능성이 높으며, 그 결과 수상을 교체하지 않을 수 없게 되기 때문이다.

때문에 이 책에서는 일본의 국회의원 선거에서 유권자의 투표행동을 실증적으로 분석하여, 그 결과를 정리하는 데 초점을 두었다. 이 책의 문제의식은 현대 일본 유권자의 민의를 명백히 밝힘으로써 유권자의 민의와 현실 정치 사이에 간극이 존재한다면, 조금이라도 그 간극을 유권자의 민의에 근접시키고자 하는 데에 있다. 이러한 접근법을 통해 보다 나은 민주주의의 실현에 공헌하는 것이 정치학이 존재하는 이유라고 생각하기 때문이다.

대연립의 혼돈으로부터 엿보이는 것

그러나 간접민주주의에는 맹점이 하나 있다. 그것은 선거 후 국회의원의 행동을 제어하는 수단이 유권자에게는 없다는 점이다. 예를 들어, 2007년 가을에 자민당의 후쿠다(福田康夫) 총재와 민주당의 오자와(小澤一郎) 대표에 의해 대연립정권이 구상되었는데, 이는 선거 전에 유권자들이 요구한 바가 아니었다. 돌이켜 보건대, 이러한 형태의 연립정권은 지난 25년 간에 무려 여덟 차례나 존재했었다.

첫 번째의 연립은 1983년 중의원선거에서 과반수를 차지하지 못한 나카소네(中曾根康弘) 정권 하에서 자민당과 신자유클럽에 의한 '보수연립'이었다. 이는 1955년 이래 지속되어왔던 자민당 단독정권이 종언을 맞이한 순간이었다. 록히드사(Lockheed Corporation) 뇌물 사건이 발생했을 때 금권정치를 비판하고 자민당을 이탈했던 신자유클럽이 자민당과 연립정권을 결성하게 된 것은 반자민당의 표로서 신자유클럽에 투표한 유권자의 이해를 얻는 데 실패하였고, 이는 신자유클럽이 해체되는 계기로 이어졌다.

두 번째의 연립은 1993년 중의원선거 후, 자민당이 단독 과반수를 획득하지 못하여, 사회당·공명·일본신당·민사당·신당사키가케 등이 연립정권을 결성하여 이루어진 '반자민연립정권'이었다. 여기서도 사회당에 투표했던 유권자들 중에서 자신의 한 표가 호소가와(細川護熙) 수상의 탄생이나 그 후의 소선거구제 도입에 영향을 미치리라고 생각한 유권자는 거의 없었을 것이다.

그리고 세 번째의 연립정권은 1994년 하타(羽田孜) 내각이 총사퇴한 후 만들어진 '자민당·사회당·신당사키가케의 연립정권'에 의해 탄생된 무라야마(村山富市) 내각이었다. 1993년 중의원선거에서 자민당에 투표했던 유권자들 중에서 누가 과연 자신의 한 표가 사회당의 무라야먀 수상을 탄생시키는 것에 기여하리라는 것을 기대했을까.

나아가 네 번째는 오부치(小渕惠三) 내각 하에서 이루어진 '자민당과 자유당의 연립정권'이며, 다섯 번째는 동 내각 하에서 결성된 '자민당과 자유당, 그리고 공명당에 의한 연립정권'이었다. 그리고 여섯 번째가 모리(森喜朗) 내각에서 제1차 고이즈미(小泉純一郎) 내각에 이르는 '자민당·공명당·보수당의 연립정권'이며, 일곱 번째가 제2차 고이즈미 내각 이후로 현재의 후쿠다 내각에까지 이르고 있는 '자민당과 공명당의 연립정권'이다.

이렇게 보게 되면, 최근의 자민당과 공명당의 연립정권과 같이 선거 전부터 여당이 이길 경우 자민당과 공명당의 연립정권이 성립되는 것이 유권자에게 명백히 예상되는 경우를 제외하면, 선거 때는 상상도 하지 못했던 연립정권이 탄생되는 경우가 얼마나 많았는지를 알 수 있다. 예를 들어, 선거에서는 자민당과 반자민당의 구도 하에서 치열한 경쟁을 벌였던 정당들이 선거 직후에 손을 잡고 보수연립정권을 탄생시킨다든지, 선거 때는 예상하지 못했던 정당의 국회의원이 수상이 되는 반자민연립정권이 탄생된다든지 하는 경우가 발생하는 것이다.

형해화하는 민주주의의 의제화

이러한 맥락에서 보자면, 2007년의 '자민당·민주당에 의한 대연립정권 구상'도 특이한 일이 아닐 수 있다. 단지 유권자의 입장에서 보면, 연립정권은 그 누구도 선거 때 기대했던 사항이 아니었을 것이다. 2005년 중의원선거나 2007년 참의원선거에서 민주당에 투표했던 유권자들 중 과연 몇 사람이나 자신의 표가 자민당과의 연립정권의 탄생에 영향을 미치리라고 기대했겠는가.

90년대 이후의 일본 정치에서는 프랑스의 사상가 장자크 루소가 "국민은 선거 때만 주인행세를 하고 선거가 끝나는 순간 노예상태로 되돌아간다"며 민주주의를 조롱했던 것과 같은 상황이 벌어지고 있다. 정치가에게 유권자란 존재는 자신을 국회의원이라는 지위에 진출하게 만들어주는 수단에 불과하며, 선거가 끝나면 유권자로부터 간섭을 받고 싶지 않다는 것이 일본 정치가들의 본심인 듯하다. 한편 "국회의원이 마음에 들지 않는다면, 4년 후에 낙선시키면 되지 않는가"라는 막말을 하는 정치가들도 있다. 그러나 그들은 4년간 민의가 경시된 탓에 손해를 보는 것은 다름 아닌 유권자이며, 그 손실이 정치가가 낙선되는 것에 의해 보상되는 것은 아니라는 점에 관해서는 아랑곳하지 않는 것 같다.

유권자는 선거를 통해 자신들의 민의를 정치가에게 맡기게 되는데, 이는 위탁된 범위 내에서 정치를 할 수 있는 권한을 부여하고 있는 것이지, 결코 백지위임을 한 것은 아니다. 그렇지만 민의를 경시하는 일이 너무나 자주 반복되기 때문에 일본의 유권자는 투표장에 가서 한 표를 던지더라도 결국 자신이 생각하는 방향으로 정치가 행해지지 않는다고 생각하는 경향이 있는 것 같다. 즉 일본의 유권자는 이른바 '정치적 유효성 감각'이 매우 낮은 경향을 보인다.

세계 각국의 유권자를 대상으로 실시한 국제 유권자의식 비교조사에 의하면, '민주주의에 대한 만족도'에 관해서 일본의 유권자 중 '만족하고 있다'고 응답한 사람들의 비율은 50%에도 이르지 않으며, '불만이다'라고 응답한 사람들의 비율은 42%에 이르고 있다. 타국과 비교하는 경우, 일본은 민주주의에 '만족하고 있다'고 응답한 유권자의 비율이 매우 낮았다.

이러한 조사결과를 두고, "일본의 민주주의는 유권자가 자신들의 힘으로 획득한 것이 아니고, 전후에 위로부터 주어진 것이며, 또한 유권자로서의 의식이 충분히 성숙해 있지 않다"는 점을 강조하는 사람들이 있다. 즉, 일본의 유권자가 다른 나라의 유권자에 비해서 정치에 대한 관심이 적다는 비판이다. 그러나 실제로 일본 유권자들의 정치의식을 여론조사를 통해 살펴보게 되면, 이러한 비판이 타당하지 않음을 알 수 있다. 예를 들어, 한국과 구미 각국의 유권자들과 비교하면 일본인의 정치적 관심은 오히려 높은 수준을 보이고 있으며, 정치나 행정에 관한 다양한 질문에서도 일본 유권자의 정치적 지식의 수준은 독일이나 미국보다는 낮지만, 영국이나 프랑스, 그리고 이탈리아보다도 높은 수준을 보이고 있다. 즉, 주요 선진국들과 비교해도 일본 유권자의 정치적 관심은 상대적으로 높으며, 정치적 지식의 수준도 비교적 높은 편이다.

하지만 정치적 관심이 높고 정치적 지식의 수준이 높음에도 불구하고, 일본 유권자들의 정치적 참여 수준은 높지 않은 편이다. 예를 들면, 투표율이 높지 않음은 물론이고, "일상적으로 정치에 관해서 가족이나 친구들과 빈번히 논의하는 편이다"라는 질문에 관해서도 불과 5% 정도만 '그렇다'는 응답을 하지 않고 있으며, '수시로 논의하는 사람'도 단지 38%에 머물고 있다. 이는 주요 선진국 중에서 가장 낮은 수치이며, 일본의 유권자가 정치에 적극적으로 관여하려는 의식이 부족하다는 점을 말해준다. 소위 '방관자 민주주의' 혹은 '관객 민주주의'라고 칭해지는 현상이 일본의 정치풍토를 지배하고 있는 것이다.

그렇다면 그 까닭은 무엇일까? 그 이유 중 하나는 낮은 수준의 정치적 유효성 감각에서 찾을 수 있을 것이다. 실제로 일본의 유권자는 국제 유권자 비교의식 조사에서 '자신이 정치에 관여하는 것을 통해 정치가 지금보다 좋아질 것'이라는 정치적 유효성 감각이 다른 선진국과 비교해 매우 낮은 수준을 보였다. 이러한 분석결과로부터 일본 유권자들의 특징을 다음과 같이 요약할 수 있을 것이다. 즉, 일본 유권자들은 정치에 대한 관심이나 지식의 수준은 높지만, 자신이 적극적으로 참여해도 정치가 변하지 않을 것이라는 느낌이 강하다. 바꿔 말하자면, 일본에서는 제도로서의 민주주의는 갖춰져 있지만, 유권자들은 현실적으로 민주주의를 실감할 수 없는 상태에 처해 있는 것이다.

방관자주의

이러한 방관자주의는 정치가들도 예외가 아니다. 예를 들면, 2006년 가을에 자민당의 아베 내각이 탄생될 때에는 자민당의 아베를 지원하는 조직들이 결성되어, "기왕이면 버스에 빨리 올라타자"는 심리가 상호 경쟁을 하는 가운데 많은 의원들이 아베 총재의 탄생을 지지하는 의원들로 둔갑했다. 그러나 2007년 참의원선거에서 아베 내각이 패배한 직후에는 아베 수상을 진심으로 지원하고자 하는 정치가의 모습은 좀처럼 보이지 않았다. 또한 아베 총재가 사퇴한 직후 후쿠다 총재가 탄생되는 과정을 보면, 자민당의 총재선거에서 아소(麻生太朗)보다도 후쿠다가 우세하다는 기류가 형성되자마자 대부분의 파벌과 그 소속의원들이 너도나도 후쿠다 지지로 돌아서는 현상이 벌어졌다.

즉, 초창기에 상대적으로 다수의 지지를 받고 있는 총재 후보자가 등장하는 경우에, 찬밥 신세가 되는 것을 꺼리는 심리가 작동되어 상대적 다수의 지지를 받고 있는 후보자의 편에 줄을 서는 정치인들이 속출하여, 순식간에 상대적 다수로부터 절대적 다수의 지지를 받는 총재가 선출되는 현상이 발생하는 것이다. 최근 방위성에서 모리야(守屋武昌) 전 사무차관이 재임기간중에 유능한 인재를 좌천한다든지, 퇴임으로 몰고가는 것을 보도하는 기사가 있었지만, 그러한 인사정책에 관해서 해당자 외에는 그 누구도 이의를 제기하는 사람이 없었다. 이의를 제기했다가 자기에게 화가 닥쳐오는 것이 아닌가 하는 점을 두려워한 나머지, 주변에서는 그저 바라볼 뿐이었다. 문제는 이와 유사한 사례가 정치사회뿐 아니라 회사나 대학에서도 일어나고 있다는 점이다. 바꿔 말하자면, 일본에서는 '다수가 곧 정의'가 되는 것과 같은 풍토가 사회 구석구석에까지 침투하고 있는 것이다.

향후 중의원선거 후 연립정권의 문제

향후 일본의 정치는 과연 어디로 진행될 것일까. 다음에 치러질 중의원선거는 '자민 대 비자민' 구도로 경쟁이 이루어질 것이다. 따라서 적어도 중의원선거가 끝날 때까지는 연립정권에 관한 일을 언급하지 않을 것으로 예상된다. 만약 다음 중의원선거에서 민주당이 대승을 거두어 민주당 중심의 정권이 탄생되지 않는다면, 중의원과 참의원에서 다수파가 상이한 현상은 여전히 지속될 것이고, 이는 경우에 따라서는 2016년 참의원선거까지도 지속될 수 있을 것이다. 이러한 정치구도를 염두에 두는 경우, 다음 중의원선거 후에 대연립정권의 구상이 다시 한 번 재연될 가능성은 충분이 남아 있다고 볼 수 있다.

여기서 대두되는 정치적 쟁점 중 하나는 중의원선거 제도이다. 현재의 소선거제 하에서는 자민당과 민주당의 후보자가 공존하는 것은 불가능하기 때문에, '3인구×150명' 혹은 '3인구×100명＋비례 100명'이라는 형태의 중선거구제로 선거제도를 변경하는 것에 관한 논의가 정치권에서 일어날 가능성이 높을 것이다. 중선거구제가 어떠한 형태가 될 것인가는 미지수이지만, 자민당과 민주당이 대연립정권을 시도하는 경우, 현재의 소선거구제를 중선거구제를 중심으로 하는 선거제도로 바꾸지 않을 수 없을 것이다. 더욱이 공명당이나 공산당, 그리고 사민당에게도 중선거구제는 손해될 것이 없다. 이들 정당의 정치가들 입장에서는 소선거구제보다는 중선거구제에서 당선 가능성이 높기 때문에 자민당과 민주당이 합의만 한다면 중선거구제는 의외로 실현될 가능성이 높다.

검증해야 할 90년대의 정치개혁

한편 선거제도의 변경에 관해 논의가 본격화되는 경우, 15년 전과는 달리, '정권교체가 가능한 양대 정당제를 실현하기 위해서는 소선거구제를 채택할 필요가 있다'는 논리를 제기하는 사람은 많은 것 같지 않다. 여기서 90년대 일본에서 이루어졌던 정치개혁에 관한 논의를 간단히 돌이켜보자. 당시 일본은 중선거제였기 때문에 같은 정당에서 복수의 후보자가 출마하게 된다. 소속이 같은 정당이기 때문에 후보자들간에 정책의 차이가 없다. 따라서 후보자들은 유권자에 대한 서비스의 제공을 둘러싼 경쟁, 즉 유권자에게 이익을 제공하는 것을 둘러싼 경쟁을 할 수밖에 없게 된다. 그 결과, 선거에는 엄청난 비용이 들게 된다. 따라서 정치가들은 특정 기업이나 개인으로부터 거액의 정치자금을 받게 된다는 논리가 일반화되었고 그러한 의견이 지배적이었다. 바꿔 말하자면, "나쁜 것은 정치인이 아니라 선거제도"라고 말하는 것이 설득력을 지녔던 것이다.

또한 "소선거구제에서는 정책논쟁이 활성화된다"든지 "중선거구제에서는 20%의 득표율로 당선될 수 있지만, 소선거구제에서는 50%의 득표율을 획득하지 않으면 당선될 수 없다. 따라서 소선거구제는 중선거구제보다도 더욱 더 많은 유권자의 의견들을 반영할 수 있다", 나아가 "일부의 유권자들을 대상으로 하는 표와 보조금의 교환관계가 사라질 것이다"라는 논리가 만연하여, 결국 중의원의 선거제도가 중선거제에서 소선거구 비례대표병립제로 이행하게 된 것이다.

그러나 현실적으로 소선거구제 하에서 행해지는 것은 정책논쟁이나 깨끗한 정치가 아니라 '가업'(家業)을 잇는 것과 같은 정치세습화 현상이다. 아베 전 수상의 뒤를 이어 후쿠다(福田康夫, 아버지가 전직 수상인 후쿠다 다케오·福田赳夫)와 아소(麻生太郎, 할아버지가 전직 수상인 요시다 시게루·吉田茂이며, 장인도 전직 수상인 스즈키 젠코·鈴木善幸)가 자민당의 총재선거에서 경쟁하였던 상황에서도 엿볼 수 있는 바와 같이 단지 정치가의 2세 및 3세로는 충분하지 않고 수상의 2세 및 3세가 아니면 수상이 될 수 없는 시대가 온 것이 아닌가 하는 생각마저 들 정도이다. 소선거구제 도입 이전에는 자민당의 공인이 없어도 무소속으로 입후보하여 당선되면 추가공인을 얻어서 자민당 의원으로서 행동할 수 있는 시기가 존재했었다. 즉, 실력만 있으면 정치가로서 활동하는 데 장애가 없었던 것이다. 예를 들어, 전직 수상이었던 후쿠다 다케오(福田赳夫)는 무소속으로 출마하여 첫 당선을 했고, 마찬가지로 전직 수상이었던 다나카 가쿠에이(田中角榮)도 무소속으로 첫 출마해서 수상의 자리까지 오른 정치가였다. 오늘날 일본의 정치상황은 90년대 전반의 정치개혁이 과연 본래의 목적을 달성했는가를 검증해야 될 시점임을 시사해주고 있다.

일본 정치의 과제

일본 정치가 앞으로 해결해야 할 과제는 적지 않다. 첫째, 누가 정권을 장악하더라도 재정 건전화 문제와 빈부격차 해소 문제를 어떻게 무난히 해결할 것인가가 최대의 과제가 될 것이다. 즉, 공정한 경쟁의 원칙에 기초한 사회(기회평등이 보장된 사회)와 경쟁의 가속화에 따른 빈부격차를 해소하는 것(부분적 결과의 평등)을 동시에 해결할 필요가 있을 것이다.

둘째, 지역주체의 신규산업 육성을 통해 종래의 '전국종합개발형 진흥책'으로부터 '지방분권 하의 결과책임형 진흥책'으로 전환할 필요가 있을 것이다. 이와 관련해서 이미 후쿠오카현(福岡縣)에서는 벤처사업 지원이 성공을 거두고 있으며, 가나가와현의 '인베스트 가나가와'(神奈川縣産業集積促進方策)도 성공적인 진흥책으로 평가받고 있다.

셋째로는 기타규슈(北九州)의 국제물류특구에서 보여지는 바와 같이 규제완화에 의한 생산비용의 절감을 통해 지방자치단체의 세수입 증대를 도모하는 것도 필요할 것이다.

넷째, 아시아의 지도적 위치에 있는 나라로서의 지위를 유지하며, 전략적 동반자를 만드는 것의 중요성을 잊어서는 안 될 것이다. 이는 아시아에서 향후 중요한 지위를 차지하게 될 것으로 기대되는 인도나 아세안(ASEAN)

가입국들과의 관계형성이 현재로서는 불충분하다고 보여지기 때문이다.

다음 중의원선거 때까지 각 정당이 이러한 과제에 관한 구체적인 정책과 이와 관련된 성청별 그리고 부국별 예산안을 유권자에게 제시하여, 이를 평가받은 정당이 정권을 장악함으로써 자신들의 정책을 펼쳐나가는 정치를 기대해본다. 그리고 다음의 중의원선거는 '정권선택의 선거'가 될 수 있게끔 각 정당이 선거 후에 어떠한 정치가를 수상으로 추대할 것인지를 미리 유권자에게 제시하며 중의원선거에 임할 수 있는 바램을 가져본다.

마지막으로 이 책을 간행할 수 있게 해준 논형출판사의 소재두 사장님과 번역에 노고를 아끼지 않으신 나일경 선생에게도 감사의 뜻을 전하는 바이다.

2006년 12월 26일
편자 고바야시 요시아키(小林良彰)

고바야시 요시아키(小林良彰)

1장
일본의 유권자의식에 관한 연구의 계보와 과제

시작하며

일본에서 본격적으로 투표행동과 정치의식에 관한 연구가 시작된 지도 30년 이상이 경과했다. 그 사이 투표행동이나 정치의식의 개념에 관한 토론과 개별적인 선거의 결과 등에 관한 설명, 그리고 개별적인 선거에서 나타나는 유권자의 심리나 행동에서 공통적인 요소를 추출해보려는 연구에 이르기까지 다양한 형태의 발전이 이루어져왔다. 본 장에서는 이러한 일본의 투표행동·정치의식에 관한 연구의 경과를 포함해 지금까지 무엇이 명백히 밝혀졌는가를 정리함과 동시에 앞으로의 과제에 관해서 언급할 것이다.

단, 투표행동이나 정치의식의 개념에 관한 연구, 혹은 개별적인 선거의 설명에 주안을 둔 연구에 관해서는 지면의 한계상 매우 간단히 다루도록 하겠다. 또한 본문에서 연구자 이름 뒤의 ( ) 안의 최초 숫자는 당해 연구에 기초한 논문이나 저서의 출판년도를 의미하며, [:]의 다음 숫자는 당해 연구가 분석 대상으로 삼았던 선거 혹은 시기를 의미한다는 점을 밝혀둔다.

I 정치의식의 개념 구성

투표행동이나 정치의식에 관한 실증분석에 앞서 투표행동 및 정치의식과 관련된 개념을 정리하는 연구가 이루어져왔다. 먼저 초기에는 교코쿠(京極, 1986)가 전후 초기 일본의 정치의식에 관한 분석을 시도하였다. 또한 나가이(永井, 1971)는 정치의식과 관련된 개념을 정리해서 논의하였고, 가미죠(上條, 1978)도 일본인의 정치의식의 특징을 분석하였다. 또한 세리자와(芹澤, 1980)는 일본인의 생활의식이나 국가관과 같은 정치의식에 초점을 맞춘 분석을 시도하였다. 이러한 연구들은 모두 투표행동이나 정치의식의 실증분석에 커다란 기여를 했다.

II 투표참가에 관한 연구

투표행동에 관한 연구에는 투표에 참가할 것인가 기권할 것인가라는 '투표참가'에 관한 연구와 어떠한 정당 및 후보자에게 투표할 것인가라는 '투표방향(협의의 투표행동으로 이용되는 경우도 있음)'에 관한 연구가 있다. 먼저 투표참가에 관한 연구를 살펴보면, '사회적 속성'으로 설명하는 연구를 들 수 있다. 미야케·기시타·아이바(三宅·木下·間場, 1967: 1962년 참의원·지방선거)는 연령과 직업의 영향이 크다는 점을 실증하고 있다. 이에 반해 세리자와(芹澤, 1986: 1960~1983년)는 가치관으로 설명을 시도하여, 유권자의 '현실화(보수화)'가 정치의 대립을 희석시킴으로써 투표율을 저하시키고 있다고 분석하였다.

또한 오카다(岡田, 1998: 1995년 비선거 시기)는 '정당간 인지'에 주목하여, 최근 정당간의 차이를 인지하는 사람이 줄어들고 있음이 투표율 저하의 요인 중 하나라는 분석결과를 제시하였다. 또한 하야카와와 요시자키(早川·吉崎, 1997: 1995년 비선거 시기)는 무당파층을 두 가지 형태로 변별한 뒤, 의식적으로 정당지지를 표명하지 않는 그룹은 그렇지 않은 그룹보다도 투표에 참가하는 경향이 있다는 점을 지적하고 있다. 그리고 고바야시(小林, 1991a: 1986년 동시선거·1990년 중의원)는 '업적평가'의 영향을 중시하고, 경제상황이 나쁜 시기에는 살림살이에 대한 불만이 기권에 영향을 미치고 있으며, 경제상황이 좋은 시기에는 생활만족감이 기권에 영향을 미치고 있다는 점을 밝히고 있다. 나아가 야마다(山田, 2002)는 2000년 중의원선거에서 '투표 혹은 기권'의 결정요인을 계량적으로 분석하여, '정치불신'이 높은 계층이나 선거에 대한 관심이 낮은 계층, 그리고 무당파층 등이 기권하는 경향이 높다는 분석결과를 제시하고 있다.

지금까지의 연구와는 다르게 투표참가 요인을 유권자 이외의 요소로부터 찾고 있는 연구도 이루어져왔다. 먼저 아사노(淺野, 1998: 1947~1995년)는 '선거비용'과 '날씨'에 주목하여, 선거비용이 중의원·참의원선거의 투표율과 플러스의 상관관계를 갖고 있다는 점, 그리고 날씨가 중의원의 투표율에 마이너스의 상관관계를 가지며 참의원의 투표율과는 상관관계를 가지지 않는다는 점을 실증하였다. 또한 '매스 미디어'의 영향을 분석한 연구도 이루어졌다. 예를 들면 가와카미(川上, 1998: 1996년 중의원)는 네거티브한 정당광고가 투표율을 저하시키고 있으며, 고노(河野, 1998: 1993중의원·1996중의원)도 텔레비전 아사히의 매춘에 관한 발언 이후에 선거보도에서 소극성이 두드러졌다는 점을 지적하고 있다.

이러한 개별적 요인과 투표참가 간의 관련성을 검토한 연구에서 더 나아가 이들 요인들을 종합적으로 검토하여 투표참가의 요인을 분석한 연구들도 있다. 먼저 유권자의 의식에 쟁점에 맞춘 미야케(三宅, 1990: 1976년 중의원·1986년 동시선거)는 유권자의 투표의무감이 낮은 것, 국정에 대한 관심이 낮은 것, 그리고 지지정당이 없는 것과 20대 혹은 70세 이상인 세대라는 점 등이 투표율 저하에 영향을 미치는 주요한 요인이라는 점을 밝히고 있다. 또한 미야케·니시자와(三宅·西澤, 1997: 1983년 중의원·1993년 중의원)는 시민적 의무감이 있는 것, 정치가 후원회의 회원인 점, 그리고 선거구에 이익유도형 정치가가 존재하는 점 등이 투표율을 높이는 주요 요인이라는 점을 밝혔다. 더 나아가 유권자 이외의 요인에 주목한 야마다(山田, 1992: 1979~1986년)는 도시부의 유권자인 것, 한 표의 중요성이 낮은 것, 접전이 아닌 것, 그리고 강수량이 많고 경쟁배율이 낮다는 점 등이 투표율의 저하를 불러일으킨다는 사실을 밝히고 있다.

투표참가에 관한 연구를 개관해보면, 유권자의 심리 혹은 날씨나 선거구 특성 등의 환경을 설명변수로 취급하는 연구가 많으며, 그 결과 투표율을 설명하는 요소의 상당부분을 밝힐 수 있게 된 점은 선거연구자들의 큰 업적이라고 평가할 수 있다. 그러나 이러한 연구로부터 앞으로 어떠한 정책적 제언을 할 수 있을까. 최근 일본의 선거에서의 낮은 투표율은 유권자의 책임만은 아닐 것이다. 또한 인위적으로 변경되지 않는 환경에 대해 투표율 저하의 책임을 묻는 것은 무의미할 것이다. 그렇다면 투표제도나 선거운동, 정당·후보자의 공약의 실행 정도 등을 대상으로 하는 연구가 필요한 것이 아닐까. 예를 들어, 한 개의 투표소가 설치된 투표구 면적이나 유권자 수가 지역특성으로 제어(control)되어도 역시 효과가 있을 것인지 여부 혹은 유권자에 대한 선거운동의 차이가 효과가 있을 것인지 여부, 그리고 선거 전의 공약과 선거 후의 정치가들의 행동 간의 차이가 효과가 있을 것인지 여부를 분석하는 것이 연구주제로서 고려될 수 있을 것이다. 만약, 그러한 효과가 실증적으로 검증된다면, 투표제도의 변경, 선거운동 규제방법의 변경, 공약을 지키게 하기 위한 방책의 고안과 같이, 투표율을 높이기 위한 제언을 투표행동연구로부터 도출할 수 있을 것이다. 그러한 의미에서 최근 고노·기요하라(河野·淸原) 등에 의한 「도쿄도(東京都) 투표율향상연구회」(1998: 1996년 중의원)가 도시부에서의 투표율 저하와 관련된 구체적인 방안을 검토하려는 시도는 높게 평가할 수 있을 것이다.

이러한 계량분석과는 달리 투표참가에 관해서 합리적 선택 모델을 적용한 분석도 적지 않다. 먼저 히라노(平野, 2001)는 라이커와 오데슉(Liker and Ordeshook)의 기대효용 모델을 현실에 적용하기 위해 'P'변수에 관해 검토하였다. 구체적으로는 P변수에 관해서 '징후와 인과관계의 착각'의 가설 및 '제어(control)가능하다는 환상'이라는 가설을 검증하기 위한 실험적 조사를 통해서, 위 두 가지 심리적 메커니즘을 고려하지 않는다 해도, 유권자에 의한 P변수의 과대평가가 나타나고 있으며, 많은 유권자가 자신의 한 표가 선거결과에 영향을 미치고 있다고 인식하고 있음을 밝히고 있다.

또한 기무라(木村, 2003)는 '정치에 대한 만족도'와 '투표 혹은 기권'을 조합하여, 허쉬맨(Hirshman)의 '퇴출·항의' 모델의 타당성을 검증하였다. 그 결과. 일본에서는 퇴출적 기권이 많이 보이지만, '충성'(구체적으로는 자기공헌 가능성 감각)이 퇴출적 기권을 줄이는 효과를 가지고 있다는 점을 밝히고 있다. 기대효용 모델과 비교해 허쉬맨 모델을 선거에 적용한 시도는 일본의 투표연구에서 그간 보이지 않았던 흥미로운 연구이다.

한편 투표참가연구와 비교해서 보다 넓은 의미에서의 정치참가를 대상으로 한 연구도 행해지고 있다. 오니즈카(鬼塚, 2000)는 '가나가와 네트워크 운동'에 대한 조사를 기초로 선거활동에 대한 참가에 관하여 합리적 선택론에 입각한 설명을 시도하였다. 그 결과, 단순 비협력자와 전략적 비협력자 사이에는 정치적 관심에 차이가 있으며, 전략적 비협력자와 전략적 협력자 간에는 정치참가비용에 관한 의식에 차이가 있음을 밝혀냈다. 또한 열성적 자원봉사자로 구성된 집단에서는 무임승차자가 그다지 발생하지 않지만, 4~5년마다 지도자가 교체되는 경향이 있다는 점 등을 밝혀냈다.

Ⅲ 투표방향에 관한 연구

유권자가 특정 정당이나 후보자에게 왜 투표하는가를 해명하려는 연구는 상당히 많이 이루어져왔다. 본 절에서는 이들 연구를 설명요인별로 정리하도록 한다.

1. 사회적 속성에 의한 분석

먼저 유권자의 사회적 속성에 주목한 연구를 살펴보자. 투표행동연구의 고전인 미야케(三宅外, 1967: 1952 참의원·지방선거)는 교토부 우지시(宇治市)를 대상으로 여론조사를 실시해, 노동조합에 대한 귀속태도나 계급에 대한 귀속태도, 그리고 독립경영의식[自前意識] 등이 투표행동을 직접적으로 결정하는 요인이 아니라는 점을 밝히고 있다. 또한 고바야시(小林, 1985: 1977년 참의원·1980년 동시선거·1983년 참의원·1983년 중의원)는 사회적 속성 중에서도 직업이 투표방향에 가장 커다란 영향력을 미치는 요인이라는 점을 밝혔다. 와타누키·미야케·이노구치·가바시마(綿貫·三宅·猪口·蒲島, 1986: 1983년 참의원·1983년 중의원)는 사회적 속성 중에서 직업이 투표정당을 설명하는 가장 유력한 요인이지만,

다른 속성을 포함하는 경우에는 설명력이 낮아지고 있다는 점을 밝히고 있다. 더 나아가 와타누키(綿貫, 1994: 1993년 중의원)는 출생 코호트 (cohort)가 가치관을 거쳐서 투표행동에 영향을 미치고 있다는 점을 밝혀 냈다.

그리고 야마다(山田, 1997: 1993년 중의원)는 76년 중의원선거 때의 신자유클럽과 비교하는 가운데 유권자의 학력과 직업이 정치개혁지향과 더불어 93년 중의원선거에서의 세 신당으로의 투표에 영향을 미치고 있다 는 점을 밝혔다. 또한 고바야시(小林, 1997a: 1972년 중의원~1993년 중 의원)는 사회적 속성이 개별적 선거는 설명할 수 있지만 시계열적 변화에 관해서는 설명력이 낮다는 점을 밝히고 있다. 마지막으로 사회학자인 구 리다(栗田, 1998: 1995)는 소비재의 보급이 좌익세력의 쇠퇴를 불러일으켰 다는 점을 밝히고 있다. 이 연구는 유권자의 심리 이외의 요인을 통해 투표 방향을 설명한 연구성과라는 점에서 주목할 만한 연구라고 평가할 수 있을 것이다.

이와 같이 기존 연구를 돌이켜보면, 일본에서는 사회적 속성 중에서도 직업이 투표방향의 설명에 유용하지만, 다른 변수로 제어(control)하는 경우에는, 전반적으로 사회적 속성과 투표행동 간의 직접적인 관계가 그 다지 강하지 않은 것으로 보인다.

2. 정당지지에 의한 분석

투표방향을 설명하는 최대의 요인은 정당지지이다. 미국의 투표행동 연구에서도 미시간대학 그룹에 의해 대표되듯이 정당지지가 투표행동을 설명하는 중요한 요인이라는 점은 의심할 여지가 없다. 일본에서도 일찍 이 미야케(三宅外, 1967: 1962년 참의원·지방선거)가 정당지지 태도와 투표의도의 동반 변동이 어느 정도 확인되고 있다는 점을 밝힌 적이 있다. 또한 고바야시(小林, 1985: 1977년 참의원·1980년 동시선거·1983년 참의원·1983년 중의원)와 고바야시(小林, 1991a: 1986년 동시선거·1987년 지방선거·1989년 참의원·1990년 중의원)도 투표방향에 대해서는 정당지지의 영향력이 가장 높으며, 정당지지로 제어(control)하는 경우, 그 밖의 다른 요인들은 거의 효과가 없다는 점을 밝혀냈다. 또한 고바야시(小林, 1997a: 1972년 중의원~1993년 중의원)는 시계열적으로 정당지지의 영향을 분석하여, 정당지지가 70년대 이후 투표행동에 대한 설명력이 가장 높다는 점을 밝히고 있다.

이와 같이 일본에서도 정당지지와 투표방향 사이에는 밀접한 관련성이 있다는 점을 알 수 있다. 하지만 투표방향을 정당지지로 설명할 수 있다는 것만으로는 그다지 의미가 없다고 본다. 왜냐하면 정당지지로 투표방향을 설명하는 것은 "A당을 지지하는 사람은 A당에 투표한다. B당을 지지하는 사람은 B당에 투표한다"고 말하는 것에 지나지 않기 때문이다. 따라서 필자는 왜 A당을 지지하게 되었는가, 왜 B당을 지지하게 되었는가를 설명하는 연구가 더욱 더 필요하다고 본다.

3. 쟁점태도에 의한 분석

베트남전쟁과 도시폭동 등의 영향 때문으로 보이지만, 60년대 중반 이후 미국에서는 지지하는 정당에 입각해서 투표하지 않는 유권자가 나타나게 되었고, 이로 인해 유권자의 쟁점태도가 연구자들 사이에서도 주목을 받게 되었다. 일본에서는 미야케(三宅 粦, 1967: 1962 참의원·지방선거)에 의해서 정책에 관한 의견과 투표의도 사이에 동반 변동이 그다지 나타나지 않다는 점이 밝혀졌다. 또한 미야케(三宅, 1985: 1976 중의원)는 정책을 실행하는 능력이 투표에 미치는 영향력이 그다지 높지 않다는 점을 밝히고 있다. 고바야시(小林, 1987: 1986 중의원)·고바야시(小林, 1991a: 1986 동시선거·1987 지방선거·1990 중의원)도 쟁점태도와 투표행동 사이에는 관련성이 나타나지만 정당지지로 제어(control)하는 경우에는 그 관련성이 낮아진다는 점을 밝혔다.

이에 반해 가바시마(蒲島, 1986: 1983 참의원·1983 중의원)는 정치윤리와 감세를 둘러싼 쟁점이 자민당에게 불리하며, 방위와 행정개혁을 둘러싼 쟁점이 자민당에게 유리하게 작용한다는 점을 검증했으며, 미야케(三宅, 1987: 1969~1986)는 지역이익지향적인 쟁점에 관심을 지니고 있는 사람이 증가하고 있는 점이 자민당에게 유리하다는 것을 실증적으로 밝혔다. 한편 미야케(三宅, 1992: 1989년 참의원)에 의하면, 쟁점에 대한 관심이 정당지지와 투표행동의 관계에 영향을 미치고 있지만, 90년에는 그 영향이 줄어들고 있다고 한다. 또한 고바야시(小林, 1997a: 1972년 중의원~1993년 중의원)는 투표행동에 대한 쟁점태도의 설명력은 일정한 범위에 머물러 있다는 점을 밝히고 있다(결정계수 0.18~0.25). 나아가 쓰쓰미(堤, 1998: 1996년 중의원)는 선거의 공약에 주목하여, 정당이나 후보자의 공약이 유권자의 투표행동에 미치는 영향은 크지 않다는 점을 검증하였다. 또한 고바야시(小林, 1994b: 1993년 중의원)는 쟁점태도의 영향을 정당에 대한 귀속의식과 조합한 다이어메트로스 모델(수리 모델)을 구축하여 투표행동을 설명하였다.

또한 미야케(三宅, 1999)는, 1996년 중의원선거의 예를 들어, 본래 '정책적 입장에 가까운 정당의 이름'이나 '정책적 입장에 가까운 후보자 이름'을 꼽고 있는 유권자가 각각 46%와 29%에 지나지 않다는 점을 지적하고 있다. 더 나아가 그는 '정책적 입장에 가까운 정당·후보자의 귀속정당 더미(dummy) 변수'와 '정책의 개인적인 중요성'을 조합해서 '정책평가'라는 변수를 구성하여 투표행동에 대한 영향을 분석하였다. 그 결과에 따르면, 사전조사에서는 투표행동을 종속변수로 삼는 경우, 정책평가가 일정한 영향력을 지니고 있지만, 사후조사에서는 그 효과가 작아지고 있다는 것이다. 또한 미야케는 투표방향에 대한 정당평가의 영향이 크다는 점이 1996년 중의원선거에서 소비세율 인상이라는 쟁점이 존재했음에도 불구하고 자민당이 승리하는 하나의 요인이 되었음을 지적하고 있다.

한편 참의원선거에서는 중의원선거에서 쟁점투표가 지니는 영향력과는 다른 경향이 나타난다. 미야케(三宅, 2000)는 1995년 참의원선거의 예를 들어 '전후 50년 문제'에 관해서 유권자가 주관적으로 가장 만족할 수 있는 정책을 내세운 정당에 투표하는 경향이 있다는 점을 밝히고 있으며, 또한 일반적으로 중의원에 비해서 참의원선거가 투표행동에 대해 쟁점이 가지는 효과가 크다는 점을 밝히고 있다. 고바야시(小林, 2002)도 2001년 참의원선거에서 쟁점투표를 합리적 선택 모델에 의해서 해명하고 있다. 고바야시는 각 정책에 관해서 유권자 자신의 최적점과 각 정당의 주관적 거리, 그리고 정당에 대한 친근감의 거리로 구성되는 다이어메트로스가 투표행동에 관해서 통계적으로 유의미한 영향력을 지니고 있음을 검증하였다. 그에 따르면, 특히 선거구 투표보다 비례구 선거에서 그 경향이 강하게 보인다고 한다.

또한 사토(佐藤, 2003)는 유권자가 각 후보자의 정책을 인지하는 데 소요되는 비용이 크다는 점에 주목하여 '유권자에 의한 쟁점투표를 지원한다'는 입장에 입각하여 쟁점추출방법을 개발해서 2001년 참의원선거에 적용했다.

지금까지의 연구를 돌이켜보면, 쟁점태도와 투표행동 간의 연관성에 대해 일반성을 도출하는 것이 곤란하다는 것을 알 수 있다. 왜냐하면 각 선거마다 쟁점의 내용이 달라지고 있으며, 유권자들이 양분되는 중요 쟁점이 존재하는 경우에는 쟁점투표가 나타나고, 그러한 쟁점이 없는 경우에는 쟁점투표가 나타나지 않는다라는 결론에 이르기 쉽기 때문이다. 그러한 경우, 유권자의 쟁점태도가 투표행동에 영향을 미치고 있는가 여부를 밝히고 있는 것이 아니라, 단지 중요한 쟁점이 선거라는 현장에 존재하는가 여부를 논하고 있는 것에 지나지 않을 것이다. 더욱이 일본과 같이 투표행동에 대한 정당지지의 설명력이 높은 경우에는 설득효과와 투영효과가 발생할 가능성도 높아진다는 점을 고려할 필요가 있을 것이다. 이러한 난점을 고려하면서 쟁점투표에 관한 연구를 앞으로 더욱 축적해 나갈 필요가 있을 것으로 생각된다.

4. 정치신뢰에 의한 분석

미국에서는 워터게이트 사건 등을 계기로 정치신뢰가 투표행동에 미치는 영향이 연구되었다. 일본에서는 고헤이(公平, 1979: 1976년 중의원)가 자민당에 대한 유권자의 신뢰·불신이 투표를 결정한다는 점을 실증적으로 밝히고 있다. 그의 연구에 따르면 정치적 유효성 감각이 높은 유권자일수록 자민당 정권을 바람직한 정당으로 간주한다고 한다. 또한 고바야시(小林, 1991a: 1986년 동시선거·1987년 지방통일선거·1989년 참의원선거·1990년 중의원선거)와 고바야시(小林, 1997a: 1972년 중의원선거~1993년 중의원선거)에 의하면, 86년 중의원선거와 93년 중의원선거에서 정치신뢰의 설명력이 특히 높다(결정계수 0.29와 0.33)고 한다. 바꿔 말하자면, 정치부패나 정치개혁 등이 정치적 문제가 대두될 때에는 정치불신이 투표행동에 미치는 영향력이 크다는 것이다.

이러한 정치불신도 선거 때마다의 상황이나 내각이 상이하기 때문에 쟁점태도와 마찬가지로 일반화하기가 힘든 요인이라고 볼 수 있다. 한편 93년 중의원선거와 같이 유권자 대부분이 정치불신을 느끼고 있는 상황에서는 필연적으로 투표방향에 대한 설명력이 저하될 것이다.

5. 업적평가에 의한 분석

정부의 업적, 특히 경제상황에 대한 유권자의 평가가 투표행동에 어떠한 영향을 미치는가를 분석한 연구들도 적지 않다. 먼저 이노구치(猪口, 1986: 1983년 참의원·1983년 중의원)는 유권자의 살림살이에 대한 만족도나 생활형편의 향상감이 정부의 업적평가에 기여하고 있다는 점을 밝히고 있다. 또한 가와우토(川人, 1988: 1986년 동시선거)도 삿포로시(札幌市)의 조사를 통해 나카소네(中曾根) 내각에 대한 업적평가가 투표방향에 영향을 미치고 있음을 검증했다.

이에 반해 고바야시(小林, 1987: 1986년 중의원)는 7개 항목을 이용해 나카소네 내각에 대한 업적평가가 투표행동에 대해 언뜻 보면 영향을 미치고 있는 것으로 보이지만, 정당지지로 제어(control)하는 경우에는 그 효과가 매우 약해진다는 점을 밝히고 있다. 또한 고바야시(小林, 1991a: 1986년 동시선거·1987년 지방통일선거·1989년 참의원선거·1990년 중의원선거)는 살림살이에 대한 불만과 생활에 대한 비관이 자민당 투표에 대해서는 부정적인 영향을 미치고 있지만, 야당에게는 긍정적인 영향을 미치고 있음을 밝히고 있다. 이러한 경향은 특히 정당을 지지하지 않는 무당파층에게 강하게 나타나고 있지만, 이러한 효과들조차도 정당지지로 제어(control)되는 경우에는 그 효과가 매우 약해진다는 점을 고바야시는 밝히고 있다. 또한 고바야시(小林, 1997a: 1972년 중의원~1993년 중의원)에 의하면 후보자평가(personal) 투표의 설명력은 높지 않다고 한다.

그리고 히라노(平野, 1993: 1992년 참의원)·히라노(平野, 1994: 1992
년 참의원)는 과거지향이 투표행동에 대해 직접적으로, 장래지향은 정당
지지를 경유해서 투표행동에 영향을 미친다는 점을 밝혔으며, 또한 경기
에 관한 감각보다도 생활형편에 대한 의식이 투표행동에 영향을 미치고
있다는 점을 밝혀냈다. 히라노(平野, 1997: 1992년 참의원·1993년 중의
원·1995년 참의원)도 유권자의 생활형편에 대한 평가가 정당지지의 강
도를 통해서 간접적으로 투표방향에 영향을 미치고 있음을 밝히고 있다.
나아가 쓰쓰미(堤, 1997: 1993년 중의원·1995년 참의원)도 생활감각이
나 경기에 관한 감각은 간접적으로만 투표에 영향을 미치고 있다는 점을
검증하였다.

최근에는 불경기가 지속된 결과 경제적 업적이 투표행동에 미치는 영
향에 대한 관심이 높아지고 있다. 예를 들면, 이케다(池田, 2000)는 1998년
중의원선거의 예를 통해 내각의 업적에 대한 평가가 투표방향에 직접적인
영향을 미치고 있다는 점을 지적하고 있다. 그리고 그는 "개인지향적
(pocket book) 가설인가 사회지향적(sociotropic) 가설인가" 하는 논쟁
에 관해서는 사회지향적 판단이 내각에 대한 업적평가를 통해서 투표방향
에 영향을 미치지만, 직접적으로는 투표행동에 영향을 미치지 않다는 점
을 밝히고 있다.

이에 반해 나카무라(中村, 2003)는 1983년 참의원선거를 대상으로 위
두 가설의 비교검토를 실시한 결과, '개인지향적' 가설의 타당성이 더 높다
는 점을 밝히고 있다. 더 나아가 나카무라는 여당과 야당의 선택 문제에
관해서는 업적평가와 생활형편에 대한 만족도로 구성되는 경제투표 모델
의 타당성이 상당히 높다는 점을 밝히고 있다. 한편 미야케(三宅, 2002)는

1998년 참의원선거의 경우, 업적평가가 예전의 참의원선거에서 자민당에 투표했던 유권자에게 다른 당으로의 투표를 유도했을 뿐만 아니라 예전의 선거에서 기권했던 유권자를 자민당 외의 정당에게 투표하는 데 영향을 미침으로써 결과적으로 투표율 향상에도 영향을 미쳤다는 점을 분석하고 있다.

또한 업적평가와 관련해서 2000년 중의원선거에서 당수에 대한 평가가 투표행동에 미치는 영향을 분석한 연구로서는 가바시마·이마이(蒲島·今井, 2001)가 있다. 그들은 소선거구보다 비례구에서 업적평가의 영향력이 크다는 점을 밝히고 있다. 또한 이마이(今井, 2003)는 정치가에 대한 평가와 '유권자가 해당 정치가를 알고 있는 정도' 및 '투표를 의식하여 특정 선거구에만 보조금을 주도록 유도하는 이익유도(pork-barrel)형 조직에 소속된 숫자'와의 관계를 분석한 결과, 해당 정치가를 잘 알고 있는 유권자의 경우는 이익유도형 이익집단에 속해 있는 모임의 숫자가 많을수록 정치가에 대한 평가도 높아지고 있다는 점을 밝히고 있다.

일본의 투표행동에 대한 연구뿐 아니라 영국의 투표행동과 관련해서도 업적평가의 영향을 분석하고 있는 연구들이 보이고 있다. 먼저 사카노(阪野, 1999)는 1997년 영국 총선거에서 실업 문제 등에 대한 보수당의 경제운영능력에 대한 불신이 노동당의 승리로 연결되었다는 점을 분석하고 있다. 또한 와카야마(若山, 2002)는 영국의 경우 경제상황 악화에 대한 불만이 제3당에 대한 지지가 증대하는 요인 중 하나가 되고 있다는 점을 밝히고 있다. 일본뿐 아니라 외국의 투표행동에 대한 연구가 일본인의 손에 의해 적극적으로 이루어지고 있는 것은 바람직한 현상이다.

일본의 경우, 업적평가와 투표행동의 사이에는 언뜻 보면 관련성이 있는 것처럼 보인다. 그러나 업적평가가 투표행동을 결정하는 것이 아니라 정당지지나 예정된 투표행동이 업적평가를 형성하는 경우도 적지 않은 것으로 보인다. 또한 투표행동에 대한 업적평가의 설명력은 정당지지로 제어(control)하는 경우 저하된다는 점도 주의할 필요가 있다. 반면에 과거의 업적평가가 정당지지를 형성하여 그 정당지지가 투표행동으로 연결된다는 간접적인 경로도 유념할 필요가 있을 것이다. 따라서 업적평가와 투표행동 간의 관련성을 도출하는 데는 패널조사 등에 의해 장기적인 분석을 할 수 있는 피대상자를 설정할 필요가 있다. 한편 이러한 업적평가와 관련된 연구에서도 쟁점태도나 정치불신에 관한 연구와 마찬가지로 선거마다 분석 대상이 되는 내각이 다르기 때문에 일반성을 도출하기 어렵다는 문제가 존재한다는 점을 지적해둔다.

6. 후보자평가 · 정당평가에 의한 분석

투표행동을 직접적으로 설명하기 위해 후보자나 정당에 대한 평가를 설명요인으로 사용하는 연구도 있다. 먼저 미야케(三宅 外, 1967: 1962년 참의원 · 지방선거)는 후보자에 대한 호의적인 평가가 투표의도에 영향을 미치고 있다는 점을 밝히고 있다. 그러나 와타누키(綿貫, 1986: 1983년 중의원 · 참의원)는 지지정당이나 선거동원으로 제어하는 경우에 후보자평가가 투표방향의 결정에 영향이 없음을 밝히고 있다.

그 후 미야케 · 니시자와(三宅 · 西澤, 1992: 1983년 중의원)는 비축차 경로 분석을 실시하여, 정당에 관한 평가나 후보자평가, 쟁점평가가 투표에 미치는 영향을 측정하고 있다. 그리고 정당에 관한 평가가 투표행동에 영향을 미침과 동시에 정당에 관한 평가를 중심으로 정당평가와 후보자평가, 혹은 정당평가와 쟁점평가 사이에 관련성이 나타난다는 점을 밝히고 있다. 나아가 미야케(三宅, 1994: 1993년 중의원)는 83년 중의원선거에서

93년 중의원선거에 이르기까지 정당지지 모델의 적합도가 80%에서 69%로 감소하고 있음에도 불구하고, 후보자평가 모델의 적합도는 69%에 머물러 있다는 점을 밝히고 있다. 그러나 미야케는 동시에 신당에 관해서는 그 어느 쪽의 적합도도 나쁘다는 점을 지적하고 있다. 나아가 가바시마·야마다(蒲島·山田, 1996: 1993년 중의원)는 정당의 정치가에 대한 감정의 변화에 의해 유권자 차원에서 정계재편이 일어나고 있음을 밝히고 있다.

지금까지 살펴본 바와 같이 후보자평가나 정당평가는 투표행동과 밀접한 관련을 가지고 있는 것으로 보인다. 그러나 여기서 문제는 본래 '어떠한 후보자에게 호의적인 평가를 내린다'라든지 '어떠한 정당에 호의적 평가를 내린다'와 같은 후보자평가나 정당평가 그 자체가 투표행동과 너무나 밀접한 의미를 가진 개념이 아닌가 하는 것이다. 바꿔 말하자면, 피설명변수와 설명변수 사이에 동어반복에 가까운 관계가 성립한다는 점이다. 물론 후보자평가나 정당평가에 의해서 투표행동을 설명하는 것은 의미가 없지 않다. 그러나 중요한 것은 후보자평가나 정당평가가 어떠한 요인에 의해서 결정되는가를 해명하는 것이 무엇보다 필요하다는 점이다.

7. 인성·가치관에 의한 분석

다양한 정치학적 변수 외에 유권자의 인성(personality)이나 가치관 등을 통해 투표행동을 설명하려는 연구도 있다. 먼저 고바야시(小林, 1985: 1977년 참의원·1980년 동시선거·1983년 참의원·중의원)는 유권자의 권위주의 정도, 아노미(anomie)의 정도, 그리고 소외의 정도가 투표방향과 관련성이 있는지에 주목하였다. 그 결과, 사회당·공산당에 투표하는 유권자는 아노미의 정도가 높은 반면 권위주의의 정도가 낮으

며, 반면 자민당 투표자는 권위주의 정도가 높으며, 민사당 투표자의 경우
는 아노미의 정도는 낮다는 점, 그리고 공명당 투표자는 아노미의 정도와
권위주의 정도가 모두 중간 정도라는 점을 밝히고 있다.

또한 와타누키(綿貫, 1986: 1983년 참의원·중의원)는 잉글하트
(Inglehart)의 모델을 응용하여, 전통적·공업적 가치는 자민당 투표에 영
향을 미치지만 양자의 관련성이 약해지고 있다는 점, 그리고 탈공업화는
투표방향과의 관련성이 보이지 않다는 점을 밝히고 있다. 가와카미(川上,
1993: 1992년 참의원)도 사회성지향과 향락지향, 출세지향, 여론주도지
향, 마이 페이스 적응 지향 등의 가치관을 수용할 수 있는 정당이 없기 때문
에 그러한 가치관이 투표행동에 영향을 미치지 않게 된다는 점을 밝혔다.

이와 같이 인성과 가치관은 심리학이나 사회심리학을 수용하는 가운
데 다양한 영역에 그 적용가능성을 넓혀갈 것으로 예상된다. 이러한 연구
에서는 투표행동에 대한 설명력을 높이는 것 자체보다도 투표행동에 관한
연구의 영역을 넓혀서 새로운 돌파구를 여는 것에 기대하는 것이 좋다고
생각된다.

8. 정당 스키마에 의한 분석

사회심리학의 입장으로부터 투표행동을 분석한 연구의 하나로서 정
당 스키마(schema) 연구가 있다. 먼저, 이케다·니시자와(池田·西澤,
1992: 1989년 참의원)는 자민당의 스키마나 사회당의 스키마가 투표행동
에 영향을 미치고 있다는 점을 밝혔으며, 나아가 이케다(池田, 1994: 1993
년 중의원)는 대인적 정치환경이나 정권담당능력에 대한 인지, 감정적 호
감도로 스키마 지도를 설명하고 있다. 또한 이케다(池田, 1997: 1993년
중의원·1995년 참의원)는 투표행동에 대한 정당 스키마의 설명력이 어

느 정도 존재한다는 점을 밝히고 있다.

이렇게 보면, 정당 스키마에 관한 연구는 정당 스키마로 투표행동을 설명하기보다 어떠한 요인에 의해 정당 스키마가 형성되는가에 대한 해명에 연구의 초점이 맞춰지고 있는 것이 아닌가 생각된다. 예를 들면, 이케다(池田, 1997)는 대인 커뮤니케이션 등에 의해 그 해명을 시도하고 있다.

9. 유권자 이외의 요인에 의한 분석

유권자의 속성 및 심리 이외의 요인으로 투표행동을 설명하려는 연구들도 적지 않다. 먼저 미즈사키(水崎, 1992: 1989년 참의원)은 89년 참의원 선거에서 선거구 선거의 1인구에서 자민당이 참패한 결과에 주목하여, '지역표 변동'이라는 개념에 의한 설명을 시도하였다. 가와우토(川人, 1992)도 제국의회 하의 선거를 득표경향의 전국화와 같은 다양한 관점에서 분석하고 있다. 이에 반해 고바야시(小林, 1985: 1960~1980)는 중의원 선거의 '지역특성'을 계량적으로 추출하여, 그러한 특성이 투표행동간에 명백한 관련성을 나타낸다는 점을 밝히고 있다. 또한 고바야시(小林, 1987: 1960~1980)·고바야시(小林, 1997a: 1955~1990)에서도 도시화가 80년대 이전의 자민당·사회당의 장기적 경향을 설명할 수 있지만 80년대 이후에는 그 설명력이 감소하고 있음을 밝히고 있다. 또한 가바시마(蒲島, 1992: 1989년 참의원)는 개별선거를 분석 대상으로 삼아 자민당이 도시부보다도 군부(郡部)에서 이기지 못하는 경향이 있다는 점을 밝히고 있다. 이밖에 가미조(上条, 1991: 1947년 중의원~1986년 중의원)는 '차점후보자'에 주목하여, 그러한 후보자가 다음 번 선거에 유리해진다는 점을 실증적으로 밝히고 있다. 또한 이갑윤(李, 1992: 1958~1990)은 '정수불균형'이 득표율과 의석수의 관계에 미치는 영향을 분석하였다. 나아가 가토(加藤, 2002)는 전국의 시구정촌별 인구세대·문화·산업·경제 등의 변수를 이용해 소선거구 단위별로 재집계하는 작업을 한 뒤 주성분분석을 실시해 각 소선거구의 지역특성을 추출했다. 가토는 더 나아가 지역특성에 의해 2000년 중의원선거의 결과를 분석해, 도시부의 투표자 비율이 상승함과 더불어 도시부 당선자의 상대적 특징으로서 민주당에 의한 공인, 세습후보가 아님, 정치와 직접적인 관련성을 갖지 않는 직업 출신 등의 속성을 추출하였다. 이 연구는 문자 그대로 대단한 역작이라고 평가할 수 있다.

이러한 선거구에 관한 분석 이외에도 와타누키(綿貫, 1986: 1983년 참의원·중의원)의 선거동원에 관한 연구가 있다. 와타누키에 따르면, 유권자의 3할이 동원 대상이 되고 있으며, 그들의 투표행동을 설명하는 것이 가능하다고 한다. 그러나 이는 바꿔 말하자면, 나머지 7할의 유권자는 동원이 대상이 아니며, 다른 요인에 의해 설명이 요청되어진다는 점을 뜻하는 것이라고 볼 수 있다. 또한 고바야시(小林, 1997a: 1977~1990)는 보조금 배분과 여당 득표의 사이에 상관관계가 존재한다는 점을 밝혔다.

나아가 다양한 경제변수를 이용해서 경제상황과 선거결과 사이의 관련성을 분석한 연구도 이루어지고 있다. 먼저 이노구치(猪口, 1983: 1960~1980)는 고용지수가 자민당 투표에 기여한다는 점을 밝히고 있으며, 다카하시·야마모토(高橋·山本, 1982: 1956~1980)는 물가지수가 자민당 투표에 부정적 영향을 미치고 있음을 밝히고 있다. 한편 스즈키(鈴木, 1996: 1960~1993)는 경제성장률이 자민당 투표에 긍정적인 기여를 하고 있음을 밝히고 있다.

그리고 매스 미디어의 영향을 분석한 연구로서 고바야시(小林, 1985: 1980년 동시선거)는 80년 동시선거에서 오히라(大平) 수상의 사망에 관한 보도가 자민당의 대승에 영향을 미쳤다는 점을 밝히고 있다. 또한 이와부치(岩淵, 1994: 1993년 중의원)는 93년 중의원선거에 선거예측과 선거결과의 관련성을 분석하고 있다. 가메가야(亀ヶ谷, 1998: 1990년 중의원·1993년 중의원)도 아나운서의 멘트 효과는 선거 수입(收入)에는 영향이 없지만 선거운동원의 사기에 영향을 미쳐, 간접적으로는 선거결과와 관련성을 가진다는 점을 밝히고 있다. 또한 이나바(稲葉, 2001)는 선거에서 네거티브 캠페인이 불러일으키는 효과에는 유권자의 투표행동을 자극하는 것뿐 아니라 억제하는 점도 있다는 것을 지적하고 있다. 나아가 오카모토(岡本, 2003)는 유권자의 정치관심이 높지 않다는 점과 선택적 접촉이라는 특징으로 인해 정당의 웹사이트 광고효과가 제한적이라는 점을 밝히고 있다. 이들 연구에 반해 야마모토(山本, 2003)는 국회의원이 홈페이지를 개설하는 요인을 조사하여 연령이나 정치경력 등이 관련되어 있으며, 그러한 관련성은 소속정당에 따라서 상이하다는 점을 밝혔다.

이와 같이 유권자 이외의 요인으로서는 선거구 특성에 관한 요인, 경제상황에 관한 요인, 매스 미디어에 관한 요인 등이 있다. 이러한 요인들 중, 선거구 특성에 관한 요인을 이용하는 분석의 문제점은 분석단위가 선거구가 됨에도 불구하고, 피설명변수의 상황이 선거구에 의해서 상이하다는 점이다. 즉, 어떤 선거구에서는 A당과 B당의 후보자가 입후보하고 있는데 다른 선거구에서는 A당과 C당과 D당이 출마하는 것이다. 이 때문에 지역특성 등의 통일된 기준으로 설명변수를 구축해도 중요한 피설명변수가 선거구에 의해서 상이한 상황이 만들어지고 차후 분석에 왜곡이 생길 가능성이 있다.

다음으로 경제상황에 관한 요인을 이용한 분석의 문제점은 일본 중의원의 주기가 미국처럼 일정하지 않기 때문에 정치적 경기순환을 도출하기 어렵다는 점이다. 또한 이러한 경제상황 변수로 직접적으로 투표행동을 설명하기보다도 앞서 살펴본 업적평가와 같은 유권자의 심리를 조합한 분석을 실시하는 편이 타당성이 더 높은 연구가 이루어질 수 있다고 생각된다.

마지막으로 매스 미디어에 관한 요인을 이용한 연구는 투표행동연구의 분야라기보다는 오히려 매스 미디어에 관한 연구분야에서 이루어지고 있다고 해도 과언이 아니다. 특히 네거티브 캠페인 등이 점점 심해지고 있는 상황에서 앞으로는 그러한 연구가 더욱 더 활발히 이루어질 필요가 있다고 생각된다. 단, 문제점은 현재의 유권자는 구독지만이 아니라 복수의 미디어나 라디오 등 다양한 미디어 매체로부터 복합적으로 정보를 얻고 있다는 점이다. 가령 위와 같은 모든 매체를 분석 대상으로 추가하는 것이 가능하다 할지라도 이를 유권자들에게 어떻게 활용되고 있으며 투표행동에 최종적으로 어떻게 연결되는가를 해명하는 문제는 상당히 어려운 작업일 것으로 예상된다.

10. 소결

투표행동에 대한 다양한 요인의 영향을 종합적으로 분석한 연구도 있다. 고바야시(小林, 1997a: 1972년 중의원~1993년 중의원)는 장기간에 걸친 자료취합을 통해 투표행동의 경로 모델을 구축하고 있다. 분석결과, 72년 중의원선거와 76년 중의원선거에서는 정당지지만이 투표행동에 영향을 미치고 있으며, 79년 중의원선거에서는 정당지지와 거주기간이 영향을 미치고 있다는 점을 밝히고 있다. 나아가 80년 중의원선거에서는 정당지지와 정치불신, 83년 중의원선거에서는 정당지지와 학력·연령·직업이 영향을 미치고 있음을 밝히고 있다. 그리고 86년 중의원선거에서는 정당지지와 정치불신이, 90년 중의원선거에서는 정당지지와 정치불신, 쟁점(농업 문제), 그리고 직업이 영향을 미치고 있으며, 93년 중의원선거에서는 정당지지만이 직접적인 효과를 가진다는 점을 실증적으로 밝히고 있다.

IV. 정당지지에 관한 연구

앞서 지적하였듯이 일본에서는 투표행동에 대한 설명요인으로서는 정당지지가 가장 큰 영향력을 지니고 있다. 물론 정당지지 이외에도 투표행동에 대한 설명력을 가진 요인이 있지만, 정당지지로 제어(control)하면 그 설명력이 약해지는 경우가 대부분이다. 그렇다면 정당지지는 어떠한 요인에 의해서 설명할 수 있을까. 즉, 피설명요인을 투표행동으로부터 정당지지로 바꿔서 분석하는 경우, 그 결과는 어떠할까.

먼저 '정당지지의 폭'을 분석한 연구로서는 미야케(三宅, 1985: 1967년 중의원·1976년 중의원)가 있으며, 그는 유권자의 정당선택이 일정한 폭 속에서 움직이고 있음을 밝히고 있다. 또한 다나카(田中, 1992: 1991년 비선거 시기)·다나카(田中, 1997: 1992년 참의원)는 정당지지가 없는 계층에는 복수의 그룹이 있다는 점을 밝히고 있다. 그는 의식적으로 정당을 지지하지 않는 계층이 존재하며, 학력과 정치관심이 높은 젊은 층은 의식적으로 정당지지를 하지 않는 계층이 되는 경향이 있음을 밝히고 있다. 나아가 다나카(田中, 1995: 1992년 참의원·1993년 중의원)는 55년체제에 대한 지지는 변화했지만, 시스템에 대한 지지는 계속되고 있다는 점을 밝혔다.

다음으로 정당지지의 설명요인을 분석한 연구를 살펴보면, '정치적 사회화'에 주목한 것으로서 미야케(三宅, 1985: 1967년 중의원·1976년 중의원)가 있다. 미야케는 가족이 정당지지의 형성에 지배적이지만, 또한 매스 미디어가 보강효과를 지니고 있음을 밝혔다. 또한 '사회적 속성'과 정당지지의 관련성을 분석한 미야케(三宅, 1985)는 직업(독립경영의식)이 보수지지-혁신지지를 결정한다는 점을 밝혔다. 구체적으로는 독립경영의식은 보수에 대한 지지에 연결되며, 비독립경영의식은 혁신세력에 대한 지지에 연결된다는 점, 그리고 판매서비스 종사자 중에서 대기업 종사자는 자민당에 대한 지지를, 반면 중소기업 종사자는 혁신세력에 대한 지지를 표명하는 경향이 있다는 점을 밝혔다. 또한 스가사와(菅澤, 1986: 1979년 참의원·1980년 동시선거)는 성별·연령·학력·직업·수입·소속단체·주거형태·거주기간이 정당지지와 연관이 있음을 밝혔으며, 이와부치(岩渕, 1986: 1981년 지방선거)도 성별·연령·학력·직업·수입·소속단체·주거형태·거주기간이 정당지지와 연관성이 있음을 밝혔다. 그리고 아라키(荒木, 1994: 1971년 참의원)도 성별·연령·수입·학력과 정당지지와의 관련성을 지적하고 있다.

이외에 투표행동과 마찬가지로 쟁점태도와 업적평가도 정당지지를 설명하는 요인이 된다. 먼저 미야케(三宅, 1985)는 '쟁점태도'가 정당의 정책 이미지를 거쳐 간접적으로 정당지지에 연결되지만, 직접적인 관계는 나타나지 않다는 점을 밝히고 있다.

또한 이노구치(猪口, 1983: 1960~1980)는 그때그때의 경기동향과 내각지지 혹은 여당에 대한 지지 사이에 어떠한 관련성이 나타나는가를 분석하여, '경제상황'의 좋고 나쁨이 정부나 여당에 대한 지지에 영향을 미치고 있음을 밝혔다. 나아가 미야케(三宅, 1985)는 생활만족감이 자민당 지지로 연결되고 있음을 밝혔고, 고바야시(小林, 1987: 1972~1985)도 사회·생활의식의 변화가 정당지지에 영향을 미치고 있다는 점을 밝혔다. 그리고 니시자와(西沢, 1992: 1960~1991)도 경제에 대한 '업적평가'가 자민당 지지로 연결된다는 점을 지적했으며, 하야카와(早川, 1993: 1965~1989)도 경제상태가 나쁜 때에 경제태도를 통해서 자민당 지지가 낮아지고 있음을 밝히고 있다. 또한 고바야시(小林, 1997a: 1955~1990)는 시기구분에 의해서 경제상황과 정당지지의 관련성이 상이하다는 점을 밝혀냈다. 구체적으로는 76~89년은 GNP와 고용지수가 자민당 지지와 무당파층의 형성에 영향을 미치고 있으며, 야당에는 불리하게 작용하지만, 다른 시기에서는 경제상황과 정당지지 사이에 직접적인 관련성이 없다는 점을 밝히고 있다.

또한 '정치신뢰'도 투표행동과 마찬가지로 정당지지에 대한 설명요인 중 하나이다. 먼저 다나카(田中, 1996: 1976년 중의원·1983년 참의원·중의원)는 '경제정책을 수행하는 데 적절한 정당'을 피설명변수로 하고, 일본의 정치제도, 국가의 정치, 정치 시스템에 대한 유권자의 의식을 설명요인으로 하는 분석을 실시한 결과, 경제운영과는 독립적으로 시스템 지지가 형성되어 있다는 점을 검증하였다. 또한 하시모토(橋本, 1975: 1975년 지방선거)는 유권자의 '불만 의식'에 착안해서 지사선거를 설명하고 있으며, 하시모토(橋本, 1995: 1986년 동시선거·1989년 참의원·1993년 중의원)도 기존 정당과 유권자 간의 의식의 불일치가 무당파층 형성에 영향을 미치고 있음을 지적하였다.

나아가 고헤이(公平, 1979: 1976년 중의원)는 '가치관'으로서 정당지지를 설명하고자 시도하여, 공업적 가치(경제안정 유지의 지향)가 높은 사람은 민사·공산당 지지, 낮은 사람은 자민당·공명당에 대해 지지하는 경향이 있음을 밝혔다. 또한 고헤이에 따르면, 탈공업적 가치는 직접적으로 정당지지와 관련성을 갖지 않는다.

그리고 고바야시(小林, 1991b: 1973~1980)는 장기간에 걸친 매스 미디어 분석에 기초해서 미국이나 구 소련에 대한 보도가 일본인의 외국에 대한 호의도에 영향을 미치고 있으며, 나아가 일본인의 정당지지에도 영향을 미치고 있음을 밝혀냈다. 또한 미야케(三宅, 1986: 1983년 참의원·중의원)는 정당지지에 대한 설명요인을 종합적으로 분석한 결과, 보혁 이데올로기나 정책 거리, 생활만족도, 생활향상감이 자민당에 대한 지지에 영향을 미치고 있음을 밝혔다.

일본과 같이 정당이 많은 나라에서는 정당지지가 투표행동을 구속하는 커다란 요인으로 떠오르게 된다. 그래서 그러한 정당지지가 도대체 어떠한 요인에 의해서 형성되고 있는가를 해명하는 연구도 적지 않다. 구리다(栗田, 2000)는 1955년부터 1995년까지 40년간에 걸쳐 일본에서 교육수준이 높아지고 소비재가 보급되는 것에 의해서 사회당이나 공산당의 지지율이 저하되고 있음을 SSM 조사에 의해 밝혀냈다. 사회학에 의한 선거연구에 대한 커다란 연구성과라고 평가할 수 있다. 또한 니시자와(西澤, 2001)는 시사통신사의 장기간에 걸친 조사자료를 이용하여 경제업적에 대한 평가가 정당지지나 내각지지와 관련성이 있음을 시계열적 분석을 통해 밝혀냈다. 미야케(三宅, 2001)도 장기적으로 경제업적평가가 자민당 지지로 연결되고 있음을 밝히고 있으며, 직접효과보다도 내각지지를 통한 간접효과가 더 크다는 점도 밝혀냈다.

지금까지 살펴본 바와 같이, 정당지지에 대한 설명요인은 투표행동의 설명요인과 동일하거나 유사하다는 점을 알 수 있다. 그러한 의미에서 이미 몇몇 연구에서도 시도되고 있는 바와 같이, 정당지지라는 요인을 투표행동을 설명하는 데 이르는 경로 속에 포함시켜 분석을 시도하는 것이 적절하다고 생각한다.

V 개별선거에 관한 연구

지금까지 유권자의 투표행동이나 정당지지를 설명하기 위한 요인을 도출하려고 한 연구에 관해서 언급했다. 그러나 유권자의 투표행동은 개별선거의 상황에 따라 크게 좌우된다. 이 때문에 공통의 설명요인을 도출해도 그것으로 개별적인 선거의 결과를 설명하는 데는 한계를 드러내기 쉽다. 때문에 개별선거의 설명에 주안점을 둔 연구도 필요해진다. 예를 들면, 오키노(沖野, 1995)는 89년 참의원선거와 90년 중의원선거, 그리고 92년 참의원선거에 대한 분석을 실시하고 있다. 또한 소마(杣, 1985)는 83년 중의원선거를 다양한 각도로부터 종합적으로 해명하고 있으며, 또한 일본의 보수화가 상징적으로 드러났던 86년 동시선거에 관해서는 소마(杣, 1987)와 가토(加藤, 1987) 등이 다양한 각도에서 분석을 실시하였다. 소마(杣, 1987)는 전국의 특징적인 선거구를 분석 대상으로 삼고, 동시선거의 결과를 사례연구를 통해 분석하고 있다. 이에 반해 가토(加藤, 1987)는 동시선거 결과를 전국적인 지표에 입각해서 해명하고 있다. 그리고 요미우리신문사(1990)는 89년 참의원선거와 90년 중의원선거를 가토와 마찬가지로 전국적인 지표를 정리하는 것을 통해 각 선거의 특징을 밝히고 있다. 가바시마(蒲島, 1998)는 93년 중의원선거에서 정권교체가 이루어지게 만들었던 요인의 해명을 시도하였다.

또한 미야케·무라마쓰(三宅·村松, 1981)과 미야케(三宅, 1990)는 각각 장기간에 걸쳐 교토시 유권자들을 대상으로 한 조사에 기초해서 단지 투표행동에 그치지 않고 교토시민이 어떠한 형태로 정치에 참가하고 있는가를 분석했다. 나아가 호리에·이와오(堀江·岩男, 1977)는 도쿄도의 74년 참의원선거에서의 투표행동을, 호리에·우메무라(堀江·梅村, 1986)는 도쿄도의 79년 중의원선거·80년 동시선거·81년의 도의원 선거의 투표행동을 분석했다. 그리고 아라키·아이우치·가와우토·하스이케(荒木·相內·川人·蓮池, 1983)는 삿뽀로시(札幌市)에서의 투표행동에 대한 분석을 통해 TV의 정견방송이 미치는 영향에 관해서 분석하였고, 나아가 당수의 이미지나 쟁점태도 등을 통해 유권자의 투표행동을 분석하였다. 아라키(荒木, 1994)도 삿포로시에서 70년대의 여론조사에 기초해 유권자의 보수화 현상이나 부동층의 움직임, 혹은 혁신정당에 대한 표의 감소경향 등을 분석하고 있다. 이것들은 그 어느 것도 특정 지역에 관한 분석이기는 하지만, 정당조직이나 선거에 관한 정보도 분석 대상에 포함한 포괄적인 연구였다. 한편 이러한 국정선거를 중심으로 하는 분석에 반해 나카무라(中村, 1996)는 일본 지방선거에 초점을 맞춰 영국 등과의 비교를 통해 일본 지방선거의 특징을 밝혀내는 분석을 시도했다.

이렇듯 개별적인 선거를 설명하는 연구는 해당 선거의 의미를 제대로 전달하기 위해서도 앞으로 필요한 작업이라는 점은 더 말할 나위 없을 것이다.

VI 선거제도에 관한 연구

유권자의 투표행동이나 정치의식을 대상으로 한 연구 외에 선거제도를 대상으로 한 연구들도 많다. 먼저 오오미야(大宮, 1988)는 일본에서의 정수불균형에 초점을 맞춰, 불균형을 시정하기 위한 개인적인 제안을 하고 있다. 또한 모리와키(森脇, 1998)도 소선거구제를 채택하고 있는 여러

나라의 선거구 획정에 관한 제도를 소개하고 있다.

또한 소마(杣, 1986)는 일본의 선거제도가 어떠한 경위를 거쳐 변천해 왔는지를 기술하고 있다. 또한 니시히라(西平, 1981)·니시히라(西平, 1990)·고바야시(小林, 1994a)·니시히라(西平, 1997)는 각국의 선거제도를 정리하고 있다. 사카카미(阪上, 1990)도 각국의 선거제도를 해설하고 병립제의 문제점을 지적하고 있다. 시나다(品田, 1992)도 비례대표제도의 의석배분방식을 설명하고 있으며, 가토(加藤, 1993)는 선거제도에 관한 논의의 기반이 되는 정치사상을 정리하고 있다.

이밖에 병립제의 문제점을 지적하는 문헌도 많다. 먼저 이시가와·사기노·와타나베·미즈시마(石川·鷺野·渡邊·水島, 1991)·이시가와(石川, 1992)·이시가와(石川, 1993)는 지금까지의 일본의 정치개혁에 관해 의문을 제기하는 가운데 병립제 하에서 발생할 수 있는 다양한 문제점을 지적하고 있다. 사카카미(阪上, 1994)도 소선거구제를 일본에 도입하는 것에는 오히려 문제가 생길 수도 있다는 점을 경고하고 있다. 그리고 이가라시(五十嵐, 1993)도 병립제의 문제점과 더불어 정치자금이나 정당조성금에 관한 정치개혁의 문제점을 지적하였고, 이시가와(石川, 1990)는 병립제 도입의 논리적 문제점을 논의하고 있다. 또한 자유법조단(1991)도 소선거구제 도입에 수반되는 문제점을 밝히고 있다. 나아가 야나기사와(柳澤, 1996)는 영국과 미국에서 소선거구제도가 야기하는 문제점을 소개하고 있으며, 가미조(上条, 1992)는 독일의 연구를 통해서 소선거구제 및 정당법의 문제점을 지적하고 있다. 또한 미야가와(宮川, 1996)도 병립제의 문제점을 통렬하게 비판하고 있다. 도드(Dodd)는 선거제도를 직접 논의한 것은 아니지만, 선거제도에 관한 논의에서 중요한 문제, 즉 과거 50년간 세계에서 구성된 의회에 대한 고찰을 통해 "연립정권과 단독정권

중 어느 쪽이 안정적인가"라는 문제에 대한 답을 제시하고 있다. 그리고 나가히사(永久, 1995)와 와다(Wada, 1996)는 수리 모델을 이용해서 선거제도에 관한 분석을 실시하고 있다.

또한 중의원선거가 중선거구제에서 병립제로 바뀐 뒤인 1996년과 2000년은 새로운 선거제도 하에서 중의원선거가 실시되었기 때문에, 최근에는 선거제도에 관한 투표행동연구가 늘어나고 있으며, 병립제 하에서의 투표행동이 이전의 중선거구제에서 이루어졌던 투표행동과 어떻게 상이한가를 실증하는 연구가 늘어나고 있다.

먼저 리드(Reed, 2000)는 1947년부터 1993년까지의 중선거제를 분석 대상으로 삼아 'M＋1' 법칙이 적용되는가 여부를 검증했다. 그 결과, 정수보다도 유력한 후보자가 한 명 더 많은 상태는 3인 선거구에서 가장 많이 나타나며, 4인 선거구, 5인 선거구가 됨에 따라 균형상태의 강도가 약해진다는 점을 입증하였다. 또한 중선거구제에 관한 연구와 신제도론의 입장에서 이루어진 SNTV의 연구에 관한 고찰로서는 가와우토(川人, 2000)가 있다.

또한 미야케(三宅, 2001)는 1996년 중의원선거의 투표행동의 특징으로서 '지역대표 이미지'가 후보자 이미지로서 강하다는 점, 그리고 '당선 가능성이 높은 후보자에게 투표하는 경향'이 보이고 있다는 점 등을 들고 있다. 단, 미야케는 1회의 선거만으로 결론을 내리기에는 시기상조라는 점을 분명히 밝히고 있다. 그리고 스즈키(鈴木, 2000)는 선거제도가 정당의 정책위상에 영향을 미치고, 그것이 나아가 유권자의 투표행동에 영향을 미친다는 종합적인 분석을 실시하였다. 구체적으로 1996년 중의원선거의 경우 소선거구에서는 각 정당의 정책이 중첩적으로 수렴되기 때문에 정책논쟁이 이루어지지 않았으며, 각 후보자가 상대후보에 대한 차별화를 시도하기 위해 개인적 특성을 강조하게 되고, 그 결과 특성지향적인 투표가 이루어졌다는 점을 밝혔다. 이에 반해 스즈키에 따르면, 비례구에서는 쟁점지향의 투표가 촉진되었다고 한다. 이는 다운즈 등 투표에 관한 합리적 선택 모델의 합의에 일치되는 것으로서 주목할 만한 연구이다.

또한 나토리(名取, 2002)는 중선거구제로부터 병립제로의 이행에 따라서 보조금 배분 등의 이익배분정치가 줄어들었는가 여부를 실증적으로 분석하여 병립제 도입이 이익유도정치에는 변화를 가져오지 않았다는 점을 밝히고 있다. 이것은 병립제를 도입할 때 주장하던 논리가 현실적으로 구현되지 않고 있음을 밝혔다는 점에서 중요한 연구라고 말할 수 있다. 이에 반해 다니구치(谷口, 2002)는 시즈오카현을 분석 대상으로 한 사례연구를 통해 병립제 도입 때 예상된 도브판 선거(후보자가 선거구의 구석구석을 돌며 운동하는 형태의 선거운동)가 나타나지 않았다는 것을 주장하고 있다. 또한 리드(Reed, 2003)도 병립제 하에서 실시된 2회의 선거(1996년·2000년)를 분석하여, 정치개혁에 관해서 긍정적인 평가를 하고 있다.

한편 아사노(淺野, 2003)는 자민당 공식 후보의 결정에 주목하여 중선거구제 하에서는 자민당 현본부의 의향이 동당 후보자의 공인(共認)에 강하게 작용하였지만, 소선거구제 하에서는 집행부가 밀어주는 신인이 공천을 받는 경우가 적지 않으며, 총재의 파벌이나 간사장 파벌의 영향력이 증가하고 있음을 밝히고 있다. 또한 중선거구제뿐 아니라 참의원선거도 병립제 하에서 실시되고 있다는 점에 착안하여, 니시가와(西川, 2003)는 2001년 참의원선거에서 선거구 선거와 비례구 선거가 어떻게 상호간에 연동하고 있는지를 분석하였다. 그 결과, 정당의 선거구로의 참가가 비례구에서의 개인표 증가보다도 정당투표 증가로 연결되고 있음을 밝히고 있다.

　　이에 반해, 선거제도의 변경이 의회 등에 불러일으키는 영향을 고찰한 연구도 있다. 예를 들면, 나리타(成田, 2001)는 병립제가 온건한 다당제를 초래한다는 의미에서 연립정권을 촉진하는 반면, 병립제는 복수의 정당이 협력하는 틀을 갖지 않기 때문에 연립정권을 억제하는 효과가 있음을 지적하고 있다. 또한 오오야마(大山, 2001)는 일본과 거의 비슷한 시기에 선거제도에 관한 개혁을 실시하여 병용제를 도입한 뉴질랜드와 병립제를 도입한 일본 의회의 심의가 변화하고 있다는 점을 비교하여, 양국 모두 당초 기대했던 효과는 나타나지 않았다는 점을 밝히고 있다.

　　이밖에 히젠(肥前, 2003)은 게임이론을 이용하여 2001년 참의원선거에 도입된 비구속식 비례대표제와 종래의 구속식 비례대표제를 비교하여 후자는 특정 유권자에게 편향된 정책을 선호하는 후보자가 당선될 가능성이 있으며, 따라서 민의의 반영이라고 하는 점에서는 전자가 더 바람직하다는 점을 입증하였다.

　　또한 대의제의 제도개혁이라는 의미에서 수상공선제에 대한 토론도 활발하게 이루어졌다. 예를 들면, 이마나리(今成, 2001)는 수상공선제의 장점과 단점을 정리함과 동시에 미국 의회의 역동성을 소개하고 있다. 또한 오오이시·구보·사사키·야마구치(大石·久保·佐々木·山口, 2002)는 고이즈미(小泉) 수상의 사적 간담회인 '수상공선제를 생각하는 간담회' 소속 구성원들이 작성한 보고서의 논의를 정리하였다. 또한 다다노(只野, 2003)는 수상공선제 등 내각의 존재방식에 관한 논의보다는 국회의 존재방식을 먼저 따져봐야 한다는 점을 강조하고 있다.

　　이러한 선거제도연구는 선거연구 중에서 가장 구체적인 제언에 연결되는 연구분야이다. 따라서 그만큼 연구의 의의를 도출하기 쉽지만, 정치의 이념에 대한 연구자의 사고방식이 중시되는 연구분야이기도 하다.

VII 정치자금에 관한 연구

선거제도와 더불어 정치개혁 때 논의되었던 것이 정치자금의 규제강화였다. 이 문제에 관한 연구로는 먼저 사사키·요시다·다니구치·야마모토(佐々木·吉田·谷口·山本, 1999)가 행한 1996년 중의원선거에서 당선된 정치가를 대상으로 자금의 관리단체나 정당의 소선거구 지부, 후원회 조직, 그리고 선거비용 등에 착안해서 실시한 전국조사를 토대로 분석된 연구서가 있다. 이 연구서에는 2세 의원의 계승을 정치자금 측면에서 분석한 후쿠모토(福元, 1999)나 스즈키 무네오(鈴木宗雄)의 정치수법을 해명한 야마구치(山口, 1999) 등 흥미로운 논문들이 게재되어 있다. 이밖에 가와우토(川人, 2001)는 2000년 중의원선거에서 선거운동 비용과 득표율과의 연관성을 분석한 결과, 자민당과 공명당의 선거 협력이 이루어짐으로써 자민당 후보자가 사용한 비용과 득표율의 증가 사이에 통계적으로 의미있는 관련성이 나타나지 않게 되었음을 지적하고 있다.

VIII 기타

이외에 최근 5년간에는 매우 탁월한 일본 정치에 관한 연구가 이루어지고 있다. 예를 들면, 의회에 관해서는 1947년 제1회 특별국회 이후 50년간에 걸쳐서 모든 내각이 제출한 법안의 심의와 관련된 정치과정을 분석한 후쿠모토(福元, 2000)를 시작으로 마스야먀(增山, 2001)나 오오야마(大山, 2003) 등이 있다.

또한 정당에 관해서는 일본사회당의 노선전환과정을 실증적인 자료로 검증하는 가운데 상세히 추적한 모리(森, 2001)를 포함해 모리(森, 1999)나 다니(谷, 2002)의 사회당 연구 혹은 자민당의 각료배분에 관한 마치도리(待鳥, 2001)나 중소정당의 연립정권 참여에 관한 오니즈카(鬼塚, 2002) 등이 있다. 또한 각국의 의회나 정당에 관해서도 프랑스의 마스다(益田, 1999), 영국의 아키모토(秋元, 1999), 미국의 이마무라(今村, 2000)나 구보(久保, 2002), 이탈리아의 이케타니(池谷, 2003) 등이 있지만, 리뷰의 성질상 지면이 제한되어 있기 때문에서 상세하게 검토하는 것은 다른 기회로 미뤄둔다.

글을 마치며

1. 제1의 딜레마

일본의 투표행동연구를 돌이켜보면, 투표행동연구의 두 가지 딜레마를 살펴볼 수 있다. 먼저 제1의 딜레마는 각 선거의 투표행동에서 공통의 요소를 추출하는 것, 즉 이론 구축을 실시하는가, 그렇지 않으면 개별선거의 결과를 보다 구체적으로 설명하는가의 선택이다. 본 장에서는 주로 전자의 연구에 비중을 두었지만, 일본의 투표행동을 일반화하는 데는 적지 않은 난점이 있다. 왜냐하면 선거 때마다 개별적인 사정이 너무나 다르기 때문이다. 예를 들면, 최근에서는 각 선거에 등장하는 정당조차도 상이하며, 그 결과 피설명변수의 실질적인 내용이 다르기 때문에 공통의 요소를 추출하는 것이 매우 어렵다. 또한 설명변수의 경우, 쟁점태도나 업적평가라고 하는 변수도 쟁점이나 내각이 선거 때마다 다르기 때문에 일반화를 시도하는 것이 곤란하기 짝이 없다.

더욱이 소비자 행동과 같이 선거는 매일 행해지는 것도 아니며, 따라서 중의원선거를 모두 집계해봐도 지금까지 기껏해야 수십 회밖에 되지 않는다. 일본의 투표행동에 공통적인 이론이나 가설을 도출하기에는 표본의 숫자가, 즉 선거의 횟수가 너무 적은 것이다. 때문에 개별적인 선거결과를 설명하는 것과 같은 연구가 이루어지게 되지만, 개별적인 선거를 설명하려면, 어쨌든 해당 선거의 구체적인 사정이 강하게 작용하기 때문에 일정한 문제점을 안게 된다.

이러한 문제는 미국의 투표행동연구를 살펴보아도 지적될 수 있다. 여기서 미국의 투표행동연구에서 설명변수를 추적해왔던 역사를 돌이켜보면, 터너 등의 지역특성에 관한 연구로부터 콜롬비아대학의 사회적 속성에 관한 연구를 거쳐서 미시간대학의 정당지지에 관한 연구에 이르는 과정을 볼 수 있다. 그리고 60년대 중반에 베트남전쟁이 일어났을 때는 쟁점태도가 주목되고, 70년대 워터게이트 사건이 발생했을 때는 정치신뢰가 중시된다. 나아가 80년대 레이건 대통령이 재선되었을 때는 업적평가라는 요인이 추가되며, 그리고 후보자평가나 정당평가도 분석의 대상이 되고 있다.

이러한 설명요인의 변천은 투표행동연구의 발전이라고 볼 수 있는가, 그렇지 않으면 유권자가 단지 시대와 더불어 변화한 것으로 보아야 하는가, 혹은 시대에 따라서 선거마다 사정이 다르기 때문인 것으로 간주해야 하는가, 어느 쪽을 옳다고 해야 할지 판단하기가 쉽지 않다. 만약 시대에 따라서 선거 사정이 상이했다면, 투표행동연구는 단지 선거의 정치사적 연구를 실시하는 것에 불과할 것이다.

한편 최근의 투표행동연구를 돌이켜보면, '일반화인가 개별화인가'에 관해서는 일반화의 경향이 보다 강해지고 있는 추세이다. 예전에 눈에 많이 띄었던 개별적인 선거 결과의 해명에 중점을 둔 연구가 줄어든 반면, 투표행동연구에서 논의되고 있는 테마를 검증하기 위한 사례로서 개별선거를 다루는 연구는 늘어나고 있는 추세이다. 이는 당연한 흐름이라고 생각할 수 있지만, 무엇보다 미국에서 유행하는 가설이나 이론을 검증하는 것에 시종일관 집착하여, '어떠한 점은 일본에서도 검증되었다'와 같은 결론에 머물러 있는 연구가 적지 않은 형편인데, 이는 문제라고 하지 않을 수 없다. 일본의 투표행동이 특수한 사례인 것과 마찬가지로 미국의 투표행동도 특수한 사례일 것이다. 이 양쪽을 포괄하는 가설이나 이론을 구축하고 검증할 때 비로소 일본의 투표행동연구가 미국이나 다른 나라의 투표행동연구에 대해서도 공헌할 수 있는 것이 아닐까?

2. 제2의 딜레마: 높은 설명력인가 넓은 설명영역인가

투표행동연구에서 제2의 딜레마는 피설명변수와 설명변수 간의 동어반복을 어떻게 해결하는가 하는 점이다. 바꿔 말하자면, 양자간이 동어반복에 가까워지는 위험성을 어떻게 회피하는가의 문제가 제기되고 있다. 지역특성이나 사회적 속성으로부터 정당지지, 업적평가, 후보자평가로 설명변수가 변화함에 따라서 피설명변수인 투표행동에 대한 설명력이 높아지고 있다고 볼 수 있다. 하지만 여기서 문제가 되는 중요한 점은 투표행동의 연구영역이 정당지지와 투표행동, 혹은 업적평가나 후보자평가와 투표행동 사이의 인과관계라는 좁은 범위에 한정되고 만다는 것이다. 바꿔 말하면, A당을 지지한다든지 A당의 업적을 평가하는 사람은 A당에 투표한다, 혹은 A후보에 호의적인 감정을 지니고 있는 사람은 A후보자에게 투표한다고 말하고 있는 것에 지나지 않는 연구가 많은 것이다. 투표행동이라는 피설명변수의 개념에 가까운 설명변수를 도입할수록 투표행동에 대한 설명력이 높아질 수 있겠지만, 그 반면 연구의 영역은 오히려 좁아진다는 문제점이 있는 것이다.

여기서 가장 중요한 과제로 떠오르는 것은 그러한 설명요인 자체를 다른 설명요인에 의해서 설명해야 한다는 점일 것이다. 왜 A당을 지지하는가, 혹은 왜 A당의 업적을 높게 평가하는가, 혹은 왜 A후보자에게 호의적인 감정을 가지게 되었는가를 설명하지 않고서는 단지 피설명변수를 설명변수로 바꿔 놓은 것에 지나지 않기 때문이다. 특히 중회귀분석방식을 분석에 이용할 때, 설명변수간의 인과관계를 경시하는 연구가 적지 않게 보이는 것도 사실이다. 그러한 경향은 투표행동에 대한 설명력을 높이고 싶다는 인센티브와 상호작용하여, 점점 더 투표행동이라는 피설명변수와 동어반복에 가까운 개념을 설명변수로 택하는 경향에 박차를 가하게 될 것이다.

하지만 다행스럽게도 투표행동에 대한 설명력을 높인다는 것과 연구영역을 좁히지 않는다는 것은 양립가능한 것으로 보인다. 그러나 그렇게 되기 위해서는 투표행동에 관한 연구자 각자가 강조하는 설명변수의 세계에 함몰되지 않고, 지역특성이나 사회적 속성, 특히 성별이나 연령과 같은 기본적인 요인에서 시작해서 최종적인 투표행동에 이르는 장대한 경로를 항상 머릿속에 그리는 가운데 연구를 진행시킬 필요가 있을 것이다.

한편 '높은 설명력인가 넓은 설명영역인가'라는 문제에 주목하는 경우, 최근의 투표행동에 관한 연구영역은 좁아지는 경향을 보이고 있다고 말할 수 있다. 어떤 의미에서는 전문화가 진행된 결과라고 볼 수도 있지만, 한편으로 이는 일본 정치 전체는 물론이고 투표행동과 관련된 모든 것을 거시적으로 설명하는 연구가 너무나 줄어든 결과라고도 볼 수 있을 것이다. 개별적인 테마로 설명력을 둘러싸고 상호간에 경쟁하는 것도 좋지만, '무엇을 위해 투표행동연구를 하고 있는가'를 항상 염두에 두어야 할 것이다.

3. 선거연구의 의미

한편 투표행동연구의 발전은 동시에 정치현상 분석방법의 발전에도 지대한 공헌을 해왔다. 그러나 분석 자체에 너무 집착한 나머지, 때로는 무엇을 위해 연구를 하고 있는가를 이해하기 힘든 연구도 적지 않게 볼 수 있다. 방대한 자료를 이용해서 복잡한 다변량 분석을 실시하는 것 자체는 흥미로운 일이지만, 투표행동연구는 결코 놀이(game)가 아니다. 바꿔 말하자면, 왜 투표행동을 설명하고 싶은 것인가, 혹은 왜 정당지지를 설명하고 싶은 것인가와 같은 문제의식을 항상 명백히 하지 않으면 안 될 것이다. 그리고 최종적으로는 그러한 분석의 결과를 반영하는 가운데 어떠한 제안을 하고 싶은가를 명백히 밝혀 두는 연구가 되었으면 하는 바램을 가져 본다.

마지막으로 일본의 투표행동연구를 돌이켜보면, 분석에 필요한 공통의 자료가 부족하다는 점이 투표행동에 관한 연구의 발전에 장애가 되고 있음을 필자는 통절히 느끼고 있다. 예를 들어, 업적평가가 투표행동과 직접적으로 관련성을 가지는가 여부에 관해서 연구자들간에 이견이 있다 할지라도, 각 연구자가 이용하는 조사자료가 상이하다면 서로 다른 운동 장에서 씨름을 하고 있는 것과 마찬가지이다. 일본에서도 미국의 ANES · NES 자료와 같은 투표행동연구를 위한 공통의 장이 필요하다. 그러한 의미에서도 선거에 관한 집계자료 및 설문자료의 공개와 누구든 이용가능한 데이터베이스의 구축이 요청된다고 할 수 있다.

참고문헌

秋元富雄(1999), 「1997年英国総選挙における政党政治の'モダニゼーション'」, 『選挙研究』No. 14, 122-132頁.

浅野正彦(1998), 「国政選挙における地方政治家の選挙動員」, 『選挙研究』No.13, 120-129頁.

浅野正彦(2003), 「選挙制度改革と候補者公認ー自由民主党(1960-2000)」, 『選挙研究』No.18, 174-189頁.

荒木俊夫(1994), 「投票行動の政治学』, 北海道大学図書刊行会.

荒木俊夫・相内俊一・川人貞史・蓮池穣(1983), 『投票行動における連続と変化』, 木鐸社.

五十嵐仁(1993), 『一目でわかる小選挙区比例代表並立制』, 労働旬報社.

池田謙一(1991a), 「投票行動のスキーマ理論」, 『選挙研究』, No.6, 137-159頁.

池田謙一・村田光二(1991b), 『こころと社会』, 東京大学出版会.

池田謙一・西澤由隆(1992), 「政治的アクターとしての政党」, 『レヴァイアサン』No.10, 62-81頁.

池田謙一(1994), 「政党スキーマと政権交代」, 『レヴァイアサン』No.15, 73-103頁.

池間謙一(1997), 『転変する政治のリアリティ』, 木鐸社.

池間謙一(2000), 「98年参議院選挙における投票行動の分析: 業績評価変数をめぐって」, 『選挙研究』No.15, 109-121頁.

池谷知明(2003), 「2極化と破片化ー2001年イタリア上下両院選挙」, 『選挙研究』No.18, 47-57頁.

石川真澄(1990), 『選挙制度』(岩波ブックレット no.172), 岩波書店.

石川真澄・鷲野忠雄・渡辺治・水島朝穂(1991), 『日本の政治はどうかわる』, 労働旬報社.

石川真澄(1992), 「小選挙区比例代表並立制を批判する」, 『選挙研究』No.7, 4-18頁.

石川真澄(1993), 『小選挙区制と政治改革』(岩波ブックレット no.319), 岩波書店.

稲葉哲郎(2001), 「イメージの攻防ー選挙を席巻するネガティブ・キャンペーンー」, 池田謙一編, 『政治行動の社会心理学』, 北大路書房.

猪口孝(1983), 『現代日本政治経済の構図』, 東洋経済新報社.

猪口孝(1986), 「経済状況と政策課題」, 綿貫・三宅・猪口・蒲島, 『円本人の選挙行動』, 東京大学出版会.

猪口孝(1993), 『日本』, 東京大学出版会.

今井祐介(2003), 「有権者と政治エリートー国会議員の活動と有権者の業績評価」, 『選挙研究』, No.18, 113-124頁.

今成勝彦(2001), 『首相公選は日本を変えるかー アメリカ議会のダイナミズムに学ぶー』, いしずえ.

今村浩(2000), 「政党研究と選挙研究」, 『選挙研究』No.15, 73-79頁.

岩渕美克(1986), 「地方選挙の分析: 社会的属性の分析」, 堀江湛・梅村光弘編, 『投票行動と政治意識』, 慶應義塾大学出版会.

岩渕美克(1994)，「予測報道とアナウンスメント効果」，『政経研究』30巻4号，153-173頁.

岩渕美克(1998)，「政党支持なし層と選挙キャンペーン」，『政経研究』34巻3号，425-445頁.

大石眞・久保文明・佐々木毅・山口二郎編(2002)，『首相公選を考える』，中公新書.

大宮武郎(1988)，『選挙制度と議員定数の是正』，北樹出版.

大山礼子(2001)，「ウエストミンスターモデルと選挙制度改革 — ニュージーランドと日本 —」，『選挙制度』No.16，28-38頁.

大山礼子(2003)，『比較議会政治論 — ウエストミンスターモデルと欧州大陸型モデル』，岩波書店.

岡田浩(1998)，「政党間差異認知の投票参加に及ぼす影響」，『選挙研究』No.13，60-65頁.

岡本弘基(2003)，「政党ウェッブサイトの広告効果」，『選挙研究』No.18，190-202頁.

沖野安泰(1995)，『現代日本の政治』，芦書房.

鬼塚尚子(2000)，「市民参加のジレンマ 市民組織の選挙活動におけるフリーライダーの発生 —」，『選挙研究』No.15，139-151頁.

鬼塚尚子(2002)，「中小政党の連立政権参加と有権者の投票行動」，『選挙研究』No.17，113-127頁.

加藤秀治郎編(1993)，『選挙制度と政治思想』，芦書房.

加藤哲也(2003)，「争点投票支援システムの提案とその評価」，『選挙研究』No.18，148-163頁.

加藤博久編(1987)，『自民‘304’議席の秘密』，政治広報センター.

加藤元宣(2002)，「小選挙区の地域特性に基づく2000年衆院選の分析」，『選挙研究』No.17，154-170頁.

蒲島郁夫(1986)，「争点，政党，投票」，綿貫・三宅・猪口・蒲島，『日本人の選挙行動』，東京大学出版会.

蒲島郁夫(1992)，「89年参院選」，『レヴァイアサン』No.10，7-31頁.

蒲島郁夫・今井真裕(1996)，「政治変動と有権者の政党認知の変容」，『レヴァイアサン』No.18，139-159頁.

蒲島郁夫(1998)，『政権交代と有権者の態度変容』，木鐸社.

蒲島郁夫・今井亮祐(2001)，「2000年総選挙 — 党首評価と投票行動」，『選挙研究』No.16，5-17頁.

上条貞夫(1992)，『選挙法制と政党法』，新日本出版社.

上條末夫(1978)，『政治意識の構造』，北樹出版.

上條末夫(1991)，『戦後日本の総選挙』，北樹出版.

亀ヶ谷雅彦(1998)，「アナウンスメント効果の間接効果の実証に関する試み」，『選挙研究』No.13，110-119頁.

川上和久(1993)，「価値観の変化と都市型選挙の変化」，『選挙研究』No.8，31-46頁.

川上和久(1998)，「日本におけるメディア・ポリティクス」，『選挙研究』No.13，100-109頁.

川人貞史(1988)，「衆参同日選挙と中曽根人気」，『北大法学論集』39巻2号，432-490頁.

川人貞史(1992)，『日本の政党政治 1890-1937年』，東京大学出版会.

川人貞史(2000)，「中選挙区制研究と新制度論」，『選挙研究』No.15，5-16頁.

川人貞史(2002)，「選挙協力・戦略投票・政治資金 — 2000年総選挙の分析 —」，『選挙研究』No.17，58-70頁.

河村和徳(1998), 「地方財政に対する首長選挙の影響」, 『選挙研究』 No.13, 130-139頁.

木村高宏(2003), 「衆議院選挙における退出と抗議」, 『選挙研究』 No.18, 125-136頁.

京極純一(1968), 『政治意識の分析』, 東京大学出版会.

久保文明(2002), 「米国民主党の変容 ―'ニュー・デモクラット・ネットワーク'を中心に ―」, 『選挙研究』 No.17, 71-83頁.

栗田宣義(1998), 「現代日本における左翼主義の衰退」, 政治過程研究会東西合同研究報告論文.

栗田宣義(2000), 「戦後日本における1955年から1995年にかけての社会変動と社共支持」, 『選挙研究』 No.15, 122-138頁.

公平慎策(1979), 『転換期の政治意識』, 慶應義塾大学出版会.

河野武司(1998), 「第40同及び41回総選挙に関するテレビ報道の比較内容分析」, 『選挙研究』 No.13, 78-88頁.

小林良彰・村山皓司・谷藤悦史・武藤雅文(1984), 『現代政治意識論』, 高文堂出版社.

小林良彰(1985), 『計量政治学』, 成文堂.

小林良彰(1987), 「投票行動と政治意識に関する計量分析」, 『選挙研究』 No.2, 26-63頁.

小林良彰・新川達郎・佐々木信夫・桑原英明(1987), 『地方政府の現実』, 学陽書房.

小林良彰(1988), 『公共選択』, 東京大学出版会.

小林良彰(1991a), 『現代日本の選挙』, 東京大学出版会.

小林良彰編(1991b), 『政治過程の計量分析』, 芦書房.

小林良彰(1991a), 『現代日本の選挙』, 東京大学出版会.

小林良彰編(1991b), 『政治過程の計量分析』, 芦書房.

小林良彰(1992), 「選挙制度改革の分析」, 『選挙研究』 No.7, 19-39頁.

小林良彰(1994a), 『選挙制度』, 丸善.

小林良彰(1994b), 「投票行動のダイアメトロスモデル」, 『レヴァイアサン』 No.15, 104-126頁.

小林良彰(1997a), 『現代日本の政治過程』, 東京大学出版会.

小林良彰編(1997b), 『日本人の投票行動と政治意識』, 木鐸社.

小林良彰(1999), 「わが国における選挙研究の系譜と課題」, 『選挙研究』 No.14, 5-18頁.

小林良彰(2002), 「2001年参院選における合理的投票モデル」, 『選挙研究』 No.17, 31-44頁.

阪上順夫(1990), 『現代選挙制度論』, 政治広報センター.

阪上順夫(1994), 『小選挙区制が日本をもっと悪くする ― 腐敗政治・金権選挙・独裁政権』, ごま書房.

阪野智一(1999), 「1997年イギリス総選挙と業績評価」, 『選挙研究』 No.14, 111-121頁.

佐々木毅・吉田慎一・谷口将紀・山本修嗣編(1999), 『代議士とカネ』, 朝日選書.

佐藤哲也(2003), 「争点投票支援システムの提案とその評価 ― 2001年参院選を対象として」, 『選挙研究』 No.18, 148-163頁.

品田裕(1992), 「比例代表制における議席配分法の比較」, 『選挙研究』 No.7, 40-62頁.

自由法曹団編(1991), 『小選挙区制・政党法のすべて』, イクオリティ.

菅沢文明(1986),「国政選挙の分析: 社会的属性の分析」, 堀江湛・梅村光弘編,『投票行動と政治意識』, 慶應義塾大学出版会.

鈴木基史(1996),「日本とアメリカ合衆国における国政選挙のマクロ分析」,『選挙研究』No.11, 3-22頁.

鈴木基史(2000),「並立制における投票行動研究の統合的分析アプローチ」,『選挙研究』No.15, 30-41頁.

芹沢功(1980),『選挙と政治意識の諸相』, 北樹出版.

芹沢功(1986),「政治意識と投票行動」,『選挙研究』No.1, 20-43頁.

十川宏二(1993),「現代日本における経済状況と政党支持」,『レヴァイアサン』No.12, 173-186頁.

杣正夫編(1985),『日本の総選挙1983年』, 九州大学出版会.

杣正夫(1986),『日本選挙制度史』, 九州大学出版会.

杣正夫編(1987),『日本の総選挙1986年』, 九州大学出版会.

高橋喜一郎・山本博之(1982),「政治における支持率関数」,『公共選択の研究』2号, 83-92頁.

高橋祥起(1991),『政治改革』, 芦書房.

只野雅人(2003),「首相公選の意味」,『選挙研究』No.18, 78-89頁.

田中愛治(1992),「政党支持なし層の意識構造と政治不信」,『選挙研究』No.7, 80-99頁.

田中愛治(1995),「55年体制の崩壊とシステムサポートの継続」,『レヴァイアサン』No.17, 52-83頁.

田中愛治(1996),「国民意識における55年体制の変容と崩壊」,『年報政治学』, 1996年号, 31-66頁.

田中愛治(1997),「政党支持なし層の意識構造」,『レヴァイアサン』No.20, 101-129頁.

谷聖美(2002),「日本社会党の盛衰をめぐる若干の考察 ― 選挙戦略と政権・政策戦略 ―」,『選挙研究』No.17, 84-99頁.

谷口将紀(2002),「改革以降の組織票動員」, 2002年度日本政治学会研究会報告論文.

辻田好和(1988),『戦後の選挙総覧』, ぎょうせい.

堤英敬(1997),「業績評価と投票行動・政治意識」, 小林良彰編,『日本人の投票行動と政治意識』, 木鐸社.

堤英敬(1998),「1996年衆議院選挙における候補者の公約と投票行動」,『選挙研究』No.13, 89-99頁.

東京大学新聞研究所編(1998),『選挙報道と投票行動』, 東京大学新聞研究所研究叢書.

東京都投票率向上研究会(1998),『投票率の向上に関する調査研究』, 東京都選挙管理委員会事務局.

永井陽之助(1971),『政治意識の研究』, 岩波書店.

中野実編(1992),『現代日本の政策過程』, 東京大学出版会.

永久寿夫(1995),『ゲーム理論の政治経済学』, PHP研究所.

中村悦大(2003),「経済投票モデルと政党選択」,『選挙研究』No.18, 164-173頁.

中村宏(1996),『地方選挙』, 日本評論社.

名取良太(2002),「選挙制度改革と利益誘導政治」,『選挙研究』No.17, 128-141頁.

成田憲彦(2001)，「日本の連立政権形成における国会の論理と選挙制度の論理」，『選挙研究』No.16，18-27頁．

西川美砂(2003)，「2001年参院選における政党システムへの選挙制度の影響」，『選挙研究』No.18，12-25頁．

西澤由隆・河野勝(1990)，「日本における選挙経済循環」，『レヴァイアサン』No.6，152-171頁．

西澤由隆(1992)，「経済政策に対する業績評価としての自民党支持率」，日本政治学会研究報告論文．

西澤由隆(1998)，「55年体制下の自民党支持率と経済政策に対する評価」，『同志社法学』256号，1-25頁．

西澤由隆(2001)，「自民党支持と経済業績評価」，三宅一郎・西澤由隆他，『55年体制下の政治と経済』，木鐸社．

西澤由隆(2001)，「内閣支持と経済業績評価」，三宅一郎・西澤由隆他『55年体制下の政治と経済』，木鐸社．

西平重喜(1981)，『比例代表制』，中央公論社．

西平重喜(1990)，『統計でみた選挙のしくみ』，講談社．

西平重喜(1997)，「世界各国の選挙法の現状」，『ESTRELA』42号，82-85頁．同43号，88-91頁．同44号，87-91頁．同45号，82-85頁．同46号，90-93頁．同47号，90-93頁．

日本人研究会編(1976)，『日本人研究 No.2 ― 政党支持別日本人集団 ―』，至誠堂．

ニュー・グランド・デザイン研究会編(1993)，『政治改革宣言 ― 近未来政治システム』，亜紀書房．

橋本晃和(1975)，『政党支持なし』，日本経済新聞社．

橋本晃和(1995)，『民意政治学』，勤草書房．

早川昌範・吉崎輝美(1997)，「無党派層の政治態度と投票行動」，『選挙研究』No.12，88-97頁．

肥前洋一(2003)，「拘束名簿式比例代表制と非拘束名簿式比例代表制のゲーム理論的比較分析」，『選挙研究』No.18，137-147頁．

平野浩(1989)，「情報・イメージ・投票行動」，『選挙研究』No.4，84-108頁．

平野浩(1993)，「日本の投票行動における業績評価の役割」，『レヴァイアサン』No.13，147-167頁．

平野浩(1994)，「政治的評価と経済的評価」，『選挙研究』No.9，93-104頁．

平野浩(1997)，「社会経済的要因から見た投票行動」，白鳥令編，『選挙と投票行動の理論』，東海大学出版会．

平野浩(2001)，「人はなぜ投票に行くのか ― 投票参加の社会心理 ―」，池田謙一編，『政治行動の社会心理学』，北大路書房．

福元健太郎(1999)，「資金からみた政治的碁盤の継承 ― 渡辺美智雄から喜美へ」，佐々木毅・吉岡慎一・谷口将紀・山本修嗣編，『代議士とカネ』，朝日選書．

福元健太郎(2000)，『日本の国会政治:全政府立法の分析』，東京大学出版会．

堀江湛・岩男寿美子編(1977)，『都民の選択』，慶應義塾大学出版会．

堀江湛・梅村光弘編(1986)，『投票行動と政治意識』，慶應義塾大学出版会．

前田英昭(1993)，『政治腐敗防止法を考える』，信山社．

増田正(1999), 「フランス1997年国民議会選挙と政党政治の展開」, 『選挙研究』No.14, 101-110頁.

増山幹高(2001), 「国会運営と選挙: 閣法賛否の不均一分散Probit分析」, 『選挙研究』No.16, 55-66頁.

待鳥聡史(2001), 「参議院自民党における閣僚ポスト配分ルールの形成」, 『選挙研究』 No.16, 67-77頁.

水崎節文(1992), 「一人区における自民党の完敗」, 『レヴァイアサン』No.10, 82-103頁.

宮川隆義(1996), 『小選挙区比例代表並立制の魔術』, 政治広報センター.

三宅一郎・木下富雄・間場寿一(1967), 『異なるレベルの選挙における投票行動の研究』, 創文社.

三宅一郎・村松岐夫編(1981), 『京都市政治の動態』, 有斐閣.

三宅一郎(1985), 『政党支持の分析』, 創文社.

三宅一郎(1986), 「政党支持と政治的イメージ」, 綿貫・三宅・猪口・蒲島, 『日本人の選挙行動』, 東京大学出版会.

三宅一郎(1987), 「地元利益志向と保守化」, 『レヴァイアサン』No.1, 31-46頁.

三宅一郎(1989), 『投票行動』, 東京大学出版会.

三宅一郎(1990), 『政治参加と投票行動』, ミネルヴァ書房.

三宅一郎(1992), 「89年参議院選挙と政党再編成」, 『レヴァイアサン』No.10, 32-61頁.

三宅一郎・西澤由隆(1992), 「日本の投票行動モデルにおける政党評価要因」, 『選挙研究』No.7, 63-79頁.

三宅一郎(1994), 「新党の出現と候補者評価モデル」, 『レヴァイアサン』15号, 35-52頁.

三宅一郎(1995), 『日本の政治と選挙』, 東京大学出版会.

三宅一郎(1997), 「対外国態度と有権者の政治意識」, 『選挙研究』No.12, 41-58頁.

三宅一郎・西澤由隆(1997), 「日本の投票参加モデル」, 綿貫譲治・三宅一郎, 『環境変動と態度変容』, 木鐸社.

三宅一郎・綿貫譲治(1997), 『環境変動と態度変容』, 木鐸社.

三宅一郎(1998), 『政党支持の構造』, 木鐸社.

三宅一郎(1999), 「中途半端に終わった政策投票 — 1996年衆議院選総選挙の場合 —」, 『選挙研究』No.14, 50-62頁.

三宅一郎(2000), 「政党の施策に対する満足度: もう一つの政策評価尺度」, 『選挙研究』No.15, 96-108頁.

三宅一郎(2001), 「経済評価の変動と自民党支持: 個人データ分析」, 三宅一郎・西澤由隆他, 『55年体制下の政治と経済』, 木鐸社.

三宅一郎(2001), 『選挙制度変革と投票行動』, 木鐸社.

三宅一郎(2002), 「1998参議院選挙と'参議院選挙' — 明るい選挙推進協会による参議院選挙調査データの分析 —」, 『選挙研究』No.17, 100-112頁.

森正(1999), 「戦後政権構想の転換過程 — 日本社会党を中心に —」, 『選挙研究』No.14, 63-74頁.

森裕城(2001), 『日本社会党の研究 — 路線転換の政治過程 — 』, 木鐸社.

森脇俊雅(1998),『小選挙区制と区割り』, 芦書房.

安野智子(1996),「メディアの影響力の認知は世論形成を媒介するか」,『選挙研究』No.11, 46-60頁.

柳沢尚武(1996),『二大政党制と小選挙区制』, 新日本出版社.

山口二郎(1987),『大蔵官僚支配の終克』, 岩波書店.

山口二郎(1989),『一党支配体制の崩壊』, 岩波書店.

山口三郎(1993),『政治改革』, 岩波書店.

山口二郎(1999),「ネオ・ニューリーダーをねらう土着政治家, 鈴木宗男」, 佐々木毅・吉田慎一・
　　谷口将紀・山本修嗣編,『代議士とカネ』, 朝日選書, 191-205頁.

山田真裕(1992),「投票率の要因分析1979-86年総選挙」,『選挙研究』No.7, 100-116頁.

山田真裕(1997),「55年体制下の新党現象と投票行動」,『選挙研究』No.12, 59-70頁.

山田真裕(2002),「2000年総選挙における棄権と政治不信」,『選挙研究』No.17, 45-57頁.

山本竜大(2003),「日本の国会議員ホームページ開設に関する要因分析」,『選挙研究』 No.18,
　　214-228頁.

読売新聞調査研究本部編(1988),『日本の国会』, 読売新聞社.

読売新聞社編(1990),『激変の政治選択』, 読売新聞社.

李甲允(1992),「衆議院選挙での政党の得票数と議席数」,『レヴァイアサン』No.10, 109-131頁.

リード, スティーブン. R.(2000),「中選挙区制における均衡状態」,『選挙研究』No.15, 17-29頁.

若山将実(2002),「イギリスにおける業績評価投票と第三政党支持」,『選挙研究』No.17, 142-153頁.

綿貫譲治・三宅一郎・猪口孝・蒲島郁夫(1986),『日本人の選挙行動』, 東京大学出版会.

綿貫譲治(1994),「出生コーホートと日本有権者」,『レヴァイアサン』No.15, 53-72頁.

Dodd, Lawrence C.(1976), *Coalitions in Parliamentary Government*, Princeton, N.J.:
　　Princeton University Press(岡津憲芙訳,『連合政権考証』, 政治広報センター).

Reed, Steven R.(2003), *Japanese Electoral Politics — Creating a new party system —*,
　　London and New York: Routledge Curzon.

Wada, Junichiro(1996), *The Japanese Election System: Three Analytical Perspective*,
　　London: Routledge.

2장

일본의 정책쟁점과 그 변용

쓰쓰미 히데노리(堤英敬)

서론

1990년대 이후 일본의 정당정치는 격동의 시대였다. 93년 자민당 분열과 비자민 연립정권의 성립, 계속되는 새로운 정당의 결성과 정당의 이합집산, 연립정권의 정상화 등 정당간의 경쟁양상은 55년체제로부터 큰 변화를 가져왔다. 정책적으로도 정치나 행정, 경제 등 다양한 영역의 개혁이 아젠다가 되었던 반면, 방위 문제를 기축으로 한 보혁(保革)대립의 의미는 희박해졌다. 이러한 정당정치와 정책과제의 변화는 유권자의 정책적 지향의 변화에 따른 재편이라기보다 정당분열을 계기로 한 '위로부터의' 재편이라는 것이 일반적인 견해이다(大嶽, 1999: 41-42).

정책과제의 변화 배경에는 분명 냉전의 종식, 버블 경제의 붕괴, 글로벌화의 확산, 고령화 사회의 진전 등 국제·경제·사회적 배경이 있었고 그것이 유권자의식에 변화를 가져왔다는 것은 충분히 생각할 수 있다. 또한 정당이 유권자에게 받아들여질 수 없는 정책적 지향을 내세우는 것이 합리적이지 않기 때문에 유권자가 담당한 역할은 작지 않다. 하지만 새로운 정당들이 보혁대립을 교체할 명확한 정책 패키지를 미리 가지고 있었던 것이 아니라 어떠한 새로운 대립축을 내세워 유권자를 재편시킬 것인가에 대해 정당들이 시행착오를 겪었던 것은 확실해 보인다(大嶽, 1995; 1998). 본 장에서는 정계재편 전후에 행해진 정책적 주장의 내용을 밝히는 것이 기본적인 목적이다. 그와 관련해 93년 이후 정계재편의 한 가지 특징으로 정당의 분열과 새로운 정당 결성 및 의원의 정당간 이동이 활발해진 점을 들 수 있다. 이렇게 정당을 단일주체로 간주하는 것이 어려운 상황에서는 정당만이 아니라 정치가(후보자) 차원에서의 정책적 주장을 검토할 필요가 있다.[1] 따라서 본 장에서는 유권자가 후보자나 정당을 통해 공적으로 정책을 선택할 수 있는 많지 않은 기회인 선거전에서 각 정당의 후보자로부터 어떠한 정책이 어떠한 패키지로 제시되어왔는지를 검토하고 90년대 이후 정책쟁점의 변용에 관해 고찰해갈 것이다.

I 분석틀

1. 본 장의 과제

본 장에서는 선거에서 후보자가 유권자에 제시했던 정책을 검토해가겠지만 이 때 주의할 점은 유권자가 선택할 수 있는 것이 정책을 제시하는 후보자이지 개별적인 정책이 아니라는 점이다. 유권자가 후보자를 선택

---

1) 1990년대 이후 정당 차원에서의 정책적 주장을 정량적으로 제시한 것으로는 전문가 조사에 기초한 가토·레이바(加藤·レイヴァー, 1998; 2003)가 있다. 또한 가토·레이바(加藤·レイヴァー, 1998)는 연립정권 형성을 검토한 가운데에 정당이 단일주체로 여겨지지 않는 점을 고려할 필요성에 대해 논하였다.

한다는 것은 개별적인 후보자가 제시하는 다양한 정책 가운데 자신의 선호와 일치하지 않는 부분이 있다 하더라도 후보자가 제시하는 정책 전체를 패키지로서 하나밖에 선택할 수 없다는 것을 의미한다. 지금까지 고바야시(小林, 1997), 시나다(品田, 2000; 2002) 등에 의해 후보자 공약분석이 행해져 왔으나 이러한 연구들은 후보자를 총체적으로 간주한 가운데 정책적인 대립축을 추출하고 있다. 모든 후보자 차원의 정책적인 대립관계를 이해한 상황에서는 이러한 접근법이 유효하지만 유권자가 선택하는 것이 정책이 아닌 후보자라는 것을 고려하면 각 후보자가 하나씩 가지고 있는 정책 패키지의 분석과 정책적인 입장을 기준으로 한 후보자 분류를 행할 필요가 있다.

또한 유권자가 선택가능한 정책은 어디까지나 자신이 투표할 수 있는 선거구에 입후보한 후보자가 제시한 것에 한정되어야 한다는 점도 고려해야만 한다. 1993년 중의원선거에서는 일본신당으로 대표되는 새로운 정당들이 많은 지지를 받았는데 새로운 정당의 후보자가 출마했던 선거구와 그렇지 않은 선거구에서 다른 투표행태가 나타나는 것을 가바시마·리드(蒲島·リード, 2001)가 지적한 바 있다. 개별선거구에 관해 살펴보면 후보자 면면이 처한 선거전(選擧戰)의 상황이나 사회·경제적 특성이 다르다는 점에서 반드시 모든 선거구에서 정책적으로 평균적인 후보자가 출마하고, 마찬가지로 정책의 경쟁이 발생한다고 할 수는 없다. 따라서 후보자 전체의 경쟁상황을 살피는 것도 중요하지만 실제로 유권자가 (개별선거구에서) 선택가능했던 정책적 선택항목의 집합(set)에는 어떠한 양상이 존재하는가를 파악하는 것도 필요할 것이다.

이상과 같은 문제의식에 입각해서 본 장에서는 개별후보자 단위 및 선거구 차원으로 관점을 옮겨 먼저 1990년 이후 네 번의 중의원선거에서

의 정책적 주장으로부터 후보자를 몇 가지 유형으로 분류할 것이다. 다음
으로는 각 선거구에서의 정책적인 경쟁 형태를 분석하고자 한다. 이러한
분석을 통해 유권자에게 있어 '실제로 선택이 가능한 선택항목'은 어떠한
형태를 나타냈는가, 그리고 어떠한 변화를 이루어왔는가를 밝히는 것이
본 장의 검토과제이다. 구체적인 분석 대상으로는 1990, 93, 96, 2000년
중의원선거에 입후보했던 후보자가 제시한 선거공약을 이용하기로 한다.

2. 자료의 개요

분석에서 이용한 자료의 작성과정을 소개하면 다음과 같다. 본 장에서
는 후보자의 선거공약 자료로써 1990, 93, 96, 2000년에 걸친 네 번의 중의
원선거에서 후보자가 작성한 선거공보(選擧公報)를 이용한다. 분석 대상
이 되는 것은 47개의 도도부현(都道府縣) 가운데 홋카이도(北海道), 야마
가타(山形), 군마(群馬), 사이타마(埼玉), 니가타(新潟), 미에(三重), 오사
카(大阪), 나라(奈良), 오카야마(岡山), 에히메(愛媛), 미야자키(宮崎) 등
11개의 도부현(道府峴)(합계 36개 중선거구, 82개 소선거구)에서 입후보
한 후보들이다. 분석 대상 선택은 지역적인 균형을 고려한 가운데 무작위
로 선택하였다. 아울러 각 선거의 법정득표율을 넘지 못해 선거전에서 실
질적인 경쟁 참가자가 되지 못한 후보자는 분석에서 제외하였다. 그 결과
분석 대상이 된 후보자는 1990년에 190명, 93년에 196명, 96년에 249명,
2000년에 238명으로 합계 약 870명이 된다. 이는 (법정득표를 획득했던
후보자에 한정한다면) 전체 후보자의 약 1/4에 해당한다.

다음으로 각 후보자의 선거공약을 분석에 사용가능한 형식으로 만들
기 위해 선거공약의 내용분석을 행하였다. 선거공약은 기본적으로 후보
자가 '~에(정책대상)', '~을(정책영역)', '~한다(정책에 대한 찬반)'의 형

식으로 서술되지만 언급된 정책영역에 따라 어느 정도 정책대상이 유추가

능한 경우와 어떤 정책에 대한 찬반이 후보자간 차이가 극히 희박한 경우를

고려하여 본 장에서는 공약으로 언급된 정책영역만을 다루기로 한다. 또

한 정책영역에 관한 카테고리를 만들어[2] 개별후보자가 각 카테고리에 관

해 언급한 양을 측정한다. 최종적으로는 선거별로 각 후보자를 분석 단위

로 해 각각의 정책영역에 대해 언급한 양이 전체에서 차지하는 비율을 백분

율로 표시해 이를 변수로 사용한다.[3]

Ⅱ 1990년대 이후 선거공약의 개요

우선 90년대 이후에 후보자가 제시한 선거공약의 전체상을 파악해보

자. 그림 2-1은 1990, 93, 96, 2000년 중의원선거 후보자가 선거공약에서

각각의 정책영역에 대해 언급한 비율의 평균치를 나타내고 있다. 간단히

특징적인 점들을 들어보자. 먼저 첫 번째로 들 수 있는 것은 (당연한 것이지

만) 각각의 선거에서 쟁점이 된 정책영역에 대한 언급이 확실히 많다는

점이다. 1990년에는 소비세 도입 후 얼마 지나지 않은 선거였기 때문에

소비세에 대한 언급이 차지하는 몫이 높았고 93년에는 선거제도개혁을

비롯한 정치개혁에 관한 논의가 활발했기 때문에 정치에 관한 항목의 언급

률이 전체의 1/4에 육박했다. 또한 96년 선거에서는 성청(省廳) 재편을

비롯한 행정개혁 및 지방분권과 5% 인상이 초점이 된 소비세에 대한 언급

률이 증가했다. 두 번째로 네 번에 걸친 총선거의 정책공약 내용을 살펴보

---

2) 정책영역 설정에 관해서는 성청(省廳) 업무에 대응하여 정책분류를 행한 시나다(品田, 1998)의
   방법을 참고했다.

3) 상세한 자료작성과정은 쓰쓰미(堤, 2002)를 참조.

면 복지·교육과 같은 틀에 박힌 정책에 대한 언급률이 비교적 높게 나타나고 있음을 알 수 있다. 세 번째로 건설, 운수, 농림수산, 지방관계(지방진흥)와 같은 이익분배형 정치와 관련된 항목은 다른 정책영역과 비교할 때 일정하게 높은 비율을 차지했지만 감소경향이 나타나고 있다.

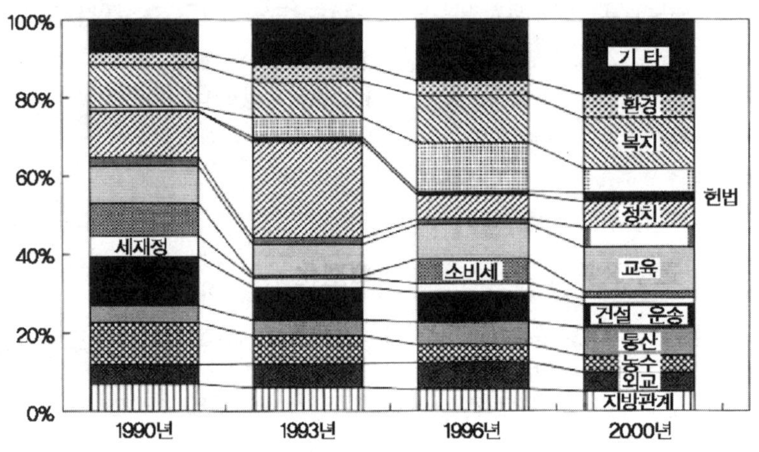

그림 2-1 선거공약에서 언급된 정책영역의 비율

다음으로 각 후보자의 선거공약이 어떠한 정책 차원을 구성하고 있었는지 선행연구에 의존해 정리하기로 한다. 고바야시(小林, 1997)는 1990년 선거에서는 '변화–안정', '생활쟁점–정치쟁점'이, 93년 선거에서는 '정치개혁', '(정치적) 안정–변화'와 같은 대립축이 존재했던 것을 밝힌 바 있다. 또한 각 후보자가 언급한 공약의 영역뿐만 아니라 대상이 되는 사회집단에 대해서도 분석을 실시한 시나다(品田, 2000)는 90년 선거에서는 지역대상의 이익지향과 일반적이고 추상적인 주장이 대항관계에 있었다는 점을, 93년 선거에서는 최대의 화제가 되었던 정치개혁도 그 내용이 다양했고 개혁 붐 안에서도 이익지향을 호소해 개혁에 대항하는 후보자가 많았다는 점을, 96년 선거에서는 전반적인 개혁이 주요한 문제가 되었지만 지역이익, 행정능력, 경제약화에의 배려, 혁신적 이데올로기 등이 이에 대항하는 주장으로 표출되었다는 점을 분명히 하였다. 아울러 90년대 이후 중의원선거에서 나타난 선거공약의 변화도 살펴보자. 시나다(品田, 2002)는 90년대 세 번에 걸친 중의원선거 선거공약을 모두 취합한 자료로 인자분석을 실시해 '전체–개별 이익', '재분배–분배'라는 2개의 좌표축을 설정하고 그 조합에 따라 후보자의 선거공약을 복지·안보·개혁·기반지역[地元]의 4가지로 정형화하였다. 그 가운데 자민당은 개별이익으로부터 개혁·안보와 같은 전국적인 방향으로 전환되긴 했지만 무엇보다 개별이익지향이 강했던 점, 새로운 정당이 개혁의 입장을 분명히 한 점, 혁신세력은 96년 선거에서 혁신이데올로기를 강조했다는 점 등이 나타났다. 또한 쓰쓰미(堤, 2002) 역시 90년부터 2000년까지 네 번의 중의원 선거공약으로부터 '이익과정–이데올로기 과정', '큰 정부–작은 정부', '생활쟁점–정치쟁점', '가치적 쟁점–정치개혁쟁점'의 네 가지 정책 차원을 분석했는데 이 기간에 이익과정을 중시한 자민당, 이데올로기 과정을 중시한 혁신정당, 작은 정부를 지향하는 새로운 정당이라는 3극(三極)구조의 존재를 발견하였다.

III 선거공약에 의한 후보자의 유형화

본 절에서는 각 중의원선거에서 어떤 정책 패키지를 가진 후보자가 존재했는가를 밝히기 위해 선거공약에 따른 유형화를 시도한다. 구체적으로 표 2-1에 표시된 14개의 정책영역에 대한 언급률을 이용해 크러스터

분석4)을 실시한다. 또한 앞 절에서도 언급했듯이 각 선거별로 쟁점이 되는 정책영역이 상당히 다르기 때문에 네 번의 선거를 모두 수집한 자료를 사용할 경우 시세(時勢)의 영향을 강하게 받을 것으로 생각된다. 따라서 여기서는 각 중의원선거별 자료를 이용해 선거공약에 의한 후보자 분류를 행할 것이다. 5)

1. 1990년 중의원선거

1990년 중의원선거의 후보자는 표 2-1과 같이 분류되었다. 제1크러스터는 건설·운수, 교육, 세재정(주로 세제개혁), 통상산업에 대한 언급이 많았다. 이는 주로 도시부의 생활에 관한 것으로 간주되므로 '도시생활형'으로 한다. 제2크러스터는 90년 선거에서 주요한 쟁점이 되었던 정치(정치개혁)와 소비세에 대한 언급이 두드러지게 많고 농수산(농산물 수입 자유화 반대)에 대한 언급률도 높았으므로 '주요쟁점형'으로 부르기로 한다. 제3크러스터는 건설·운수에 대한 언급이, 제4크러스터는 농수산에 대한 언급이 특히 눈에 띄었으므로 각각 '건설·운수형'과 '농수산형'으로 이름짓겠다. 마지막으로 제5크러스터는 정치, 지방관계(특히 지역진흥), 외교가 점하는 비율이 높았다. 지역진흥도 개별적인 사회집단을 대상으로 하지 않기에 이 유형은 '정치쟁점형'으로 생각할 수 있다. 각각의 유형으로 분류된 후보자 수를 비교해보면 '농수산형'이 전체의 1/3을 차지했고 그 다음으로 '정치쟁점형'과 '도시생활형' 순이었다. 한편 90년 선거에서 주요 쟁점을 호소하거나 건설이나 운수를 특화했던 후보자는 소수에 머물

---

4) 크러스터 분석에서는 k-means법을 이용한다. 또한 크러스터 수는 (크러스터에의 소속자 수가 극히 적은 경우를 제외하고) 5 정도가 되도록 설정하였다.

5) 분석한 크러스터에 대해 다른 선거에서도 동일한 네이밍을 하는 경우가 있다. 하지만 같은 이름이 붙여진 크러스터라 해도 선거가 다르면 반드시 동일한 유형이라 할 수 없다.

표 2-1 후보자 선거공약 분류-1990년 중의원선거

	도시생활형	주요쟁점형	건설·운수형	농수산형	정치쟁점형
지방관계	5.9%	3.7%	6.1%	5.5%	11.7%
외교	2.9%	5.5%	0.0%	5.1%	8.0%
농수산	6.1%	9.3%	3.8%	20.5%	4.1%
통상산업	7.3%	1.8%	3.5%	4.1%	3.8%
건설·운수	17.7%	3.7%	43.9%	8.6%	9.5%
세재정	8.4%	3.5%	5.7%	3.9%	5.9%
소비세	6.1%	20.7%	4.9%	7.0%	5.2%
교육	16.3%	3.8%	8.6%	9.2%	7.8%
고용·노동	2.2%	0.5%	3.1%	3.6%	1.0%
복지	11.9%	6.9%	6.4%	12.2%	12.2%
환경	3.3%	2.6%	0.2%	2.9%	4.4%
정치		31.2%	5.9%	9.1%	12.9%
행정개혁·지방분권	1.7%	0.7%	1.3%	0.0%	1.3%
헌법	0.2%	0.3%	0.0%	0.2%	0.3%
해당자수	41%	28%	13%	63%	45%

※수치는 크러스트를 중심으로 표시

렀다. 후보자 전체를 크게 나누어보면 개별적 이익을 주장하는 그룹, 보혁 이데올로기 영역을 중시하는 그룹, 90년 선거의 고유한 쟁점을 강조하는 그룹으로 나눌 수가 있다.

이를 정당별로 보면(표 2-2) 정당에 따라 상당히 다른 경향이 보인다. 자민당은 약 70%의 후보자가 개별이익을 주장하는 유형으로 분류되었고 그외의 후보자는 대부분이 '정치쟁점형'으로 분류되었다. 사회당, 공산당 과 같은 혁신정당의 후보자 가운데에는 본래 가장 많을 것 같은 '정치쟁점 형'에 해당하는 후보자가 그다지 많지 않았던 반면, '농수산형'이 많았다. 또한 사회당에 '주요쟁점형' 후보자가 많았던 것도 특징적이었다. 중도정

표 2-2 정당별 선거공약 분류-1990년 중의원선거

	도시생활형	주요쟁점형	건설·운수형	농수산업형	정치쟁점형	N
자민당	28.6%	3.6%	9.5%	33.3%	25.0%	84
사회당	5.0%	32.5%		40.0%	22.5%	40
공명당	43.8%	6.3%	18.8%	12.5%	18.8%	16
민사당	33.3%	33.3%		11.1%	22.2%	9
공산당	11.8%	5.9%	5.9%	58.8%	17.6%	17

당에 관해서는 공명당의 경우 약 반수의 후보가 '도시생활형'으로 분류되었고, 민주사회당은 후보자 가운데 두드러지게 해당자가 많은 유형 없이 각 유형에 분산된 경향을 보였다.

2. 1993년 중의원선거

93년 중의원선거의 분류 결과는 표 2-3과 같다. 순서대로 보면 제1크러스터는 건설·운수에 대한 언급이 많았기에 '건설·운수형'으로 부를 수 있을 것이다. 제2크러스터는 93년 선거에서 최대 쟁점이 되었던 정치개혁에 관해 거의 특화된 후보자를 나타내고 있다. 따라서 이를 '정치개혁형'이라 할 수 있다. 제3크러스터는 외교나 정치에 대한 언급이 많았으므로 '정치쟁점형'으로 생각할 수 있다. 제4크러스터는 '정치개혁형' 정도는 아니지만 정치개혁에 대한 언급이 많고 아울러 행정개혁이나 지방분권에 대한 언급도 15% 정도로 높은 편이었다. 여기에 해당하는 후보자는 정치·행정·지방정치를 포함한 전반적인 개혁지향 경향이 있다고 생각되므로 여기서 '개혁형'이라 하자. 마지막으로 제5크러스터는 농수산이나 건설·운수에 대한 언급이 상대적으로 높았으므로 '농촌형' 후보자로 보기로 한다. 각 유형에 해당하는 후보자 수를 보면 '농촌형'이 가장 많았고 다음으로 '정치

표 2-3 후보자 선거공약 분류-1993년 중의원선거

	건설·운수형	정치개혁형	정치쟁점형	개혁형	농촌형
지방관계	3.6%	1.4%	4.0%	9.3%	7.7%
외교	3.6%	1.9%	9.3%	5.8%	5.4%
농수산	6.9%	2.3%	2.7%	1.8%	13.6%
통상산업	2.4%	2.0%	4.2%	1.8%	5.6%
건설·운수형	27.5%	0.9%	4.4%	2.6%	7.2%
세재정	1.9%	0.5%	4.0%	1.2%	1.9%
소비세	0.1%	0.0%	1.1%	0.4%	0.8%
교육	9.7%	3.2%	8.0%	2.1%	10.0%
고용·노동	1.6%	0.0%	2.0%	0.2%	2.7%
복지	12.3%	3.6%	10.3%	1.3%	11.6%
환경	4.5%	1.8%	6.3%	2.8%	3.8%
정치	15.8%	75.6%	26.2%	38.7%	13.8%
행정개혁·지방분권	2.5%	4.5%	4.0%	14.9%	2.9%
헌법	0.1%	0.0%	1.8%	0.0%	1.1%
해당자 수	29	10	56	30	71

※수치는 크러스트를 중심으로 표시

쟁점형'이 많았으며 '정치개혁형'이나 '개혁형' 후보자는 소수였다. 이들을 크게 나누어보면 (후보 전체로는) 개별이익을 추구하는 그룹, 보혁 이데올로기에 의지하는 그룹, 개혁을 강조하는 그룹의 삼색 대결이었다고 할 수 있다.

각 유형에 속한 후보자를 정당별로 보면(표 2-4) 자민당은 90년 선거와 마찬가지로 개별이익을 중시하는 '건설·운수형' 또는 '농촌형'으로 분류되는 후보자가 많았다. 정치개혁이 쟁점이 되었기 때문에 정치개혁에 대해서도 일정의 언급은 행해졌지만 우위성을 가진 이익분배형 정책을 거론한 후보자가 많았던 것으로 보인다. 이에 반해 사회당의 경우는 개별이익,

표 2-4 정당별 선거공약 분류 - 1993년 중의원선거

	건설·운수형	정치개혁형	정치쟁점형	개혁형	농촌형	N
자민당	20.0%	1.3%	20.0%	5.3%	53.3%	75
사회당	5.3%	10.5%	34.2%	21.1%	28.9%	38
공명당	31.3%	6.3%	56.3%	6.3%		16
민사당	20.0%		40.0%	40.0%		5
공산당	13.3%		46.7%		40.0%	15
신생당	23.1%	7.7%	7.7%	15.4%	46.2%	13
일본신당	9.1%	18.2%	18.2%	54.5%		11

보혁 이데올로기, 개혁을 강조하는 후보자가 거의 1/3씩 나뉘어져 후보자에 따라 역점을 두는 방식이 다른 것을 알 수 있었다. 그리고 유일한 혁신정당이었던 공산당은 대부분의 후보자가 '정치쟁점형'이나 '농촌형'으로 분류되어 개혁을 강조하는 그룹에 해당하는 후보자가 없었다. 마지막으로 93년 중의원선거 직전에 줄줄이 결성되었던 새로운 정당들의 후보자에 시선을 돌려보면 정당에 따라 상당히 다른 것을 확인할 수 있다. 신생당(新生党)은 '건설·운수형'과 '농촌형'으로 분류되는 후보자가 많아 비교적 자민당 후보자와 비슷한 분포를 보인 데 반해, 일본신당(日本新党) 후보자 가운데에는 반수가 '개혁형'에, 20%가 '정치개혁형'에 해당하는 등 개혁을 전면으로 내세운 공약을 선보였다. 신생당의 많은 후보자가 자민당과 관련된 이력을 가지고 있었던 반면, 일본신당이 당시 호소카와(細川) 수상의 이미지에 의존하는 부분이 크다는 점을 반영하는 듯하다.

3. 1996년 중의원선거

96년 중의원선거에서의 후보자는 표 2-5와 같이 분류되었다. 제1크러스터는 행정개혁·지방분권에 대한 언급이 1/4을 넘는 동시에 정치개혁에

표 2-5 후보자 선거공약 분류-1996년 중의원선거

	개혁형	복지형	개별이익형	포괄형	혁신형
지방관계	4.1%	1.9%	6.9%	8.5%	2.8
외교	4.1%	2.2%	3.4%	2.9%	16.1
농수산	1.0%	2.2%	7.9%	3.8%	5.4
통상산업	2.9%	2.8%	7.9%	4.7%	7.6
건설·운수형	1.3%	5.6%	21.3%	4.2%	3.1
세재정	3.2%	1.4%	3.1%	2.3%	2.0
소비세	6.2%	5.8%	3.1%	2.3%	12.4
교육	3.7%	3.9%	9.2%	16.7%	6.3
고용·노동	1.3%	1.3%	1.9%	1.7%	1.2
복지	6.7%	32.0%	9.9%	10.2%	12.0
환경	4.1%	4.8%	2.8%	7.4%	1.9
정치	10.3%	6.0%	3.9%	2.7%	6.9
행정개혁·지방분권	26.5%	17.0%	7.8%	10.7%	6.6
헌법	0.1%	0.3%	0.0%	0.8%	2.4
해당자 수	33	22	57	59	72

※ 수치는 크러스트를 중심으로 표시. 다섯 가지 크러스터에 해당하지 않는 후보자가 6명 있음.

대한 언급도 10%로 높은 편이었으므로 93년 선거와 비슷한 경향을 나타낸
유형을 96년 선거에서도 마찬가지로 '개혁형'으로 하자. 제2크러스터는
복지에 대한 언급이 돌출된 점이 최대의 특징이었으므로 '복지형'으로 한
다. 제3크러스터는 건설·운수에 대한 언급이 20%에 달하고 농수산에 대
한 언급도 많았으므로 '개별이익형'으로 부를 수 있을 것이다. 제4크러스
터는 교육이 점하는 비율이 높았고 다른 크러스트와 비교해 지방관계(지
역진흥)나 환경에 대한 언급률도 높았다. 이들은 개별 사회집단을 대상으
로 한 정책이라기보다 전국 또는 선거구 전체를 대상으로 한 정책으로 생각
되므로 여기서는 '포괄형'으로 부르기로 한다. 제5크러스터는 외교·소비

표 2-6 정당별 선거공약 분류-1996년 중의원선거

	개혁형	복지형	개별이익형	포괄형	혁신형	N
자민당	6.3%	6.3%	38.8%	38.8%	8.8%	80
신진당	25.0%	11.7%	28.3%	20.0%	11.7%	60
민주당	28.6%	17.1%	11.4%	28.6%	8.6%	35
공산당		3.6%	1.8%	5.4%	89.3%	56
사민당					100.0%	3

세에 대한 언급 경향이 높았던 후보자와 헌법에 관해 언급한 후보자가 대부분 이 유형으로 분류되었다. 이는 종래부터 혁신세력이 호소해온 주장이 포함된 정책영역이기에 '혁신형'으로 이름붙이기로 한다.[6] 이러한 분류 결과에서 96년 선거에서의 후보자간 정책적 차이는 대체로 개별이익지향, 보혁 이데올로기지향, 전국·포괄지향과 같은 정책지향의 차이에 의해 형성되었다고 생각할 수 있다. 또한 후보자 전체에서 차지한 비율이 가장 높았던 것은 '혁신형'이었고 이어 '포괄형'과 '개별이익형'이 거의 동수로 뒤를 이었다. 이로부터 90년과 93년 선거에서 다른 그룹으로 분류되었던 건설·운수를 중시하는 후보자와 농수산을 중시하는 후보자가 같은 그룹으로 합쳐져 전국·포괄지향 후보자가 전체에서 거의 반 정도에 달했다는 것은 정책적인 경쟁상황의 변화로 주목할 만하다.

각 유형으로 분류된 후보자의 수를 정당별로 보자(표 2-6). 자민당은 40%에 약간 못 미치는 후보자가 '개별이익형' 또는 '포괄형'으로 약 70%가 개별이익지향으로 분류되었던 90년과 93년 선거와 비교해 개별이익지향이 약해지고 있는 인상을 받는다.[7] 2대 정당의 한 쪽 날개가 되려고 했던

---

6) 이는 보혁 이데올로기상 대립하고 있는 외교·안보·헌법과 같은 문제에 대한 언급이 많다는 것을 가리키지만 반드시 후보자의 공약내용이 혁신적이라는 의미는 아니다.

신진당(新進党)은 특별히 많은 후보자가 분류된 유형이 없었다. '개혁형'
이 약간 많았고 '혁신형'이 약간 적은 것 이외에는 후보자 전체의 분포와
상당히 비슷하게 분포되었다. 이는 4개 정당이 합동으로 결성된 경위를
반영하는 것으로 생각된다. 96년 중의원선거 직전에 결성된 민주당은 신
진당과 마찬가지로 특별히 많은 후보자들이 해당하는 유형은 없었지만
'개벽이익형'과 '혁신형'으로 분류된 후보자가 20% 정도에 불과해 전국 ·
포괄지향이 강했다. 민주당은 55년체제하의 정당간 경쟁을 규정했던 이
익분배나 보혁 이데올로기와 같은 선상에서 그려지는 후보자들이 모인
정당이라고 말할 수 있을 것이다.[8] 마지막으로 공산당과 (후보자 수는
적지만) 사민당에 관해 살펴보면 후보자 거의 전원이 '혁신형'으로 분류된
것처럼 양당의 정책적 응집성과 혁신적 지향이 강하다는 것을 알 수 있다.

4. 2000년 중의원선거

2000년 중의원선거 선거공약의 분류 결과는 표 2-7과 같다. 우선 제1
크러스터는 건설 · 운수가 점하는 비율이 아주 높았고 (제5크러스터 정도
는 아니지만) 지방관계(특히 지역진흥)에 대한 언급도 상대적으로 많았
다. 지역진흥이 반드시 개별집단의 이익을 추구한다고는 할 수 없지만 선
거구 이익과 연결되는 경우도 있을 것이다. 따라서 여기서는 '분배형'으로
부르고자 한다. 제2크러스터는 다른 크러스터와 비교해 외교, 고용 · 노동,
헌법에 대한 언급이 많았기에 1996년 선거와 마찬가지로 '혁신형'으로 생

---

7) 단 원래 분배형 정책에 적극적이었던 자민당 후보자가 선거구 서비스 제공에 소극적으로 변한
   것은 아니다(堤, 2002: 102-103). 종래 지역 대상의 공약이 나타내 왔던 정책영역과 다른 영역에
   서 선거구 대상의 공약이 나타났다고 생각된다.
8) 한편 전국적 · 포괄적 정책지향이 구체적으로 어떠한 패키지로 집약되어가는지에 관해 당내 일치
   가 보이지 않는 점도 주목해야 한다.

	분배형	혁신형	생활쟁점형	개혁형	지방진흥형
지방관계	7.4%	2.3%	2.6%	2.7%	34.1%
외교	1.0%	11.1%	2.8%	5.2%	3.0%
농수산	6.0%	5.4%	4.3%	1.4%	1.0%
통상산업	7.7%	9.5%	7.3%	4.2%	3.0%
건설 · 운수	21.9%	2.6%	3.0%	1.8%	1.8%
세재정	1.3%	1.6%	1.5%	2.2%	0.0%
소비세	1.1%	3.0%	1.7%	0.3%	0.0%
교육	10.5%	7.5%	18.6%	6.7%	4.4%
고용 · 노동	3.2%	8.0%	4.8%	3.1%	4.9%
복지	13.9%	11.2%	16.6%	10.1%	5.2%
환경	5.7%	5.1%	7.6%	5.0%	5.4%
정치	2.8%	0.8%	2.3%	19.0%	11.6%
행정개혁 · 지방분권	1.7%	2.5%	8.0%	14.8%	1.9%
헌법	1.8%	5.9%	1.6%	0.7%	1.0%
해당자 수	45	61	79	36	12

각할 수 있다. 제3크러스터는 교육 및 복지에 대한 언급의 비율이 높았고 약간이긴 하지만 환경에 대한 언급이 많았다는 점에서 '생활쟁점형'으로 부르기로 한다. 제4크러스터에서는 정치개혁과 행정개혁 · 지방분권이 강조되었다. 96년 선거에서 쟁점이 된 행정개혁에 대해 2000년 선거 때는 (후보자 전체에서) 언급 비율이 대폭 감소되기는 했지만 일정 규모의 후보자에 의해 그 주장이 유지되었다. 93년, 96년 선거와 마찬가지로 '개혁형' 후보자가 존재하고 있다고 생각할 수 있을 것이다. 제5크러스터는 지방관계에 대한 언급이 34%를 점하고 그 가운데 지역진흥이 30%에 달하고 있는 점으로부터 '지역진흥형'으로 부르기로 한다. 그렇다면 2000년 중의원선거의 총체적 경쟁상황은 어떻게 이해할 수 있을까? '지방진흥형'은 기반지

	분배형	혁신형	생활쟁점형	개혁형	지방진흥형	N
자민당	38.9	15.3	27.8	6.9	9.7	72
민주당	10.3	5.9	38.2	36.8	5.9	68
공산당	3.8	69.8	24.5	1.9		53
사민당		27.3	63.6	9.1		11
자유당	14.3	42.9	42.9			7
공명당	50.0	33.3	16.7			6

역이 특히 강조되었다는 점을 고려하면 '분배형'과 같이 이익배분형 공약으로 이해해도 별반 차이가 없을 것이다. 그렇게 생각한다면 2000년 선거는 96년 선거와 비슷해 이익배분지향, 보혁 이데올로기지향, 전국·포괄지향을 가진 후보자간의 경쟁구도였다고 할 수 있다. 또한 3자의 수량적인 관계가 '개별적인' 이익지향이 약해졌다는 점에서 단순한 비교는 불가능하지만 96년 선거와 그다지 큰 변화는 보이지 않는다.

정당별로 그러한 분류 결과를 보면(표 2-8) 자민당은 2000년 이전 세 번의 중의원선거와 마찬가지로 이익분배지향 후보가 많았다. 이익분배지향이 약해지는 추세에 있지만 자민당 후보는 당연히 이익분배적인 공약을 선택하였다. 민주당에는 '배분형'이나 '혁신형' 공약을 호소하는 후보자가 한정되어 있으나 남은 비이익분배·비이데올로기적 공약인 '생활쟁점형'과 '개혁형' 가운데 어느 쪽으로 분류될 것인가에 관해서는 양쪽으로 분산되는 경향이 보인다. 공산당에 관해서는 96년 선거만큼은 아니지만 약 70%의 후보자가 '혁신형'으로 분류되어 정당 전체적으로 계속해서 강한 혁신의 색깔을 내세우고 있었다. 96년 선거에서 혁신으로 회귀했던 사회당은 2000년에는 복지 등을 중시하는 '생활쟁점형'에 해당하는 후보자가 많아졌다. 복지 등은 혁신정당이 가장 주도해왔던 정책이라는 점을 고려하면 사민당 후보자 지향방향에 큰 변화가 생긴 것으로 이해할 수 있을 것이다.

Ⅳ 선거구 차원의 선거공약

본 절에서는 개별선거구에서 정책적인 경쟁양상을 분석해보고자 한다. 여기서는 앞 절에서 행한 후보자 분류에 기초해 개별선거구에서 어떤 유형의 후보자가 존재하고 있는지 조사하고 그 조합을 정책적인 경쟁양상으로 간주할 것이다. 이하에서는 각 선거에 관해 먼저 경쟁양상의 개략을 살펴보고, 다음으로 선거구의 사회경제적 특성, 선거전의 상황 등의 관점으로부터 경쟁양상을 형성하는 요인에 관해 고찰해갈 것이다.

1. 1990년 중의원선거

90년 중의원선거에서는 보혁 이데올로기에 관한 쟁점을 제시한 후보자('정치쟁점형'), 개별이익분배를 호소하는 후보자('건설·운수형', '도시생활형', '농수산형'), 주요한 쟁점이었던 소비세나 정치개혁 등을 강조하는 후보자('주요쟁점형') 등이 존재하고 있었다. 선거구별로 후보자 유형을 조합해보면(표 2-9) 이러한 세 유형이 모두 존재한 선거구는 7개의 선거구였다. 또한 '주요쟁점형' 후보자와 개별이익을 중시하는 후보자가 경쟁한 선거구는 10개였다. 그리고 '정치쟁점형'과 이익분배를 호소하는 유형의 경쟁은 14개의 선거구에서 나타났다. 이상을 정리하면 선거구 차원에서의 기본적 경쟁양상은 무라마쓰(村松, 1981)가 이야기한 '이익과정—이데올로기 과정'이라는 55년체제를 상징하는 경쟁이었지만 이데올로기 과정을 대신해 소비세나 정치개혁이 이익과정의 대립축이 된 선거구가 소수이지만 존재하였다.

　이익분배를 중시한 후보자에는 세 가지 유형이 존재했는데 이러한 공약을 제시한 후보자들간의 경쟁양상을 살펴보자. '건설·운수형', '도시생활형', '농수산형'의 세 가지 유형에 해당하는 후보자가 한 사람도 존재하지 않는 선거구는 없었다. 하나의 유형만이 존재하는 선거구가 15개, 두 가지 이상의 유형이 존재하는 선거구가 21개였다. 두 가지 이상 유형의 후보자가 존재하는 선거구라도 한 쪽 유형으로 분류된 후보자가 많아지는 경향이 있었으며, 분배를 지향하는 방향으로 어느 정도 집중되는 경향이 보였다 (표 2-9 아래에서 두 번째 행을 참조). 표 2-9의 최하단에 각 선거구에 존재하는 각 유형의 후보자 수와 도시화도[9]와의 상관관계를 표시했는데 확실히 '도시생활형'은 도시에 많고 '농수산형'은 농촌부에 많았다. 다시 말해 후보자가 사회·경제 상황에 따라 각 선거구의 필요에 대응한 공약을 제시하고, 또 그에 따라 어느 정도 특정 정책영역에 집중된 경쟁이 행해지고 있다고 할 수 있다. 단 반드시 선거구의 이익에 대응해 공약의 내용이 선거구별로 완전히 수렴되는 것은 아니다. 이익분배에 적극적인 자민당 후보자에 관해 보아도 선거구 내의 후보자 전원이 같은 유형의 공약을 제시한 것은 (자민당 후보가 복수 출마한) 30개 선거구 가운데 10개 선거구뿐이었다. 중선거구제하에서는 같은 선거구 내의 자민당 후보자간에 '지역할당(地域割り)'이나(水崎·森, 1998) 유리한 정책영역 '나눠가지기(棲み分け)'가 행해지고 있는 것이 연구되어 있는데(建林, 2000) 이러한 분석 결과가 공약 차원에서도 나눠가지기가 행해지고 있다는 가능성을 시사하고 있다.

---

9) 도시화도의 산출은 고바야시(小林, 1997)의 방법을 따랐다. 산업별 인구비율, 인구신장률 등을 이용해 인자분석을 행하고 인자분석에서 얻은 제1인자가 도시-농촌으로 해석이 가능했으므로 이 인자득점을 도시화도가 가리키는 지표로 사용하였다. 또한 수치가 클수록 도시적이고 수치가 작을수록 농촌적임을 의미한다.

표 2-9 선거구 차원의 공약에 따른 경쟁양상-1990년 중의원선거

도시생활형	건설·운수형	농수산형	정치쟁점형	주요쟁점형	해당 선거구 수		
○			○	○	3	8.3%	
○		○	○	○	2	5.6%	7
○	○	○	○	○	1	2.8%	19.4%
		○	○	○	1	2.8%	
		○	○		5	13.9%	
○	○	○	○		3	8.3%	
○		○	○		2	5.6%	14
○	○		○		2	5.6%	38.98%
○			○		2	5.6%	
○		○		○	3	8.3%	
○	○	○		○	2	5.6%	
		○		○	2	5.6%	10
○	○			○	1	2.8%	27.8%
○				○	1	2.8%	
	○	○		○	1	2.8%	
		○			3	8.3%	5
○		○			2	5.6%	13.9%
1.58	1.30	2.33	2.14	1.65	중복 정도※		
0.557*	-0.025	-0.550	0.345*	-0.006	도시화도와의 상관계수		

※ 후보가 있는 선거구의 평균 후보자 수
* : $p < 0.05$

2. 1993년 중의원선거

93년 중의원선거는 후보자 전체로 보면 개별이익분배·보혁 이데올로기·개혁 지향이라는 3극구조(三極構造)로 특징지어지지만 선거구 차원에서는 어떠한 경쟁구조가 나타났을까? 표 2-10에 각각의 공약상 경쟁양상에 해당하는 선거구 수를 나타냈는데 반수가 넘는 20개 선거구에서

표 2-10 선거구 차원의 공약에 따른 경쟁양상-1990년 중의원선거

건설·운수형	농수산형	정치쟁점형	정치개혁형	개혁형	해당 선거구 수		
○	○	○		○	7	19.4%	20 55.6%
	○	○	○		3	8.3%	
	○	○		○	3	8.3%	
○		○	○	○	2	5.6%	
	○	○	○	○	1	2.8%	
○	○	○	○	○	1	2.8%	
○	○	○	○		1	2.8%	
		○		○	1	2.8%	
○		○		○	1	2.8%	
	○	○			3	8.3%	3 8.3%
	○			○	5	13.9%	8 22.2%
○			○		1	2.8%	
○	○		○		1	2.8%	
○	○			○	1	2.8%	
○	○				2	5.6%	4 1.1%
	○				2	5.6%	
		○			1	2.8%	1 2.8%
1.71	2.37	2.33	1.00	1.36	중복 정도[※]		
0.205	-0.563*	0.224	0.164	0.389*	도시화도와의 상관계수		

※ 후보가 있는 선거구의 평균 후보자수
* : $\rho < 0.05$

개별이익분배·보혁 이데올로기·개혁 지향이라는 세 가지의 정책적 경쟁이 발생하였다. 또한 약 20%에 해당하는 8개 선거구에서는 개별이익분배·개혁 지향의 대립이 보였다. 그에 대해 55년체제를 반영한 개별이익분배·보혁 이데올로기라는 양상이 나타난 곳은 겨우 3개 선거구였다. 그 외에 개별이익지향의 후보자끼리 경쟁한 선거구는 4개, 정치쟁점형 후보

자끼리 경쟁한 선거구는 1개였다.

93년 선거에서 최대 쟁점이 된 정치개혁은 새로운 정당들이 적극적으로 경쟁했다는 인식이 일반적이기 때문에 같은 선거구에 새로운 정당의 후보자가 존재한 경우, 기존 정당의 후보자가 정치개혁을 호소하는 데 무언가 영향을 미쳤을지도 모른다. 그 점에서 각 선거구의 신생당·사키카케(さきがけ)·일본신당 후보자 유무와 이러한 개혁을 강조한 후보자 유무 관계를 확인해본 결과, 새로운 정당의 후보자가 없었던 14개 선거구 중 9개 선거구에 '정치개혁형' 또는 '개혁형' 공약을 제시한 기존 정당의 후보자가 있었다. 새로운 정당의 후보자가 출마했던 22개 선거구 중 이 두 가지 유형에 속한 기존 정당의 후보자가 있었던 선거구는 12개로 미미하기는 하지만 새로운 정당의 후보자가 없는 선거구 쪽이 개혁지향의 공약을 제시하는 기존 정당의 후보자가 많았다. 기존 정당의 후보자에게 있어 신생정당의 후보자가 있는 선거구에서는 개혁을 호소해도 그들의 주장과 새로운 정당의 이미지가 겹쳐지기만, 새로운 정당의 후보자가 없는 선거구라면 공약을 통해 개혁에 적극적인 이미지를 유권자에게 전할 수 있었기 때문에 이러한 현상이 생긴 것으로 볼 수 있다.

자민당 후보자간 정책적인 관계에 관해서도 확인해보자. 자민당 후보자가 복수 입후보했던 선거구는 31개였는데 후보자 전원이 동일한 유형이었던 선거구는 8개였다. 1990년 선거와 마찬가지로 정책 나눠가지기가 발생했다고 볼 수 있다. 이와 더불어 90년 선거에서 개별이익지향이었던 후보자의 약 80%가 93년 선거에서도 여전히 개별이익을 지향하는 공약을 제시하고 있다는 점에 비추어볼 때, 정치개혁 붐이라는 역풍을 만난 자민당 후보들은 종래의 정책적 전략을 가지고 역풍에 대항했다고 볼 수 있다.

표 2-11 선거구 차원의 공약에 따른 경쟁양상-1996년 중의원선거

개별이익형	혁신형	개혁형	복지형	포괄형	해당 선거구 수		공산당 없음	
○	○			○	11	13.4%	2	
○	○		○		4	4.9%	0	21 21%
○	○	○			3	3.7%	0	
○	○		○	○	2	2.4%	0	
○	○	○	○		1	1.2%	0	
○				○	6	7.3%	5	
○					1	1.2%	1	
○		○			1	1.2%	1	
○			○		1	1.2%	0	12 14.6%
○		○	○		1	1.2%	0	
○		○		○	1	1.2%	1	
○			○	○	1	1.2%	0	
○	○				11	13.4%	7	11 13.4%
	○			○	9	11.0%	1	
	○	○		○	6	7.3%	0	
	○	○	○		4	4.9%	0	
	○	○			3	3.7%	1	26 31.7%
	○		○	○	2	2.4%	0	
	○		○		1	1.2%	1	
	○	○	○	○	1	1.2%	0	
		○		○	4	4.9%	3	
		○	○		1	1.2%	1	6 7.3%
			○	○	1	1.2%	1	
1.21	1.16	1.22	1.10	1.23	중복 정도※			
0.248*	0.014	0.026	0.198	0.078	도시화도와이 상관계수			

※ 후보가 있는 선거구의 평균 후보자 수

* : $\rho < 0.05$

3. 1996년 중의원선거

96년 중의원선거에서는 행정개혁과 소비세 5% 인상이 큰 쟁점이 되었다. 앞 절 분석에서 96년 선거에서의 후보자는 개별이익지향, 보혁 이데올로기지향, 전국·포괄지향으로 대별될 수 있었다. 이를 선거구 차원으로 살펴본 것이 표 2-11이다. 그러한 세 가지 정책지향의 조합 가운데 가장 많았던 것은 보혁 이데올로기지향, 전국·포괄지향으로 그 비율은 분석대상이 된 선거구의 30%를 차지하였다. 그 뒤를 잇는 것이 세 가지 정책지향이 모두 갖춰진 선거구로 1/4이 이에 해당된다. 그 다음으로 개별이익지향과 전국·포괄지형이 대치하는 양상(15%), 개별이익지향과 보혁 이데올로기지향이 대립하는 양상(13%), 전국·포괄지향간의 경쟁이 된 양상(7%)이 뒤를 이었다. 단 보혁 이데올로기지향 후보자가 존재하지 않은 18개 선거구 가운데 13개 선거구에서는 공산당 후보자가 법정득표를 획득하지 못했기에 본 장에서의 분석 대상이 되지 않았다. 따라서 (유권자가 실질적인 선택항목이라고 생각하지 않았다는 의미에서도) 정책제시라는 의미에서는 세 가지 정책지향이 모두 구비된 선거구가 좀 더 많았다고 생각할 수 있을 것이다.

또한 표 2-11 최하단에 표시한 것처럼 '개별이익형' 후보자는 농촌형 선거구에 많이 존재하는 경향이 있었다. 이상을 종합해보면, 농촌부에서는 개별이익지향, 보혁 이데올로기지향 및 전국·포괄지향의 3자 경쟁양상이, 도시부에서는 혁신지향과 전국·포괄지향이 상대하는 양상이 기본적인 경쟁구도가 되었다고 볼 수 있다.

96년 중의원선거는 소선거비례대표병립제가 도입된 최초의 선거였는데 변경된 선거제도로부터 어떠한 영향이 있었을까? 소선거구제에서는 당선자가 한 사람이기 때문에 선거구 내의 극히 일부 사회집단의 이익

표 2-12 선거구 차원의 공약에 따른 경쟁양상-2000년 중의원선거

분배형	지방진흥원	혁신형	생활쟁점형	개혁형	해당 선거구 수		공산당 없음	
○		○	○		9	11.0%	1	21 25.6%
○		○		○	5	6.1%	0	
○		○	○	○	4	4.9%	0	
	○	○	○		3	3.7%	0	
○			○		11	13.4%	7	18 22.0%
○				○	2	2.4%	2	
○			○	○	2	2.4%	0	
	○		○		2	2.4%	1	
	○		○	○	1	1.2%	1	
		○			10	12.2%	1	24 29.3%
		○		○	7	8.5%	4	
		○	○	○	7	8.5%	1	
○		○			2	2.4%	0	2 2.4%
	○	○			2	2.4%	1	2 2.4%
○	○				2	2.4%	2	3 3.9%
○					1	1.2%	1	
		○			1	1.2%	0	1 1.2%
			○		3	3.7%	2	6 6.3%
			○	○	2	2.4%	1	
				○	1	1.2%	1	
1.13	1.09	1.20	1.41	1.13	중복 정도※			
-0.188	-0.005	-0.010	0.104	0.114	도시화도와의 상관계수			

※ 후보가 있는 선거구의 평균 후보자 수
* : $p < 0.05$

을 제시하면 당선으로 이어지기 힘들다. 또한 선거구에 이익을 가져다줄 수 있는 후보자가 (부활당선을 빼면) 한 사람으로 한정되기 때문에 실제로 선거구 이익 실현에 관계되는 실적 있는 현직 또는 여당 후보자 쪽이 개별

이익지향의 공약을 제시할 때 그 신뢰성은 높아질 것이다. 그 점에서 각 정당 후보자별로 신구(新舊)별 공약 형태를 살펴본 결과 자민당의 경우 '개별이익형'으로 분류되는 후보자는 현직이 47%였던 것에 반해 신인은 27%였다.[10] 한편, 신진당에 관해서는 현직, 신인 모두 약 30%로 거의 차이가 보이지 않았다. 단 개별이익분배에 대한 요구가 높다고 여겨지는 농촌부에 관해서는 현직의 50%가 '개별이익형'이었던 데 반해 신인에서는 33%에 불과하였다. 따라서 이러한 논의는 대체적으로 타당해 보인다고 할 수 있다.

4. 2000년 중의원선거

2000년 중의원선거에서는 특정 정책쟁점이 특화된 공약 유형이 보이지 않았지만 이익배분을 지향하는 공약, 혁신 이데올로기를 주장하는 공약, 이들과 거리를 두는 전국·포괄지향의 공약을 제시한 후보자들에 의해 경쟁되었다. 선거구 차원에서 보면(표 2-12) 가장 많았던 것은 보혁 이데올로기지향과 전국·포괄지향이 대치하는 양상으로 30% 정도의 선거구가 여기에 해당한다. 그 다음으로 세 정책지향이 모두 구비된 선거구로 1/4 정도였고, 이어 개별이익지향, 전국·포괄지향이 20%가 되었다. 단 2000년 선거에서도 26개 선거구에서 공산당 후보자가 분석 대상으로부터 제외된 것을 고려하면 실제의 정책제시에서는 3개의 정책지향이 모두 제시된 선거구가 좀 더 많았을 것으로 생각된다. 아울러 대부분의 선거구가 이들 가운데 어느 한 부류에 해당하였고 그외의 경쟁양상은 소선거구에 나타나

---

10) 자민당은 농촌에서 강하고 도시에서 약하기 때문에 도시화의 영향에 따른 유의상관의 가능성도 있다. 따라서 도시화를 제어(control)하고 신구 공약의 유형관계를 보았으나 대체로 양자의 관계가 유지되고 있었다.

는 것에 그쳤다.

　1996년 선거부터 전국·포괄지향의 공약, 즉 이익지향이나 이데올로기지향이 아닌, 더욱이 해당 선거 고유의 쟁점으로 특화된 것도 아닌 유형의 공약을 제시하는 후보자가 전체의 약 반수를 차지했는데 2000년 선거에서도 그 비율이 일정하게 나타났다. 그렇다면 전국·포괄지향의 공약정책에 따라 어떠한 경쟁양상이 발생했을까? 한 가지 특징으로 '생활쟁점형' 후보와 '개혁형' 후보가 동일한 선거구에서 경쟁하는 경우가 적었던 것을 들 수 있다. 이렇게 전국·포괄지향의 공약을 제시한 후보자가 존재하는 선거구가 본 장이 대상으로 한 82개 선거구 가운데 72개였고 동일한 선거구 안에서 '생활쟁점형'과 '개혁형' 후보자가 공존한 선거구는 18개(25%)에 불과했다. 또한 '생활쟁점형' 후보자는 다른 유형과 비교해 동일 선거구 안에 중복되어 존재하는 경향이 강했다(표 2-12의 아래에서 2번째 행 참조). '생활쟁점형'과 '개혁형'이 지향하는 방향성에 상당한 차이가 있음을 생각하면 유권자에게 나타난 선택항목은 후보자의 변동(variation)만큼 풍부하게 나타나지 않았음을 알 수 있다.

글을 마치며

　본 장에서는 먼저 개별적인 후보자가 제시한 공약 전체를 하나의 단위로 보고 몇 가지 다른 유형의 공약을 제시한 후보자로 분류해보았고, 그다음으로 개별선거구에서 어떠한 정책공약상의 경쟁이 벌어지고 있는지를 검토해보았다. 이에 대한 분석결과를 간단히 정리한 후 앞으로의 과제를 제시하고자 한자.

　후보자를 단위로 선거공약에 따라 분류해보면 90년 선거에서는 55년

체제를 규정한다고 여겨지는 개별이익지향–보혁 이데올로기지향이라는
기본적인 대립구조가 형성되어 주요 쟁점이 되었던 소비세나 정치개혁을
강조하는 후보자가 대항하고 있었다. 단 선거구 차원에서 보면 많은 선거구
가 삼각구도였다고 할 수만은 없었고, 선거구에 따라 보혁 이데올로기지향
후보 또는 주요 쟁점을 중시하는 후보 중 한 쪽이 존재하는 경우가 많았다.
93년 선거에서는 '개혁'이 주요한 아젠다가 되어 이를 받아들인 개혁지향의
후보자가 개별이익지향이나 보혁 이데올로기지향과 더불어 하나의 세력
을 형성하게 되었다. 선거구 차원에서도 약 반수의 선거구에서 유권자가
이러한 3가지 정책지향 중 하나를 선택하는 형식의 경쟁양상이 되어 있었
다. 96년 선거는 개별이익지향, 보혁 이데올로기지향, 전국·포괄지향을
내세운 후보자가 있었지만, 개별이익지향의 유형이 하나로 정리되어 그
수가 줄어드는 등 이익과정–이데올로기 과정이라는 55년체제적인 대립구
조에 몇 가지 변화가 나타났다. 선거구 차원에서도 이 세 가지 정책지향을
둘러싼 경쟁이 중심이었지만 개별이익지향의 후보자가 존재하지 않고, 보
혁 이데올로기지향과 전국·포괄지향의 후보자가 경쟁하는 선거구가 일정
정도 존재하는 변화가 보였다. 2000년 선거 역시 96년 선거처럼 크게 나누
어보면 이익분배지향, 보혁 이데올로기지향, 전국·포괄지향의 후보자로
분류되었다. 선거구 차원의 경쟁양상도 대체로 96년 선거와 비슷한 상황이
었는데, 새로운 정책 패키지 형성이 지향되었던 전국·포괄지향의 영역에
포함된 개혁 또는 생활쟁점을 중시하는 유형은 동일 선거구 내에서는 출현
하기 어렵다고 하는 경향이 보였다.

　　마지막으로 앞으로의 과제를 두 가지 정도 언급하고자 한다. 하나는
이익분배나 이데올로기 영역이 아닌 정책 패키지의 내용에 관해 이번 분석
의 대상이 되지 못했던 2003년 중의원선거에 관해서도 선거공약의 분석

및 검토가 필요할 것이다. 보혁 이데올로기는 정당간 경쟁을 규정하는 주요 대립축으로서의 의미를 상실했다고 여겨지지만, 후보자나 정당이 이데올로기를 대체해 어떠한 정책 패키지를 제시하려고 했는가에 대한 향방을 추적하는 것은 90년대 이후 일본의 정당정치를 이해하는 데 있어 중요한 과제일 것이다. 또 하나는 선거전의 상황 등 개별선거구가 가진 특성을 고려하여 선거구 차원에서의 경쟁양상을 찾아내는 데까지만 분석을 실시했지만, 향후 경쟁양상을 설명하는 요인의 특성에 대한 분석도 필요할 것이다.

참고문헌

大嶽秀夫(1995), 「自民党若手改革はと小沢グループ―'政治改革'を目指した二つの政治勢力―」, 『レヴァイアサン』 No.17, 7-29頁.

大嶽秀夫(1998), 「政界再編と政策対立―新党による政策対立軸の模索―」, 『レヴァイアサン』 臨時増刊号, 7-36頁.

大嶽秀夫(1999), 『日本政治の対立軸―93年以降の政界は異変の中で』, 中公新書.

加藤淳子, マイケル・レイヴァー(1998), 「政権形成の理論と96年に本の総選挙」, 『レヴァイアサン』 No.22, 80-105頁.

加藤淳子, マイケル・レイヴァー(2003), 「2000年総選挙後の日本における政策と政党間競争」, 『レヴァイアサン』 No.33, 130-142頁.

蒲島郁夫, スティーブン・R. リード(2001), 「選択の可能性と投票行動―93年総選挙における二つの選挙―」, 『レヴァイアサン』 No.29, 10-26頁.

小林良彰(1997), 『現代日本の政治過程 ― 日本型民主主義の計量分析 ―』, 東京大学出版会.

品田裕(1998), 「選挙公約政策データについて」, 『神戸法学雑誌』 48号2巻, 541-572頁.

品田裕(2000), 「90年代日本の選挙公約」, 水口憲人・北原鉄也・久米郁男編著, 『変化をどう説明するか: 政治編』, 木鐸社.

品田裕(2002), 「政党配置―候補者公約による析出―」, 樋渡展洋・三浦まり編, 『流動己の日本政治 ― "失われた十年"の政治学的検討 ―』, 東京大学出版会.

建林正彦(2000), 「忠選挙区制と議員行動」, 水口憲人・北原鉄也・久米郁男編著, 『変化をどう説明するか: 政治編』, 木鐸社.

堤英敬(2002),「選挙制度改革と候補者の政策公約 ― 小選挙区比例代表並立制の導入と候補者の選挙戦略―」,『香川法学』22巻2号, 120-190頁.

水崎節文・森裕城(1998),「得票データからみた並立制のメカニズム」,『選挙研究』13号, 木鐸社, 50-59頁.

村松岐夫(1981),「戦後日本の官僚制」, 東洋経済新報社.

堤英敬(2002),「選挙制度改革と候補者の政策公約 ― 小選挙区比例代表並立制の導入と候補者の選

3장

일본에서의 정책쟁점에 관한 유권자의식과 그 변용[1]

히라노 히로시(平野 浩)

시작하며 – 분석의 관점

현대 일본 시민의 정치의식을 살펴보는 경우, 무엇보다 다양한 정책적 쟁점에 대한 유권자의 태도 및 그러한 개별적인 쟁점태도의 배후에 존재하리라고 여겨지는 정책 이데올로기의 동태를 명백히 밝히는 것은 커다란 의미가 있다. 정책 이데올로기의 분석을 통해, 시민의 정치의식의 기저에 존재하는 정치적인 신념이나 가치관의 장기적인 변동과 더불어 개별선거 기간의 정당지지나 투표행동 등의 단기적인 변동과의 관련성을 검토할 수 있을 것이다.

본 장에서는 과거 30년간의 선거를 통해 부각되었던 개별적인 쟁점에 대한 태도의 변화를 먼저 개관할 것이다. 그 후에 정책 이데올로기 차원, 즉 다양한 쟁점태도가 전반적으로 형성하는 이데올로기적 구조가 지난 30년간 어떻게 변화했는가(혹은 변화하지 않았는가)에 관해서 분석을 실

---

1) 본 연구는 문부과학성 과학연구비·특별추진연구 「21세기 초두의 투표행동의 전국적·시계열적 조사연구」(대표자: 이케다 켄이치·도쿄대 교수)에 의한 지원을 받았다.

시한다. 이어서 이들 쟁점태도와 유권자의 '보혁에 관한 자기 이미지'와의 관련성을 시계열적으로 추적하면서 전후의 일본 정치에서 기본적인 대립축으로 간주되어왔던 보혁 이데올로기가 오늘날에도 실질적인 의미를 지니고 있는가 여부에 관해서 검토한다. 마지막으로 개별적인 쟁점태도와 주요한 정당에 대한 감정과의 관련성을 통시적으로 검토함으로써 과거 30년간 정책 이데올로기와 정당지지와의 관련성에 어떠한 변화가 일어났는가를 밝히고자 한다.

Ⅰ 자료

위에서 기술한 바와 같이 본 장에서 사용하는 자료는 1970년대부터 2000년대에 걸쳐서 실시되어왔던 네 가지 선거조사 프로젝트, 즉 JABISS 조사(76년), JES 조사(83년), JES Ⅱ(93년부터 96년), JESⅢ 조사(01년~)에 의해서 얻어진 것이다.[1] 이들 조사는 그 어느 것도 선거의 전후나 복수

---

[1] JABISS조사(76년)는 와타누키 조지(綿貫讓治), 미야케 이치로(三宅一郎), 스코트 프래너건(Scott Flanagan), 브래들리 리처드슨(Bradley Richardson), 고헤이 신사쿠(公平愼策)에 의해서 1976년 12월의 제34회 중의원선거 전후에 실시된 2회의 패널조사다. 또한 JES조사(83년)는 와타누키 죠지(綿貫讓治), 미야케 이치로(三宅一郎), 이노구치 다카시(猪口孝), 가바시마 이쿠오(蒲島郁夫)에 의해서 1983년 6월 제13회 참의원선거 직후 및 동년 12월 제37회 중의원선거 전후에 실시된 3회에 걸친 패널조사이다. 이들 조사는 모두 면접법에 의해 실시된 것으로서 레바이아산 데이터 뱅크를 통해서 제공받았다(JES 자료에 관해서는 SPSS판, JABISS조사자료는 오리지널판을 사용했다). JES Ⅱ(93년부터 96년)는 가바시마 이쿠오(蒲島郁夫), 미야케 이치로(三宅一郎), 고바야시 요시아키(小林良彰), 이케다 켄이치(池田謙一)에 의해서 1993년 7월 제40회 중의원선거 전후, 1994년 2월, 1995년 2월 1995년 7월 제17회 참의원선거 직후, 1996년 10월 제41회 중의원선거 전후에 실시된 7회에 걸친 패널조사로서 선거가 없는 시기에 실시된 제3회와 제4회의 우편조사를 제외한 그외의 모든 조사는 면접조사이다. 자료는 일본선거학회 홈페이지로부터 입수할 수 있는 클리닝판 Ⅰ을 이용했다. JESⅢ조사(01년~)는 이케다 켄이치(池田謙一), 고바야시 요시아키(小林良彰), 히라노 히로시(平野浩)에 의한 조사로서 현재도 지속중인 프로젝트이며, 지금까지 2001년 7월 제19회 참의원선거 전후, 2003년 4월 통일지방선거 전후, 2003년 11월 제43회 중의원선거

의 선거에 걸친 패널조사이지만, 이하의 분석에서 중심적으로 이용되는 쟁점태도에 관한 질문항목은 76년 중의원선거 후의 조사, 83년 참의원선거 후의 조사, 93년 중의원선거 후의 조사, 96년 중의원선거 후의 조사, 04년 참의원선거 후의 조사(모두 면접조사)에 포함되어 있으며, 76년 조사에서 질문항목이 약간 다른 것을 제외한다면 거의 동일한 질문이 계속해서 이루어지고 있기 때문에 지난 30년간에 걸친 유권자의 쟁점태도나 정책이데올로기의 변천을 고찰하는 데 매우 적절한 조사라고 볼 수 있다. [2]

전후, 2004년 7월 제20회 참의원선거 전후에 걸쳐 총 7회가 실시되었다. 2001년 참의원선거 후의 조사는 전화조사이며, 2003년 통일지방선거 전의 조사는 우편조사이며, 그외의 것은 모두 면접조사이다.

2) 본 장에서 분석의 대상이 되는 (표 3-1에서 표 3-4까지의 분석에서 사용되는) 쟁점태도에 관한 질문항목은 아래와 같다. (04년 조사의 질문항목을 제시하며, 다른 조사의 그것은 상동으로 표시함).

안보체제의 강화: 일미안보체제는 현재보다도 강화해야 한다.

방위력의 강화: 일본의 방위력은 더욱 강화해야 한다.

핵무기의 비보유: 일본은 핵무기를 절대로 가져서는 안 된다.

천황의 발언권: 천황은 정치에 관해서 현재보다도 강한 발언권을 가져야 한다(76년 조사: 천황은 현재보다도 보다 강한 정치적 발언권을 가져야 한다).

무역마찰의 해소: 일본이 양보해서라도 외국과의 무역마찰을 신속히 해소해야 한다.

노동자의 발언권: 노동자는 중요한 결정에 관해서 더욱 발언권을 높여야 한다.

여성의 지위향상: 보다 높은 지위와 직업을 가진 여성을 늘리기 위해서는 정부는 특별한 제도를 만들어야 한다.

공무원의 파업권: 공무원이나 공영기업의 노동자의 파업을 인정해야 한다(76년 조사: 공무원이나 공공기업체의 노동자가 파업할 수 있는 권리를 인정해야 한다).

작은 정부: 정부의 서비스가 나빠져도 돈이 들지 않는 작은 정부 쪽이 좋다.

자조 노력: 노령자나 심신이 자유롭지 못한 사람은 별도로 하더라도 모든 사람은 국가의 사회복지에 의존하지 않고 생활해야 한다.

북방영토의 양보: 일본은 북방영토를 양보해서라도 러시아와 더욱 친하게 지내야 한다(76년 조사: 소련에게 북방영토를 반환하도록 더욱 강하게 요구해야 한다(여전 항목). 83년 조사: 일본우 북방영토를 양보해서라도 소련과 더욱 친하게 지내야 한다).

정치부패의 근절: 금권정치나 정치부패는 이번에 철저하게 근절시켜야 한다(76년 조사, 83년 조사: 록히드 사건에서 드러난 바와 같은 금권정치나 정치부패는 이번을 기회로 철저하게 근절시켜야 한다, 93년 조사: 사가와 큐빙(佐川急便) 사건에서 드러난 바와 같은 금권정치나 정치부패는 이번 기회에 철저히 근절시켜야 한다).

Ⅱ 분석

1. 쟁점태도의 시계열적 변화

전체적으로 살펴보게 되면, 지난 30년간 극적으로 변화한 항목은 거의 나타나지 않는다. 먼저 평균적인 찬성도가 상당히 높은 상태(1점대)로 변화하고 있는 항목으로서는 정치부패의 근절, 핵무기의 비보유, 사회복지의 충실(96년만 2.04), 노동자의 발언권(96년만 2.00)을 들 수 있다. 이 중에서 사회복지의 충실에 관해서는 장기적인 경향으로서 찬성의 정도가 약간 낮아지는 경향이 보인다. 또한 정치부패의 근절에 대한 찬성도가 93년에는 매우 높았지만, 이는 93년 중의원선거에서 유일하다고 할 수 있는 쟁점이 정치개혁이었다는 점에서 납득할 수 있는 결과이다.

이어서 평균적으로 '대체로 찬성'이라는 상태(2점대)로 변화하고 있는 항목으로는 무역마찰의 해소, 여성의 지위향상, 작은 정부, 자조 노력(04년만 3.02)을 들 수 있다. 이 중에서 여성의 지위향상을 제외한 세 항목은 83년부터 04년에 걸쳐서 찬성의 정도가 완만하게 낮아지고 있다. 신보수주의적인 주장에 대한 평가가 앞으로도 계속 낮아질 것인가? 이는 흥미로운 현상이라고 볼 수 있다.

이에 반해, 평균적으로 '대체로 반대'(3점대)로 변화하고 있는 것이 공무원의 파업권, 북방영토의 양보(76년만 4.43), 천황의 발언권(96년만 4.00), 안보체제의 강화(83년만 2.93), 방위력의 강화(04년만 2.97)이다. 이 중에서 방위력의 강화가 04년에 처음으로 '대체로 찬성'의 영역(2점대)

응답자는 각 질문항목에 대한 응답을 '찬성'(1)부터 '반대'(5)까지의 5단계로 응답하도록 요청받았다. 한편 76년 조사의 '북방영토의 양보'에 관해서는 분석에 사용되는 척도의 방향을 역전시켜서 다른 조사와의 정합성을 유지하게 했다.

표 3-1 쟁점태도의 시계열적 변화

	76년	83년	93년	96년	04년
안보체제의 강화	3.21 (1.31)	2.93 (1.18)	3.16 (1.16)	3.17 (1.14)	3.00 (1.12)
방위력의 강화	3.16 (1.35)	3.45 (1.38)	3.57 (1.18)	3.42 (1.17)	2.97 (1.26)
핵무기의 비보유	-	1.93 (1.26)	1.66 (1.15)	1.55 (3.84)	1.62 (1.08)
천황의 발언권	3.65 (1.35)	3.42 (1.32)	3.84 (1.29)	4.00 (1.15)	3.82 (1.16)
무역마찰의 해소	-	2.50 (1.17)	2.77 (1.10)	2.87 (1.07)	2.93 (1.26)
사회복지의 충실	1.69 (0.92)	1.85 (1.04)	1.90 (0.96)	2.04 (1.00)	1.93 (0.95)
정치부패의 근절	1.51 (0.84)	1.45 (0.81)	1.15 (0.46)	-	1.38 (0.69)
노동자의 발언권	-	1.89 (0.96)	1.87 (0.90)	2.00 (0.91)	1.90 (0.89)
여성의 지위 향상	-	2.60 (1.16)	2.67 (1.18)	2.74 (1.14)	2.67 (1.11)
공무원의 파업권	3.02 (1.46)	3.49 (1.40)	3.16 (1.34)	3.41 (1.28)	3.22 (1.30)
작은 정부	4.43 (0.80)	3.47 (1.33)	3.53 (1.29)	-	3.51 (1.17)
자조 노력	-	2.52 (1.23)	2.80 (1.20)	2.74 (1.10)	2.87 (1.16)
기여율(%)	-	2.52 (1.38)	2.89 (1.39)	2.79 (1.30)	3.02 (1.24)

주: 표 안의 숫자는 평균지, ( )안은 표준편차

로 들어간 것이 눈에 띈다. 이라크에 자위대를 파견하는 등의 새로운 상황
이 사람들의 의식에 어떤 변화를 일으켰던 것으로 보인다.

표 3-2 정책 이데올로기의 구조(83년, 93년, 96년, 04년)

	83년			93년				96년				04년			
	I	II	III	I	II	III	IV	I	II	III	IV	I	II	III	IV
안보체제의 강화	.78	-.03	.03	.76	-.08	-17	-.06	.72	.04	.16	-.00	.76	-.07	.06	-.01
방위력의 강화	.73	-.23	-.00	.70	-.13	-.17	-.00	.70	-.20	-.00	.03	.70	-.18	-.11	-.08
핵무기의 비보유	-.53	.28	.08	-.37	-.12	.53	-.01	-.49	.11	.28	.12	-.19	.21	.57	.07
천황의 발언권	.49	.18	.24	.61	.18	.07	.10	.62	.27	.05	.13	.44	.22	-.12	.12
무역마찰의 해소	.37	.24	.20	.25	-.10	.58	.22	.18	-.02	.58	.26	.51	.24	.16	.12
사회복지의 충실	.10	.64	-.24	.05	.20	.65	-.17	-.05	.09	.77	-.20	.21	.03	.77	-.03
노동자의 발언권	-.09	.64	.09	-.02	.49	.45	-.02	-.15	.45	.39	-.01	.00	.48	.29	.29
여성의 지위향상	.03	.57	.10	.11	.72	.02	.08	.07	.67	.24	.03	.20	.60	.19	-.03
공무원의 파업권	-.26	.48	-.07	-.11	.74	-.04	-.10	-.02	.80	-.18	-.04	-.12	.80	-.07	-.15
작은 정부	.06	.17	.74	-.10	.06	.15	.76	-.12	.11	.09	.67	-.04	-.09	.12	.83
자조 노력	.08	-.28	.68	.13	-.06	-.17	.69	.15	-.13	-.08	.75	.24	.06	-.41	.54
기여율(%)	17.2	15.4	10.9	15.2	13.0	12.3	10.6	15.6	13.2	11.7	10.4	15.6	13.0	11.6	10.2

주: 주성분분석, 배리맥스 회전

2. 정책 이데올로기의 구조적 변용

이어서 과거 30년간에 유권자의 정책 이데올로기의 구조에 어떠한 변화가 일어났는가를 살펴보도록 하자. 안타깝게도 76년 조사의 질문항목은 시대적·정치적 상황의 차이를 반영한 결과, 그 이후의 각 조사의 질문항목과 상당히 다르다. 그래서 먼저 질문항목의 일치도가 높은 83년 조사부터 04년 조사에 걸친 자료를 통한 비교를 실시한 뒤, 76년 조사자료와 그 후의 조사에서 얻어진 자료와의 비교를 별도로 실시하도록 한다.

(1) 83년에서 04년에 걸친 변화

표 3-2는 83년부터 04년에 걸친 4회의 조사에서 일관되게 질문하고 있는 11항목에 관해서 인자분석을 실시한 결과이다. 선행연구인 가바시

마(蒲島, 1998)의 분석에 입각해서 주성분법에 의해 인자의 추출을 실시한 후, 고유치 1 이상의 인자에 관해서 배리맥스 회전을 실시했다. 따라서 83년에서 96년에 관한 분석결과는 기본적으로 가바시마의 분석결과와 동일하다.[3]

　　83년의 경우는 3개의 인자, 또한 93년과 96년의 경우는 4개의 인자가 추출되었다. 가바시마는 83년에서 96년에 이르는 기간의 인자구조에 관해서 그 어떤 것도 제1인자를 안전보장의 축[4], 제2인자를 참가와 평등의 축으로 해석하며, 또한 83년의 제3인자와 93년과 96년의 제4인자를 신보수주의의 축으로 해석하고 있다. 그리고 93년과 96년의 제3인자에 관해서는 노동자의 발언권 강화, 사회복지의 충실, 핵무기의 비보유(3년)와 같이 유권자 대부분이 찬성의 뜻을 표시하는 합의쟁점의 부하가 크다는 점에서 합의쟁점의 축으로 해석하고 있지만, 이 점에 관해서는 합의쟁점화시키고 싶은 몇 개의 쟁점이 모여져서 새롭게 독립적인 인자를 형성했다고 생각한다는 점에서 약간 의문이 남는다. 오히려 본 장에서는 80년대에 하나의 축을 형성하고 있던 '참가와 평등'이 90년대 이후 공무원의 파업권, 여성의 지위향상, 노동자의 발언권(93년과 96년의 경우, 제2인자의 부하량이 제3인자의 부하량보다도 크다) 등을 중심으로 하는 '참가'의 축과, 사회복지의 충실을 중심으로 하는 '평등'의 축으로 분화되었다는 해석을 취하도록 한

---

3) 단 가바시마(蒲島, 1998)의 분석결과(184쪽, 표 8-6)인 93년 및 96년에 관한 부분에는 분석에 사용된 자료에 공란 등이 존재하기 때문에 본 논문에서는 이를 수정해서 사용하고 있으며, 그 결과 가바시마(蒲島)의 분석결과와는 부분적으로 일치하지 않는 숫자가 보인다. 또한 가바시마(蒲島)의 표에서는 인자부하량이 0.3 이상의 것만을 표시하고 있지만, 본 장에서는 모든 부하량을 표시하였다.

4) 보다 정확하게 말하자면, 여기서는 천황의 발언권 등도 포함되기 때문에, 이 축은 안전보장의 문제를 중심으로 하고 있으면서도 헌법 문제 등을 내포한 전후 일본의 정치체제에 관한 기본적인 대립축이라고 생각된다.

다. 이러한 분화가 발생한 이유에 관해서는 여기서의 분석결과만으로는 단정적인 결론을 내리기 힘들지만, 하나의 가설로서 '참가'에 관한 쟁점태도가 보다 강한 정치성(정치적 이데올로기성)을 띄고 있는 것에 반해 '평등'에 관한 쟁점태도는 유권자의 사회·경제적인 배경에 강한 영향을 받고 있기 때문에 이들 두 그룹의 쟁점태도가 개별적인 인자를 형성하게 된 것은 아닌가 하는 추측을 제시하고자 한다.

이러한 점을 고려하면서 04년의 결과를 살펴보면, 93년과 96년의 결과와 일관된 구조가 확인된다. 즉, 제1인자가 안보체제의 강화, 방위력의 강화 등을 중심으로 하는 안전보장의 축, 제2인자가 공무원의 파업권, 여성의 지위향상 등을 중심으로 하는 참가의 축, 제3인자가 사회복지의 충실을 중심으로 하는 평등의 축, 그리고 제4인자가 작은 정부, 자조 노력을 중심으로 하는 신보수주의의 축이다. 따라서 90년대부터 2000년대 초에 걸친 유권자의 정책 이데올로기 구조는 비교적 안정된 것이라고 말해도 좋을 것이다.

한편 83년부터 04년에 걸쳐서 인자로서의 의미가 안정되지 않은 항목이 두 가지 있다. 핵무기의 비보유와 무역마찰의 해소가 그것이다. 전자는 83년과 96년에는 안전보장의 축(안전보장체제의 강화에 찬성하는 사람일수록 핵무기의 비보유에 반대하는 쪽으로)에 포함되지만, 93년과 04년에는 평등의 축(복지의 충실에 찬성하는 사람일수록 핵무기의 비보유에도 찬성하는 쪽으로)에 포함되어 있다. 또한 후자는 83년과 04년에는 안전보장의 축(안전보장체제의 강화에 찬성하는 사람일수록 무역마찰의 해소에도 찬성 쪽으로)에 포함되지만, 93년과 96년에는 평등의 축(복지의 충실에 찬성하는 사람일수록 무역마찰의 해소에도 찬성하는 쪽으로) 에 포함되어 있다. 전자는 안전보장의 문제인 동시에 국내적인 좌우의 이데올로기 대립과도 밀접히 관련되어 있는 쟁점이라는 점, 후자도 국제관계의 문제임과 동시에 국내경제에 관한 문제이기도 하다는 점 등으로부터 이러한 불안정성이 생겼다고 생각되지만, 왜 각 시기에 그 의미가 변화했는지를 명백히 밝히기 위해서는 더 많은 분석이 요청될 것이다.

또 하나의 측면, 즉 고려해야 할 문제로서 평등의 축과 신보수주의의 축이 상호간에 독립적이라는 점을 들 수 있다. 논리적으로 사회복지를 충실히 해야 한다는 주장과 작은 정부 및 자조 노력의 주장과는 서로 독립적인 것으로 생각되며, 이들 항목이 상호독립적인 하나의 인자를 형성해도 아무런 문제가 없을 것으로 보이는데, 실제로는 각자 독립적인 인자를 형성하고 있는 것이다. 이 점에 관해서 가바시마(蒲島, 1998: 182)는 "본래 일본인은 자조의식이 강하며, 그것으로 채울 수 없는 부분을 (국가에 의한) 복지(정책)에서 (그 해결을) 요구하는 경향이 있다"고 해석하면서, 일본의 유권자에게는 사회복지에 관한 주장과 작은 정부에 관한 주장이 대립적인 것이 아니라는 해석을 제시하고 있다. 본 장도 이러한 해석을 전적으로 부정하는 것은 아니지만, 동시에 다음과 같은 해석도 가능하다고 생각한다.

타게페러와 슈가트(Taagepera & Shugart, 1989)는 새로운 정치적인 대립축의 출현과 정당의 신규결성 관계에 관해서 다음과 같이 논의하고 있다. 즉, 일반적으로는 기존의 정당이 지금까지 그 존재를 인정하지 않았던 대립에 관해서 신당이 그 반대편에 서서 그것을 정치의 장으로 끌고 들어오는 것이 많기 때문에 그 대립축은 (그 새로운 정당의 주장을 하나의 극으로 하고 다른 반대의 극에는 그것을 주장하는 정당이 존재하지 않는 형태의) 단극적인 것이 되기 쉽다. 이 논의를 80년대 이후의 일본에 적용하면, 이 때 새롭게 등장했던 신보수주의적인 주장은 그 이전의 보혁 대립축과는 상대적으로 독립적인 새로운 정책적 차원을 형성하게 되었으며, 이 단극적인 축 위의 신보수주의적인 극에는 자민당 속의 신보수주의적인 그룹이나 90년대 이후에 탄생한 새로운 정당이 자리매김했다고 생각할 수 있다.5) 또한 이 문제를, 유권자 속에 각 정당의 특화된 분야에 관한 이미지가 형성되어 있으며, 정당 쪽에서도 그러한 이미지를 유권자에게 호소할 재료로 삼는 이슈 오너십(issu ownership)(Petrocik, 1996)을 갖게 된다는 관점에서 보면, 종래의 혁신정당에 의한 복지국가적인 주장과 80년대 이후 자민당 내의 신보수주의 그룹이나 90년대 이후 신당에 의한 신보수주의적인 주장이 각각 독립적인 이슈 오너십의 관계를 형성했다고 생각할 수도 있을 것이다.

이러한 관점에서 보면, 많은 유권자들에게 80년대에 등장했던 신보수주의적인 주장은, 그 이전에 존재했던 복지국가적인 주장에 대한 안티테제로서의 의미보다는 독립적인 하나의 새로운 주장으로서 인식되었고, 그 결과 그러한 주장에 대한 찬반도 복지국가적인 주장에 대한 찬반과는 상대적으로 독립적인 것이 아닌가 하는 추측도 가능할 것이다.

단, 이 점에 관해서는 변화의 조짐으로 포착될 수 있는 결과가 나타나고 있다. 즉 04년에는 자조 노력이 신보수주의의 축인 제4인자에서 최대의 부하를 나타내고 있었지만, 동시에 평등의 축인 제3인자에서도 (사회복지의 충실에 찬성하는 사람일수록 자조 노력에 반대하는 쪽으로) 커다란 부하를 나타내고 있다. 앞으로 평등의 축과 신보수주의의 축이 서로 수렴하는 방향으로 진행될 것인가 여부는 흥미로운 현상이라고 볼 수 있다.

---

5) 이 점에 관해서는 히라노(平野, 2004)도 참조하기 바람.

표 3-3 정책 이데올로기의 구조(76년, 83년, 93년, 04년)

	76년		83년			93년			04년		
	I	II	I	II	III	I	II	III	I	II	III
안보체제의 강화	**.84**	.00	**.73**	.31	-.01	**.79**	.02	.04	**.77**	.23	.09
방위력의 강화	**.80**	.03	**.77**	.00	-.13	**.66**	-.3	-.11	**.78**	-.10	.02
천황의 발언권	**.69**	-.03	.43	**.60**	.10	**.67**	.30	.02	.32	**.63**	-.11
공무원의 파업권	**-.53**	.28	**-.55**	.34	.10	-.16	**.67**	.13	-.39	**.50**	.21
북방영토의 양보	-.1	**-.72**	-.10	**.84**	-.06	.22	**.74**	-.11	-.23	**.74**	-.04
사회복지의 충실	-.08	**.71**	.04	.06	**.82**	.09	.17	**.75**	.08	.15	**.75**
정치부패의 근절	-.19	**.73**	-.19	-.05	**.71**	-.11	-.12	**.77**	-.02	-.21	**.74**
기여율(%)	30.5	23.5	23.8	18.3	17.3	22.8	17.5	17.0	20.8	18.9	16.8

(2) 76년 자료와의 비교

이어서 76년 자료의 분석결과를 그 이외의 조사의 결과와 비교해보도록 하자. 앞서 기술한 바와 같이 76년 조사의 질문항목은 83년 이후의 그것과는 상당히 다르지만, 76년, 83년, 93년, 04년에 공통적인 질문항목도 7항목이 있다. 그래서 이들 7항목에 관해서 앞 절과 마찬가지 방식으로 인자분석을 실시했는데 그 결과를 표시한 것이 표 3-3이다.

먼저 76년의 결과를 살펴보면, 제1인자가 안보체제의 강화와 방위력의 강화를 중심으로 한 안전보장의 축, 제2인자가 사회복지의 충실을 포함한 평등지향의 축으로 해석된다. 신보수주의에 관한 질문항목이 포함되지 않은 것을 고려하면, 이 결과는 앞의 표 3-2의 분석에서 나타났던 83년의 결과와 큰 틀에서는 부합하는 것으로 볼 수 있다.[6]

---

6) 단, 여기서는 표 3-2에서의 83년의 결과와는 다르게 공무원의 파업권은 참가와 평등에 관한 것이 아니라 안전보장의 축에 포함된다. 그러나 76년에 질문된 항목의 전부를 이용한 가바시마·다케나카(蒲島·竹中, 1996)의 분석에서는 공무원의 파업권에 관한 항목이 참가와 평등의 축에 포함되어 있으며, 반대로 표 3-3의 분석에서는 83년의 경우 이 항목이 평등의 축에 포함되어 있지 않다는

이러한 구조는 83년에서 04년까지의 분석결과에서도 기본적으로는 변화하지 않는다(제1인자가 안전보장의 축, 제3인자가 평등의 축). 정치부패의 근절은 항상 사회복지의 충실과 동일한 인자를 형성하고 있지만, 이는 이 항목이 정치윤리의 문제임과 동시에 경제적으로 강력한 이익집단에 의해서 정치가 좌우된다고 하는 것에 대한 반발이라는, 즉 경제적 평등에 대한 지향이라는 의미를 내포하고 있는 것에 따른 결과로 생각되어진다. 또한 83년 이후에는 일관되게 북방영토에 관한 양보(바꿔 말하자면, 소련 혹은 러시아와의 우호관계 중시)를 중심으로 한 제2인자가 독립적인 축을 형성하고 있는데, 이 항목은 76년 조사의 쟁점태도에 관한 항목 전체를 이용한 가바시마·다케나카(蒲島·竹中, 1996)의 분석에서도 중국이나 북한과의 관계에 관한 항목과 더불어 독립적인 인자의 축을 형성하고 있다는 점에서 북방영도에 관한 양보가 독립적인 인자를 형성하고 있는 점에 한정하는 경우 76년과 83년 이후 사이에는 구조적인 단절이 반드시 있었다고 생각되지는 않는다.

한편 천황의 발언권과 공무원의 파업권에 관한 항목은 인자로서의 의미가 불안정성을 나타내고 있다. 즉 전자는 76년과 93년에는 안전보장의 축(안전보장체제의 강화에 찬성하는 사람일수록 천황의 발언강화에도 찬성 쪽으로)에 포함되지만, 83년과 04년에는 북방영토의 축(소련 혹은 러시아와의 우호관계를 중시하는 사람일수록 천황의 발언권 강화에 찬성 쪽으로)에 포함된다. 또한 후자는 76년과 83년에는 안전보장의 축(안전보장체제의 강화에 찬성하는 사람일수록 공무원의 파업권에 반대하는 쪽

점에서, 위와 같은 결과는 분석에 투입하는 항목의 선택에 의해 크게 영향을 받은 것으로 생각된다. 따라서 이 점에 관해서는 더 이상 깊게 논의하지 않겠다.

으로)에 포함되지만, 93년과 04년에는 북방영토의 축(소련 혹은 러시아와의 우호관계를 중시하는 사람일수록 공무원의 파업권에 찬성 쪽으로)에 포함된다. 이러한 불안전성에 관해서도 그 의미를 명백히 하기 위해서는 보다 상세한 분석이 필요할 것으로 보인다.

3. 쟁점태도와 보혁 이데올로기에 관한 자기 이미지와의 관련성

이른바 보수와 혁신 간의 이데올로기 대립은 전후 일본에서 정치적 대립의 기저를 이루고 있다고 생각되어졌다(蒲島·竹中, 1996; Watanuki, 1967). 보혁 이데올로기에 관한 상세한 분석을 실시한 가바시마·다케나카(1996)의 연구는 전후 일본의 정치적 대립축의 변천이 보혁 이데올로기의 중층화·다차원화의 과정으로 포착하는 것이 가능하다는 것을 밝히고 있다. 그래서 여기서는 유권자가 자기자신을 보수적이라고 생각하는가, 아니면 혁신적이라고 생각하는가 하는 이른바 '보혁 이데올로기에 관한 자기 이미지'와 각 쟁점에 대한 태도와의 상관관계를 시계열적으로 산출해 보았다. 그 결과는 표 3-4(각 쟁점에 관한 가장 위의 줄)에 표시되어 있다. 여기서는 보수적인 유권자일수록 각 쟁점에 대한 주장에 찬성일 경우에는 상관계수가 플러스, 혁신적인 유권자일수록 각 쟁점에 대한 주장에 찬성일 경우에는 마이너스가 되도록 척도의 방향을 조정하였다.[7]

보혁 이데올로기에 관한 자기 이미지와 명확한 관련을 나타내는 쟁점 태도의 항목들은 두 그룹으로 나눠져 있다. 즉, 안전보장체제의 강화, 방위력의 강화, 천황의 발언권과 같이 '안전보장'의 축에 포함되는 제반 항목(어

---

7) 여기서는 보혁에 관한 자기 이미지의 측정방법이 조사마다 다르다는 점에 주의할 필요가 있다. 즉, 76년 조사에서는 3단계, 83년 조사에서는 5단계, 93년과 96년 조사에서는 10단계, 04년 조사에서는 11단계의 척도로 질문이 이루어지고 있다.

쨌든 보수적인 유권자일수록 찬성하는 쪽으로)과 노동자의 발언권, 여성의 지위향상, 공무원의 파업권과 같이 '참가'의 축에 해당되는 제반 항목(어쨌든 혁신적인 유권자일수록 찬성하는 쪽으로)이다.[8] 동시에 그 어느 항목 그룹도 시간이 흘러갈수록 보혁에 관한 자기 이미지와의 관련성이 현저히 낮아지고 있다. 또한 이들 항목과 마찬가지로 예전에는 보혁에 관한 자기 이미지와 관련이 보였던 것이 최근 들어 그 관련성이 저하한 항목으로는 핵무기의 비보유와 정치부패의 근절을 들 수 있다. 그 어느 것도 예전에는 혁신적인 유권자일수록 찬성인 방향에서 관련성이 보였지만, 04년에는 통계적으로 의미가 있는 관련성이 보이지 않게 되었다.

다른 한편, '평등'의 축에 포함되는 사회복지의 충실과 보혁에 관한 자기 이미지와의 관련성은 전체적으로 그다지 명확하지 않다. 83년과 93년에는 혁신적인 유권자일수록 찬성인 방향에서 통계적으로 미미하지만 의미있는 관련성이 보였지만, 그 이외의 조사에서는 그러한 관련성이 통계적으로 유의미하지 않다. 동일한 양상을 보이는 항목으로서 북방영토의 양보(83년과 93년만, 혁신적인 유권자일수록 찬성인 방향에서 통계적으로 의미있는 상관관계가 보인다), 무역마찰의 해소(96년만, 보수적인 유권자일수록 찬성인 방향에서 통계적으로 미미하지만 의미가 있는 관련성이 보인다)를 들 수 있다.

마지막으로 '신보수주의' 축에 해당되는 작은 정부와 자조 노력의 경우는 다른 항목과는 상이한 양상을 보이고 있다는 점에서 흥미롭다. 첫째, 작은 정부는 96년 이후에 보혁에 관한 자기 이미지와 통계적으로 의미가

---

8) 보혁에 관한 자기 이미지와 안전보장(천황의 발언권을 포함한다)에 관한 쟁점태도와의 명확환 관련성은 헌법·안전보장 문제가 전후 일본의 정치적 대립축의 핵심으로 강한 구속력을 가져왔다는 오타케(大嶽, 1999)의 주장과도 부합된다.

표 3-4 쟁점태도와 보혁에 대한 자기 이미지 및 정당 감정온도의 상관관계

안보체제의 강화	76년	83년	93년	96년	04년
보수/혁신	.35	.30	.20	.24	.20
자민당	.31	.34	.19	.24	.27
사회당	-.09	-.14	-.04ns	-.00ns	-.14
공명당	-.05ns	-.05ns	.06	-	.13
민사당	.10	.11	.09	-	-
공산당	-.16	-.19	-.08	-.17	-.18
신생당	-	-	.06	-	-
일본신당	-	-	.02ns	-	-
신진당	-	-	-	.09	-
민주당	-	-	-	-.04ns	-.01ns

방위력의 강화	76년	83년	93년	96년	04년
보수/혁신	.33	.26	.24	.21	.16
자민당	.30	.35	.20	.23	.22
사회당	-.12	-.14	-.10	-.04n	-.15
공명당	-.01ns	-04ns	-.00ns	-	.08
민사당	.09	.13	.03ns	-	-
공산당	-.13	-.21	-.14	-.16	-.17
신생당	-	-	.03ns	-	-
일본신당	-	-	.00ns	-	-
신진당	-	-	-	.10	-
민주당	-	-	-	.02ns	.02ns

핵무기의 비보유	76년	83년	93년	96년	04년
보수/혁신	-	-.10	-.05	-0.8	-.01ns
자민당	-	-.13	-.06	-.09	-.04ns
사회당	-	.06	.03ns	.02ns	.11
공명당	-	.02ns	.04ns	-	.03ns
민사당	-	-.10	.04ns	-	-
공산당	-	.05ns	.08	.07	.08
신생당	-	-	.03ns	-	-
일본신당	-	-	.04ns	-	-
신진당	-	-	-	-.08	-
민주당	-	-	-	.05	-

천왕의 발언권	76년	83년	93년	96년	04년
보수/혁신	.20	.11	.11	.09	.05
자민당	.23	.20	.08	.07	.12
사회당	-.05ns	.06	.07	.06	.08
공명당	.04ns	.08	.10	-	.15
민사당	.11	.08	.10	-	-
공산당	-.06ns	-.03ns	.05ns	-.00ns	.06
신생당	-	-	.02ns	-	-
일본신당	-	-	.01ns	-	-
신진당	-	-	-	.09	-
민주당	-	-	-	-.04ns	-.01ns

무역마찰의 해소	76년	83년	93년	96년	04년
보수/혁신	-	-.00ns	-.00ns	.06	.05ns
자민당	-	.06	.03ns	.09	.10
사회당	-	.00ns	.01ns	.05	-01ns.
공명당	-	-0.3ns	.09	-	08
민사당	-	.06	.05ns	-	-
공산당	-	-.05ns	-03ns	-.08	-05ns
신생당	-	-	.06	-	-
일본신당	-	-	.05ns	-	-
신진당	-	-	-	.08	-
민주당	-	-	-	-01ns	.00ns

사회복지의 충실	76년	83년	93년	96년	04년
보수/혁신	-.06ns	-.08	-.08	-.04ns	-.02ns
자민당	-.05ns	-.03ns	-.05	-.05ns	-.01ns
사회당	.08	.06	.03ns	.06	.04ns
공명당	.03ns	.01ns	.04ns	-	.03ns
민사당	-.09	-.07	-.05	-	-
공산당	.03ns	.04ns	.07	.00ns	.02ns
신생당	-	-	-.03ns	-	-
일본신당	-	-	-.04ns	-	-
신진당	-	-	-	-.01ns	-
민주당	-	-	-	-.06	.01ns

정치부패의 근절	76년	83년	93년	96년	04녀
보수/혁신	-.17	-.17	-.08	-	-.03ns
자민당	-.09	-.18	-.09	-	-.09
사회당	.14	.09	-.04ns	-	-.05
공명당	.09	.03ns	-.04ns	-	- 08
민사당	-.02	-.01ns	-.06	-	-
공산당	.05	.06	-.00ns	-	-.04ns
신생당	-	-	-.02ns	-	-
일본신당	-	-	.01ns	-	-
신진당	-	-	-	-	-
민주당	-	-	-	-	.05

노동자의 발언권	76년	83년	93년	96년	04년
보수/혁신	-	-.27	-.20	-.14	-.14
자민당	-	-.16	-.11	-.14	-.20
사회당	-	.20	.07	.02ns	.09
공명당	-	.04ns	.04ns	-	-.16
민사당	-	-.04ns	.01ns	-	-
공산당	-	.10	.13	.10	.12
신생당	-	-	.02ns	-	-
일본신당	-	-	.02ns	-	-
신진당	-	-	-	-.05ns	-
민주당	-	-	-	-.04ns	.03ns

여성의 지위 향상	76년	83년	93년	96년	04년
보수/혁신	-	-.14	-.09	-.09	-.08
자민당	-	-.04ns	-.08	-.11	-.04ns
사회당	-	.09	.10	.04ns	.06
공명당	-	.02ns	.10	-	.06
민사당	-	-.03ns	.04ns	-	-
공산당	-	.09	.08	.01ns	.05
신생당	-	-	.06	-	-
일본신당	-	-	.03ns	-	-
신진당	-	-	-	-.01ns	-
민주당	-	-	-	-.05ns	.08

공무원의 파업권	76년	83년	93년	96년	04년
보수/혁신	-.36	-.28	-.24	-.18	-.18
자민당	-.23	-.28	-.19	-.17	-.14
사회당	.17	.24	.12	.07	.21
공명당	.01ns	.03ns	.06	-	.03ns
민사당	-.13	-.12	-.01ns	-	-
공산당	.16	.19	.16	.13	.21
신생당	-	-	-.03ns	-	-
일본신당	-	-	.01ns	-	-
신진당	-	-	-	-.07	-
민주당	-	-	-	-.03ns	.01ns

북방영토의 양보	76년	83년	93년	96년	04년
보수/혁신	-.02ns	-.06	-.10	-	-.04ns
자민당	-.04ns	-.00ns	-.03ns	-	.01ns
사회당	-.03ns	.10	.08	-	.11
공명당	.03ns	.13	.06	-	.14
민사당	.04ns	-.02ns	.05ns	-	-
공산당	.01ns	.12	.10	-	.09
신생당	-	-	.01ns	-	-
일본신당	-	-	-.01ns	-	-
신진당	-	-	-	-	-
민주당	-	-	-	-	-.02ns

작은 정부	76년	83년	93년	96년	04년
보수/혁신	-	-.05ns	.01ns	-.06	-.07
자민당	-	-.07	-.02ns	-.12	-.08
사회당	-	-.03ns	-.01ns	-.05	-.05ns
공명당	-	-.00ns	-.04ns	-	-.14
민사당	-	.10	.02ns	-	-
공산당	-	-.04ns	-.02ns	.05ns	-.01ns
신생당	-	-	-.04ns	-	-
일본신당	-	-	-.01ns	-	-
신진당	-	-	-	.01ns	-
민주당	-	-	-	.05ns	.07

자조 노력	76년	83년	93년	96년	04년
보수/혁신	-	.07	.16	.14	.13
자민당	-	.12	.15	.14	.13
사회당	-	-.02ns	-.00ns	-.03ns	-.06
공명당	-	.04ns	-.04ns	-	.01ns
민사당	-	.13	.01ns	-	-
공산당	-	-.08	-.12	-.14	-.11
신생당	-	-	-.01ns	-	-
일본신당	-	-	-.02ns	-	-
신진당	-	-	-	.05	-
민주당	-	-	-	.02ns	-.02ns

주: ns=양측 5% 수준에서 의미가 있지 않은 것. 사회당은 96년 이후에는 사민당으로 표기

있는 관련성을 보이게 되었으며, 또한 자조 노력도 93년 이후에는 이전보다 강한 관련성이 보이게 되었다. 즉, 이들 항목과 보혁에 관한 자기 이미지와의 관련성이 보이기 시작한 것은 90년대에 들어와서이다. 둘째, 어쨌든 이러한 관련성의 방향이 두 항목간에 커다란 차이를 보이고 있다는 점이

다. 즉, 작은 정부는 혁신적인 유권자일수록 찬성을 나타내고 있는 데 반해 자조 노력은 보수적인 유권자일수록 찬성을 나타내고 있다. 이는 전자에는 정부나 관료에 대한 비판이라는 뉘앙스가 포함되어 있고, 또한 보수적인 유권자 중에는 정책적인 배분에 의존하는 부문에 속하고 있는(그렇기 때문에 작은 정부를 지향하지 않는다) 사람이 많다고 풀이되는 데 반해, 후자에는 그러한 뉘앙스가 없으며, 오히려 논리적이며 도덕적인 뉘앙스를 느끼게 만들기 때문에 일어난 결과로 생각된다. 이들 두 항목은 적어도 보혁 이데올로기라는 관점에서 보자면 유권자들에게 상당히 다른 의미를 가진 것으로 이해되고 있는 것으로 보인다.[9]

지금까지의 분석결과로부터 ① 다양한 쟁점태도와 보혁 이데올로기와의 관련성은 전체적으로 지난 30년간 크게 저하하고 있다, ② 특히 안전보장과 참가에 관한 쟁점에서 그러한 경향이 현저하다, ③ 단 신보수주의에 관한 쟁점은 90년대 이후가 되어서야 보혁 이데올로기와의 관련성이 명확해지게 되었지만, 한편으로는 그 방향성에 관해서는 항목간의 일관성이 결여되어 있는 상태이다. 바꿔 말하자면, 신보수주의적인 정책 이데올로기와 종래의 보혁 이데올로기가 동일한 차원의 것이 아니라는 점이 현저

---

9) 이러한 의미의 차이는 정치적 태도의 기저에 있다고 생각되는 가치관과의 관계에서도 보인다. 예를 들면, 권위나 질서에 대한 지향을 측정하는 항목인 "세상의 상식을 파괴하는 사람에게는 엄격한 제재를 가해야 한다"(03년 중의원 사전조사의 항목)와 자조 노력 및 작은 정부라는 두 항목과의 상관관계를 산출하면, 자조 노력과의 사이에는 통계적으로 의미가 있는 플러스의 상관관계($\gamma=.12$, $p\langle.01$)가 보이는 데 반해, 작은 정부와의 사이에는 통계적으로 의미가 있는 상관관계($\gamma=.01$, $p\langle.80$)가 보이지 않는다. 이것은 작은 정부의 지향이 한편으로는 자조 노력과 마찬가지로 자기규율의 강조나 자유경쟁을 통한 상하질서의 형성이라고 하는 의미를 지니고 있다는 점에서 권위나 질서에 대한 지향과 친화적이지만, 한편으로는 기존 정부에 대한 불신과 같은 의미를 지니고 있다는 점에서 권위나 질서에 대한 지향과 길항관계에 있다는, 즉 상반되는 두 가지 측면을 가지고 있는 정책지향이라는 특징을 지니고 있는 것에 의한 것으로 생각된다. 이 점에 관해서는 히라노(平野, 2000)를 참조하기 바람.

하게 부각되었다고 잠정적으로 결론을 내릴 수 있다. 더 말할 나위도 없이, 이와 같은 변화는 정책 이데올로기의 다차원화뿐 아니라 90년대 이후에 나타난 다양한 연립정권의 출현, 특히 종래의 보혁 대립에서 보수와 혁신을 대표하는 입장이었던 자민당과 사회당에 의한 연립정권의 형성으로 인해 보혁 이데올로기 자체의 의미가 변색되었던 것(더 나아가 유권자에게 보혁 이데올로기의 의미 그 자체를 상실시켰던)이 커다란 영향을 미쳤던 것으로 보인다.

4. 쟁점태도와 정당 감정온도와의 관련성

그렇다면 각 쟁점에 관한 태도와 각 정당에 대한 태도는 어떠한 관련성을 지니고 있을까. 또한 이러한 관련성이 과거 30년간 어떠한 변화를 보이고 있을까. 이러한 의문을 명백히 밝히기 위해 여기서는 각 쟁점에 관한 태도와 주요한 정당 감정온도와의 상관관계를 시계열적으로 살펴볼 것이다. 정당 감정온도는 각 정당에 대한 감정을 0도(가장 반감을 느끼는)에서 100도(가장 호감을 느끼는)까지의 101단계로 측정한 것이다. 결과는 표 3-4(각 쟁점에 관한 두 번째 줄 이하)에 표시되어 있다. 척도의 방향은 각 정당에 대한 호감도가 높은 유권자일수록 각 쟁점에 관해 찬성인 경우에 상관계수가 플러스가 되도록 조정되어 있다.

여기서도 '안전보장'의 축 및 '참가'의 축에 포함되는 쟁점태도와 정당 감정온도와의 관련성이 비교적 명확한 양상을 보이고 있다. 먼저 안전보장 축의 중심을 이루는 안전보장체제 강화 및 방위력 강화는 예상한 것처럼 자민당(및 민사당, 신진당)에 대한 감정과는 플러스의 상관관계를, 또한 사회당·사민당 및 공산당에 대한 감정과는 마이너스의 상관관계를 보이는 경향이 존재했다. 한편 민주당에 대한 감정과는 통계적으로 의미가 있는 관련성이 보이지는 않는다. 또한 여기서는 보혁에 관한 자기 이미지의 경우와는 다르게 관련성의 지속적인 저하와 같은 경향이 보이지는 않는다. 오히려 그때그때의 정치적 상황의 영향이 큰 것으로 여겨진다. 예를 들면, 냉전의 긴장이 최고조에 달했던 83년에는 그 관련성이 최대였으며, 소련 해체 후 93년에는 일단 크게 저하한 뒤에 새로운 국제적 긴장관계 속에서 다시 관련성이 높아지는 경향을 보이고 있다. 또한 사민당에 대한 감정은 96년의 경우는 그 어느 항목에서도 통계적으로 의미있는 관련성을 보이지 않는데, 이는 당시 사민당이 자민당과의 연립정권을 형성함으로써 사민당에 호의적인 유권자가 안전보장 문제에 관해서 보다 적극적인 태도를 가지게 되었기 때문으로 보인다. 혹은 반대로 안전보장 문제에서 적극적인 태도를 가진 유권자의 사민당에 대한 호감도가 높아졌기 때문인 것으로 생각된다. 이들 두 항목과 마찬가지의 (그러나 상대적으로 관련성이 약한) 양상이 핵무기의 비보유에 관해서도 나타난다. 한편 안전보장의 축에 포함되는 천황의 발언권의 경우는, 위의 양상과는 반대의 경향을 보이고 있다. 즉 정당 감정온도와는 통계적으로 의미있는 마이너스의 상관관계가 전혀 보이지 않으며, 자민당뿐 아니라 사회당·사민당에 대한 감정과의 상관관계는 83년 이후 일관되게 통계적으로 의미있는 플러스의 상관관계를 나타내고 있다. 또한 04년에는 민주당을 제외한 모든 정당 감정온도와의 사이에 통계적으로 의미있는 플러스의 상관관계를 보이고 있다. 이 쟁점이 유권자 차원에서는 자민당 대 사회당·공산당이라는 대립의 구도에 맞아떨어지는 것이 아니라는 점이 밝혀진 셈이다.

다음으로 '참가'의 중심적인 항목인 공무원의 파업권과 노동자의 발언권에 관해서도 예상한 것처럼 자민당에 대한 감정온도와는 마이너스, 사회당·사민당, 공산당의 감정온도와는 플러스의 상관관계가 일관되게 보이고 있다(단 96년의 사민당의 감정온도와 노동자의 발언권과의 상관관계는 통계적으로 의미가 있지 않다). 특히 공무원의 파업권은 민사당과 신진당의 감정온도와도 통계적으로 의미가 있는 마이너스의 상관관계가 존재한다. 공무원의 파업권은 안전보장과 관련된 쟁점과 정당 감정온도와의 관계와 유사한 양상을 보이고 있다. 또한 여기서도 민주당에 대한 감정온도와는 통계적으로 의미가 있는 상관관계가 존재하지 않는다. 여성의 지위향상에 관해서도 동일한 양상이 나타나고 있지만, 전체적으로 관련성의 정도는 낮은 편이다(단, 여기서는 04년에 민주당의 감정온도와의 사이에 통계적으로 의미가 있는 플러스의 상관관계가 보이고 있다).

이어서 '평등'의 축에서 중심적인 항목인 사회복지의 충실에 관해서 살펴보면, 90년대 중반까지는 사회당·사민당에 대한 감정온도와 플러스의 상관관계를 보이고, 93년까지의 민주당 및 96년의 민주당의 감정온도와 마이너스의 상관관계라는 양상이 보였지만, 이는 앞서 살펴본 안전보장과 참가와 같은 이데올로기성이 강한 쟁점에서 나타나는 양상과는 다르다는 점에서 흥미로운 현상이다. 사회복지의 충실과 같은 주장에 대한 찬반의견에 대해서는 각 유권자의 사회적·경제적·직업적 배경의 영향이 보다 강하며, 그것이 이러한 차이를 가져온 것으로 보인다. 한편 자민당과 공산당의 경우, 사회복지의 충실은 각 정당 감정온도와의 상관계수 부호가 전자는 마이너스, 후자는 플러스이며, 상관관계가 통계적으로 의미가 있는 것은 그 어느 정당도 93년뿐이다. 더욱 흥미로운 것은 04년에 이 항목이 그 어떤 정당 감정온도와도 통계적으로 의미가 있는 관련성을 보이고 있지 않다는 점이다. 이러한 의미에서 사회복지의 충실과 같은 주장은 오늘날 당파적 의미를 갖지 않게 되었다고 말할 수 있을지도 모르겠다.

다음으로 신보수주의'의 축을 형성하는 작은 정부와 자조 노력에 관해서 살펴보면, 이들 두 항목은 보혁에 관한 자기 이미지와의 관계와 마찬가지로 정당 감정온도와의 관계에서도 상호간에 상이한 양상을 보이고 있다. 즉, 작은 정부의 경우는, 자민당(및 사민당, 공명당)에 대한 감정온도와는 마이너스의 상관관계를, 민사당 및 민주당의 감정온도와는 플러스의 상관관계를 보이고 있다는 점에서 이 쟁점이 '대기업 노사연합'과 '재분배 의존 부문' 간의 대립(伊藤, 1998)을 둘러싼 것이라는 점을 짐작할 수 있다. 이에 반해 자조 노력은 자민당(및 민사당, 신진당)의 감정온도와는 플러스의 상관관계를, 공산당(및 사민당)의 감정온도와는 마이너스의 상관관계를 나타내고 있는데, 이로부터 이 항목이 유권자에게는 안전보장형의 (즉, 정치 체제와 가치관의 문제와 밀접한 관련을 가지는) 쟁점으로서 인식되고 있다는 점을 알 수 있다. 결론적으로 말하면, 표 3-2의 구조분석에서는 이들 두 항목이 하나의 축(인자)을 형성하고 있었지만 각 주장이 유권자에게 가지는 의미는 서로 상당히 다른 것이라고 말할 수 있다.

마지막으로 위에서 살펴본 항목 이외의 것에 관해 간단히 살펴보도록 하자. 먼저 정치부패의 근절에 관해서는 80년대까지는 자민당의 감정온도와 마이너스의 상관관계, 사회당과 공산당(및 76년의 공명당)의 감정온도와는 플러스의 상관관계를 보였지만, 정치개혁이 유일하다고도 말할 수 있는 쟁점이었던 93년에는 자민당(및 민사당)의 감정온도와 마이너스의 상관관계를 보이고 있는 것을 제외하면, 그 어떠한 정당과도 통계적으로 의미있는 상관관계를 나타내고 있지 않다. 이는 93년에 정치부패의 근절에 관해 강한 입장을 가지고 있던 유권자의 경우, 자민당에 대한 호감도 이외의 당파적 태도는 정치부패의 근절에 관한 태도에 거의 영향을 미치지 않았다는 점을 말해준다. 한편 04년의 경우, 정치부패의 근절에 관한 태도는 자민당, 공명당, 사민당의 3당의 감정온도와는 마이너스의 상관관계를 보이고, 민주당의 감정온도와는 플러스의 상관관계가 나타나고 있지만, 전체적으로는 그 관련성은 약한 편이었다. 이어서 북방영토의 양보(소련 혹은 러시아와의 우호관계 중시)에 관해서는 83년 이후 일관되게 사회당·사민당, 공명당, 공산당의 세 당에 대한 감정온도와는 통계적으로 의미가 있는 플러스의 상관관계를 보이는 한편, 자민당에 대한 감정온도와는 그 관련성이 보이지 않는다. 즉, 이 쟁점의 경우는, 위 세 당간의 이슈 오너십의 관계가 형성되어 있었던 것으로 보인다. 마지막으로 무역마찰 해소에 관해서는 명확한 양상이 보이지 않지만, 자민당에 대한 감정온도와의 사이에는 거의 일관되게 통계적으로 의미있는 플러스의 상관관계가 보이며, 96년의 공산당에 대한 감정온도를 제외하면 통계적으로 의미있는 마이너스의 상관관계가 그 어느 정당과도 보이지 않았다.

글을 마치며

지금까지 본 장에서는 지난 30년간에 걸친 유권자의 쟁점태도의 변천, 정책 이데올로기 구조의 변용에 관해서 분석하였고, 그 결과 다음과 같은 결론을 얻을 수 있었다.

첫째, 다양한 주장에 대한 유권자의 찬반의견에 관해서는 지난 30년간 극적인 변화가 일어나지 않고 있다. 단, 안전보장과 관련된 항목은 각 쟁점에서 국제정세 등의 영향을 상대적으로 받기 쉽다는 점을 알 수 있었다. 또한 신보수주의적인 주장에 대한 긍정적인 태도는 점점 약해지고 있는 것으로 보인다.

둘째, 정책 이데올로기의 구조에 관해서는 그 구조가 어느 정도 다차원화되고 있다는 변화는 인정되지만, 기본적으로는 커다란 변화가 없다. 90

년대 이후, 안전보장(정치체제의 문제를 포함한다), 참가, 평등(복지의 문제를 중심으로 하는), 신보수주의와 같은 축으로 구성되는 구조가 지속적으로 추출되고 있다. 단, 평등의 축과 신보수주의의 축이 앞으로도 상호간에 독립적인 차원으로 존재하게 될 것인지는 흥미로운 분석과제라고 말할 수 있다.

셋째, 쟁점태도와 보혁에 관한 자기 이미지와의 관련성은 명확히 낮아지고 있는 중이다. 그러한 의미에서 '보혁대립'이라는 전후 일본 정치의 기본적 대립구조는 적어도 유권자의 주관적인 세계에서는 엷어졌다고 말할 수 있디. 이러한 경향은 안전보장과 참가에 관한 쟁점에서 특히 두드러진다.

넷째, 개별적인 쟁점태도와 정당 감정온도와의 관련성에 관해서는 몇 가지 흥미로운 양상이 확인되었다. 안전보장과 참가에 관해서는 종래의 보혁대립 구도가 매우 명확하게 남아 있다. 한편 사회복지의 충실과 작은 정부와 같은 쟁점에 관해서는 유권자의 사회적·경제적·직업적 배경을 보다 강하게 반영하고 있는 것으로 보이는 양상으로 나타났다. 이 점은 앞으로의 정당 재편을 고찰하는 데 있어 매우 중요한 측면이 될 것으로 생각된다.10)

마지막으로 한 가지 부언하고 싶은 점은 이러한 분석이 가능했던 것은 전국적 규모의 선거조사자료가 오랜 기간 축적되었고, 또한 이용가능했기 때문이라는 점이다. 따라서 앞으로도 이러한 조사의 지속적인 실시와 자료 축적 및 공개를 강력하게 부탁하고 싶다.

---

10) 여기서의 분석결과를 이슈 오너십의 관점에서 살펴보면, '작은 정부'라는 상징의 소유자인 민주당은 이 상징을 통해서 자민당에 대해 비판적인 정당으로 보임과 동시에 '복지의 충실'이라는 상징의 소유자인 사민당과도 대립관계에 있다고 인식되고 있다는 구도를 그릴 수 있을 것이다.

참고문헌

伊藤光利(1998), 「大企業労使連合再訪 ― その持続と変容」, 『レヴァイアサン』 1998年 冬号,
　　73-94頁.
大嶽秀夫(1999), 『日本政治の対立軸』, 中央公論新社.
蒲島郁夫(1998), 『政権交代と有権者の態度変容』, 木鐸社.
蒲島郁夫・竹中佳彦(1996), 『現代日本人のイデオロギー』, 東京大学出版会.
平野浩(2000), 「政党と市民: 政策本位の政党再編は可能か」, 川上和久・丸山直起・平野浩(編著),
　　『21世紀を読み解く政治学』, 日本経済評論社.
平野浩(2004), 「政治的対立軸の認知構造と政党 ― 有権者関係」, 『レヴァイアサン』 No.35,
　　86-104頁.

Petrocik, J.(1996), "Issue Ownership in Presidential Elections, with a 1980 Case
　　Study," *American Journal of Political Science*, 40, pp.825-850.
Taagepera, R. & Shugart, M.(1989), *Seats and Votes*, New Haven: Yale University
　　Press.
Watanuki, J.(1967), "Patterns of Politics in Present-Day Japan," in Lipset, S. M.
　　& Rokkan, S.(eds.), *Party System and Voter Alignment*, New York: Free Press,
　　pp.447-466.

4장

2004년 참의원선거의 정책쟁점과 유권자의식[1]

다니구치 나오코(谷口尚子)

시작하며 – 매니페스토 선거의 실상

정당·정책 중심 선거의 실현을 지향했던 정치개혁들, 양대 정당제의 실현, "잃어버린 10년"이라고 불리는 장기불황과 더불어 최근에 들어서는 정당에게 정책의 설명책임과 실행책임을 묻는 풍조가 강해지고 있다. 예를 들면, 2003년 중의원선거에서 민주당이 매니페스토(정권공약)라는 어구를 사용한 것이 일례이다. 이는 자민당의 장기집권이 당연시되던 시대와 비교해 야당 제1당의 정책이 가지는 중요성과 현실성이 달라졌음을 보여주는 사례라고 할 수 있다. 유권자의 관심이 '연금제도 문제'에 집중되었던 2004년 참의원선거[2]에서도 민주당은 2003년 중의원선거와 마찬가

---

1) 본 연구의 분석에 사용된 조사는 호리우치(堀內·오스트레일리아국립대학), 이마이(今井·프린스턴대학)와 공동연구의 일환으로 실시된 것이며, 재단법인 전기통신보급재단의 연구조성을 받아 이루어진 것이다. 공동연구자와 위 재단의 지원에 감사의 표시를 전하는 바이다.
2) 도쿄대학 가바시마(蒲島) 연구실과 아사히신문사(朝日新聞社)가 선거 전에 실시한 공동여론조사

지로 동일한 문제를 제1의 정책으로 삼는 매니페스토를 준비해서 선거에 임했고, 그 결과 자민당보다도 1명 더 많은 당선자를 배출하였다.

그렇다면 이러한 현상에 기초해 생각해볼 때, 소위 '정책선거'가 이루어지고 있다고 보아도 무방할 것일까. 사실 연금제도를 둘러싼 개혁안에 관한 논의는 매우 복잡하다. 유권자들에게 정당의 방침·정책은 어느 정도 소개되고 얼마나 투표에 반영되었을까. 이를 알기 위해서는 먼저 정책정보에 대한 유권자의 반응과 그 내용을 탐구할 필요가 있다.

본 장의 목적은 정책정보·정당평가·투표행동의 관계를 검증하는 것에 있다. 검증방법으로는 2004년 참의원선거 전후에 실시된 패널조사를 이용한다. 그리고 특정 쟁점(연금제도 문제)에 관한 정당의 공식적인 견해와 그것에 대한 유권자의 반응·평가·투표행동의 관계를 분석하고자 한다.

Ⅰ 2004년 참의원선거와 연금제도 개혁의 문제

1. 쟁점으로서의 연금제도 개혁의 문제

연금보험 문제는 국민생활의 질을 장기적으로 보장하는 근본적인 제도임에도 불구하고, 저출산 경향과 고령화 사회의 진전에 따른 재정악화 및 연금 미납자의 증가를 통해 드러나는 것처럼 연금제도의 파탄과 불안이 가속화되는 것에 대한 정부·사회보험청의 근본적인 대응책은 계속 미루어져왔다. 국민연금 미납률이 약 40%에 이르고, 또한 사회보험청의 비효율적인 자금운영에 대한 비판이 높아지는 사태를 맞이하여, 정부는 2004

에 따르면, 유권자가 가장 중시하는 쟁점은 '연금(47%)'이며, 이어서 '경기(24%)', '이라크 문제(12%)', '헌법(10%)', '우체국 관련업무의 민영화 문제(3%)'였다(아사히신문, 2004년 6월 24일 석간).

년도 제161회 국회에서 소위 '연금개혁법' 수립에 착수했다. 이 법안에는 국민연금 보험료와 후생연금 보험료의 인상, 그리고 그 수준을 장래에는 고정하며, 지급수준도 장래에는 인하하는 것과 더불어 기초연금의 국고부담률 인상 등의 내용이 포함되어 있었다. 하지만 법안의 내용은 대체로 대증요법적이어서 보험료의 징수가 철저하게 시행되지 못하는 사회보험 방식으로부터 소비세 방식으로의 전환, 혹은 제반 연금제도의 일원화 등 근본적인 개혁은 포함되지 않았다. 야당은 개혁의 내용 및 수준이 충분하지 않다고 비판의 날을 세웠으며, 정부·여당과의 대립 수위도 점차 높아가고 있다. 연금제도 개혁 문제가 선거쟁점으로 부상하는 과정을 세 시기로 나누어보면, 먼저 위와 같이 국회에서의 제도적 논의가 활성화되는 시기를 '제1단계'라고 볼 수 있을 것이다.

'제2단계'는 상대적으로 비정치적인 것에서 비롯되었다. 즉, 제2단계는 '연금 국회'의 회기중이었던 2003년 3월, 국민연금 납입률의 개선을 위해 사회보험청이 제작한 광고에 기용된 연예인의 연금 미납 사실이 발각된 일이 계기가 되었다. 이 사건을 필두로 주요한 대신들, 내각 관방장관, 수상, 야당 당수의 미납과 거취 문제가 정치 문제로 부상하게 되었고, 그 결과 연금 문제는 제도적 차원의 문제를 넘어 정치적으로 일대소동의 진원지가 되어버렸다. 국민들에게는 법안심의에 관여하는 당사자들조차 "(연금제도는) 난해하기 때문에 깜박하고 납부하는 것을 잊어버렸다3)"고 변명하는 모습을 통해 연금 제도의 문제점을 새삼스럽게 인식하는 기회가 되었다고 볼 수 있다. 한편 '자신의 연금납입상황은 괜찮은지, 연금을 받는

---

3) 국회의원의 연금 미납 문제가 속출한 것에 관해서 고이즈미(小泉) 수상이 "깜박하고 저지른 실수까지 책임을 물을 필요는 없지 않은가"라는 발언이 주목을 끈 것을 필두로(아사히신문, 2004년 5월 18일), 미납에 대해 의심받고 있던 의원들이 '깜박하고 잊었다'고 변명하는 장면이 줄을 이었다.

데 불리한 요소는 없는지'와 같은 국민들의 불안감으로 인해 사회보험청과 관련 기관의 상담창구는 매우 혼잡하였다고 한다.[4] 그 결과, 정치가의 납입 문제는 국민의 부담 증가를 내용으로 하는 연금제도개혁법에 대한 국민들의 지지와 신뢰를 상실하게 만드는 주된 원인이 되었다.[5] 제2단계는 연금 미납과 관련된 스캔들에 의해서 연금 문제가 제도적으로 복잡한 쟁점에서 '알기 쉬운 쟁점'[6]으로 변화하게 된 단계였다고 말할 수 있다.

연금 미납 의혹은 공산당 의원에게까지 번지게 되었으며, 그 결과 여당과 야당의 대립축으로서의 기능이 상실되었으며, 결국 6월 참의원에서 강행 체결이 이루어짐으로써 연금 법안이 성립하게 되었다. 쟁점화의 '제3단계'는 이 법안의 성립과 내용을 국민이 어떻게 수용하고, 어떻게 평가하게 되었는가의 시기이다. 본래 연금제도 자체가 다양한 사회적·경제적 입장에 서 있는 사람들간의 이해관계의 대립을 내포한 것이었기 때문에, 제도개혁이 이루어지더라도 어떠한 계층 사람들 혹은 어떠한 입장의 사람들이 더 이익을 얻고 불이익을 받게 되는가와 같은 문제에 초점이 두어질 수밖에 없다. 비교적 젊은 세대는 불이익이 되는 것을 두려워하고, 재정이 양호한 특정 연금제도의 영향 하에 있는 사람들은 그렇지 않은 제도와의 일원화를 두려워하였으며, 성실하게 연금보험료를 지불해왔던 사람들은 그렇지 않은 사람들의 미불(未拂)을 두려워하는 것과 같은 불신의 연속…. 연금제도의 개혁 문제는 '(부담의 증가를 요구하는) 정부-국민' 간의 대립

---

4) 사회보험청 사무소에 따라서는 상담창구에서 최장 6시간을 기다리는 사람 등이 있었다. 텔레비전 등에서 연금 문제를 보도하게 되면, 상담건수가 늘어나는 경향이 있었다고 한다(아사히신문, 2004년 5월 6일)

5) 닛케이(日経) 리서치사가 2004년 4월에 실시한 정례조사의 결과에 따르면, 정부의 연금제도개혁 법안에 관한 유권자의 평가는 '평가한다 = 25%', '평가하지 않는다 = 54%'였다.

6) Carmines and Stimoson(1980).

으로 환원되는 문제라기보다 실제로는 '국민 대 국민' 간의 대립 문제를 포함하는 것이었다. 그러한 상이한 이해관계를 가지는 국민이 정책담당자로서 어떠한 정당을 신임하는가의 문제는 2004년 참의원선거의 초점이었다고 말할 수 있다.

2. 여당과 야당의 입장

연금제도의 개혁에 관한 여당과 야당의 입장에는 구체적으로 어떠한 차이가 존재했을까. 사실 여당과 야당이라고 말하지만, 각 세력 내부에는 다양한 의견 차이가 있다. 그러나 여기서는 자민당·민주당의 공식적인 견해(참의원선거의 공약)에 대한 비교를 통해서 여당과 야당의 의견에 존재하는 주요한 차이를 확인하도록 한다.

2004년 참의원선거 한 달 전 자민당의 홈페이지에는 "자민당의 참의원선거 공약·정권공약〈고이즈미 개혁선언 2003〉의 검증과 새로운 전개"라고 제목이 붙여진 공약이 게시되었다. 연금제도는 공약집의 제2장에서 "연금제도를 보다 확고하게 만들기 위해"라는 제목 하에서 다뤄지고 있다. 저출산 경향과 고령화 사회에 따른 (부득이한) 부담의 증가에 관해 국민의 주의를 촉구하고, '지속가능한 제도의 구축'을 지향한다는 명목 하에 다음의 일곱 가지 안이 구체적으로 제시되었다.[7]

① 연금보험료의 수준을 고정시켜, 그 범위 내에서 사회경제의 변화에 부응하는 연금액수를 조정하는 방식을 도입

② 모델 세대(남편의 평균적 수입으로 40년간 일을 하고, 부인이 모든

---

[7] 저작권 문제로 직접 인용하는 것을 피하고, 필자가 문장을 요약해서 기술하였다.

기간 동안 전업주부)에서는 연금을 받는 시점에서 현역 세대의 평
균 연금액수의 50% 이상을 확보
③ 보험료의 단계적 인상. 단 상한을 18.3%(노사가 반반씩 부담)로
고정(국민연금에서 16,900엔)
④ 기초연금의 국고부담률을 3분의 1에서 2분의 1로 인상
⑤ 배우자가 제3호 보험자인 경우에는 이혼할 때 보험을 분할시킴
⑥ 연금보험료를 연금의 지급과 관계가 없는 사업(대규모 연금 보양시
설의 운영 등)에는 투입하지 않음
⑦ 그외(국민에게 '알기 쉬운' 연금의 틀로 개선, 연금의 미납 문제에
대한 대처, 사회보험청 개혁 등에 관해 언급)

이외에도 연금 일원화를 포함한 전반적인 개혁을 실시하여, 2007년
3월에 결론을 도출하기로 결정한 자민·민주·공명의 '3당 합의'에 관해
언급하고 있다. 또한 제2장에서는 저출산 경향과 고령화 사회에 대한 대책
및 장애자 기본법 등에 관해서도 언급하고 있다.
한편 민주당의 같은 시기의 홈페이지에는 2004년 정권정책(매니페스
토) "민주당의 여덟 가지 약속"이 제시되었다. 연금정책은 첫째 약속에서
언급되어 있으며, 그 주장은 구체적으로 다음 다섯 가지로 정리될 수 있다.

① 다양한 직업·라이프스타일 간의 차이를 해소하기 위해 연금제도의
일원화를 추진
② 의원 연금제도를 폐지해서 국민과 마찬가지로 일원화
③ 사회보험청을 폐지하고 '세입청'을 창설, 세금과 보험료의 징수를
일원화하는 체제를 확립해서 미납 문제를 해결

④ 연금제도를 '소득비례 연금'과 '연금목적의 소비세' 등으로 유지하
　 는 '최저보장 연금'으로 구성

⑤ 고령화 사회에서의 간호·보건·의료 서비스를 충실히 함

　얼핏 보면, 정부·자민당의 제안은 현재 혹은 가까운 장래의 재정·인구
의 상황을 고려하며 모델 세대를 기준으로 하는 계산법 등 구체적인 숫자를
열거하는 방법으로 국민의 설득을 구하고 있는 것처럼 보인다. 단, 고이즈
미 수상이 "재임중에는 세금을 늘이지 않겠다"는 자세를 유지하겠다는 것
을 배려한 때문인지, 재원확충 대책으로 증세나 목적형 소비세의 창설 등
에 관해서는 언급하고 있지 않다. 또한 미납 의원에 대한 대응이나 사회보
험청 개혁에 관해서는 구체적인 방안이 제시되어 있지 않다. 이에 반해
야당인 민주당은 연금제도의 일원화, 의원연금 및 사회보험청의 폐지, 세
금과 보험료 징수의 일원화 등 과감한 개혁안을 제시하고 있다. 그러나
자민당의 제안에서 보이는 바와 같은 구체적인 수치는 일체 보이지 않는
다. 그러한 의미에서, 2004년 참의원선거는 현실적인 자민당의 제안과
개혁적인 민주당의 제안 중에서 어느 쪽이 국민의 지지를 얻는가에 초점이
모아진 선거였다고 볼 수 있을 것이다.

Ⅱ 연금제도의 개혁 문제에 관한 유권자의 의식

1. 조사의 절차

　본 절에서는 앞 절에서 살펴본 자민당과 민주당의 안(案)에 관해서 유
권자들이 어떠한 평가를 내리고 있으며, 그러한 평가가 투표행동에 어떠
한 영향을 미쳤는가를 인터넷 패널조사를 이용하여 분석하기로 한다. 인

표 4-1 조사 전체의 개요

조사방법	인터넷 조사
조사지역	전국
조사대상	20세 이상의 남녀(닛케이 리서치 인터넷 모니터)
	제1차조사
조사내용 샘플의 수 조사시기	당파성, 선거에서 투표할 예정의 정당 등 6,000(회답자의 수 : 2,748, 응답률 : 45.8%) 2004년 6월 24일부터 29일
	제2차조사
조사내용 샘플의 수 조사시기	연금제도의 개혁에 관한 의식, 정당 사이트의 평가 1,600(응답자의 수 : 1,238, 응답률 : 77.4%) 2004년 7월 5일부터 9일
	제3차조사
조사내용 샘플의 수 조사시기	투표행동 2,000(응답자의 수 : 1,658, 응답률 : 82.9%) 2004년 7월 12일부터 16일

터넷 조사에서는 샘플의 대표성을 확보하는 데 어려움이 있다. 한편 조사
표와 정당의 사이트를 링크해서, 각 사이트에 나와 있는 정책에 관한 정보
를 일정 시간 동안 열람한 사람만이 질문에 답할 수 있는 시스템을 구축할
수 있으므로, 인터넷 조사이기에 가능한 장점도 있다. 그러한 의미에서
이 실험조사는 여론분포에 관해 정확한 기술을 하기 위한 것이 아니라 정책
정보에 관한 평가와 투표행동과의 관계를 분석하는 것에 한정된 것임을
밝혀두고 싶다.

조사는 3회에 걸쳐 이루어졌으며, 모든 작업을 닛케이리서치 주식회
사에 위탁했다(표 4-1). 조사 대상자는 위탁회사가 먼저 모니터해서 등록
한 사람들이다. 각 조사마다 위탁회사를 통해 조사 대상자에게 조사협력
메일을 송부한 뒤 협력 의사가 있는 사람이 위탁회사의 사이트에 있는 조사
표에 응답하는 방식으로 조사를 실시했다. 조사시기를 한정해서 그 기간

내에 모아진 답변만을 유효답변으로 간주했다. 응답자에게는 조사회사를 통해 사례금이 지불되었다.

제1차조사에서는 위탁회사가 보유하는 모니터로부터 무작위로 추출한 6,000명을 대상으로 하였으며, 기본 속성, 당파성, 참의원선거에서의 투표 의지 등을 질문했다. 제2차조사(선거 전의 조사)에서는 정당 사이트에 제시된 연금정책에 관한 정보를 열람해서 보게 한 뒤, 그에 대한 평가나 의견을 묻고 있다. 제3차조사(선거 후 조사)에서는 투표행동을 물었다. 즉 제1차조사에서 제어(control)변수, 제2차조사에서는 설명변수, 제3차조사에서는 피설명변수를 측정했다고 볼 수 있다.[8]

2. 응답자의 개요

응답자의 성별 및 연령대의 분포, 그리고 당파성의 분포를 그림 4-1, 그림 4-2에 표시했다. 인터넷 조사의 특징으로 인해 응답자 중에서 젊은 세대가 차지하는 비중이 높다(20대: 24.8%, 30대: 37.1%, 40대: 25.4%, 50대: 12.8%). 또한 당파성의 경우에는 민주당을 '선호하는 정당'으로 생각하는 사람의 비율이 38.4%, 자민당을 선호하는 정당으로 생각하는 사람들의 비율이 26.6%이다. 같은 시기의 지지여론조사에서는 자민당·민주당의 지지율은 20% 전후로 길항하고 있었던 것에 비춰본다면, 인터넷 조

---

8) 제2차조사 제3차조사는 제1차조사의 질문에 모두 응답했던 2,748명 중에서 사회적 속성의 분포를 고려해서 추출한 2,000명을 대상으로 실시하였다. 제2차조사를 실시하기 전에, 2,000명을 정당 사이트 열람의 조건에 입각해서 사회적 속성의 분포와 동일한 다섯 그룹으로 나누었다(제1그룹=열람하지 않음, 제2그룹=자민당만을 열람, 제3그룹=민주당만을 열람, 제4그룹=자민·민주 열람, 제5그룹=민주·자민 열람). 제1그룹(400명)은 정당 사이트에 관한 열람이 없는 조건에 해당되기 때문에서 제2차조사부터는 조사 대상에서 제외했다. 각 조사에서 응답의 결손치의 비율, 특히 실험 그룹마다 결손치의 비율이 다르다는 점을 고려해서 각 실험조건의 효과에 관해서 실시한 분석결과는 Horiuchi, Imai, and Taniguchi(2005)를 참조 바람.

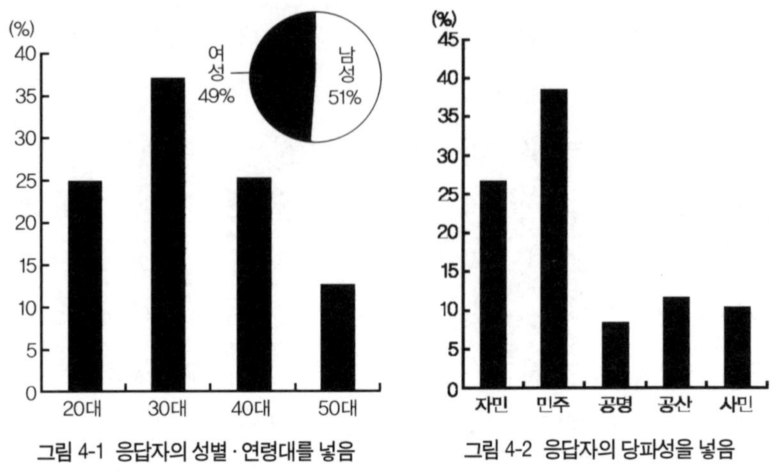

그림 4-1 응답자의 성별·연령대를 넣음   그림 4-2 응답자의 당파성을 넣음

사의 응답자는 민주당의 당파성이 좀 강한 편임을 알 수 있다. 이와 같은 경향은 인터넷 사용자를 대상으로 한 다른 조사에서도 보고되고 있다(예를 들면 川上, 2001; 岡本, 2003).

3. 연금제도 개혁에 대한 관심

사전조사에서는 먼저 연금제도 개혁 문제에 대한 관심 및 의견을 묻고 있다. 앞서 언급한 바와 같이 이 문제는 사회적 입장이 다른 사람들간에 이해관계의 대립이 존재하는 문제이다. 이와 같은 입장에서 보자면, 연령은 사람들 사이에 존재하는 입장이나 의식의 차이를 대표하는 변수로 생각할 수 있을 것이다.

이 조사에서는 연금제도 개혁에 대한 의식을 4점 척도('그렇게 생각한다', '약간 그렇게 생각한다', '그다지 그렇게 생각하지 않는다', '그렇게 생각하지 않는다')로 측정하였는데, 각 질문에 대해서 '그렇게 생각한다'는 응답 비율을 연령대별로 나타낸 것이 그림 4-3이다. '평소에 연금제도의 개혁 방향에 관심을 갖고 있다'든지 '이번 참의원선거에서 투표할 때는 각

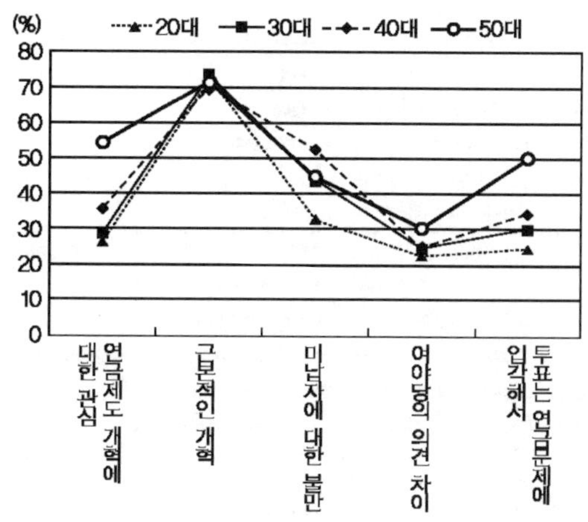

그림 4-3 연금제도의 문제에 관한 의식(연령대 별)

정당의 연금정책을 고려한다'와 같은 질문의 경우에는, 연령대가 높아질수록 '그렇게 생각한다'고 답하는 사람이 늘어나고 있다. 50대 이상에서는 약 절반의 사람들이 연금제도 개혁에 관심을 기울이고 있지만, 20대와 30대에서는 25~30% 정도이다. '여당과 야당의 연금제도 개혁의 방향성(의견)은 상당히 다르다'는 질문에 관해서는 전체적으로 정당간 차이를 인정하는 사람이 20~30%에 지나지 않지만, 연령대가 높아질수록 그 차이를 인식하는 사람이 많아지고 있다. 예전에 RePass(1971)는 일반적으로 사람들은 중요성을 느끼는 쟁점에 관해서는 정당간의 정책적 내용의 차이를 인식하기 쉬운 경향이 있다고 지적한 바 있는데, 연금제도 개혁에 관해서도 그와 같은 경향이 존재한다고 말할 수 있을지도 모르겠다. 또한 '연금제도는 근본적으로 개혁해야 한다'는 목소리는 세대를 불문하고 많은 편이다 (약 70%). 한편 '최근 국민연금 등을 성실히 지불하지 않는 사람들에 대해서 불만이다'라는 의견에 동의하는 사람은 40대 등 한창 일하는 연령대에서 많이 보였다.

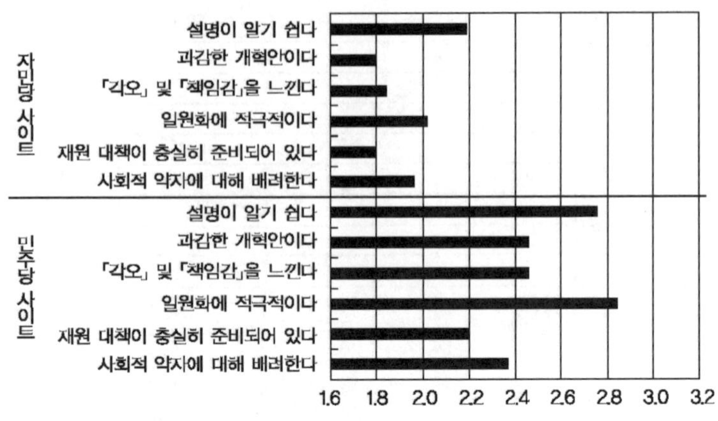

그림 4-4 연금제도 개혁안·전달방식에 대한 평가(전체)를 넣음

위와 같은 조사결과로부터 연금제도의 개혁은 연령대간 의식의 차이를 드러내는 쟁점이라고 말할 수 있을 것이다.

4. 정당평가

이어서 정당 사이트에 게재된 연금제도의 개혁안 내용과 그 전달방식에 대한 응답자의 평가에 관한 경향을 확인하도록 한다. 이번 조사에서는 자민당과 민주당의 사이트만을 다뤄 4점 척도로 평가하게끔 했다. 평가 항목은 '연금제도 개혁안에 관해서 알기 쉽게 설명되어 있다고 생각한다(설명 노력과 알기 쉬움)', '상당히 과감한 개혁 안이라는 인상을 받았다(개혁에 대한 적극적인 자세)', '다양한 직업을 가진 사람들의 연금제도를 일원화하는 정책을 적극적으로 추진하고자 하는 자세가 보였다(일원화 추진)', '연금제도를 지탱하는 재원에 관해서 철저한 대책이 마련되어 있다고 생각했다(재원의 설명책임)', '여성이나 장애를 가진 사람 등을 배려하는 제도라는 생각이 들었다(사회적 배려)'의 여섯 가지이다.

그림 4-4와 4-5, 4-6은 '그렇게 생각한다'를 4점, '약간 그렇게 생각한다'

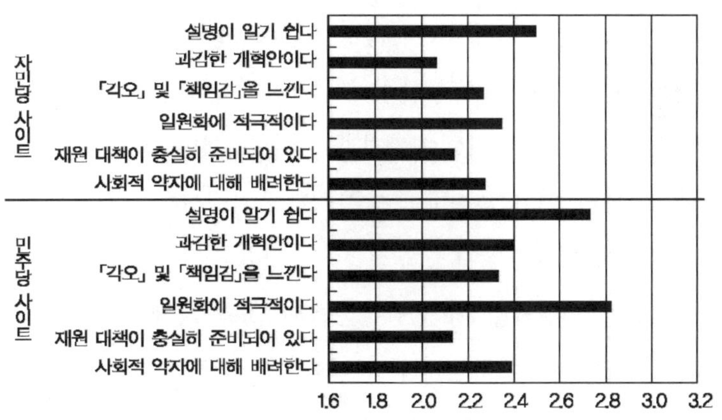

그림 4-5 연금제도 개혁안·전달방식에 대한 평가(자민당에 호의적인 그룹)를 넣음

를 3점, '그다지 그렇게 생각하지 않는다'를 2점, '그렇게 생각하지 않는다'
를 1점으로 계산한 경우, 각 평가항목의 평균점을 그래프로 나타낸 것이
다. 응답자 전체 차원에서 보면, 전체적으로 자민당 사이트에 대한 평가가
낮은 경향이 있으며, 그러한 경향에는 응답자들간 당파성 차이가 영향을
미치고 있는 것으로 보인다. 따라서 자민당에 호의적인 계층과 민주당에
호의적인 계층을 나눈 뒤, 다시 한 번 평균치를 구해보았다.[9] 그 결과, 자민
당에 호의적인 계층은 양당에 대한 평가가 대립되고 있지만, 민주당에 호
의적인 계층에서는 양당에 대한 평가가 달랐다.

한편 평가항목별로 살펴보면, 자민당에 관해서는 '설명이 알기 쉬움'
이 높게 평가되고 있지만, 과감한 개혁 자세에 관해서는 소극적이라는 인

---

9) "자민당은 '바람직한 정당'이라고 생각한다"는 질문에 관해서 (나의 의견에) '들어맞는다', '약간
들어맞는다'고 응답한 사람을 '자민당에 호의적인 계층', '민주당은 "바람직한 정당"이라고 생각
한다'는 질문에 관해서 (나의 의견에) '들어맞는다', '약간 들어맞는다'고 응답한 사람을 '민주당에
호의적인 계층'으로 코딩했다. 어느 계층에도 속하지 않는 사람이나 어느 계층에도 속하는 사람도
있지만, 여기서는 단지 정당에 대한 호의도와 정책에 대한 평가의 관계만을 확인하기 때문에
위와 같이 표현했다. 또한 당파성은 제1차조사에서 묻고 있기 때문에 사이트에서 정책정보 열람
의 영향을 받고 있지 않다고 가정하였다.

상을 안겨주고 있다. 이에 반해 민주당에 관해서는 연금제도 일원화 추진을 필두로 개혁에 대한 적극적인 자세나 책임감, 그리고 사회적 배려 등이 높게 평가되고 있다. 이러한 조사결과로부터 2004년 참의원선거에서 정당 사이트, 특히 자민당과 민주당의 사이트에 관해서는 양쪽 모두 대체적으로 연금제도 개혁을 알기 쉽게 전달하고 있다고 평가받고 있지만, 개혁에 대한 자세, 특히 연금제도의 일원화를 추진하는 자세에 관해서는 양당의 평가가 나눠지고 있다는 점을 확인할 수 있다.

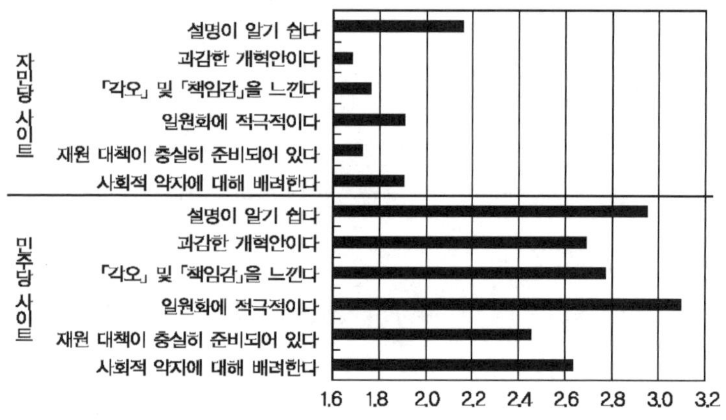

그림 4-6 연금제도 개혁안·전달방식에 대한 평가(민주당에 호의적인 그룹)를 넣음

5. 연금제도의 개혁에 대한 의견

이번 조사에서는 연금제도 개혁안과 정당 사이트에 관한 의견을 자유롭게 기술하는 기회를 조사 대상자에게 부여했다. 그 결과, 응답자 1,233명 중에서 자유 의견을 쓴 사람은 980명이었다. 자유 의견에 대한 응답비율이 이토록 높은 것은 주목할 만한 현상이라고 볼 수 있다. 이는 당해 쟁점에 대한 높은 관심, 응답자의 높은 정치적 관심, 그리고 인터넷 공간의 '익명성'

표 4-2 정당 사이트 및 연금제도 개혁안에 대한 의견

대분류	소분류(의견의 요소)	언급 수
정책담당자에 관한 불만(507건)	여당의 자세에 문제가 있다	88
	의원연금 폐지에 찬성	86
	지금의 정치(정치가 · 정당) 전반에 문제가 있다	75
	연금의 낭비나 운영문제의 해결, 정보공개, 민영화를 추진했으면 한다	73
	관료 · 관청(사회보험정 · 후생성 등)에 문제점이 있다	63
	야당의 자세에 문제점이 있다	52
	정책의 도구로 삼지 말고 신중히 논의를 했으면 한다, 미납문제(의원 미납자)에 대한 대처를	46
		24
제도내용의 전달방식에 관한 불만(528건)	설명이 어렵다 · 딱딱하다	131
	신뢰성이 낮다 · 현실성이 없다 · 전망이 지나치게 긍정적이다 · 기대할 수 없다	113
	사이트의 충실 · 어필, 정보의 보급 · 교육에 노력을	84
	부담 · 재원 · 급부 수준 등에 관한 구체적인 설명을	82
	공약내용이 애매함 · 너무 당연한 내용 · 이득만을 약속 · 말뿐인 약속	75
	구체적인 수치 · 시산 · 모델을 제시해야…	43
제도 · 개혁의 내용에 관한 불만(324건)	장래가 불안하기 때문에 안심할 수 있는 확실한 제도를	54
	수입 · 직업의 다양함을 고려한 공평하고 평등한 제도를	51
	일원화에 관한 논의를(찬성 · 반대 포함)	42
	저출산 경향 · 인구 문제에 관한 대책을	37
	세제개혁을(소비세율의 변경 등을 포함)	36
	유권자의 의식개혁 · 국민연금의 미납자 대책을	34
	젊은 세대에 배려를	30
	다른 개혁방법 · 제도의 제안, 해외사례에서 배웠으면 하는 것 등	19
	장애자 · 여성 · 단신자에 대한 배려를	14
	고용 · 경기대책을	7
개혁의 자세에 관한 불만(117건)	개혁이 불충분 · 연기는 이제 그만, 모든 논의를 일단 백지로 돌렸으면 함	72
	국민의 목소리에 귀를 기울여서 더욱 더 논의를	36
	개혁의 목표나 기한의 설치를, 책임의 소재나 달성도의 명확히 하기를 바람	9
그밖의 불만 (74건)	그밖의 불만(중요한 쟁점이 아니다, 관심이 없다, 스스로 무력하다고 인식하는 것 등)	34
	연금은 폐지해도 좋다 · 연금에 의존할 수 없다(자유가입 · 민간연금 · 저축 등)	22
	개인적 불만(부담이 크다 · 지불하고 싶지 않다 · 결국 연금을 받지 못할 것이다 등)	18
긍정적 평가(37건)	긍정적으로 평가할 수 있다	37

이라는 독특한 특성으로 인해 영향을 받을 것으로 생각되는 의견표명의 손쉬움 등이 주된 원인일 것이다.

한편 이러한 자유 의견에 대한 응답의 특징을 포착하기 위해 각 의견의 요소를 분류해보았다. 예를 들면, "자민당의 안은 최초의 두 제안은 중요하다고 생각되지만, 그 의미를 잘 이해하기 힘들다. 민주당의 안은 구체적으로 어떻게 할 것인가에 관한 의견이 없기 때문에 정책이라고 말할 수 없다. 양자를 비교하는 경우, 자민당의 안이 정당의 정책으로서 실현성이 있는 것으로 보인다. 연금 문제는 인구의 연령구성 변화가 근본적인 문제이지만, 그것을 알면서도 아무런 대책도 세우지 않고 보험료를 낭비하고 있었던 관료들과 그에 대해 아무 말도 하지 않고 있던 국회의원의 책임은 중대하며, 먼저 관료 주도의 정책을 그만둬야 할 것이다"(남성, 55세)라는 의견에는 '알기 어려운 제도·어렵다·딱딱한 설명', '부담·재원·급부수준 등에 관한 구체적인 설명이 필요하다', '야당에 문제', '관료·관청(사회보험청·후생노동성)에 문제', '지금의 정치(정치가·당) 전반에 문제'와 같은 요소가 포함되어져 있다.[10] 이와 같이 각 의견의 요소를 추출하여, '정책담당자에 대한 불만'(507건), '제도내용의 전달방식에 관한 불만'(528건), '제도개혁의 내용에 대한 불만'(324건), '개혁의 자세에 대한 불만'(117건), 그외의 불만(74건), 긍정적 평가(37건)의 여섯 가지 영역으로 정리했다.

흥미로운 점은 제도·개혁의 구체적인 내용에 대한 의견보다도 정책담당자(정당·정치가·관료·관청)에 대한 불신, 정책의 알기 어려움이나 공약의 신빙성에 관한 불만을 나타내는 의견이 많다는 것이다. 응답자에

____

10) 의견의 요소를 코딩하는 것은 필자의 주관에 의한 것이기 때문에 본 논문에서 사용되는 것과는 다른 코딩·분류방법도 물론 있을 수 있다. 본 연구의 자료는 모두 공개할 예정이기 때문에 더 많은 검증이 이루어질 것이 기대된다.

게 정책에 관한 정보의 평가를 요구하고 있음에도 불구하고, 정책의 내용보다도 그것을 담당하는 '사람(정치가·당·관료)'의 신뢰성에 대한 언급이 더 많은 이유는 무엇일까. 이에 대한 시사적인 논의가 있다. 종래의 인지심리학에서는 사람이 어떤 메시지에 대해 수락 혹은 거부를 나타낼 때는 먼저 그 메시지를 '이해(comprehension)'한 뒤에 '판단'을 한다고 생각되어져 왔다. 그러나 스피노자(Spinoza)의 추론에 의해 촉발된 길버트(Gilbert, 1991)는 실험에 의해서 사람은 자신이 가진 신념이나 가치관으로 이미 어떤 종류의 '판단'을 먼저 하고, 오히려 '이해'는 그 다음에 하게 된다고 하는 점을 밝히고 있다. 만약 일본의 유권자가 정치불신·정책담당자에 대한 불신이 강하다면, 유권자는 정책이나 정치적 메시지를 이해하기 이전에 일종의 '거부반응'을 일으키고 있을지도 모른다. 만약 그렇다면 유권자에 대해서는 매니페스토를 제시하기보다도 정치신뢰를 회복하는 것이 선결과제라는 의견이 설득력을 가질 수 있을 것이다.

III 정책정보·정당평가·투표행동

마지막으로 투표행동에 관해서 살펴보자. 이번 조사의 응답자의 투표행동은 그림 4-7에 표시한 바와 같다. 이번 조사의 경우, 비례구의 자민당 득표율은 14%, 민주당의 득표율은 38%였으며, 선거구의 자민당 득표율은 13%, 민주당의 득표율은 39%였다. 민주당에 투표한 비율이 자민당에 비해 세 배 정도 높은 결과이다. 도쿄도의 선거 결과(자민당 득표율 18.3%, 민주당 득표율 34.5%)를 살펴보면, 민주당의 득표율이 자민당에 비해 두 배 정도 높다는 점에 주목할 때, 이번 조사는 응답자 중에 고령자가 차지하는 비율이 적다는 점과 인터넷 사용자 자신의 정치인식의 특징으로 인해서

민주당에 상당히 편향된 결과를 보이고 있다고 생각할 수 있다. 아래에서
는 당파성을 제어(control)하는 가운데 연금제도 개혁에 대한 의견 및 정책
에 관한 정보와 정당 사이트에 대한 평가가 투표행동과 어떠한 관련성을
지니고 있는가를 분석하도록 한다.

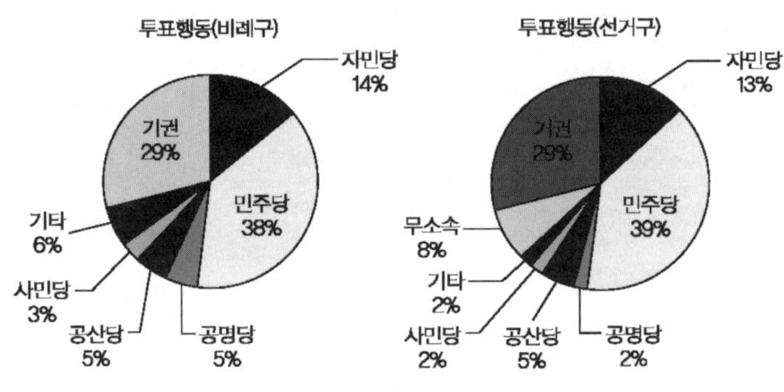

그림 4-7 투표행동을 넣음

표 4-3 투표행동(자민·민주·그밖의 정당·기권)의 다항 로지스틱 회귀분석을 넣음

설명 변수		비례구			선거구		
		B	Wald	유의확률	B	Wald	유의확률
자민	절편	-7.440	9.480	0.002	-8.429	11.833	0.001
	성별	-0.478	0.822	0.365	0.069	0.017	0.895
	연령대	0.710	5.810	0.016	0.814	8.109	0.004
	교육수준	0.253	1.558	0.212	-0.002	0.000	0.991
	당파성(자민)	2.022	23.194	0.000	1.442	15.020	0.000
	당파성(민주)	0.045	0.011	0.917	-0.098	0.056	0.813
	당파성(공명)	-0.529	2.078	0.149	0.209	0.380	0.537
	당파성(공산)	-0.090	0.033	0.855	-0.417	0.675	0.411
	당파성(사민)	-0.326	0.465	0.495	0.211	0.189	0.664
	연금제도에 관심	1.145	7.931	0.005	1.429	12.285	0.000
	미납자에 대한 불만	-0.237	0.638	0.424	-0.307	1.221	0.269
	근본적인 개혁이 필요	0.518	1.625	0.202	0.323	0.711	0.399
	여야당의 의견에 차이를	-0.613	3.140	0.076	-0.130	0.146	0.702
	선거에 연금정책을 고려	-0.598	2.237	0.135	-0.626	3.047	0.081
	설명 노력(자민)	0.835	3.564	0.059	0.690	2.807	0.094
	개혁에 대한 적극적인 자세(자민)	-0.784	2.501	0.114	-0.621	1.593	0.207
	신뢰성/설득력(자민)	0.425	0.745	0.388	0.123	0.065	0.798
	일원화 추진(자민)	-0.399	0.879	0.348	-0.143	0.116	0.733
	재원에 대한 설명책임(자민)	0.039	0.007	0.933	-0.017	0.001	0.970

	사회적 배려(자민)	0.692	1.952	0.162	0.513	1.250	0.264
	설명 노력(민주)	-0.562	1.479	0.224	0.022	0.002	0.961
	개혁에 대한 적극적인 자세(민주)	-0.350	0.707	0.400	-0.324	0.583	0.445
	신뢰성/설득력(민주)	0.907	3.093	0.079	0.966	3.283	0.070
	일원화 추진(민주)	-0.692	2.460	0.117	-0.421	1.117	0.290
	재원에 대한 설명책임(민주)	-0.488	1.031	0.310	-0.763	2.308	0.129
	사회적 배려(민주)	0.375	0.511	0.475	-0.020	0.002	0.969
민주	절편	-5.177	11.517	0.001	-5.597	12.926	0.000
	성별	0.340	1.020	0.313	0.163	0.235	0.628
	연령대	0.348	2.872	0.090	**0.474**	**5.487**	**0.019**
	교육수준	0.163	1.743	0.187	0.209	2.812	0.094
	당파성(자민)	**0.776**	**7.657**	**0.006**	**−0.595**	**4.811**	**0.028**
	당파성(민주)	**1.521**	**27.275**	**0.000**	**1.410**	**24.511**	**0.000**
	당파성(공명)	-0.236	0.704	0.401	-0.489	2.958	0.085
	당파성(공산)	-0.059	0.029	0.864	0.141	0.173	0.677
	당파성(사민)	-0.487	2.148	0.143	-0.565	2.956	0.086
	연금제도에 관심	**1.074**	**17.550**	**0.000**	**0.944**	**13.745**	**0.000**
	미납자에 대한 불만	0.197	1.077	0.299	0.368	3.588	0.058
	근본적인 개혁이 필요	-0.134	0.244	0.622	-0.094	0.117	0.732
	여야당의 의견에 차이를	-0.222	0.965	0.326	-0.339	2.221	0.136
	선거에 연금성책를 고려	0.085	0.118	0.731	-0.057	0.051	0.821
	설명 노력(자민)	0.213	0.555	0.456	0.205	0.489	0.484
	개혁에 대한 적극적인 자세(자민)	-0.021	0.004	0.949	-0.063	0.036	0.850
	신뢰성/설득력(자민)	-0.406	1.270	0.260	-0.269	0.576	0.448
	일원화 추진(자민)	0.002	0.000	0.995	-0.313	1.102	0.294
	재원에 대한 설명책임(자민)	-0.109	0.116	0.734	0.095	0.085	0.770
	사회적 배려(자민)	-0.017	0.003	0.958	0.099	0.090	0.765
	설명 노력(민주)	-0.193	0.351	0.554	-0.305	0.862	0.353
	개혁에 대한 적극적인 자세(민주)	0.139	0.250	0.617	-0.034	0.014	0.950
	신뢰성/설득력(민주)	0.638	3.203	0.074	**0.819**	**5.191**	**0.023**
	일원화 추진(민주)	0.088	0.108	0.743	0.138	0.265	0.607
	재원에 대한 설명책임(민주)	-0.322	0.942	0.332	-0.129	0.150	0.699
	사회적 배려(민주)	0.290	0.711	0.399	0.170	0.244	0.621
의사결정계수		0.581			0.540		

* 5% 유의수준을 만족시키는 계수를 굵은 글자로 표시하였다.

표 4-3은 자민당·민주당의 양 사이트에서 연금제도에 관한 정책 정보를 열람한 사람을 대상으로 투표행동(자민당 투표·민주당 투표·그외의 정당 투표/기권)을 피설명변수, 속성(성별, 연령, 교육수준), 당파성을 제어(control)변수, 연금제도 개혁의 문제와 선거에 대한 관심, 자민당/민주당의 정책에 관한 정보와 사이트에 대한 평가를 설명변수로 하는 다항 로지스틱 회귀분석의 결과이다.[11] 위쪽 열은 비례구에서의 투표 결과, 오른쪽 열은 선거구에서의 투표의 결과를 나타낸다.

---

11) 표가 너무 커질 수 있기 때문에 그 외의 정당에 관한 투표의 결과를 표시하는 것은 생략한다.

비례구에서의 투표 결과를 살펴보면, '기권'을 기준으로 하는 경우, 연령이 높을수록, 자민당에게 호의적일수록, 평소 연금제도 개혁의 문제에 관심이 있을수록, 자민당에 대한 투표의 확률이 높아진다는 점을 알 수 있다. 또한 자민당에는 비호의적이지만 민주당에 호의적이며, 연금제도 개혁 문제에 관심이 있을수록, 민주당의 개혁 태도에 신뢰성·설득력을 느끼고 있을수록('개혁에 대한 각오나 책임감이 느껴졌다'), 민주당에 대한 투표 확률이 높아진다는 점을 확인할 수 있다. 선거구의 경우도, 비례구에서의 투표 결과와 거의 비슷한 경향이 나타난다. 한편 기권과 투표를 나누는 요인은 연금제도 개혁의 문제에 대한 관심이라는 점을 알 수 있다.

실제 선거에서는 민주당이 약진을 하였으며, 또한 이번 조사에서도 민주당에 대한 투표가 압도적이었다. 그렇다면 민주당의 정책 혹은 정책 제시의 어떠한 점이 높게 평가되었던 것일까.

표 4-4는 분석 대상을 투표한 사람만으로 한정하여, 민주당 투표=1, 그외의 당 및 후보자에 대한 투표=0으로 하는 2항 로지스틱 회귀분석을 실시한 결과이다. 왼쪽 열의 비례구 투표의 결과를 살펴보게 되는 경우, 자민당의 연금정책에 관해서는 사회적 배려('여성이나 장애를 가진 사람 등을 배려하는 제도가 된다는 생각이 들었다')를 느끼지 않은 사람일수록 민주당에 투표하는 확률이 높아지고 있음을 알 수 있다. 또한 오른쪽 열의 선거구 투표의 결과를 살펴보면, 국민연금 미납자에 대한 불만이 큰 사람일수록, 또한 비례구 투표와 마찬가지로 자민당의 안은 사회적 약자에 대한 배려가 부족하다고 평가하는 사람일수록 민주당에 투표하는 확률이 높아지고 있다는 점을 확인할 수 있다. 한편 민주당 개혁안의 설명 노력에 대한 평가는 오히려 마이너스였다. 민주당의 공약에는 수치 등의 정보가 없으며, 자유 응답의 기술에서도 '민주당의 안은 구체성이 부족하다'는 지

표 4-4 투표행동(민주 · 다른 정당)의 2항 로지스틱 회귀분석

설명변수	비례구			선거구		
	B	Wald	유의확률	B	Wald	유의확률
성별	0.553	3.352	0.067	0.210	0.456	0.499
연령대	-0.292	3.372	0.066	-0.084	0.270	0.603
교육수준	0.005	0.002	0.969	0.066	0.303	0.582
당파성(민주)	**0.612**	**9.196**	**0.002**	**0.468**	**5.182**	**0.023**
연금제도에 관심	-0.320	1.503	0.220	-0.514	3.465	0.063
미납자에 대한 불만	0.045	0.068	0.794	**0.432**	**5.645**	**0.018**
근본적인 개혁이 필요	-0.247	0.917	0.338	-0.155	0.335	0.563
여야당의 의견에 차이를	0.118	0.377	0.539	-0.119	0.361	0.548
선거에 연금정책을 고려	0.344	2.219	0.136	0.424	2.963	0.085
설명 노력(자민)	-0.264	1.214	0.271	-0.342	1.798	0.180
개혁에 대한 적극적인 자세(자민)	0.290	0.965	0.326	0.275	0.808	0.369
신뢰성/설득력(자민)	-0.347	1.348	0.246	-0.302	0.956	0.328
일원화 추진(자민)	0.125	0.283	0.595	-0.267	1.187	0.276
재원에 대한 설명책임(자민)	0.046	0.028	0.867	0.321	1.223	0.269
사회적 배려(자민)	**-0.897**	**9.742**	**0.002**	**-0.689**	**5.669**	**0.017**
설명 노력(민주)	-0.541	3.071	0.080	**-0.647**	**4.006**	**0.045**
개혁에 대한 적극적인 자세(민주)	0.421	2.847	0.092	0.227	0.763	0.382
신뢰성/설득력(민주)	0.420	1.853	0.173	0.599	3.541	0.060
일원화 추진(민주)	0.268	1.190	0.275	0.377	2.125	0.145
재원에 대한 설명책임(민주)	0.395	2.043	0.153	**0.786**	**7.635**	**0.006**
사회적 배려(민주)	0.040	0.018	0.892	-0.106	0.122	0.726
정수	-0.543	0.155	0.693	-1.658	1.337	0.248
의사결정 계수	0.240			0.273		

* 5% 유의수준을 만족시키는 계수를 굵은 글자로 표시하였다.

적이 있었다는 점에 비추어보면, 정보의 전달방법 그 자체는 그다지 평가
받지 못했다는 점을 짐작할 수 있다.

한편 민주당의 개혁안에 관해서는 재원에 관한 설명책임에 대한 평가
기 민주당에 투표하는 경향과 강하게 연계되어 있다는 점이 밝혀졌다. 양
당의 연금정책과 관련된 공약의 내용을 비교할 때도 언급했지만, 민주당
의 사이트에서는 '연금목적 소비세'의 도입이 시사되어 있었다. 자민당의
개혁안은 지급과 부담에 관한 장래의 모습에 관해서는 구체성이 있었지

만, 여당의 입장 혹은 고이즈미(小泉) 수상의 방침으로 인해 재원으로서의 세금에 관해서는 언급할 수 없었다. 그러한 의미에서 오히려 유권자에게 세금의 부담 증대를 우려한 민주당의 자세가 연금제도에 대한 불만이 높은 계층에게는 '신뢰할 수 있다'고 비쳐졌을지도 모를 일이다.

연금제도의 개혁안이나 정당 사이트에 대한 평가의 축은 이번 조사에서 살펴본 항목 이외에도 있겠지만, 당파성의 영향을 제어해도 이번 분석에서 사용된 요인이 민주당에 대한 투표에 관해 통계적으로 의미있는 효과를 가지고 있다는 점은 주목할 만한 것이라고 말할 수 있다.

글을 마치며

본 장에서는 2004년 참의원선거에서 정책에 관한 정보, 특히 연금제도의 개혁과 관련된 공약, 그리고 그에 기초한 정당에 관한 평가 및 투표행동과의 관계를 살펴보았다. 분석을 통해 밝혀진 것은 다음의 세 가지이다.

① 연금제도의 문제는 연령대에 따라서 의식의 차이가 나타나기 쉬운 쟁점이었다. 대체적으로 연령대가 높을수록 관심이 많으며, 또한 정당의 정책에 관해서 차이를 인식하는 경향이 보였지만, '미납자에 대한 불만'과 같은 의식은 오히려 한창 일할 세대인 젊은 연령대에서 강하다는 점을 알 수 있었다. 연금제도는 본래 사회적·경제적 입장에 따른 차이를 내포하는 성격을 지니고 있으며, 제도에 대한 불만의 실제적 내용은 다양하다는 점이 시사되었다.

② 연금제도와 관련된 공약을 전달하는 정당의 사이트(자민당·민주당) 비교를 조사를 통해 살펴본 결과, 유권자로부터 다양한 의견을

들을 수 있었지만, 정책의 실질적 내용에 대한 구체적인 언급보다도 정책담당자에 대한 불만이나 공약의 이행 그 자체에 대한 불신감을 나타내는 의견이 많이 보였다. 이로부터 유권자는 정책 그 자체가 아니라 그것을 실행하는 주체의 신뢰성을 평가하는 경향이 있다는 점이 밝혀졌다.

③ 정책정보와 정당평가, 그리고 투표행동과의 관련성을 살펴보면, 민주당에 투표하는 경향에 특히 주목해보는 경우, 자민당·민주당의 정책적 내용의 차이 혹은 그에 대한 평가의 내용이 투표행동에 영향을 미쳤을 가능성이 시사되었다.

최초의 질문, 즉 '정책선거'가 실시되었는가 여부에 관해서는 한정적인 관점이기는 하지만, 다음과 같은 점이 시사될 수 있을 것이다. 유권자는 정책의 내용뿐 아니라 정책을 제시하는 주체의 신뢰성을 동시에 고려하고 있다. 양당제의 경향이 강화되고 있는 가운데 민주당의 약진은 자민당에 대한 신뢰감 저하에서 비롯된 측면이 존재한다. 따라서 진정으로 정책선거가 실시되었다고 판단할 수 있는 것은 민주당의 정책과 실적이 자민당과 대등한 형태로 유권자에게 판단될 수 있게 된 이후의 문제라고 생각된다.

참고문헌

岡本弘基(2003), 「政党ウェブサイトの広告効果: インターネット·ユ·ザ 調査に基づく実証分析」, 『選挙研究』 No.18, 190-202頁.

川上和久(2001), 「インターネットユーザーの政治意識: 2000年総選挙における東京 23区在住インターネットユーザー調査」, 『中央調査報』 No.5200.

Carmines, Edward G. and James A. Stimson(1980), "The Two Faces of Issue Voting," *American Political Science Review*, 74, pp.78-91.

Gilbert, Daniel(1991), "How Mental Systems Believe," *American Psychologist*, 46, pp.107-119.

Horiuchi, Yusaku, Kosuke Imai and Naoko Taniguchi(2005), "Estimating Causal Effect of Policy Information on Voter Turnout: An Experimental Test of Downsian Hypothesis," A Paper Presented, at the Annual Meeting of MPSA.

RePass, David E.(1971), "Issue Salience and Party Choice," *American Political Science Review*, 66, pp.389-400.

5장

일본의 정부지출과 유권자 행태

이치시마 무네노리(市島宗典)

시작하며

2005년도 예산안이 국회에 제출되어 예산국회의 막이 열렸다. 예산안에 따르면 일반회계 세출은 84조 1,829억 엔이고 세수가 44조 70억 엔이며 국채발행액이 34조 3,900억 엔이다. 공채 의존도는 전년도보다 감소했지만 41.8%까지 달해 재정상황의 위기라고 해도 과언이 아니다.

국민에 대한 모든 행정서비스는 국가예산에 근거하여 행해진다. 따라서 정부지출이 어느 정도 배분되는가는 국민생활과 직결되는 문제이다. 고도경제성장 하에서는 세수가 늘어 필요한 부분에 필요한 만큼의 예산을 투입하는 것이 가능했을 것이다. 하지만 세수 상황이 여의치 않은 현재에는 불가능하기 때문에 제한된 예산을 어떻게 배분할 것인가가 중요한 문제로 떠오른다.

또한 예산이 생활에 직결되는 문제라는 점에서 국민의 최대 관심사라 해도 과언이 아닐 것이다. 반대로 예산이 정권여당의 전권(全權)사항이라는 점에서도 국정선거에 의해 판단을 받지 않을 수 없는 이상, 재정규모를 확대하기 위해 급격한 증세를 실시하거나, 증세를 피하는 대신 상환하지 않아도 되는 적자국채를 마구 발행하는 일은 불가능할 것이다. 하지만 국 정선거시 유권자에게 더 많은 표를 얻기 위해 정권여당이 어떻게 예산분배 를 할 것인가를 고려하는 것은 이상한 일이 아니다. 다시 말해 정권여당을 구성하는 국회의원들이 유권자의 의식이나 행태를 염두에 두고 정부지출 을 배분한다는 것은 당연한 귀결일 것이다.

이러한 것을 생각해보면 정부지출과 유권자행태 간에는 몇 가지 연관 성이 나타나게 된다. 본 장에서는 재정적으로 여유가 없는 시기에 일본의 정부지출이 유권자의 행태와 어떠한 관계가 있는지를 밝혀보고자 한다.

I 정부지출에 관한 기존의 연구

정부지출에 관한 정치학적 연구로 정부지출과 선거시기와의 관계에 주목한 '정치적 경기순환이론' 또는 정부지출을 받아들이는 입장에서 논 의한 '포크배럴(pork barrel) 폴리틱스(정치적 선심 공세)'를 들 수 있다.

먼저 일본을 연구 대상으로 한 정치적 경제순환이론에 관한 연구로는 크게 두 가지 학설이 존재한다. 하나는 고전적인 '정치적 경기순환' 또는 '정책조작'이 존재한다는 연구이고, 다른 하나는 '정치적 파도타기' 또는 '기회주의'가 존재한다는 연구이다.[1]

전자인 '정치적 경기순환' 또는 '정책조작'에 관한 연구로 다음을 들 수 있다. 니시자와·고노(西澤·河野, 1990)는 공공사업예산 및 공공사업비와

---

1) 상세한 내용은 오와다(大和田, 2002: 289-291) 참조.

선거시기 동안의 관계에서, 카길(Cargill)과 허치슨(Hutchison)은 국민 총생산(GNP)의 성장률과 선거기간 동안의 관계(1991a)와 은행간 금리 변화와 중의원총선거 기간의 관계(1991b)에서 정치적 경기순환이 나타난다고 보았다. 마찬가지로 나카노(中野, 1992)는 실질국민총생산(GNP) 성장률 및 다우평균주가와 국정선거 시기와의 관련, 보조금 합계액 및 자가(自家)보유율과 각 정당의 득표율 간의 상관관계에서 그 존재를 확인해 왔다.[2]

후자의 '정치적 파도타기' 또는 '기회주의'에 관하여 이노구치(猪口, 1983)는 중의원총선거 시기가 경제성장률, 소비자물가지수 및 실질가처분소득 성장률과 관련되어 있다는 것을 지적하였고, 거시경제를 조작하기보다는 경제가 호조일 때 선거가 치러진다고 결론지었다.[3] 또한 이토(Ito)와 박(Park)(1988) 및 이토(Ito, 1990)는 정책조작 가설과 기회주의 가설을 비교해 일본에서는 기회주의 가설이 타당하다는 결론을 도출했다. 이호리·도이(井堀·土井, 1998) 및 도이(土井, 1998)는 경제성장률 및 물가상승률과 선거시기와의 관련, 그리고 정부지출, 머니 서플라이(money supply) 및 콜 레이트(call rate)와 선거시기와의 관련으로부터 경기가 호조일 때 선거가 행해지고 있다고 보았다.[4]

더욱이 정부지출 수용 측에 관한 포크배럴 폴리틱스에 관한 논의는 정치가가 선거구 서비스로 돈을 뿌리거나 이익유도를 행한다는 관점에서 이뤄지고 있으며, 이러한 논의는 정부지출 중에서 특히 보조금 배분에 관한 연구와 관련되어 이뤄지고 있다. 따라서 일본의 보조금 배분에 관한

---

2) 나카노(中野, 1992) 제 2장.

3) 이노구치(猪口, 1983) 제5장.

4) 이호리·도이(井堀·土居, 1998), 제6장.

많은 논의5)에서는 보조금 배분에 정치적 영향력이 존재한다는 것이다.6)

우선 히로세(広瀬, 1981)는 농업관계 보조금을 예로, 정부여당이 보조금 배분이라는 수단을 통해 정권을 유지해왔음을 검증하였다. 보조금 배분액과 그에 대한 영향력을 검토한 것으로는 후지모토(藤本, 1983), 조(趙, 1993), 호리(堀, 1996)7), 고바야시(小林, 1997)8), 도이·로타니(土居·芦谷, 1997), 도이(土居, 2000)9), 오니츠카(鬼塚, 1997) 등이 있고, 각 연구 모두 보조금 배분에 대한 정치적인 영향에 관해 검토하였다. 선거제도와 관련해서는 고바야시(小林, 1985)가 참의원 전국구 선거결과와 보조금 배분에 관해 밝힌 바 있으며,10) 나토리(名取, 2002)는 중의원의 중선거구제와 소선거구 비례대표병립제에서의 이전재원(移轉財源)에 관한 비교를 행한 바 있다.

II 가설

앞서 서술한 것처럼 현재 일본의 재정은 상당히 긴축된 상황이다. 고도 경제성장기가 아닌 상황에서 세수 증대를 기대하기란 거의 불가능하여 증세 또는 적자국채의 발행을 선택하는 쪽으로 강요받고 있다고 할 수 있

---

5) 자세한 논의에 관해서는 오와다(大和田, 2003: 243-247) 참조.

6) 기쿠치(菊池, 1989)는 정부지출과 사회경제변수 및 정치변수와의 관련에 관하여 보조금을 포함해 그 배분에 대한 정치적인 영향은 보이지 않는다는 점을 도출하고 있다. 도이(土居, 2000)는 키쿠치의 의견에 대해 여당의원의 의석 비율과 함께 인구도 설명변수로 사용함으로써 다중공선성이 발생해 가설이 기각되는 결과가 나타난 것이 아닌가 하는 의문을 제시하고 있다(土居, 2000: 91-92).

7) 호리(堀, 1996, 제5장).

8) 고바야시(小林, 1997, 제7장).

9) 도이(土居, 2000, 제3장).

10) 고바야시(小林, 1985, 제1장).

다. 이러한 시기에는 예산규모를 확대하기보다 오히려 예산총액은 고정시키고 정부지출의 집행양상을 변화시키는 것이 정권여당에게 국정선거 때 유리해서라기보다는, 그 편이 여당으로서는 취하기 쉬운 정책이기 때문이다. 국회에서 의결된 범위 내에서라면 예산항목의 금액을 언제 어떻게 사용하는가는 내각, 즉 정권여당의 재량범위 내에 있기 때문에 그 편이 보다 현실적으로 생각된다. 이러한 측면으로부터 본 장에서는 정부지출 금액을 그대로 취급하지 않고 그 차이에 초점을 맞추기로 한다.

실제 예산을 집행하는 것은 각 성청(省廳)이고, 예산 또한 성청을 단위로 배분되고 있다. 따라서 모든 성청에서 일률적으로 정부지출의 집행양상을 변화시킨다고 보긴 어렵고 선거와 관련해 재정지출이 행해지는 경우, 이는 경기회복을 위한 것이라는 주장이 많다. 따라서 공공사업을 다루는 정책영역에서 그러한 경향이 강할 것으로 생각되어지므로 성청을 단위로 하여 정부지출의 규정요인을 찾기로 한다.

먼저 정부지출의 규정요인에 관해 다음의 가설을 설정하기로 한다.

가설 I 정부지출에 대한 국정선거나 내각 또는 여야당에 대한 유권자의식의 영향은 공공사업을 다루는 성청일수록 현저히 나타난다.

국고지출금으로 대표되는 보조금 산정은 지방자치체에 배분액이 결정된 후에 정책별로 배분되는 것이 아니라 각 중앙성청이 확보한 예산을 각 지방자치체로 '개별배분(箇所付け)'하는 것이다. 개별배분은 예산안이 내각 회의에서 결정되어 그것이 국회에서 심의되는 과정 동안 각 성청에서 이루어진다.[11] 따라서 개별배분의 내용에 관해서는 국회에서 논의되는 것이 아니다. 국회에서 의결된 예산을 어디에 어느 정도 배분할 것인가는

모두 해당 성청, 다시 말해 해당 정책을 관할하는 부국(部局)에 재량권(free hand)이 주어지는 것이다. 12)

결정된 예산액은 국회의 논의를 거치지 않고 성청의 부국 단위로 나누어지기 때문에 특별한 장애 없이 정치가와 관료 간에 모종의 거래가 발생할 가능성이 있다. 정치가는 자신의 재선을 염두에 두고 다음 선거에서 표를 얻기 위해 예산을 조절하려 할 것이고, 관료는 자신의 영향력이 어느 정도 넓어질 수 있는가가 자신이 맡은 예산규모에 좌우되기 때문에 그 범위를 최대한 넓히려는 목적으로 정치가를 이용하려고 할 것이다. 이러한 양자의 이해가 일치해 쌍방의 목적달성 수단이 되는 것이 정부지출, 즉 보조금의 개별배분이 아닐까 한다.

또한 개별배분이 엄격히 부국별로 종적 관계로 이루어지기 때문에, 그것이 특정 여당 국회의원의 영향 하에 있다면 그 보조금에 영향을 주는 것은 정권여당에 대한 지지 이상으로 특정 여당의원에 대한 지지로 한정될 수도 있다.

따라서 정부지출과 유권자행태에 관해 다음의 가설을 설정하기로 한다.

가설 II 특정 정책에 대한 정부지출은 그 정책과 관련 깊은 여당 국회의원에 대한 유권자의 지지율이 높은 지방자치체일수록 많이 배분된다.

---

11) 호리(堀, 1996: 118).

12) 니시카와(西川, 2002: 37-38).

표 5-1 선거 더미 변수표

		EV01	EV02	EV03	EV04	EV05	EV06	EV07	EV08	EV09	EV10	EV11	EV12	EV13	EV14
제1년	제1기	1	0	0	1	1	1	1	1	1	0	0	15	7	3
	제2기	1	1	0	2	1	1	2	2	2	1	0	14	14	6
	제3기	1	1	0	3	1	1	3	3	3	1	0	13	13	9
	제4기	1	1	1	4	1	1	4	4	4	1	1	12	12	12
제2년	제1기	1	1	1	5	1	1	5	5	5	1	1	11	11	11
	제2기	1	1	1	6	1	1	6	6	6	1	1	10	10	10
	제3기	1	1	1	7	1	1	7	7	7	1	1	9	9	9
	제4기	1	1	1	8	1	1	8	8	8	1	1	8	8	8
제3년	제1기	1	1	1	7	1	1	9	9	9	1	1	7	7	7
	제2기	1	1	1	6	1	1	10	10	10	1	1	6	6	6
	제3기	1	1	1	5	1	1	11	11	11	1	1	5	5	5
	제4기	1	1	1	4	1	1	12	12	12	1	1	4	4	4
제4년	제1기	1	1	0	3	1	0	13	13	9	1	1	3	3	3
	제2기	1	1	0	2	1	0	14	14	6	1	1	2	2	2
	제3기	1	0	0	1	0	0	15	7	3	1	1	1	1	1
	제4기	0	0	0	0	0	0	0	0	0	0	0	0	0	0

Ⅲ 검증

1. 정부지출의 규정요인

(1) 분석 대상과 연구방법

먼저 가설 Ⅰ에 근거하여, 정부지출이 어떠한 요인에 의해 집행되는가에 대해 검토하기로 한다. 이는 국정선거에서 투표에 참가하는 유권자행태의 관건이 되는 것은 정부지출이라는 상정에 따른 것이다. 중의원총선거 및 참의원통상선거를 중심으로 각 선거간 정부지출의 집행양상이 변화하는지, 그리고 변화한다면 변화의 정도가 무엇에 따라 이루어지는지를 밝히고자 한다.

여기에서 대상으로 하는 정부지출은 2001년 1월 중앙성청 재편 이전의 1부(府)12성(省)[총리부(總理府) · 법무성(法務省) · 외무성(外務省) · 대장성(大藏省) · 문부성(文部省) · 후생성(厚生省) · 농림수산성(農林水産省) · 통상산업성(通商産業省(이하 통산성通産省) · 운수성(運輸省) · 우정성(郵政省) · 노동성(勞動省) · 건설성(建設省) · 자치성(自治省)]에서의 일반회계(一般會計)세출소관별(歲出所關別) 예산이다. 공공사업을 다루는 성청은 후생성 · 농림수산성 · 통산성 · 운수성 · 건설성의 5성[13]으로, 공공사업을 다루지 않는 성청은 총리부 · 법무성 · 외무성 · 대장성 · 문부성 · 우정성 · 노동성 · 자치성의 1부 7성으로 간주한다.

구체적으로는 일본의 재정이 긴축상황에 들어선 제1차 석유위기 이후를 분석 대상으로 한다. 분석 대상이 되는 시기는 1973년도 제3사분기부터 1998년도 제4사분기까지 102개 사분기로 하여 해당 기간의 일반회계세출소관별 사분기별 지출상황을 사례로 하는 시계열회귀분석을 행할 것이다. 피설명변수는 통상적인 정부지출 집행양상으로부터의 괴리도(각 성청의 사분기별 정부지출 집행액을 해당 사분기의 각 성청 정부지출 집행 평균액으로 나눈 것[14])이다.[15] 설명변수는 선거변수로 중의원총선거를

---

13) 1997년도 예산의 공공사업 중점화에 할당된 성청별 배분은 건설성 67.78%, 농림수산성 20.06%, 운수성 7.60%, 후생성 4.26%, 통상산업성 0.05%였다(아사히신문, 1996년 12월 24일자).

14) 각 성청의 사분기별 정부지출 집행액 및 해당 사분기의 각 성청 정부지출집행 평균액은 각각의 물가로 디플레이트한 것이다.

15) 여기에서 괴리도를 이용하는 이유는 정부지출에서의 의무적 경비부분의 영향을 가능한 한 배제하기 위해서이다. 가장 단적인 예를 들면 자치성의 경우 세출의 대부분을 점하는 보통교부세는 4월, 6월, 9월 및 11월에 교부되도록 되어 있다. 그 때문에 자치성의 사분기별 정부지출 집행액은 4월 및 6월을 포함하는 제1사분기에서 극단적으로 많아진다. 이와 같은 의무적인 부분은 각 성청에 적지 않게 존재하나 제1사분기부터 제4사분기까지 거의 같은 금액의 정부지출을 집행하고 있는 성청에는 존재하지 않는다. 따라서 각 사분기의 평균치를 의무적 지출로 간주해 그 금액을 상회하면 의무적 이외의 부분, 즉 임의의 지출이 증가하는 것으로 예산조절을 가리키는 지표로 이용하기로 했다.

앞둔 정부지출의 평균치로부터의 괴리 정도 및 참의원통상선거를 앞둔 정부지출의 평균치로부터의 괴리 정도에 관해 EV01부터 EV14까지 14가지의 모델(선거 더미 변수[16])을 상정해(표 5-1) 각각의 모델의 적합성을 검토할 것이다.[17] 정치변수[18]로는 내각지지율, 여당지지율 및 야당지지율을, 경제변수[19]로는 국채잔고 대(對) GDP 비율[20], 가처분소득[21], 소비자물가지수[22] 및 완전실업률[23]을 사용한다.

---

16) McCallum(1978)에서는 본 장에서 사용하는 EV04·EV05·EV06·EV08·EV09·EV12의 6가지 선거 더미 변수를, 토미자키(富崎, 1991)에서는 EV01·EV04·EV05·EV06·EV08·EV09·EV12·EV13·EV14의 9가지 선거 더미 변수를 사용하였다. 또한 여기서 상정하는 것은 정부지출 집행액이 어느 정도 평균치로부터 괴리되어 있는가(괴리의 정도)이고 국정선거가 행해졌을 때의 더미 변수를 일정한 값으로 처리하기 위해 그 값을 0으로 하였다. 즉, 본 장의 가설에서는 국정선거시 정부지출 집행액의 증가를 상정하고 있기 때문에 더미 변수의 값이 작을수록 정부지출 집행액의 확대를 의미하고 정부지출 집행액의 평균치로부터의 괴리의 정도가 커진다. 각 더미변수에 관한 상세한 내용은 오와다(大和田, 2002: 296-301)를 참조.

17) 선택한 모델은 아카이케정보량규준(赤池情報量規準)(AIC)이 가장 작은 것으로 한다.

18) 내각지지율, 여당지지율 및 야당지지율은 각각 시사통신사편(時事通信社編, 1981), 시사통신사·중앙조사사편(時事通信社編·中央調査社編, 1992) 및 내각총리대신관방홍보실편『여론조사연감』(内閣総理大臣官房広報室編『世論調査年鑑』)에 수록되어 있는 '시사여론조사(時事世論調査)'의 결과를 이용하였다. 여론조사 결과는 즉시 공표되었기에 타임래그를 고려할 필요가 없다고 판단된다. 여기서는 각각의 전월대비 해당 사분기의 3개월 평균치를 가지고 사분기의 자료로 사용한다. 또한 각각의 정치변수간에는 상호적으로 높은 상관관계가 존재할 것으로 생각되지만 계차(階差)를 취함으로써 다중공선성의 발생을 막을 수 있다.

19) 경제변수는 대부분 해당 월의 다음달 하순에 공표되기 때문에 다다음달의 세출에 영향을 미칠 것으로 판단되어 2개월의 타임래그를 고려하였다. 따라서 제1사분기에 관해서는 2월부터 4월까지의 평균치를 자료로 사용하였다. 또한 각각의 경제변수간에 상호적으로 높은 상관관계가 존재할 것으로 생각되지만 계차를 취함으로써 다중공선성의 발생을 막을 수 있다.

20) 전월대비의 타임래그를 고려한 3개월분의 평균치.

21) 전년도 동월(同月)대비의 타임래그를 고려한 3개월분의 평균치.

22) 전월대비의 타임래그를 고려한 3개월분의 평균치.

23) 전월대비의 타임래그를 고려한 3개월분의 평균치.

(2) 분석결과

우선 공공사업을 다루지 않는 성청에 관한 정부지출 집행액의 규정요
인에 관해 살펴보자(표 5-2).

공공사업을 행하지 않는 1부 7성에서는 선거변수가 마이너스(ー) 부
호를 나타내면서 유의미한 성청이 보이지 않았다. 이는 국정선거시에 정
부지출 집행액이 증가하는 성청이 없는 것을 의미한다. 우정성의 경우
EV13이 채택되어 참의원통상선거가 유의미했지만 계수의 부호가 플러스
(＋) 부호였기 때문에 선거시에 정부지출 집행액이 증가한다고 말할 수
없다. 또한 그외의 유의미한 변수가 없기 때문에 정부지출 집행액은 국정
선거나 정치 및 경제 상황에 따라 좌우되는 것이 아니라고 볼 수 있다.

다음으로 정치변수에 관해 살펴보면 대장성의 경우, 내각지지율이 크
게 유효한 것을 알 수 있다. 따라서 대장성의 경우, 내각지지율에 저하 경향
이 나타나면 정부지출 집행액을 증가시킨다고 볼 수 있다. 이러한 결과는
대장성이 공공사업을 행하지는 않지만 다른 성청과는 입장이 다르다는
것을 나타낸다고 볼 수 있다. 대장성은 재정당국으로 다른 1부 11성에 대한
예산배분을 담당하는 관청이다. 다른 성청이 정부지출을 추진한다고 하
면 그것을 어떠한 방법으로든 막아 재정을 개선시키는 것에 역점을 두는
관청이라고 할 수 있다. 하지만 여당에 의한 예산집행 압력에 굴복할 수밖
에 없는 국면이 많이 나타나는 것 또한 부정할 수 없다. 이에 대한 증거로
내각지지율의 저하에 따라 대장성의 정부지출 집행액이 증가하는 것을
볼 수 있을 것이다.

이외의 성청에서는 경제변수가 통계적으로 의미가 있다는 점에서 거
시경제의 동향이 정부지출 집행액에 영향을 미친다고 볼 수 있다. 먼저
총리부에 관해서는 소비자물가지수에 저하 경향이 있고 야당에 대한 지지

표 5-2 공공사업을 다루지 않는 성청의 정부지출 규정요인

성　청		총리부	법무성	외무성	대장성
선거모델		EV02	EV04	EV10	EV13
AR1		-0.053	-0.310**	0.443***	0.269*
MA1		0.996***	0.857***	0.957***	0.910***
선거변수	중의원	0.004	0.000	0.144	-0.002
	참의원	0.000	0.000	0.043	-0.002
정치변수	내각지지율	-0.001	0.022	-0.248	-0.219***
	여당지지율	0.070	-0.079	0.906	0.025
	야당지지율	-0.146*	0.040	-0.255	0.211
경제변수	국체GDP비	0.032	0.076	0.559	-0.953
	가처분소득	0.133	-0.073	-2.680*	-0.102
	소비자물가지수	-4.151*	-5.195***	2.877	7.486
	완전실업률	0.059	0.054	-3.531**	0.341
정수		0.000	0.000	-0.001	-0.002
모델 적합도	AIC	-249.188	-342.354	98.623	-60.119

성　청		문부성	우정성	노동성	자치성
선거 모델		EV11	EV13	EV05	EV04
AR1		0.010	-0.055	0.336*	0.144
MA1		0.908***	0.999	0.909***	0.995***
선거변수	중의원	0.002	-0.011	-0.001	0.057
	참의원	-0.002	0.021**	0.040	0.019
정치변수	내각지지율	0.032	-0.102	0.092	0.300
	여당지지율	0.155	0.877	-0.339	-1.787
	야당지지율	0.105	0.129	-0.072	-1.588
경제변수	국체GDP비	-0.006	-2.053	2.959***	-7.207
	가처분소득	0.001	1.362	0.547	-5.518
	소비자물가지수	-4.890*	-1.784	-1.135	6.232
	완전실업률	0.265	1.130	-1.087	-9.000*
정수		-0.001	0.003*	-0.001	0.001
노델 적합도	AIC	-231.715	97.505	-1.811	289.292

*** : $0 \leq \rho < 0.001$　** : $0.001 \leq \rho < 0.01$　* : $0.001 \leq \rho < 0.05$

율이 떨어질 때 정부지출 집행액이 증가하는 경향이 있다. 법무성에 관해서는 소비자물가지수의 저하가 정부지출 집행액의 증가를 부르고, 외무성에 관해서는 완전실업률 및 가처분소득에 저하 경향이 나타날 때 정부지출 집행액이 증가한다고 할 수 있다. 문부성에 관해서는 소비자물가지수의 저하가 정부지출 집행액의 증가를 부추기고, 노동성에서는 국채의 GDP 비율의 상승 경향이 나타날수록 평소 이상의 정부지출이 집행된다고 할 수 있다. 자치성(自治省)]에서의 일반회계자치성에 관해서는 완전실업률이 저하 경향을 나타내면 정부지출 집행액이 증가하는 경향이 있다.

이와 같이 입장이 다른 대장성을대 제외하고 공공사업을 다루지 않는 성청에서는 선거변수 및 정치변수가 각 성청의 정부지출 집행액에 대해 영향을 미치지 않는다는 것을 밝힐 수 있었다. 이는 그러한 성청들이 담당하는 정책영역을 고려하면 당연한 결과라고도 할 수 있을 것이다. 총리부에 속한 큰 조직으로는 방위청(防衛廳) 및 국가공안위원회(경찰청)(國家公安委員會: 警察廳)가 있다. 방위나 경찰은 선거나 정치동향에 좌우되지 않는 정책분야이다. 또한 법무성이 담당하는 사법, 외무성이 담당하는 외교, 문부성이 담당하는 교육, 우정성이 담당하는 우정3사업(郵政三事業)24) 및 통신, 노동성이 담당하는 고용, 그리고 자치성 예산의 대부분을 점하는 지방교부세 보조금에 관해서도 선거 또는 정치가 거의 관계하지 않는 정책영역으로 볼 수 있다.

다음으로 공공사업을 다루는 정책영역에 관한 정부지출 집행액의 규정요인을 살펴보자(표 5-3).

먼저 공공사업을 다루지 않는 성청의 정부지출 집행액에 영향을 미쳤

---

24) 역주: 우정3사업은 현재 일본 우정공사가 행하고 있는 주요 3사업인 우편(郵便)사업, 간이보험(簡易保險)사업, 우편저금(貯金)사업을 의미한다(출처: Wikpedia).

표 5-3 공공사업을 다루는 성청에서의 정부지출 규정요인

성 청		후생성	농림수산성	통상산업성	운수성	건설성
선거 모델		EV01	EV02	EV12	EV14	EV14
AR1		-0.107	-0.031	0.152	-0.091	-0.043
MA1		0.877***	0.993***	0.994***	0.993***	0.993***
선거변수	중의원	-0.055*	-0.003	0.013	-0.020***	-0.005
	참의원	0.019	-0.001	-0.006	0.011	0.010
정치변수	내각지지율	-0.023	-0.099	-0.150	-0.373	0.009
	여당지지율	0.026	0.213	0.836	2.592***	-0.232
	야당지지율	0.066	-0.230	-1.595***	-0.189	-0.982**
경제변수	국채 GDP비	0.017	0.206	-1.999	0.145	0.772
	가처분소득	0.597	0.591	-0.926	0.270	0.403
	소비자물가지수	-0.617	-2.751	-11.534	4.700	-6.688
	완전실업률	0.054	0.078	1.572	1.991	0.545
정수		-0.001	0.000	1.001	0.000	0.000
모델적합도	AIC	-173.773	-29.642	86.502	5.668	35.459

*** : $0 \leq \rho \langle 0.001$ ** : $0.001 \leq \rho \langle 0.01$ * : $0.001 \leq \rho \langle 0.05$

던 경제변수의 영향이 전혀 보이지 않는다. 거시경제의 악화로 인해 경기회복을 목적으로 공공사업을 추가하는 것이라면 이 분석에서도 각 성청의 정부지출 집행액에 대한 경제변수의 영향이 확인되어야 할 것이다. 또한 유의미한 경제변수가 없다는 것은 경제변수들의 변화가 정부지출 집행액에 영향을 미치지 않는다는 것을 의미하며 경기회복을 위해 공공사업을 확대한다는 정부·여당의 입장과 일치하지 않는다. 그에 반해 공공사업을 행하지 않는 성청의 정부지출 집행액에 영향을 미치지 않았던 선거변수 및 정치변수의 영향은 현저하다. 즉, 공공사업을 행하는 성청의 정부지출 집행액에 대해서는 경제변수의 영향보다도 선거변수 및 정치변수의 영향이 크다고 할 수 있다.

국정선거와 관련해 정부지출 집행액이 증가하는 쪽은 후생성 및 운수성이다. 후생성에 관해서는 EV01이 채택되어 중의원총선거가 치러진 사분기에 정부지출 집행액이 증가했다고 볼 수 있고, 중의원총선거에 따라 정부지출 집행액이 좌우된다는 것을 알 수 있다.25) 운수성에 관해서는 EV14가 채택되어 선거 직후 1년간 정부지출 집행액이 급격히 감소했고 그 이후부터 다음 선거까지 서서히 증가한 것으로 이해할 수 있다. 여당지지율, 중의원총선거 및 내각지지율이 통계적으로 유의미하다는 점에서 보면, 여당지지율에 상승 경향이 있는 경우나 내각지지율에 저하 경향이 있는 경우, 운수성이 보통 때 이상의 정부지출을 하고 있음을 알 수 있다.26)

---

25) 예를 들어 1990년 2월 제39회 중의원총선거 직전에 행해진 1988년도 보정예산의 편성작업은 총액 5조 8,977억 엔이라는 과거 최대 규모로 이루어졌다. 또한 후생성이 겸하게 되면서 확충하려고 했던 재택간호진흥기금(在宅介護振興基金)에 600억 엔이 쌓여 늘어난 700억 엔과 연금급부증액(年金給付增額)을 반 년간 앞당겨 사용하기 위해 546억 엔이 각각 편성되었다(아사히신문, 1989년 12월 8일, 25일 조간).

26) 예를 들어 제39회 중의원총선거 직전에 편성작업이 진행된 1989년도 당초예산에서 여당인 자민당은 정비신칸센(整備新幹線)*문제에 관해 대장원안(大蔵原案)**의 공표전 내부 제시가 진행되기 전에 결의를 도모해야만 하여 정비신칸센건설촉진특별위원회를 설립해 운수성과는 별개로 요구된 안들을 정리하기로 했다. 대장성은 사업비의 증액이나 공사 수의 증설에는 난색을 표했지만 결과적으로 총선거를 주시한 여당인 자민당에 수긍하는 형식으로 재원 문제를 뒤로 미루고 대형 터널 3곳과 관련해 기술조사비 5억 엔을 추가하고 난공사추진사업비 3억 엔을 더 제공하기로 타결을 보았다. 그와 동시에 자민당은 부활절충(復活折衝)***의 재원인 공개재원을 지금까지의 1,600억 엔에서 2,000억 엔으로 증액을 요구하였고 그에 따른 부활절충으로 운수성은 리니어관계예산에 관해 대장원안의 공표 전 내부 제시단계의 제로(0) 사정(査定)으로부터 거의 요구된 대로 20억 1,700만 엔이 증액되었다(아사히신문, 1989년 12월 5일, 16일, 22일, 28일 조간). 또한 제40회 중의원총선거는 1993년 7월에 행해졌으나 정부는 연도 당초예산부터 조기보정예산 조정을 개시해 신종합경제대책은 공공투자 10조 6,200억 엔 규모로 총액 13조 2,000억 엔이 되었다. 대장성 수뇌는 정비신칸센의 신선구(親線区) 추가에 난색을 표했지만 정비신칸센사업비는 108억 엔 증액되었다(『朝日新聞』 1993년 4월 1일, 14일, 5월 18일 조간, 5월 14일 석간).
*역주: 정비신칸센이란 일본의 전국신칸센철도정비법 7조에 근거하여 국가가 1973년 11월 13일에 정비계획을 결정한 5구간의 신칸센을 의미한다(출처: Wikpedia).
**역주: 대장성에서 각 성청의 예산요구를 모아 각 요구에 대한 사정(査定)을 실시해 대체로 연말에 예산의 원안을 정리하는데 이러한 원안을 대장원안이라 한다(줄처: http://allabout.co.jp/

더욱이 통산성 및 건설성에서도 정치변수의 영향이 확인되었다. 통산성에 관해서는 야당지지율 및 중의원총선거가 유의미했다. 따라서 야당지지율에 저하 경향이 있으면 정부지출 집행액이 증가한다고 생각할 수 있지만, 중의원총선거 계수의 부호가 플러스(+)이기 때문에 선거시에 정부지출 집행액이 증가했다고는 볼 수 없을 것이다. 건설성에 관해서는 야당지지율만이 유의미해 야당지지율에 저하 경향이 있는 경우에 정부지출 집행액이 증가하는 것으로 볼 수 있다.

하지만 농림수산성에 관해서는 유의미한 변수가 없어 정부지출 집행액에 영향을 미치는 요인이 드러나지 않았다. 따라서 농림수산성의 정부지출은 국정선거의 유무나 정치적 및 경제적인 환경에 의해 좌우되고 있지 않다고 말할 수 있다. 농림수산성에 대한 예산은 일반회계예산총액의 증가와는 반대로 제1차 산업의 쇠퇴와 함께 해마다 분배 몫이 축소되고 있다. 그 때문에 농림수산성 예산의 집행액에 대해 선거변수 및 정치변수, 경제변수가 영향을 미치지 않고 있는 것으로 보인다.

지금까지의 분석 결과, 후생성 및 운수성에서 국정선거 때 정부지출에 대한 영향을 확인할 수 있었다. 또한 통산성, 운수성 및 건설성에서는 내각지지율 및 여당지지율, 야당지지율이라는 정치에 대한 유권자의식이 정부지출 집행액에 영향을 미친다는 결론을 얻었다. 다시 말해 공공사업을 다루는 성청에서는 선거변수 및 정치변수의 영향이 현저히 나타나 공공사업과 정치환경과의 연관성이 확인되었다.

---

career/politicsabc/closeup/CU20010904/index.htm, 2007년 8월 17일 검색)

***역주: 대장원안 공표 후 원안의 수정교섭이 시작되는데 이러한 과정을 부활절충이라 한다.
(출처: http://allabout.co.jp/career/politicsabc/closeup/CU20010904/index.htm, 2007년 8월 17일 검색).

2. 정부지출과 유권자행태

(1) 분석 대상과 연구방법

다음으로 가설 II에 근거해 정부지출의 수용 측에 대해 검증하고자 한다. 앞서 행한 정부지출의 규정요인에 관한 분석으로부터 정부지출을 정책영역별로 검토해보면 공공사업을 행하는 성청의 정부지출은 국정선거 및 정치에 대한 유권자의식에 따라 영향을 받는다는 것이 밝혀졌다. 여기서 이러한 정치적 요소로 좌우되는 정부지출이 어떻게 배분되는가에 관해 그 수용 측이 되는 지역을 사례로 검증해보고자 한다.

여기서는 2001년 7월 29일 투표가 행해진 제19회 참의원통상선거(2001년 참의원선거)부터 채택된 비구속명부식(非拘束名簿式) 비례대표제에 착안하여 공공사업을 담당하는 관청 출신의 여당후보가 얻은 유권자의 지지(득표)와 그 후의 정부지출(보조금 배분)과의 관계를 밝힐 것이다. 즉, 특정 정책과 밀접한 후보자의 개인명(個人名)투표 결과가 선거 후 편성된 예산에 있어 그 정책의 국고지출금 배분에 영향을 미치는가를 검증함으로써 정부지출(보조금 배분)과 유권자행태(국정선거에서의 투표행태) 간의 관계를 밝히려는 것이다.

분석 대상으로는 공공사업비율이 높은 구(舊)건설성과 농림수산성 2성을 다루기로 한다. 대상이 되는 후보자는 구건설성 하천(河川)국장을 역임한 후보자(후보자 X)와 농림수산성 구(舊)구조개선국과장보좌를 역임한 후보자(후보자 Y)이다. 후보자 X와 관련된 정책을 다루는 부국을 국토교통성 하천국으로, 후보자 Y와 관련된 정책을 다루는 부국은 농림수산성 농촌진흥국[27])으로 한다. 또한 대상이 되는 예산은 2001년 참의원선

---

27) 성청재편시 농림수산성내에서도 부국의 재편이 이루어져 구(舊)구조개선국의 공공사업부문을 중심으로 재편성된 부국이다(오노우에 · 가와키타(尾上 · 川北), 2002: 87-90).

거 후에 성립된 평성13년도[28] 제1차보정예산[29] (13년도 1차보정), 평성 13년도 제2차보정예산[30] (13년도 2차보정), 평성14년도 당초예산[31] (14 년 당초예산)에서 국토교통성 하천국 및 농림수산성 농촌진흥국에 의해 개별배분이 행해진 국고 지출금[32] 이다. 배분처가 되는 곳은 전시정촌(全 市町村) 및 특별구(特別區)의 3,246개 지방자치체[33] 이다.

(2) 분석결과

먼저 국토교통성 하천국 사례에서 가설 II 에 관해 검증해보자. 13년도 1차보정, 13년도 2차보정, 14년도 당초예산에서의 인구 1명당 국토교통 성 하천국 국고지출금액(1인당 하천보조금)과 2001년 참의원선거에서 의 후보자 X의 득표율[34], 2001년 참의원선거에서의 비례대표여당득표율 (2001년 참의원선거 여당득표율) 및 2000년 중의원선거에서의 비례대표 여당득표율(2000년 중의원선거 여당득표율)과의 상관관계(표 5-4)를 보 면 모든 분석에서 유의미한 결과를 얻었다. 그 결과 1인당 하천보조금과 후보자 X의 득표율, 그리고 가장 최근의 중의원과 참의원 선거에서의 득표 율간에 관계가 있음을 알 수 있었다. 또한 그 관계의 정도는 상관계수로부

---

28) 연도예산에 관해서는 일본력이 사용되기 때문에 본 장에서도 예산연도를 언급할 경우에는 일본 력을 사용하기로 한다.

29) 2001년 11월 16일 성립.

30) 2002년 2월 1일 성립.

31) 2002년 3월 27일 성립.

32) 자료는 국토교통성 하천국 국고지출금에 관해서는 국토교통성대신관방홍보과(国土交通大臣官 房広報課) 정보공개실에서 공개된 개별배분(箇所付け)일람을, 농림수산성 농촌진흥국 국고지출 금에 관해서는 농림수산성대신관방문서과(農林水産省大臣官房文書課) 정보공개창구에 공개된 개별배분일람에 의한 것이다. 각 사업별 개별배분을 지방별로 합산했다.

33) 동경도 미야케촌(三宅村)에 관해서는 2000년 국세조사인구가 0이었기 때문에 제외시켰다.

34) 후보자 X의 개인명득표수를 비례대표투표총수로 나눈 것.

표 5-4 국토교통성 하천국 국고지출금과 득표율 간의 상관계수

연도	예산	후보자 X	2001년 참의원선거	2000년 중의원선거
평성13년도	제1차보정	0.114***	0.093***	0.100***
	제2차보정	0.155***	0.109***	0.104***
평성14년도	당초예산	0.238***	0.225***	0.217***

*** : $0 \leq \rho < 0.001$　　** : $0.001 \leq \rho < 0.01$　　* : $0.001 \leq \rho < 0.05$

터 2001년 참의원선거 여당득표율 및 2000년 중의원선거 여당득표율보다도 후보자 X의 득표율의 수치가 컸다. 따라서 하천보조금과 관련이 있는 것은 여당의 득표율 이상으로 후보자 X의 득표율이라고 말할 수 있다.

그러나 보조금과 득표율 간에 관계는 사회자본의 미정비라는 의미에서 공공사업을 필요로 하는 농촌부나 재정능력이 취약해 단독사업 전개가 곤란한 지방자치체는 애초부터 정권여당의 기반이기 때문에 보조금과 득표율 간의 관계가 있는 것처럼 보이는 것뿐이라는 반론이 쉽게 제기될 수 있을 것이다. 따라서 보조금의 배분액이 어떠한 요인으로 결정되는가에 관해 보조금과 득표율 이외의 변수도 고려하면서 검토하고자 한다.

여기서는 13년도 1차보정, 13년도 2차보정, 14년도 당초예산에서의 1인당 하천보조금을 피설명변수로, 정치환경을 나타내는 변수로는 후보자 X의 득표율, 2001년 참의원선거 여당득표율, 2000년 중의원선거 여당득표율 및 중의원 소선거구선출 여당의원의 당선횟수[35]를, 재정환경을 나타내는 변수로는 재정력 지수[36]를, 사회·경제 환경을 나타내는 변수로

---

35) 소선구선출의원이 야당인 경우에는 0을 입력하였고 공명당 및 구보수당 의원은 여당으로 간주하였다. 이는 대부분의 선거구에서 여당은 통일후보자로 총선거에 임했기 때문이다(공명당 및 보수당이 입후보한 선거구에서는 자민당은 공인후보 추대를 보류하였다). 또한 하나의 자치체가 복수의 선거에 걸쳐 여당의원이 복수인 경우에는 당선횟수의 평균치를 입력하였다.

36) 2000년 지수를 사용하였다. 재정력 지수가 존재하지 않는 동경도 특별구에 관해서는 동경도가

는 도시화도[37] 및 면적[38]을 설명변수로 입력하여 공분산구조분석(중회귀분석 모델)을 실시하였다[39](표 5-5).

그 결과 13년도 1차보정 및 13년도 2차보정에서는 후보자 X의 득표율과 면적이 유의미해 후보자 X의 득표율이 높고 면적이 넓은 지방자치체일수록 1인당 하천보조금이 많이 배분되었음을 알 수 있었다. 따라서 그러한 배분에는 최근 국정선거에서의 여당 전체의 득표율 및 중의원의 소선구선

지방교부세 교부단체가 아닌 점을 감안하여 모두 1.0을 입력하였다.

37) 도시화도에 관한 자세한 사항은 고바야시(小林, 1985)를 참조. 여기서 '도시화도'의 지표로 사용되는 것은 약년(민 15세 미만)인구비, 생산연령(만 15세 이상 65세 미만)인구비, 고령자(만 65세 이상)인구비, DID(인구집중지구)인구비, 제1차산업인구비, 제3차산업인구비, 인구밀도, 인구증가율, 세대증가율, 약년인구증가율 등 10개의 변수이다. 자료는 각각 2000년 국세조사에 따른 것이다. 증가율에 관해서는 1995년 국세조사시로부터의 증가율을 말한다. 10개 변수에 관해 주성분분석을 실시한 결과 2개의 축이 나타났다. 제1주성분을 '도시-농촌' 축으로 해석하고 해당 주성분득점을 '도시화도'로 하기로 한다. 성분행렬에서 그 수치기 높을수록 도시화가 진행된 지방자치체라고 할 수 있다. 주성분분석의 결과는 별표 5-1 및 별표 5-2와 같다.

별표 5-1 주성분분석의 결과

성분	고유치	기여율	누적기여율
제1성분	5.340	53.399	53.399
제2성분	1.861	18.610	72.101

별표 5-2 성분행렬

변수	제1성분	제2성분
약년층인구비	0.565	0.578
생신연령인구비	0.878	-0.146
고령자인구비	-0.901	-0.003
DID인구비	0.694	-0.514
제1차산업인구비	-0.666	0.377
제3차산업인구비	0.647	-0.468
인구밀도	0.532	-0.562
인구증가율	0.818	0.427
세대증가율	0.769	0.456
약년인구증가율	0.741	0.417

38) 2000년 자료를 사용하였다.

39) 설명변수간에 상관이 높은 경우 다중공선성이 발생할 가능성이 있기 때문에 설명변수간의 상관관계를 모델에 편입시켜 분석을 실시하였다.

표 5-5 국토교통성 하천국 국고지출금의 규정요인

환경	설명변수	평성13년도 1차보정	평성13년도 2차보정	평성13년도 3차보정
정치환경	후보자 X 득표율	0.078***	0.116***	0.157***
	2001년 참의원선거 여당득표율	0.004	0.050	0.101***
	2000년 중의원선거 여당득표율	0.035	-0.006	0.013
	소선거구 여당의원 당선횟수	0.014	-0.010	-0.004
재정환경	재정력지수	-0.011	-0.033	-0.038
사회·경제환경	도시화도	-0.040	-0.021	-0.077***
	면적	0.067***	0.106***	0.088***
모델적합도	결정계수	0.018	0.039	0.093

*** : $0 \leq p \langle 0.001$　** : $0.001 \leq p \langle 0.01$　* : $0.001 \leq p \langle 0.05$

출 의원의 영향은 없다고 할 수 있다. 더욱이 재정력 지수나 도시화 정도 등, 보조금 배분에 영향을 미칠 것이라고 여겨진 변수도 전혀 영향을 미치지 않았다.

14년도 당초예산의 경우에서는 13년도 1차보정 및 13년도 2차보정에서도 유의미했던 후보자 X의 득표율 및 면적과 함께 2001년 중의원선거 여당득표율 및 도시화 정도도 유의미하였다. 따라서 후보자 X의 득표율이나 2001년 참의원선거에서 여당득표율이 높은 지방일수록, 또한 도시화가 진행되지 않고 면적이 넓은 지방자치체일수록 1인당 하천보조금이 많이 배분되었다고 할 수 있다. 이러한 경우에도 재정력 지수나 2000년 중의원선거의 여당득표율, 중의원 소선거구선출 의원의 당선횟수는 유의미하지 않고 강한 재정적 기반이나 직전의 중의원선거 결과, 소선거구의 여당의원 당선횟수는 1인당 하천보조금에 영향을 미치지 않는다는 것을 알 수 있다.

따라서 하천보조금 배분의 규정요인에 관해 보조금 배분에 영향을 미칠 것 같았던 재정력 지수나 도시화 정도의 영향을 감안하면 후보자 X의 득표율 및 2001년 참의원선거 여당득표율은 그보다도 강한 영향을 미친다는 것을 알 수 있다. 즉 하천보조금은 분명 구건설성 하천국 출신의 후보자 X의 득표율이 높은 지방자치체일수록 많이 배분되어 하천보조금의 배분액은 여당 전체의 득표율보다도 후보자 X의 득표율에 따라 결정된다는 해석이 가능하다.

표 5-6 농림수산성 농촌진흥국 국고지출금과 득표율 간의 상관계수

연도	예산	후보자Y	2001년 참의원선거	2000년 중의원선거
평성 13년도	제2차보정	0.242***	0.049**	0.085***
평성 14년도	당초예산	0.252***	0.075***	0.148***

표 5-7 국토교통성 하천국 국고지출금의 규정요인

환경	설명변수	평성13년도 2차보정	평성14년도 당초예산
정치환경	후보자 Y 득표율	0.101***	0.204***
	2001년 참의원선거 여당득표율	-0.122***	-0.247***
	2000년 중의원선거 여당득표율	0.107***	0.210***
	소선거구 여당의원 당선횟수	-0.015	-0.035*
재정환경	재정력 지수	-0.115***	-0.188***
사회·경제환경	도시화도	0.027	-0.028
	면적	0.090***	0.073***
모델적합도	결정계수	0.056	0.121

*** : $0 \leq \rho < 0.001$ ** : $0.001 \leq \rho < 0.01$ * : $0.001 \leq \rho < 0.05$

다음으로 농림수산성 농촌진흥국을 사례로 한 가설 II를 검증해보자. 13년도 2차보정 및 14년도 당초예산에서 인구 1인당 농림수산성 농촌진흥국 국고지출금액[40](1인당 농촌진흥보조금)과 2001년 참의원선거에

서의 후보자 Y의 득표율[41], 2001년 참의원선거 여당득표율 및 2000년 중의원선거 여당득표율 간의 상관관계를 보면(표 5-6) 모든 분석에서 유의미한 결과가 나타났다. 그 결과 1인당 농촌진흥보조금과 후보자 Y의 득표율, 최근의 중의원과 참의원 선거에서의 득표율간에는 관련이 있다고 할 수 있다. 또한 그러한 관계의 정도는 상관계수에서 나타나는 것처럼 2001년 참의원선거 여당득표율 및 2000년 중의원선거 여당득표율보다도 후보자 Y의 득표율 계수가 크다. 따라서 농촌진흥보조금과 관련이 있는 것은 여당의 득표율 이상을 획득한 후보자 Y의 득표율임을 알 수 있었다.

또한 1인당 농촌진흥보조금이 어떤 요인으로 결정되는가에 관해 검토하고자 한다. 여기서도 하천보조금의 경우와 마찬가지로 13년도 2차보정 및 14년도 당초예산에서의 1인당 농촌진흥보조금을 피설명변수로, 정치환경으로는 후보자 Y의 득표율, 2001년 참의원선거 여당득표율, 2000년 중의원선거 여당득표율 및 중의원 소선거구선출 여당의원의 당선횟수를, 재정환경으로는 재정력 지수를, 사회·경제 환경으로는 도시화 정도 및 면적을 설명변수로 공분산구조분석(중회귀분석 모델)을 행했다(표 5-7).

그 결과 13년도 2차보정의 경우에는, 후보자 Y의 득표율, 2001년 참의원선거 여당득표율, 2000년 중의원선거 여당득표율, 재정력 지수 및 면적이 유의미하였다. 따라서 후보자 Y의 득표율 및 2000년 중의원선거에서 여당득표율이 높고 재정력이 낮으며, 면적이 넓은 지방자치체에 대해 1인당 농촌진흥보조금이 많이 배분되었음을 알 수 있다. 그러나 여기서는 2001년 참의원선거 여당득표율이 유의미하지 않았지만 해당 계수가 마이너스(−) 부호를 나타냈다. 이를 그대로 해석하면 여당의 득표율이 낮을수

---

40) 평성13년도 제1차보정예산에서의 농림수산성 농촌진흥국에의 예산배분은 없었다.
41) 후보자 Y의 개인명득표 수를 비례대표투표 총수로 나눈 것.

록 1인당 농촌진흥보조금이 많아지지만, 여기서 관건이라 할 수 있는 후보자 Y의 득표율을 고려하면 여당 전체의 지지와 관계없이 후보자 Y에 대한 지지가 영향을 미친다고 할 수 있다. 또한 중의원 소선거구선출 여당의원의 당선횟수나 도시화 정도는 유의미하지 않아 이들은 농촌진흥보조금에 영향을 미치지 않는다고 할 수 있다.

그리고 14년도 당초예산의 경우에는 13년도 2차보정에서 유의미했던 후보자 Y의 득표율, 2001년 참의원선거 여당득표율, 2000년 중의원선거 여당득표율, 재정력 지수 및 면적과 함께 중의원 소선거구선출 여당의원의 당선횟수도 약간 유의미하게 나타났다. 따라서 후보자 Y 및 2000년 중의원선거에서 여당득표율이 높은 지방자치체 또는 재정력이 낮고 면적인 넓은 지방자치체일수록, 1인당 농촌진흥보조금이 많이 배분되었다고 할 수 있다. 여기에서는 2001년 참의원선거 여당득표율이 마이너스 관계로 유의미하지만, 후보자 Y의 득표율이 플러스 관계로 크게 유의미한 것을 통해, 농촌진흥보조금의 배분은 여당 전체에 대한 지지 여부와 상관없이 후보자 Y에 대한 지지 여부에 따라 결정된다고 간주할 수 있을 것이다.

농촌진흥보조금의 배분의 규정요인으로 보조금 배분에 영향을 미칠 것으로 여겨졌던 재정력 지수나 도시화 정도의 영향을 고려할 때 후보자 Y의 득표율이 그러한 요인보다 더욱 강력한 영향을 미친다는 것을 알 수 있다. 즉, 농촌진흥보조금은 분명 농림수산성 구(舊)구조개선국 출신의 후보자 Y의 득표율이 높은 지방자치체일수록 많이 배분되어 농촌진흥보조금의 배분액은 여당 전체의 득표율보다도 후보자 Y의 득표율에 따라 결정된다고 해석할 수 있다.

지금까지 성청의 특정 부국이 배분을 행하는 보조금과 해당 부국 출신의 후보자의 득표율 간에 나타난 상관관계가 다른 여당후보자의 득표율에서는 나타나지 않았음을 입증하였다. 그에 이어 지금까지 실증해온 특정 부국의 보조금과 그러한 부국 출신 의원과의 연계가 분명히 존재하는 것인지에 관해 확인하고자 한다. 구체적으로 본 장에서 다룬 하천보조금과 농림수산성 출신 후보자 Y의 득표율 간의 상관계수 및 농촌진흥보조금과 구(舊)건설성 출신 후보자 X의 득표율 간의 상관계수를 살펴보기로 하자.

먼저 하천보조금과 농림수산성 출신 후보자 Y의 득표율 간 상관계수(표5-8)에 관해 살펴보자. 분석 결과, 하천보조금과 후보자 Y의 득표율과의 상관관계에서 통계적으로 의미가 있는 것은 13년도 2차보정뿐이었다. 그러나 상관관계의 정도는 매우 약했다. 한편 13년도 1차보정 및 14년도의 예산의 경우, 유의미한 상관관계가 보이지 않았다. 결론적으로 후보자 Y와의 상관계수를 대충 후보자 X와의 상관계수와 비교해보아도 아주 낮은 수치를 보이고 있다는 점에 비춰본다면, 후보자 Y의 득표율은 하천보조금 배분과 거의 관계가 없다고 해석할 수 있다.

표 5-8 국토교통성 하천국 국고지출금과 후보자 Y의 득표율 간의 상관계수

연도	예산	후보자 Y	후보자 X
평성 13년도	제1차보정	0.024	0.114***
	제2차보정	0.036*	0.155***
평성 14년도	당초예산	0.031	0.238***

*** : 0≤ρ〈0.001 ** : 0.001≤ρ〈0.01 * : 0.001≤ρ〈0.05

다음은 농촌진흥보조금과 구(舊)건설성 출신의 후보자 X의 득표율 간의 상관계수(표5-9)에 관한 것이다. 분석 결과 13년도 2차보정 및 14년도 당초예산 양쪽에서 농촌진흥보조금과 구(舊)건설성 출신의 후보자 X의 득표율 간의 상관계수가 유의미했지만 그러한 상관계수는 농림수산성 출

표 5-9 농림수산성 농촌진흥국 국고지출금과 후보자 X의 득표율 간의 상관계수

연도	예산	후보자 X	후보자Z	후보자Y
평성 13년도	제2차보정	0.066***	0.190***	0.242***
평성 14년도	당초예산	0.079***	0.240***	0.252***

*** : $0 \leq \rho < 0.001$　** : $0.001 \leq \rho < 0.01$　* : $0.001 \leq \rho < 0.05$

신자인 후보자 Y의 득표율과의 상관계수를 크게 밑돌았다. 따라서 후보자 X의 득표율은 농촌진흥보조금의 배분에 영향을 미치지 않는 것으로 간주할 수 있을 것이다.

또한 표 5-9에 있는 후보자 Z는 농림수산성 식품유통국장을 역임한 또 다른 농림수산성 출신의 후보자이다. 후보자 Z의 득표율[42]과 1인당 농촌진흥보조금과의 상관계수를 보면 모두 유의미하지만, 후보자 Y와의 상관계수만큼은 되지 않았다. 이러한 결과로부터 1인당 농촌진흥보조금에 가장 영향을 주는 것은 해당 부국 출신 의원이고 다른 부국 출신자는, 예를 들어 같은 성청의 출신자라 해도 다른 성청 출신자보다는 영향력이 있지만, 그 영향력은 제한적이라고 할 수 있을 것이다.

이러한 상관분석의 결과, 특정 정책과 관련된 보조금의 지방자치체에 대한 배분은 그 정책과의 관련이 깊은 여당의원의 지지가 가장 큰 영향을 미치고, 다른 여당의원에 대한 지지와는 거의 관련이 보이지 않는다고 결론지을 수 있을 것이다. 이는 같은 성청 내에서도 마찬가지의 결론을 이야기할 수 있다. 즉, 특정 부국의 보조금 배분에 영향을 미치는 것은 그 부국 출신 의원으로, 같은 성청 출신자라 해도 다른 부국 출신자의 영향력이 해당 부국의 출신 의원에 미치지 못한다는 것을 짐작할 수 있다.

---

42) 후보자 Z의 개인명득표 수를 비례대표투표 총수로 나눈 것.

IV 결론

본 장의 목적은 긴축재정상황 하의 일본에서 정책지출이 어떻게 행해져왔는가에 관해 그것을 정책영역별로 밝히고 최종적으로 그 배분과 유권자행태 간의 관계를 밝히려는 데 있다.

먼저 정부지출에 관해 정책영역별로 규정요인을 찾는다면 공공사업이라는 단면으로부터 해석이 가능하다. 공공사업이라는 관점에서 1부 12성을 두 부류로 분류하여 각 성청을 단위로 그 정부지출 집행액이 국정선거나 정치변수, 경제변수에 의해 영향을 받는지를 확인함으로써 국정선거 실시 자체나 내각지지율 및 정당지지율이라는 유권자의식에 의한 영향을 살펴볼 수 있었다. 그러한 변수들의 영향이 현저히 나타났던 곳은 공공사업을 다루는 성청이었고, 공공사업을 다루지 않는 성청에서는 그러한 영향이 전혀 나타나지 않았다. 공공사업의 목적이 경기회복이라는 것은 너무나 잘 알려져 있지만, 거시경제변수의 변화에 따라 정부지출에 영향을 받는 것은 오히려 공공사업을 다루지 않는 성청 쪽이었으며 공공사업을 다루는 성청의 정부지출에 관해서는 거시경제변수의 영향이 확인되지 않았다.

따라서 거시경제변수 이상으로 정치적 요소나 국정선거가 정부지출에 상대적으로 큰 영향을 미친다고 이해해도 지장이 없을 것이다. 다시 말해 경제안정을 목적으로 하는 거시경제변수의 개선 또는 악화에 따라 정부지출 집행액이 변화하는 그 이상으로 정당지지율의 변화, 더욱이 국정선거가 행해진다는 것만으로도 정부지출 집행액이 변화한다는 것이다.

또한 정부지출의 수용 측에 관해서는 재정의 한 날개를 담당하는 보조금 배분과 유권자행태 간의 관계는 특정 정책에 대한 보조금과 특정 여당국회의원 간의 관계를 밝힘으로써 입증되었다.

특정 정책보조금의 지방자치체에 대한 배분에는 여당 전체에 대한 유권자의 지지 이상으로 그 정책과 관련이 깊은 여당의 국회의원에 대한 지지가 영향을 미친다는 것이 밝혀졌다. 보조금 배분에는 분명히 국정선거의 여당득표율이 영향을 주고 있지만, 그 이상으로 해당 정책을 행하는 특정 부국과 연계가 있는 여당의원의 득표율이 크게 영향을 미치고 있다는 것이 입증되었다. 이러한 것들은 종래의 보조금 배분에 관한 연구에서 충분히 밝혀지지 않았던 부분이다.

더욱이 특정 정책에 대한 보조금의 지방자치체에 대한 배분은 그 정책을 행하는 특정 부국과 연계가 없는 여당의 국회의원 이외의 여당의원에 대한 득표율에는 영향이 없다는 것이 밝혀졌다. 예를 들어 한 후보가 성청 출신이라 해도 해당 사업과 직접 관련된 부국 출신이 아니라면 해당 보조금 배분에 절대적인 영향을 미칠 수 없다는 것이다. 이는 정책형성이 엄격한 종적(縱的) 관계로 행해지고 있음을 시사한다.

종래의 보조금 배분의 연구에서는 보조금이 어떻게 결정되는가가 연구의 중점과제였으며, 그 배분은 여당에 대한 지지에 따라 결정된다는 것이 많은 연구에서 밝혀졌음을 이미 앞에서 서술하였다. 하지만 좀 더 상세하게 검토해보면 모든 정책에 대해 여당의원이라고 해서 모두 같은 영향력을 가질 수 있는 것이 아니라, 각 여당의원이 영향을 가질 수 있는 정책영역은 한정되어 있음을 밝혔다고 할 수 있다.

글을 마치며

본 장에서는 일본 경제가 저성장시대로 진입하여 재정긴축을 행한 오일쇼크 이후의 정부지출에 초점을 두었다. 따라서 고도경제성장기의 정부지출집행에 대한 규정요인에 관해서는 밝히지 못하였다. 앞으로 그러한 분석을 행하여 본 장의 분석 결과와 비교해 지금까지 일본의 정부지출이 어떠한 요인에 의해 이루어졌는지를 시계열적으로 밝힐 필요가 있을 것이다.

또한 정부지출의 수용 측에 관한 분석에서 본 장에서는 참의원통상선거의 비례대표제에서 처음으로 비구속명부식이 도입되어 선거가 행해졌기 때문에 가능해진 특정 정책과 그 정책에 관계된 여당의원 간의 관계를 보조금 배분의 관점에서 검토했으나, 본 장에서 밝혀진 보조금 배분이 앞으로도 진행될 것인지에 관해서도 계속해서 추적할 필요가 있을 것이다.

더욱이 본 장의 분석에서는 국정선거 후의 보조금 배분이 국정선거의 결과와 어떠한 관계가 있는가에 한정했으나, 보조금 배분의 국정선거에 대한 영향을 고찰하는 경우, 국정선거 실시 전의 보조금 배분과 그것이 가져오는 국정선거의 결과라는 모델도 당연히 상정될 수 있을 것이다. 앞으로는 그러한 모델도 분석해야 할 것이다.[43]

마지막으로 본 장에서 다룬 것은 2개의 부국에 불과하기 때문에 앞으로 분석 대상을 다른 관료 출신까지도 확대하는 것으로 이른바 '족의원(族議員)'[44]에 관해 좀 더 일반화된 논의가 가능할 것이고, 각각의 정책영역의 정부지출의 실정을 밝힐 수 있을 것으로 생각된다.

---

43) 본 장의 분석에서도 국정선거 전의 정부지출(보조금 배분)과 국정선거의 유권자행태(국정선거의 결과)와의 관계를 검토할 예정이었으나 농림수산성의 개별배분자료의 보존기간이 1년간이어서 평성13년도 당초예산의 개별배분자료를 입수할 수 없어 해당 검증을 단념하였다.

44) 역주: 족의원이란 여당의원 가운데 특정 분야의 정책입안에 영향력을 가진 정치가집단을 의미한다. 건설족, 통상족 등등의 표현으로 쓰며 이를 줄여 '족'이라 표현한다(출처: Wikpedia).

참고문헌

猪口孝(1983), 『現代日本政治経済の構図』, 東洋経済新報社.

井堀利宏・土居丈朗(1998), 『日本政治の経済分析』, 木鐸社.

大和田宗典(2002), 「中央省庁の予算に対する国政選挙の影響に関する分析」, 『法学政治学論究』 54号, 287-318頁.

大和田宗典(2003), 「補助金配分における国政選挙の影響に関する分析」, 『法学政治学論究』 58号, 241-267頁.

鬼塚尚子(1997), 「政府の補助金配分における政治的要素について」, 『法学政治学論究』 33号, 297-318頁.

尾上進勇・川北隆雄編(2002), 『農林水産省』, インターメディア出版.

菊池和博(1989), 「政府支出の地域配分からみた政策運営の推移」, 『レヴァイアサン』 No.4, 78-99頁.

小林良彰(1985), 『計量政治学』, 成文堂.

小林良彰(1997), 『現代日本の政治過程 ―日本型民主主義の計量分析―』, 東京大学出版会.

時事通信社編(1981), 『戦後日本の政党と内閣 ― 時事世論調査による分析 ―』, 時事通信社.

時事通信社・中央調査社編(1992), 『日本の政党と内閣1981-1991』, 時事通信社.

趙漢義(1993), 「日本の利益分配政策と自民党の支配」, 『選挙研究』 No.8, 66-84頁.

土居丈朗・芦谷政浩(1997), 「国庫支出金分配と政権与党の関係」, 『日本経済研究』 34号, 日本経済研究センター事業部, 180-195頁.

土居丈朗(1998), 「日本の財政金融政策, 景気循環と選挙」, 『東京大学経済学研究』 40号, 29-45頁.

土居丈朗(2000), 『地方財政の政治経済学』, 東洋経済新聞社.

富崎隆(1991), 「政治的景気循環の計量分析」, 小林良彰編, 『政治過程の計量分析』, 芦書房.

中野実(1992), 『現代日本の政策過程』, 東京大学出版会.

名取良太(2002), 「選挙制度改革と利益誘導政治」, 『選挙研究』 No.17, 128-141頁.

西川伸一(2002), 『官僚仕官』, 五月書房.

西澤由隆・河野勝(1990), 「日本における選挙経済循環―総選挙と政府の財政政策―」, 『レヴァイアサン』 No.6, 152-171頁.

広瀬道貞(1981), 『補助金と政権党』, 朝日新聞社.

藤本幸生・大岩雄次郎・川野辺浩幸・黒川和美・横山彰(1983), 「予算分配と政治的要素」, 『公共選択の研究』 3号, 56-67頁.

堀要(1996), 『日本政治の実証分析 ― 政治改革・行政改革の視点 ―』, 東海大学出版会.

Cargill, Thomas F. and Hutchison Michael M.(1991), "Political Business Cycles with Endogenous Election Timing: Evidence from Japan," *Review of Economics and Statistics*, Vol.73, pp.733-739.

Cargill, Thomas F. and Hutchison Michael M.(1991), "The Bank of Japan's Response to Elections," *Journal of the Japanese and International Economies*, Vol.5, pp.120-139.

Ito, Takahashi and Park, Jin Hyuk(1988), "Political Business Cycles in the Parliamentary System," *Economics Letters*, Vol.27, pp.233-238.

Ito, Takahashi(1990), "The Timing of Elections and Political Business Cycles in Japan," *Journal of Asian Economics*, Vol.1, pp.135-156.

McCallum, Bennett T.(1978), "The Political Business Cycle: An Empirical Test," *Southern Economic Journal*, Vol.44, pp.504-515.

6장

일본 정치에서의 업적평가와 유권자의식

이치시마 무네노리(市島宗典)

서론

국정선거는 유권자가 정권여당에 대한 평가를 내리는 기회이며, 국정선거에서 시험받는 것은 정권여당의 업적이라는 주장이 종종 논의된다. 그 가운데에서도 정권여당에 대한 평가의 척도가 되는 것이 경제상황이라는 주장이 힘을 얻고 있다. 경기상승은 정부의 책임이고 불경기는 정부의 실정(失政) 때문이라는 논의가 일반적이며, 따라서 내각의 평가는 주가(株價)나 경기성장률에 의해 계산되는 것이 보통이다. 1998년 참의원통상선거에서 여당인 자민당이 대패한 것이 경제 실패 때문으로 간주되어 하시모토(橋本) 내각이 총사퇴한 것은 좋은 사례라 할 수 있다.

그러나 장기적으로 보면, 일본의 경제상황은 1970년대 두 번에 걸친 오일쇼크를 계기로 고도경제성장에서 저성장으로 전환되었다. 이에 호응하듯이 정치에서는 1970년대 보혁백중(保革伯仲)에서 1980년대 보수로의 회귀로 이행되었다. 만일 여당이나 내각의 업적이 경제적인 것만으로 판단된다면, 경제상황이 생각지도 않게 나빠졌던 1980년대에 여당이 중의원에서 300의석을 차지하는 대승을 거둔 것은 설명되기 어려울 것이다.

이에 관련해 고이즈미(小泉) 내각을 살펴보면, 04년 12월 현재 고이즈미 내각의 지지율이 37%, 비(非)지지율이 47%로,[1] 비지지율이 지지율을 상회해 그 감소경향을 부정할 수 없다. 내각지지율의 저하 원인으로는 자위대의 이라크 파견과 그에 대해 고이즈미 수상이 설명책임을 다하지 않았다는 유권자의식을 들 수 있다.[2] 한편 경기상황은 완만하지만 회복 기조가 보이며 05년 예산에서는 세입 증가가 예상되었다.[3] 만일 내각의 업적이 유권자에게 경제지표에 의해서만 판단된다고 한다면, 고이즈미 내각의 지지율 감소현상이 발생할 수 없겠지만, 결코 그렇지 않은 것이 현실이다.

이렇게 볼 때 일본의 정권여당 또는 내각의 업적이 경제적인 것만으로 판단된다고 싸잡아서 말할 수는 없을 것이다. 본 장에서는 종래의 업적평가투표의 요소인 경제상황과 그외 정책에 관한 업적을 종합하여 일본의 업적평가에 관해 검토하고자 한다.

I 업적평가에 관한 기존의 연구

현재까지 정부의 업적에 관해서는 '업적평가투표'라는 형태로 많은 연구가 행해져왔다.[4] 업적평가투표란 간단히 말해서, 유권자가 정권여당의

---

1) 아사히신문사가 실시한 여론조사결과이다(『朝日新聞』2004年 12月 21日 朝刊, 4面).

2) 상기 조사 결과에 따르면, 이라크 자위대 파병 유지에 '찬성'이 31%, '반대'가58%였다. 또, 파견 연장에 대한 고이즈미 수상의 제안 설명의 필요성에 대해서는, '필요하다'가 15%, '필요 없다'가 76%였다(『朝日新聞』2004年 12月 21日 朝刊, 4面).

3) 정부는 2005년도에 1.6%의 GDP 실질 성장률 및 약 2조 2,000억 엔의 세수 증가(2004년도 대비 5.4% 증가치)를 전망하고 있다(『朝日新聞』2004年 12月 21日 朝刊, 10-114面).

4) 실적평가투표에 대해서는 코바야시 요시아키(小林良彰, 2000) 제8장, 히라노 오사무(平野浩,

정책을 긍정적으로 평가한다면 정권여당에 투표하고, 역으로 부정적으로 평가하면 야당에 투표를 한다는 이론이다. 다시 말해 유권자가 선거를 정권여당에 대한 평가를 내리는 기회로 삼아 정권여당의 정책 결과, 즉 업적을 평가기준으로 하여 유권자가 투표방향을 결정한다는 것이다.

업적평가투표의 유형에는 두 가지가 있다. 우선 거시적인 연구로 집합자료(aggregate data)를 이용해 경제상황과 선거결과 또는 지지율과의 관계에 대해 검증하는 유형이 있다. 크레이머(Kramer, 1971)와 터프티(Tufte, 1978; タフティ, 1980)의 연구가 대표적인 연구로, 거시경제변수의 개선이 정권여당의 득표에 유리하게 기여한다는 것을 밝힌 바 있다. 일본을 대상으로 한 연구로는 후쿠치·야스(福地·康, 1981), 이노구치(猪口, 1983), 스즈키(鈴木, 1996) 등이 있으며, 세 연구 모두 여당인 자민당의 득표율을 거시경제변수로 설명하고 양 변수의 관계를 증명하였다.

또 하나의 유형은 미시적인 연구로 설문자료를 이용해 경제상황과 개별적인 유권자의 투표행태 또는 정당지지와의 관계에 대해 분석하는 것이다. 이러한 연구에서는 경제상황을 공간 축에 따라 국가의 경제상황, 주위의 경제상황, 자신의 경제상황으로 나누기도 하고, 시간 축에 따라 과거의 경제상황, 현재의 경제상황, 미래의 경제상황으로 나누기도 한다. 이러한 분류에 의해 투표행태에 영향을 미치는 경제상황이 국가의 경제상황인지 아니면 유권자 개인의 경제상황인지에 따라 사회지향적(sociotrophic) 투표인가 개인지향적(pocket book) 투표인가, 혹은 과거의 경제상황 또는 미래의 경제상황인지에 따라 과거지향적(retrospective) 투표인지 미래지향적(prospective) 투표인지에 대한 논의가 전개되어왔다.

1998) 28-38쪽에 상세히 나와 있다.

대표적인 연구로는 미국을 대상으로 한 킨더와 키위트(Kinder and Kiewiet, 1981)와 유럽을 비교한 루이스벡(Lewis-Beck, 1986)이 있다. 두 연구 모두 개인지향적 투표보다 사회지향적 투표가 행해짐을 밝혀냈다. 일본을 대상으로 한 연구로는 다음의 대표적인 연구를 들 수 있다. 고바야시(小林, 1991)는 경제상황, 사회·생활의식, 정당지지라는 세 변수간의 관련성을 검증했고, 소가와(十川, 1993)는 자민당의 지지율에 미치는 객관적 경제상황 및 주관적 경제상황의 영향에 관해 호황기·불황기라는 시대구분을 통해 검증했다. 히라노(平野, 1993)는 정부에 대한 업적평가 및 주관적 경제상황이 투표행태에 미치는 영향에 관해 검증했으며, 니시자와(西沢, 2001)는 객관적 경제상황이 주관적 경제상황을 매개로 하여 자민당의 지지율을 규정한다는 것을 시계열적으로 검증했다. 또한 쓰쓰미(堤, 1997)는 55년체제 말기부터 연립정권기 초기에 걸쳐 업적평가투표에 관한 분석을 실시했다. 총괄적으로 보면 일본에는 사회지향적 투표보다 개인지향적 투표가 행해지는 듯하다.

Ⅱ 가설

앞서 서술했듯이 유권자는 경제 업적만으로 여당이나 내각에 대한 지지 여부를 판단한다고 보기 어렵다. 때에 따라 정책쟁점에 대한 정부의 대응에 있어서도 지지 동향이 변화한다고 보는 것이 자연스러울 것이다. 여기서 유권자가 어떤 문제를 중요하게 생각하는지에 관해 알아보고자 한다(그림 6-1).[5]

---

5) 사용한 자료는 21COE-CCC가 2004년도에 실시한 '사회의식에 관한 여론조사' 결과이며, 게이오(慶應義塾)대학 21COE-CCC '다문화 세계 속의 시민의식의 동태' 시민의식 데이터 아카이브

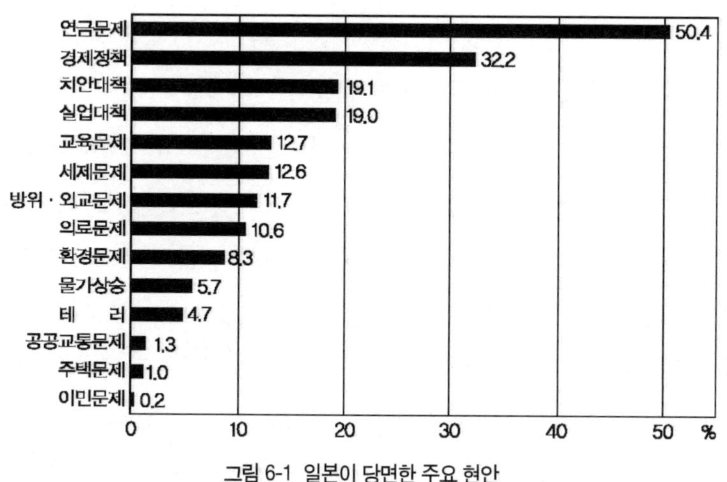

그림 6-1 일본이 당면한 주요 현안

우선 유권자가 중요하게 생각하는 문제 가운데 가장 많은 대답은 연금문제(50.4%)였고, 다음으로 경제정세(32.2%), 치안대책(19.1%), 실업대책(19.0%) 등의 순이었다.[6] 유권자가 가장 중요하다고 생각하는 문제는 경제정책이 아닌 연금이라는 복지 문제였다. 경제정책의 일부인 세제문제나 물가상승을 꼽은 유권자도 그다지 많지 않았다. 이로부터 유권자가 경제 문제를 반드시 최우선시한다고 간주할 수 없음을 알 수 있었다.

정부가 맡고 있는 일은 경제정책에 한정되지 않는다. 정책영역은 복잡다단하게 얽혀 있어, 유권자의식에서도 반드시 경제정책만 중시한다고는 볼 수 없을 것이다. 하지만 유권자에 의한 업적평가가 정권여당의 경제정책 및 그 결과로서의 경제상황에 의해 행해진다는 것을 전제로 수많은 연구

(archive)로부터 제공을 받은 것이다. 조사 개요는 다음과 같다.

조사지역: 전국　　　　　　　　　조사대상: 20세 이상 남녀
표본 수: 3,000명　　　　　　　　회답자 수: 1,751명(회답률 58.4%)
추출방법: 층화 2단 무작위 추출법　조사방법: 개별 면접 청취법
조사시기: 2004년 8월 21일~9월 7일

6) "현재, 우리나라가 직면하고 있는 문제 중에 가장 중요하다고 생각하는 것은 무엇입니까"라는 질문에 대한 응답으로, 2가지의 복수응답이다.

가 행해졌다. 하지만 필자는 유권자가 생각하는 정부의 업적이 경제에만 귀착된다고 전제하는 것이 과연 타당한 것일까 하는 의문이 든다.

또한 거시적인 연구는 집합자료를 이용한 것으로 경제상황에는 실업률이나 물가, 가처분소득이라는 객관적인 지표가 변수로 편성되어 있다. 한편 미시적인 연구에서는 설문자료를 이용하기 때문에 경제상황이 주관적으로 측정된다. 양자 모두 경제상황에 관한 자료이지만 그 의미가 서로 다르기 때문에 명확히 구별할 필요가 있다. 업적평가투표에 관해 거시적인 연구와 미시적인 연구를 결합시킨 연구가 없는 것은 아니지만, 대부분이 모델을 단순화시켜 객관적인 경제상황과 주관적 경제상황 및 투표행태의 3자간 관계를 검토한 것으로, 투표행태의 규정요인에 관한 상호관계까지 살핀 연구는 거의 없다.

따라서 본 장에서는 다음의 가설을 설정하고 유권자의 평가를 통해서 투표가 무엇에 의해 행해지는지를 밝히고자 한다. 기존의 업적평가투표 연구에서 주목받아온 경제상황, 구체적으로는 객관적 경제상황 및 주관적 경제상황, 그리고 국정선거에서의 정치과제로 제기된 정책쟁점에 대한 평가를 통해 업적평가투표에 관해 검토해가기로 한다.

가설 : 업적평가투표는 경제에 대한 의식보다 각 선거 때에 제시된 정책에 대한 평가에 의해 행해진다.

Ⅲ 검증

1. 분석 대상

본 장에서는 1996년 10월 20일 투표가 실시된 제41회 중의원총선거를 분석 대상으로 한다. 사용하는 자료는 JESⅡ 자료7)이다. 샘플로 사용한 것은 JESⅡ 제6파(波)(1996년 중의원선거 전 조사)와 JESⅡ 제7파(1996년 중의원선거 후 조사)의 두 조사에서 응답한 유권자 1,862명이다.

먼저 정권여당의 업적평가로 JESⅡ의 의식조사 설문에 있는 하시모토 내각에 관한 전체 평가와 5개의 개별쟁점[행정개혁·규제완화, 경제, 안보·오키나와 문제, 주택금융전문회사(이하 주전)처리, 정치개혁]에 관한 실적을 조사한 것을 이용한다.8)

또한 업적을 나타내는 경제지표로서 객관적 경제상황에 관해서는, 거시경제변수로 유권자가 거주하는 도도부현(都道府縣)의 1인당 도도부현 세수입을, 재정지출로는 유권자가 거주하는 시정촌(市町村)의 1인당 재정이전액9)을 사용한다. 여기에서 거시경제변수로 도도부현의 세수입을 채택하는 것은, 유권자를 둘러싼 경제상황을 고려할 때, 주위의 경제활동이 활성화되어 있으면 고용이 확보되어 소득도 보장될 것이라는 가정에 기초한다. 즉, 그러한 경제활동을 나타내는 지표로서 기업활동의 활성화를 염두에 두고, 그 결과로 법인사업세가 증가할 것으로 간주해, 법인사업세가 포함되는 도도부현세를 거시경제변수로 사용하기로 한다. 재정지출

---

7) 1993~1997년도 문부성 과학연구비 특별추진연구[연구대표: 가바시마 이쿠오(蒲島郁夫) 도쿄대학 교수]인 "투표행동의 전국적·시계열적 조사연구"에 기초한 'JESⅡ 연구 프로젝트'에 의한 의식조사 자료. 질문항목 및 선택지 등에 대해서는 蒲島·三宅·綿貫·小林·池田(1998)를 참조.

8) "당신은 하시모토(橋本) 내각의 지금까지의 실적에 대해 어떻게 생각하십니까?", "행정개혁과 규제완화는 어떻게 생각하십니까?", "경기대책 등의 경제 면에서는 어떻게 생각하십니까?", "안보와 오키나와 문제는 어떻게 생각하십니까?", "주택금융전문회사(주택전문)의 처리는 어떻습니까?", "정치개혁은 어떻습니까?" 등의 질문에 대한 응답으로, '매우 좋다'를 5, '그럭저럭 좋다'를 4, '보통이다'를 3, '그다지 좋지 않다'를 2, '전혀 좋지 않다'를 1로 하고 있다.

9) 보통교부세, 특별교부세, 국고지출금 및 도도부현 지출금의 합계이다. 이 변수와 함께, 이른바 보조금인 국고지출금만을 변수로 한 분석도 하였지만, 재정이전액과 똑같은 결과가 나왔다. 이는 지방재원의 부족분을 보충하는 보통교부세가 보정계수에 의해서 보조금화하고 있는 것이 그 요인으로 생각할 수 있을 것이다.

표 6-1 하시모토 내각의 업적평가

(단위 %)

	전체	행정개혁 규제완화	경제	안보·오키나와 문제	주전처리	정치개혁
아주 잘했다	1.6	0.7	0.4	1.5	0.1	0.4
잘했다	26.4	11.3	8.3	24.1	4.9	5.4
보통이다	45.1	34.7	30.7	29.6	12.3	25.8
못했다	20.4	35.3	44.5	28.8	40.2	40.5
아주 못했다	3.9	7.5	11.9	6.2	35.7	16.9
DK·NA	2.7	10.5	4.2	9.8	6.7	11.0

로 재정이전액을 사용하는 것은, 지금까지의 보조금 배분에 관한 수많은 연구10)에서 밝혀온 것처럼, 득표를 위한 목적의 보조금 배분이 여당에 대한 유권자의 투표를 촉진하는 것으로 상정되어왔기 때문이다.

객관적인 경제상황에 관해서는 시간 축도 고려해, 본 장에서는 과거의 경제상황으로 도도부현 세수입 및 재정이전액의 1994년도 대비 1995년도 수치를 사용하고, 현재의 경제상황으로는 마찬가지로 1995년도 대비 1996년도 수치를 사용하기로 한다.

아울러 주관적인 경제상황의 지표로는 JES II 의 의식조사결과를 사용한다. 국가의 경제상황에 관해서는 과거의 경제상황을 '경기향상감'11)으로, 현재의 경제상황을 '경기인식도'12)로, 미래의 경제상황을 '미래경기관'13)으로 하고, 유권자 자신의 경제상황에 관해서는 과거의 경제상황을

---

10) 일본의 보조금 배분에 관한 연구에 대해서는 오오와다(大和田, 2003), 243-247쪽을 보라.

11) "지금의 경기는 1년 전과 비교하면 어떨까요"라는 질문의 응답으로, '꽤 좋아졌다'를 5, '조금 좋아졌다'를 4, '변하지 않았다'를 3, '조금 나빠졌다'를 2, '상당히 나빠졌다'를 1로 하고 있다.

12) "지금 일본의 경기는 어떤 상태라고 생각합니까"라는 질문의 응답으로, '매우 좋다'를 5, '약간 좋다'를 4, '좋지도 나쁘지도 않다'를 3, '약간 나쁘다'를 2, '매우 나쁘다'를 1로 하고 있다.

13) "앞으로 일본의 경기는, 어떻게 될 것이라 생각하십니까?"라는 질문의 응답으로, '상당히 좋아질 것이다'를 5, '조금 좋아질 것이다'를 4, '변함없을 것이다'를 3, '조금 나빠질 것이다'를 2, '상당히 나빠질 것이다'를 1로 하고 있다.

표 6-2 하시모토 내각의 지지정당별 업적평가(전체)

	여당지지	야당지지	지지정당 없음
아주 잘했다	2.5	0.7	0.6
잘했다	35.4	21.0	14.3
보통이다	45.4	38.6	50.4
못했다	13.5	28.2	26.3
아주 못했다	1.0	11.3	2.7
DK·NA	2.3	0.2	5.7

'생활향상감'[14]으로, 현재의 경제상황을 '생활만족도'[15]로, 미래의 경제 상황을 '미래생활관'[16]으로 다루기로 한다.

2. 분석

먼저 하시모토 내각에 대한 유권자의 평가부터 보기로 하자(표 6-1). 여기에서는 안보·오키나와 문제를 제외한 네 가지 쟁점에서 '못했다'가 가장 많아, 평가가 낮게 나타났다. 안보·오키나와 문제에서는 하시모토 내각이 겨우 합의를 이루어낸 후텐마(普天間)기지 전면반환 문제가 긍정 적으로 평가되어, '잘했다'라고 응답한 유권자가 다른 쟁점에서보다 많았 다. 전체 평가에서는 '보통이다'라고 답한 유권자가 45.1%로 가장 많았고,

---

14) "현재 당신 댁의 살림살이를 1년 전에 비하면 어떻습니까?"라는 질문의 응답으로, '상당히 좋아지 고 있다'를 5, '조금 낳아지고 있다'를 4, '변함이 없다'를 3, '조금 나빠지고 있다'를 2, '상당히 나빠지고 있다'를 1로 하고 있다.

15) "현재 당신 댁의 살림살이에 어느 정도 만족히 십니까?"라는 질문의 응답으로, '대단히 만족하고 있다'를 5, '그럭저럭 만족하고 있다'를 4, '만족도 불만도 아니다'를 3, '약간 불만'을 2, '지극히 불만'을 1로 하고 있다.

16) "향후 당신 댁의 살림살이는 어떨 것이라고 생각합니까?"라는 질문의 응답으로 '상당히 좋아질 것이라 생각한다'를 5, '약간 좋아질 것이라고 생각한다'를 4, '변함이 없을 것이라고 생각한다'를 3, '조금 나빠질 것이라고 생각한다'를 2, '상당히 나빠질 것이라고 생각한다'를 1로 하고 있다.

다음으로 '잘했다'가 26.4%로 개별쟁점에 대한 평가는 낮았지만 전체 평가에서는 좋은 평가를 얻었다.

다음으로 지지정당별 하시모토 내각에 대한 업적평가에 관해 살펴보자(표 6-2). 여당[17]지지, 야당지지, 지지정당 없음의 각각에서 최빈치는 '보통이다'였으나 전체적인 분포에서는 차이가 보인다. 여당지지에서는 '아주 잘했다'와 '잘했다'의 응답이 37.9%였고 '못했다'와 '아주 못했다'가 14.5%였다. 하지만 야당지지에서는 전자가 21.7%이고 후자가 39.5%로 평가가 역전되었다. 한편 지지정당 없음에서는 평가가 '보통이다'에 몰려 있었지만 부정적인 평가를 내린 유권자 쪽이 많아, 분포로는 야당지지 유권자들과 비슷한 양상을 보였다.

아울러 업적평가와 투표행태 간의 관계에 대해 보기로 하자. 우선 하시모토 내각에 대해 동일한 평가를 내린 유권자들이 어느 정도의 비율로 여당 또는 야당에 투표했는가, 기권했는가에 관해 살펴보았다(표 6-3).

유권자 전체에서는 여당에 투표한 유권자 가운데 '아주 잘했다'라고 응답한 비율이 가장 높고 '아주 못했다'라고 답한 비율이 가장 낮아, 명확한 대비를 보였다. 야당에 투표한 유권자는 반대로 '아주 못했다'라고 답한 비율이 가장 높았고 '아주 잘했다'고 답한 비율이 가장 낮아, 이 역시 명확한 관계를 나타냈다. 이러한 결과로부터 내각을 높이 평가한 유권자는 여당에 투표하고, 낮게 평가한 유권자는 야당에 투표한다고 말할 수도 있을 것이다. 기권한 유권자 가운데에는 '못했다'로 답한 비율이 높았지만 여당 또는 야당에 투표한 유권자와 비교하면 명확한 관련성은 나타나지 않는다.

이렇게 명확한 관련성이 보인다 해도, 응답자 전체의 비율만으로는

---

17) 당시의 하시모토 내각은 자유민주당, 사회민주당 및 신당 사키가케(さきがけ) 등 3당의 연립정권이기 때문에 이 장에서 여당이란 세 정당을 칭한다.

표 6-3 하시모토 내각의 투표정당별 업적평가(전체)

(단위: %)

	여당투표	야당투표	기권
아주 잘했다	79.3	17.2	3.4
잘했다	52.8	34.1	13.0
보통이다	39.4	41.1	19.5
못했다	21.4	54.1	24.5
아주 못했다	8.3	75.0	16.7

그러한 관계가 업적평가에 의한 것인지 판단하기 어렵다. 왜냐하면 투표행태가 정당지지에 의해 규정되는 경우, 여당을 지지하기 때문에 내각을 높이 평가하거나 야당을 지지하기 때문에 내각을 낮게 평가한 결과, 표면적으로만 업적평가와 투표행태 간의 상관관계가 나타날 수 있기 때문이다. 따라서 여기서는 응답자를 지지정당에 따라 분류한 후 업적평가와 투표행태 간의 관련성을 보기로 한다(표 6-4).

표 6-4 하시모토 내각의 지지정당·투표정당별 업적평가(전체)

(단위: %)

	여당지지			야당지지			지지정당 없음		
	여당투표	야당투표	기권	여당투표	야당투표	기권	여당투표	야당투표	기권
아주 잘했다	87.0	8.7	4.3	66.7	33.3	0.0	33.3	66.7	0.0
잘했다	69.6	21.3	9.1	11.8	79.6	8.6	28.6	34.3	37.1
보통이다	63.0	26.5	10.4	16.4	73.7	9.9	15.0	43.3	41.7
못했다	50.4	33.6	16.0	3.2	87.2	9.6	10.9	41.9	47.3
아주 못했다	33.3	22.2	44.4	2.0	92.0	6.0	15.4	46.2	38.5

먼저 여당지지자에 관해 보면, 하시모토 내각의 업적을 긍정적으로 평가한 유권자일수록 여당에 투표하고 여당지지자라 하더라도 야당에 투표한 유권자일수록 내각에 대한 평가가 낮은 것으로 드러났다. 동시에 내각에 부정적인 평가를 내린 여당지지자일수록 기권을 택했음을 알 수 있었다. 야당지지자의 경우, 여당지지자와 비교해 지지하지 않는 쪽에 투표하

는 비율이 낮았다. 하지만 내각을 높이 평가한 유권자일수록 여당에 투표하고 낮게 평가하는 유권자일수록 야당에 투표하는 것은 확실하다. 또한 내각에 대한 평가와 기권 선택 간에는 관련이 없어 보인다. 더욱이 지지정당이 없는 층은 전반적으로 야당에 투표한 비율과 기권을 택한 비율이 비슷하게 높았으나, 여당에 투표한 유권자는 내각을 긍정적으로 평가하고 야당에 투표한 유권자는 내각을 부정적으로 평가하고 있다고 말할 수 있다.

지금까지 내각에 대한 전반적인 평가에 관해 살펴보았다. 앞으로는 업적평가투표에 관한 연구에서 일반적으로 '업적'으로 간주되어온 유권자의 주관적 경제상황에 관해 살펴보기로 하자(표 6-5).

표 6-5 경제상황평가

(단위: %)

	경기향상감	경기인식도	미래경기관	생활향상감	생활만족도	미래생활관
아주 좋다	0.4	0.5	0.5	0.5	3.8	0.4
좋다	19.1	7.3	28.0	6.8	49.2	12.3
보통이다	55.5	22.1	38.2	72.7	27.9	59.8
나쁘다	16.5	49.0	17.7	16.7	15.1	19.3
아주 나쁘다	5.6	17.9	4.7	3.0	3.7	3.7
DK·NA	2.8	3.1	11.0	0.3	0.3	4.6

우선 국가의 경제상황에 대한 '경기향상감'에 관해서는 과반수의 유권자가 '보통이다'라고 답했지만, '경기인식도' 질문에서는 거의 반수가 '나쁘다'라고 답했다. 이에 반해 '미래경기관'에서는 '보통이다' 또는 '좋다'라고 답한 유권자의 비율이 높은 것을 알 수 있다.

한편 유권자 자신의 경제상황과 관련된 '생활향상감'은 70% 이상이 '보통이다'라고 답했다. '생활만족도'에서는 약 절반 정도가 '좋다'라고 응답했고 '미래생활관'에서는 약 60%의 유권자가 '보통이다'라고 답했다.

이러한 결과로부터, 대부분의 유권자가 국가의 경제상황에 관해서는 현재 상황에 불만을 가지면서도 미래에 대해 기대하고 있는 한편, 유권자 자신의 경제상황과 관련해서는 현재 상황에 어느 정도 만족하고 있으며 미래에도 변화하지 않을 것이라고 생각하고 있음을 알 수 있었다. 즉, 유권자가 처한 주관적 경제상황에서는 국가의 경제상황에 대한 평가와 유권자 자신의 경제상황에 대한 평가가 전혀 다르게 나타나고 있음을 알 수 있다.

이를 지지정당별로, 즉 여당지지, 야당지지, 또는 지지정당 없음에 따라 나누어 살펴보면(표 6-6), 국가의 경제상황에 대한 평가뿐 아니라 유권자 자신의 경제상황에 대한 평가에도 차이가 있음을 알 수 있다. 따라서 유권자의 주관적 경제상황과 지지정당 간에는 관련이 없다고 할 수 있다.

표 6-6 지지정당별 경제상황평가

	경기향상강			경기인식도			미래경기관		
	여당지지	야당지지	지지정당 없음	여당지지	야당지지	지지정당 없음	여당지지	야당지지	지지정당 없음
아주 좋다	0.1	0.9	0.4	0.2	1.1	0.4	0.6	0.7	0.2
좋다	21.4	19.0	14.7	9.1	6.5	4.5	30.7	30.5	20.6
보통이다	21.4	55.5	59.8	24.1	17.8	22.2	35.4	36.1	45.3
나쁘다	53.3	19.0	15.7	46.2	53.5	50.4	17.7	20.5	15.1
아주 나쁘다	15.8	5.0	5.7	16.6	20.1	16.6	3.4	6.5	5.3
DK·NA	5.9	0.7	3.7	3.8	0.9	3.9	12.2	5.6	13.5

	생활향상감			생활만족도			미래생활관		
	여당지지	야당지지	지지정당 없음	여당지지	야당지지	지지정당 없음	여당지지	야당지지	지지정당 없음
아주 좋다	0.4	1.4	0.0	3.3	3.4	4.9	0.3	0.5	0.4
좋다	7.3	6.3	6.3	52.1	49.2	43.9	14.5	11.1	9.2
보통이다	72.7	71.8	73.5	28.6	25.7	28.6	59.7	59.4	60.4
나쁘다	16.7	18.1	15.5	13.6	16.9	16.5	17.7	23.3	18.8
아주 나쁘다	2.6	2.5	4.1	2.4	4.5	5.3	2.6	3.8	5.5
DK·NA	0.3	0.0	0.6	0.0	0.2	0.8	5.2	2.0	5.7

다음은 투표정당별로 본 경우이다(표 6-7). 국가에 관해서도 유권자 자신에 관해서도 과거·현재·미래 모든 시간 축에서 경제상황에 대한 평가가 높을수록 여당에 투표하고 반대로 낮을수록 야당에 투표하는 관계가 보인다. 따라서 유권자의 주관적인 경제상황과 투표방향 간에는 관련이 있다고 말할 수 있다.

표 6-7 투표정당별 경제상황평가

(단위 %)

	경기향상강			경기인식도			미래경기관		
	여당투표	야당투표	기권	여당투표	야당투표	기권	여당투표	야당투표	기권
아주 좋다	28.6	42.9	28.6	22.2	77.8	0.0	40.0	20.0	40.0
좋다	41.1	43.1	15.8	43.4	37.5	19.1	45.3	40.1	14.6
보통이다	38.7	41.1	20.2	45.4	37.6	17.0	36.1	42.9	21.0
나쁘다	33.4	49.0	17.5	34.9	45.7	19.4	30.1	49.5	20.4
아주 나쁘다	37.1	41.0	21.9	34.4	44.0	21.6	29.9	52.9	17.2

	생활향상감			생활만족도			미래생활관		
	여당투표	야당투표	기권	여당투표	야당투표	기권	여당투표	야당투표	기권
아주 좋다	40.0	40.0	20.0	41.4	37.1	21.4	28.6	57.1	14.3
좋다	44.1	40.2	15.7	42.6	41.3	16.0	47.6	34.5	17.9
보통이다	40.4	41.8	17.9	36.5	41.5	21.9	38.7	42.6	18.7
나쁘다	30.2	45.0	24.8	39.1	47.5	20.6	33.7	47.6	18.7
아주 나쁘다	27.3	50.9	21.8	25.0	50.0	25.0	20.6	51.5	27.9

지금까지 단순집계한 결과로부터 업적평가와 정당지지 및 투표방향에 관해 살펴보았다. 다음에는 넓은 의미의 업적평가와 유권자가 처한 주관적 경제상황으로서의 업적평가가 어느 정도 여당투표에 영향을 미치는지, 또한 그 둘 중 어느 쪽의 영향력이 강한지 검증해보기로 한다.

우선 객관적 경제상황, 주관적 경제상황, 내각업적평가가 각각 투표방향에 관해 영향을 미치고 있는가를 확인하기 위해 비례구에서 여당에 투표한 경우18)를 피설명변수로 하는 2항 로지스틱 회귀분석을 이용하기로 하

자. 설명변수는 각각의 모델에 따라 다음과 같다. 먼저 객관적 경제상황을 설명변수로 하는 모델Ⅰ에서는 과거·현재의 거시경제변수와 과거·현재의 재정지출을 이용한다. 주관적 경제상황을 설명변수로 하는 모델Ⅱ에서는 국가의 경제상황을 나타내는 경기향상감, 생활만족도, 미래생활관을 이용한다. 또한 내각업적평가를 설명변수로 하는 모델Ⅲ에서는 하시모토 내각의 개별정책에 대한 다섯 가지 업적평가를 사용하고 모델Ⅳ에서는 모델Ⅰ·Ⅱ·Ⅲ에서 투입한 객관적 경제상황, 주관적 경제상황, 내각업적평가에 관한 15개의 설명변수 모두를 이용하기로 한다.

그 결과를 보면 다음과 같다(표 6-8). 모델Ⅰ과 모델Ⅱ의 설명력이 너무 낮아 객관적인 경제상황과 주관적인 경제상황은 투표행태에 직접적으로는 거의 영향을 미치지 않은 것으로 보인다. 모델Ⅱ에서 미래경기관이 미미하지만 앞으로 국가의 경제가 밝아질 것으로 예상하는 유권자일수록 여당에 투표하는 경향이 있는 것으로 나타났다.

또한 내각업적평가를 설명변수로 한 모델Ⅲ의 설명력은 모델Ⅰ·Ⅱ와 비교해 현저히 높아, 정책에 대한 유권자의 평가가 투표행태와 연결되어 있다는 점도 알 수 있다. 주전(住專)처리를 제외하고 정치개혁, 규제완화·행정개혁, 경제, 안보·오키나와 문제의 각각의 정책에서 계수의 부호가 플러스(+)의 방향이고 또한 통계적으로 유의미해, 하시모토 내각 각각의 정책을 높게 평가한 유권자일수록 여당에 투표한다고 말할 수 있다.

더욱이 모든 설명변수를 투입한 모델Ⅳ에서는 설명력은 모델Ⅲ 정도였고, 주선처리를 제외한 규제완화·행정개혁, 안보·오키나와 문제, 정치개혁 및 경제에서 계수의 부호가 플러스 방향이었으며 통계적으로 유의미

---

18) 여당에 대한 투표를 1, 야당에 대한 투표를 0으로 하는 더미(dummy) 변수이다.

표 6-8 여당투표의 규정요인

			모델 I	모델 II	모델 III	모델 IV
객관적 경제상황	거시경제	과거	3.498	-	-	1.139
		현재	-2.621	-	-	-3.171
	재정지출	과거	-.216	-	-	.111
		현재	-.276	-	-	-.210
주관적 경제상황	경기향상감		-	-.046	-	-.052
	경기인식도		-	.104	-	-.011
	미래경기관		-	.104*	-	.147
	생활향상감		-	.185	-	-.168
	생활만족도		-	.102	-	.090
	미래생활관		-	.120	-	.035
내각 업적평가	규제완화·행정개혁		-	-	.266***	.298***
	경제		-	-	.220*	.189*
	안보·오키나와문제		-	-	.172*	.205**
	주전처리		-	-	-.039	-.061
	정치개혁		-	-	.294***	.240*
정수			-.383	-1.144***	-2.479***	-.441
모델적합도	Nagelkerke R^2		.007	.019	.108	.116

*** : $0 \leq p \langle 0.001$, ** : $0.001 \leq p \langle 0.01$, * : $0.01 \leq p \langle 0.05$

했다. 따라서 모델 IV에서도 모델 III과 같은 해석이 성립된다.

이러한 분석으로부터 밝혀진 것은 유권자의 업적평가에 관해 객관 또는 주관에 상관없이 경제에 대한 인식이 유권자의 투표행태에 그다지 영향을 미치지 않는다는 것이다. 또한 업적평가 그 자체에 관해서도 경제정책뿐만 아니라 각 선거에서 쟁점이 되는 다양한 정책에 대한 평가가 유권자의 투표행태에 영향을 미친다고 지적할 수 있다.

지금까지 유권자의 투표방향 결정에 영향을 미칠 것으로 생각되는 내각의 업적평가와 관련된 변수들에 관해 검토해보았다. 마지막으로 여당투표에 영향을 미치는 변수들간의 관계를 종합해 투표방향의 결정요인을 밝히기 위한 공분산구조분석을 실시하고자 한다. 최종적인 피설명변수는 앞서 실시한 2항 로지스틱 회귀분석과 마찬가지로 여당투표이고, 설명변수는 지금까지 분석에서 사용한 객관적인 경제상황, 주관적인 경제상황,

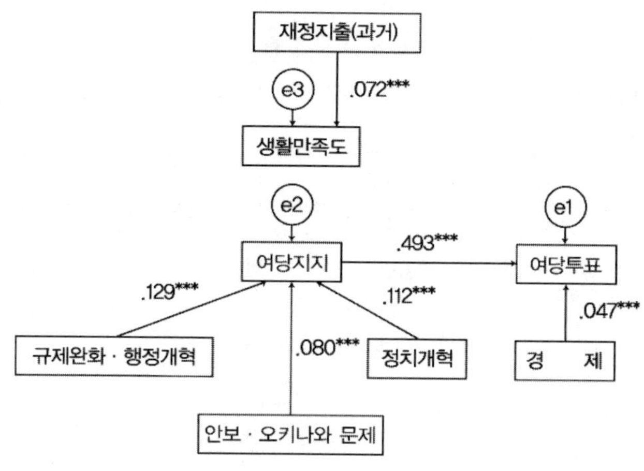

그림 6-2 여당에 대한 투표행태의 업적평가투표 모델

내각업적평가와 함께 투표행태에 큰 영향을 미치는 정당지지[19] 변수를 이용하기로 한다.

분석 결과를 보면(그림 6-2), 투표행태를 최종적으로 규정하는 것은 지지정당이었으며, 주관적인 경제상황보다는 오히려 개별적인 정책쟁점에 대한 업적평가가 투표에 영향을 미쳤다. 구체적으로 말하면 투표행태에 직접적으로 영향을 미치는 것은 경제정책에 대한 평가였고, 하시모토 내각의 경제정책을 긍정적으로 평가하는 유권자일수록 여당에 투표한다고 할 수 있다. 또한 규제완화 · 행정개혁, 정치개혁, 안보 · 오키나와 문제도 지지정당에 대해 영향을 미쳤다. 이는 각각의 정책을 평가할수록 여당을 지지한다고 볼 수 있다

주관적 경제상황, 즉 유권자가 처한 주관적 경제상황에 대한 평가는

---

19) 여당에 대한 투표를 1, 야당에 대한 투표를 0으로 하는 더미(dummy) 변수이다.

재정지출이라는 객관적 경제상황의 영향을 받으면서도 지지정당 또는 투표행태에 대해 유의미한 영향을 보이지 않는다. 구체적으로 말하면 주관적 경제상황인 생활만족도는 객관적 경제상황인 과거의 재정이전에 영향을 받아, 과거의 재정이전이 증가한 지역에 거주하는 유권자일수록 유권자 자신의 생활에 대한 만족도가 높다고 할 수 있다.

Ⅳ 결론

본 장의 목적은 일본의 업적평가투표가 단순히 경제상황에 대한 평가에 따라서만 행해지는 것이 아니라, 그보다 오히려 개별정책쟁점에 대한 평가에 의해 행해지고 있음을 밝히는 것이다.

지금까지 업적평가투표에 관한 연구에서는 '업적 = 경제상황에 대한 평가'로 간주되어왔다. 하지만 유권자는 경제정책을 포함해 다양한 정책쟁점에 대해서도 평가를 내리고, 그것이 투표행태를 규정한다는 점이 밝혀졌다. 유권자의 투표향방에 영향을 미치는 것은 경제상황에 대한 평가라기보다는 오히려 각 선거의 쟁점이 되는 정책에 대한 평가였으며, 유권자의 경제상황에 대한 주관적 평가에 따른 영향은 제한적이었다.

또한 본 장에서는 지금까지 업적평가투표연구에서 전혀 별개로 행해져온 집합자료를 이용한 거시적 분석과 설문자료를 이용한 미시적 분석의 융합을 시도하였다. 유권자의 경제상황은 어디까지나 주관적이고 실제로 객관적인 경제상황과는 전혀 다른 개념이기 때문에 각각의 경제상황을 명확하게 구분해 동일한 분석틀로 검토함으로써, 각 경제상황간의 관계와 투표방향에 대한 영향을 밝힐 수 있었다. 분석에서 객관적 경제상황이 주관적 경제상황에 영향이 있음이 검증되었으나, 앞서 서술했듯이 객관적 경제상황, 주관적 경제상황, 내각업적평가의 투표행태에 대한 영향을 하나의 모델에서 종합해보면, 객관적 경제상황과 주관적 경제상황은 투표행태를 직접적으로 규정하는 요인이 아니라는 것을 알 수 있다.

다시 말해 일본의 업적평가투표는 경제상황에 따라 직접적으로 행해지는 것이 아니라, 오히려 각 선거에서의 개별정책쟁점에 대한 평가에 따라 이루어지고 있다고 말할 수 있다.

글을 마치며

마지막으로 앞으로의 과제에 대해 논의하고자 한다.

본 장에서는 1996년에 실시된 제41회 중의원총선거만을 대상으로 분석하였다. 투표행태 연구에 항상 맞닥뜨리는 문제로, 검증된 결과가 분석대상으로 한 선거만의 독특한 현상인지, 아니면 해당 선거에 한정되지 않는 보편적인 것인지에 대한 문제가 있다. 본 장의 결과 역시, 그 문제를 피해갈 수 없다. 따라서 본 장에서 행한 분석을 다른 국정선거에서도 동일하게 실시해 똑같은 결론이 얻어지는가에 대해 검토할 필요가 있을 것이다.

구체적으로 말하면 동일한 분석틀을 이용해 시계열적인 검증을 시도해야 한다는 것이다. 본 장에서 거론한 세 가지 변수인 객관적 경제상황, 주관적 경제상황, 내각업적평가는 늘 일정한 것이 아니라 각각의 시대 상황과 배경에 따라 다를 것이다. 예를 들어 호경기일 때는 경제정책이 그다지 중요하게 인식되지 않겠지만, 불황일 때는 경제정책이 가장 중요한 정책과제로 제기될 가능성이 높다. 이를 감안할 때 유권자가 행하는 내각의 업적평가에 대한 경제상황의 영향도 때에 따라 변화한다고 생각된다.

참고문헌

猪口孝(1983),「現代日本政治経済の構図』, 東洋経済新報社.

大和田宗典(2003),「補助金配分における国政選挙の影響に関する分析」,『法学政治学論究』58号, 241-267頁.

大和田宗典(2004),「国政選挙における業績評価投票に関する実証分析」,『日本政治研究』1巻2号, 26-41頁.

蒲島郁夫・三宅一郎・綿貫譲治・小林良彰・池田謙一(1998),「変動する日本人の選挙行動 ⑥JESII コードブック』, 木鐸社.

小林良彰(1991),『現代日本の選挙』, 東京大学出版会.

小林良彰(2000),『選挙・投票行動』, 東京大学出版会.

鈴木基史(1996),「日本とアメリカ合衆国における国政選挙のマクロ分析」,『選挙研究』No.11, 3-22頁.

十川宏二(1993),「現代日本における経済状況と政党支持」,『レヴアイアサン』No.12, 173-186頁.

堤英敬(1997),「業績評価と投票行動・政治意識」, 小林良彰,『変動する日本人の選挙行動③ 日本人の投票行動と政治意識』, 木鐸社, 第4章.

西澤由隆(2001),「自民党支持と経済業績評価」, 三宅一郎・西澤由隆・河野勝,『55年体制下の政治と経済 — 時事世論調査データの分析 —』, 木鐸社, 第7章.

平野浩(1993),「日本の投票行動における業績評価の役割」,『レヴァイアサン』No.13, 147-167頁.

平野法(1994),「政治的評価と経済的評価自民党支持・内閣支持・投票行動を規定するもの」,『選挙研究』No.9, 93-104頁.

平野浩(1998),「選挙研究における‘業績評価・経済評価’の現状と課題」,『選挙研究』13号, 28-38頁.

福地崇生・康晢(1981),「投票行動の計景経済学的分析 — 高度成長期における自民党支持率低下の分析」,『季刊理論経済学』32巻, 29-44頁.

Kinder, Donald R. and Roderick D. Kiewiet(1981), "Sociotropic Politics: The American Case," *British Journal of Political Science*, 11, pp.129-161.

Kramer, Gerald H.(1971), "Short-Term Fluctuations in U.S. Voting Behavior, 1896-1964," *American Political Science Review*, 65, pp.31-143.

Lewis-Beck, Michael S.(1986), "Germany, Italy," *American Journal of Political Science*, 30, pp.315-346.

Tufte, Edward R.(1978), *Political Control of the Economy*, New Jersey: Princeton University Press(タフティ, エドワード(中村隆英監訳)『選挙と経済政策 — 経済の政治的コントロール—』, 有恒書院, 1980年).

7장

일본 선거에서의 코트 테일 효과와 유권자의식[1]

모리 다다시(森 正)

시작하며

과거, 일본의 선거를 되돌아보면, '정치 붐'이라고 불리는 현상이 신자유클럽 붐(1976년 중의원선거), 사회당·도이(土井) 당수의 붐(1989년 참의원·1990년 중의원선거), 신당의 붐(1993년 중의원선거) 등 몇 차례 불어온 적이 있다. 그 모두가 여당에 대한 유권자의 불만과 대체 정당의 존재와 관련되어 있으며, 야당에 대한 바람을 불러일으킨 정치적 붐이었다(리드, 1996). 이에 반해서 2001년 참의원선거에서 일어난 정치 붐은 고이즈미 수상의 인기와 내각에 대한 기대에 의해 만들어졌다는 점에서 그 성격이 예전의 정치적 붐과는 상이한 것이었다.

아사히신문의 조사에 의하면, 전임인 모리 수상 내각 말기(2001년 2월

---

[1] 본 논문은 「2001년 참의원선거의 분석·고이즈미 인기와 투표행동」 『정보사회정책연구』 제5권 1호(2002년)를 대폭적으로 가필·수정한 것이다.

실시)의 내각지지율은 9%로 매우 저조했지만, 고이즈미 정권 발족 직후의 조사(2001년 4월 27일)에서는 74%에 이를 만큼 약 8배나 급상승했다. 고이즈미 내각에 대한 지지에 편승해서 자민당 지지율도 전회 조사(4월 13·14일)의 21%에서 불과 2주 만에 32%로 급증했다(아사히신문, 2001년 5월 1일). 2001년 참의원선거에서는 자민당 후보의 대부분이 고이즈미와 단둘이 찍은 사진을 선거 포스터에 내세운 것을 통해 상징적으로 드러나듯이, 고이즈미 붐에 편승해서 득표나 의석을 늘일 수 있었다. 그러나 고이즈미 내각의 중간평가에 해당되는 2003년 중의원선거와 2004년 참의원선거에서는 현재의 의석 수를 유지하는 데 그쳤다. 이는 2001년 참의원선거에서 고이즈미 내각 및 자민당에 대한 지지가 안정적이고 구조적인 것이 아니라 그야말로 일시적인 붐이었다는 점을 말해준다.

정당지도자에 대한 인기와 유권자의 의식, 그리고 투표행동과의 관련을 설명하는 논의 중 하나로 코트 테일 효과(coat-tail effect)에 관한 이론이 있다. 코트 테일 효과란 미국의 대통령선거와 동시에 치러지는 연방의회 의원선거에서 대통령 후보의 인기에 편승해서 대통령과 동일한 정당의 후보자가 유리해지는 현상을 가리킨다. 역으로 중간선거에서는 이 편승 효과가 없기 때문에 대통령이 소속해 있는 정당과 동일한 정당의 후보자는 고전하기 십상이다. 이에 반해 경제투표이론에서는 중간선거를 대통령에 대한 업적평가의 기회로 파악하며, 정부·대통령의 경제정책 및 그 업적에 대한 평가와 투표행동과의 관련성에 주목하고 있다. [2]

미국의 코트 테일 효과를 일본의 정치적 상황에 그대로 적용할 수는 없겠지만, 의원내각제를 채택하고 있는 일본에서도 정당지도자의 이미지

---

2) 코트 테일 효과에 관한 일본어 논문에 관한 리뷰에 관해서는 가바시마·이마이(蒲島·今井, 2001), 이케다(池田, 2004)가 있으며, 업적평가투표, 경제투표에 관해서는 히라노(平野, 1998)가 있다.

및 정치의식과 투표행동과의 관계에 관해서는 아라키(荒木, 1983), 가와우토(川人, 1988), 히라노(平野, 1989), 가바시마(蒲島, 1998), 가바시마・이마이(蒲島・今井, 2001), 가바시마(蒲島, 2001), 이케다(池田, 2003)의 연구가 있다. 아라키 등은 1979년 중의원선거, 1980년 중의원・참의원 동시선거에서 오히라(大平) 수상, 아스카다(飛鳥田) 사회당 위원장의 이미지를 측정했다. 그 결과, 1979년 총선거에서는 두 지도자에 대한 이미지의 변화가 투표행동의 변화에 영향을 끼쳤다는 점을 밝혀냈다. 아라키 등의 연구를 계승한 가와우토는 1986년 중의원・참의원 동시선거에서 나카소네(中曽根) 수상의 이미지를 측정하여, 그의 이미지가 80년 동시선거의 오히라 수상이나 이시바시(石橋) 사회당 위원장과 비교할 때 유권자들의 투표에 미치는 영향력이 높았다는 점을 밝혔다. 단, 나카소네 수상의 이미지는 당파적으로 형성되었다고 한다.

가바시마・이마이는 2000년 총선거에 대한 분석을 통해 비례구 선거에서는 정당지지를 제어(control)하더라도 모리(森) 수상과 야당 당수에 대한 감정온도가 투표에 영향을 미치고 있다는 점을 밝혔다. 나아가 '당수평가의 모델'을 제시해서 수상의 비인기가 무당파층의 자민당 지지로부터의 이탈 및 자민당 지지층의 일탈에 영향을 미치기 때문에 그 영향이 매우 크다고 보았다. 가바시마는 동일한 틀을 이용하여 2001년 참의원선거에서 야당으로부터 자민당으로 투표의 방향을 전환시킨 요인으로서 고이즈미 수상에 대한 감정온도의 영향이 존재했다는 점을 밝히고 있다.

히라노는 텔레비전 정견방송이 후보자의 이미지에 미치는 영향에 관한 분석을 시도해, 후보자에 대한 이미지를 지각적・감각적 인상이나 평가, 개인적・정치적 자질에 대한 평가, 정치가로서의 입장・견식・수완을 나타내는 인식이나 평가와 같은 관점에서 7점 척도로 특정하여, 유권자에 의한 후보자 이미지의 구조를 추출하고 있다. 가바시마도 지민당 분열 이후의 정당이나 정치가에 대한 감정온도의 변화를 인자분석을 통해 분석하여, 정계재편이 유권자의 인지도에 반영되고 있다는 점을 밝히고 있다.

본 장에서는 고이즈미 붐이 2001년 참의원선거에서 유권자의 투표행동에 미친 영향을 고찰하고, 나아가 2003년 중의원선거와 2004년 참의원선거에서 고이즈미 붐이 진정되는 상황을 살펴보고자 한다. 이는 소위 고이즈미 수상의 생활 기호나 속마음 등이 어떻게 변화하고 있는가를 밝혀내는 시도라고 볼 수도 있을 것이다. 구체적으로는 아래의 다섯 가지에 초점을 맞춰 분석을 실시한다.

① 전국의 시정촌별 집계자료를 통해 고이즈미 붐이 자민당의 선거결과에 어떠한 영향을 미쳤는지 살펴본다. 2000년 중의원선거에서 고이즈미 붐까지, 그리고 2004년 참의원선거의 득표구조와 지역특성과의 관계에 대해 살펴본다.

② 득표율의 변동을 불러일으킨 요인에 관한 설문자료를 통해 고찰한다. 득표율의 변동은 정당지지율 그 자체의 변화, 정당지지와 투표정당과의 일치도의 변화, 무당파층의 투표동향 등 세 가지로 규정되지만, 특히 후자의 두 가지에 주목해서 2001년 참의원선거를 대상으로 고이즈미 붐의 효과를 밝힌다.

③ 2000년 중의원선거에서는 야당에 투표했지만 2001년 참의원선거에서는 자민당으로 투표방향을 바꾼 유권자, 즉 고이즈미 붐의 담당자에게 주목한다. 고이즈미가 지향하는 구조개혁의 방향성에 대한 쟁점태도, 내각지지, 기대하는 정권형태, 생활·사회의식 등을 설명변수로 투입한 로지트(Logit) 모델을 이용해서 전체적인 특징을 추출하고자 한다.

④ 한편, 2003년 중의원선거, 2004년 참의원선거에서는 고이즈미 붐이 왜 사라진 것일까. 자민당 지지층으로부터의 일탈 투표자, 무당파층에 초점을 맞추어 매니페스토를 중심으로 한 업적평가 등을 설명변수로 한 분석을 실시한다.

⑤ 참의원선거는 중의원선거와 비교하면 정당본위의 선거전이며, 투표행동이 정당지도자에 대한 평가의 영향을 받기 쉽다고 생각할 수 있다. 정당지도자에 대한 유권자의 인지구조를 인자분석에 의해 추출한다.

I 고이즈미 붐과 지역특성

본 절에서는 시구정촌별 비례구 득표율 자료와 지역특성에 관한 데이터와 같은 집계자료를 이용해서 선거결과를 통해 드러난 고이즈미 붐의 실체를 살펴본다. 집계자료를 이용해서 투표행동의 변화를 분석한 연구로는 가바시마(蒲島, 1992)나 고바야시(小林, 1991; 1997)의 연구를 들 수 있다. 가바시마는 1989년 참의원선거의 결과, 즉 자민당의 대패와 사회당의 승리라는 선거결과를 시구정촌 수준의 득표율 자료로부터 파악하는 것을 시도하여, 선거의 결과가 지역특성 요인의 차이를 뛰어넘어 전국적으로 득표의 변동이 발생한 결과였음을 밝히고 있다. 또한 고바야시는 유권자의 투표행동 변화를 시계열적으로 파악하기 위해 55년체제 성립 이후의 선거구별 지역특성을 추출하여 지역특성의 변화와 집표기반의 변화에 관해서 시계열적인 분석을 실시하고 있다. 본 절에서도 2001년 참의원선거에서 고이즈미 붐이 주로 어떠한 지역을 중심으로 형성되었는가를 파악하기 위해 가바시마와 고바야시의 분석을 실마리로 삼아 지역특성과 집표

기반의 분석을 실시한다.3)

  그림 7-1은 2000년 이후 네 차례에 걸친 선거에서 비례구의 상대적
득표율과 추출된 각 시구정촌의 지역특성(제1, 2 주성분 득점)과의 상관계
수를 구해서 구성한 것이다. 그래프의 오른쪽 위는 '도시＋활성' 지역, 왼
쪽 위가 '농촌＋활성' 지역, 왼쪽 밑이 '농촌＋정체' 지역, 왼쪽 위가 '도시＋
정체' 지역이 된다. 자민당은 네 차례에 걸친 선거에서 모두 왼쪽 밑 '농촌＋

---

3) 예비작업으로 각 시구정촌별의 사회·경제 자료를 주성분분석에 의해 합성한 뒤, 각 시구정촌의
   지역별 특성을 찾아냈다. 주성분분석의 결과, 세 가지 성분이 추출되었다. 제1주성분(기여율
   36.6%)의 구조계수를 보게 되면, 제3차산업인구의 구성비율, DID 인구의 비율, 인구구성의 비
   율과 플러스의 상관관계를, 제1차산업인구 구성비율과는 마이너스의 상관관계를 나타냈다. 따
   라서 제1주성분은 '도시-농촌'으로 부르기로 했다. 제2주성분(19.8%)은 유소년 인구의 비율,
   인구증가율, 제3차산업인구의 증가율과는 플러스의 상관관계를, 그리고 노년인구의 비율 및
   세대밀도와는 마이너스의 상관관계를 나타내고 있다는 점에서 '활성-정체' 축으로 이름을 붙였
   다. 이는 고바야시(小林, 1985; 1997), 가토(加藤, 2002)의 분석결과와 일치한다(부표 참조).

부표: 지역특성의 구조변수

	도시-농촌	활성-정체
제3차산업 인구구성의 비율	0.588	0.138
DID 인구 비율	0.843	0.109
인구밀도	0.764	-0.055
전입률	0.741	0.188
제1차산업 인구구성의 비율	−0.688	-0.312
세대밀도	0.676	-0.496
지방세 수입액	0.531	0.141
젊은층의 인구구성의 비율	-0.017	0.863
인구증가율	0.302	0.836
제3차산업 인구증가율	0.048	0.801
노년층 인구증가율	-0.533	−0.729
제1차산업 인구증가율	0.175	0.081
상점 연간판매액	0.224	-0.030
기여율	36.6%	19.8%

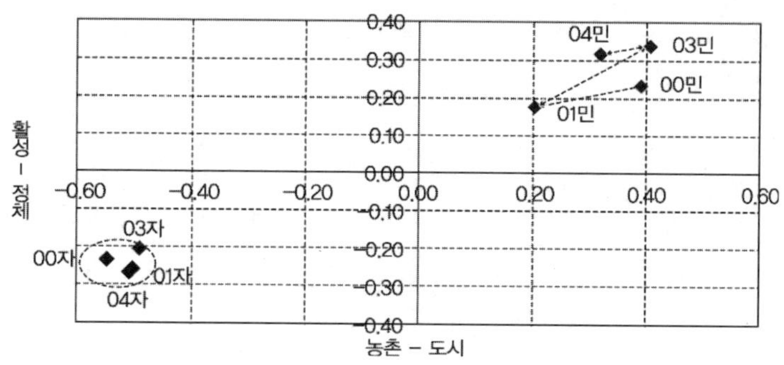

그림 7-1 상대득표율과 지역특성의 상관계수의 변화

정체' 지역에 위치하고 있다. 득표율과 '도시-농촌'을 나타내는 주성분 득점과의 상관계수는 −0.55→ −0.50→ −0.49→ −0.51로 2000년 중의원선거와 비교해서 매우 미약한 수준으로밖에 도시형으로 이동하고 있지 않으며, '활성-정체'를 나타내는 주성분 득점과의 상관계수도 −0.24→ −0.26→ −0.21→ −0.27로 커다란 변화가 보이지 않는다. 즉, 자민당은 '농촌+정체' 지역에 득표기반을 두면서도 지역특성과 관계없이 전국적으로 득표를 증감시키고 있음을 알 수 있다. 여기서 우리는 고이즈미 붐이 그야말로 전국적인 규모에서 일어난 것이라는 점을 알 수 있다.[4]

민주당은 4회의 선거를 통해서 '도시＋활성' 지역에 위치해 있지만, 2001년 참의원선거와 2004년 참의원선거에서는 농촌방향으로 이동하고 있다. 이것은 2001년 참의원선거에서는 도시부에서 득표를 상실한 결과, 상대적으로 집표구조가 농촌형에 가까워졌기 때문이며, 2004년 참의원선거의 경우는 역으로 도시부의 표를 유지하면서 농촌부에서 표를 얻었기

---

4) 자민당의 두 선거기간의 상대득표율의 변동을 피설명변수로 하고, 각 시구정촌이 주성분득점(도시-농촌, 활성-정체) 및 두 선거기간의 투표율 변동을 설명변수로 한 중회귀분석을 실시했지만, 모델의 결정계수는 극히 낮았다. 이러한 결과로부터도 지역특성에 영향을 받지 않은 전국적인 붐이 존재했다는 것이 증명되었다고 볼 수 있다(森, 2002).

때문일 것이다('도시–농촌'과의 상관계수: 0.39 → 0.20 → 0.41→ 0.32).

또한 2003년 중의원선거 이후에는 2000년 중의원선거 때 이상으로 활성

지역에 이동하고 있다는 점에 비춰보아('활성–정체'와의 상관관계: 0.23

→ 0.18 → 0.34 → 0.32), 집표기반인 도시부에서 뿐 아니라 교외부의

인구증가지역 혹은 베드타운 지역에서도 새로운 지지를 얻은 것으로 추측

된다.

II 고이즈미 붐과 정치의식

앞 절의 분석에서 2000년 중의원선거와 2001년 참의원선거의 두 선거

기간 중에 자민당의 득표율이 상승한 것은 상대적으로 '농촌–정체' 지역에

집표구조가 의존하고 있으면서도 전국의 시구정촌의 지역특성을 횡단할

정도의 고이즈미 붐이 일어났기 때문이라는 점을 밝힐 수 있었다. 그렇다

면 이러한 유권자의 커다란 정치의식의 변화는 무엇에 의해 발생했던 것일

까. 여기서는 2001년 참의원선거, 2003년 중의원선거, 2004년 참의원선

거의 각 투표일 직전에 '중부일본방송'이 아이치(愛知), 기후(岐阜), 미에

(三重)의 도카이(東海) 지역 등 3현에서 실시한 'CBC 투표동향조사'를 이

용해서 분석을 시도한다.5) 한편 동조사는 전화조사이기 때문에 질문항목

---

5) 중부일본방송 'CBC투표동향 조사' 자료의 이용은 중부일본방송 보도제작국의 이해와 협력 하에
　이루어졌다. 이 자리를 빌어 감사의 뜻을 전한다. 각 조사의 개요는 다음과 같다. 각 조사는 모두
　전화조사이며, 추출방법은 RDD 방식이다. 2001년 참의원선거(표본수: 3,500 샘플, 표본대상:
　아이치현愛知縣 1,500 샘플, 미에현三重縣 · 기후현岐阜縣은 각각 1,000 샘플, 조사시기: 2001년
　7월 27일(금)-28일(토)), 2003년 중의원선거(표본수: 7,500 샘플, 표본대상: 아이치현 4,500 샘
　플, 미에현 · 기후현은 각각 1,500 샘플, 조사시기: 2003년 11월 6일(목)-8일(토)), 2004년 참의원
　선거(표본수: 3,000 샘플, 표본대상: 아이치현 1,500 샘플, 미에현 · 기후현은 각각 750샘플, 조사
　시기: 2001년 7월 7일(수)-9일(토)).

의 숫자에 제약이 있어 투표행동 분석을 포괄적으로 실시하는 데는 부족한 점이 적지 않다는 점을 미리 밝혀둔다.

1. 정당지지의 규정력

투표행동을 규정하는 제반 변수 중에서 가장 영향력이 큰 것은 정당지 지이다(小林, 2000). 정당지지와 투표행동과의 관련성을 살펴보기 위해, 3회의 선거에서 정당지지별로 투표한 정당을 살펴보기로 한다. 표 7-1은

표 7-1 정당지지의 규정력

2001년 참의원선거			비례구의 투표정당						
			자민	민주	공명	공산	자유	사민	DK/NA
정당지지	자민	41.5	80.5	1.8	1.4	0.2	0.8	0.4	13.9
	민주	14.1	3.8	81.2	0.8	0.8	1.5	0.5	10.6
	공명	5.5	0.6	0.0	93.1	0.6	0.0	0.0	5.0
	공산	3.8	0.0	0.0	4.0	81.0	0.0	2.0	13.0
	자유	3.2	3.4	2.3	0.0	0.0	71.0	0.0	18.4
	사민	2.4	3.2	1.6	0.0	4.8	1.6	75.8	9.7
	무당파	32.0	9.6	10.4	2.0	2.8	2.2	2.6	67.6

2001년 참의원선거			비례구의 투표정당					
			자민	민주	공명	공산	사민	DK/NA
정당지지	자민	40.6	61.8	14.5	2.3	0.3	0.4	20.7
	민주	18.1	3.6	83.7	1.8	0.4	0.4	10.2
	공명	6.2	2.1	3.3	87.0	0.3	0.0	7.3
	공산	3.3	2.3	9.7	1.1	79.0	1.1	6.8
	사민	2.0	3.8	30.5	1.9	4.8	43.8	15.2
	무당파	25.5	9.9	28.5	4.5	2.6	1.5	53.0

2001년 참의원선거			비례구의 투표정당					
			자민	민주	공명	공산	사민	DK/NA
정당지지	자민	35.9	54.4	17.1	3.7	1.0	0.7	21.5
	민주	23.1	2.4	82.4	0.7	1.1	1.5	10.6
	공명	7.1	2.2	5.1	84.8	0.0	0.0	7.2
	공산	3.8	0.0	10.7	1.3	70.7	1.3	10.7
	사민	2.5	0.0	16.3	0.0	4.1	53.1	22.4
	무당파	24.6	6.0	26.4	2.5	2.9	3.5	52.0

지지정당이 있는 유권자가 어느 정도 자신이 지지하는 정당에 입각해서 투표했는가를 나태내고 있다.

2001년 참의원선거에서는 자민당 지지층과 민주당 지지층의 각각 80% 정도가 지지정당에 투표를 하고 있다는 점에서 정당지지가 투표행동에 미치는 규정력이 크다는 점을 확인할 수 있다. 역으로 정당지지로부터의 일탈은 자민당 지지층에서 민주당으로 투표는 2%, 민주당 지지층으로부터 자민당으로 투표는 4%에 머물렀다. 또한 유권자의 30%를 차지하는 무당파층의 투표행동 동향을 보면, 지만당과 민주당에 각각 10% 정도로 양립하고 있다.

자민당의 의석수 상승이 그다지 두드러지지 않았던 2003년 중의원선거와 2004년 참의원선거에 관해서도 살펴보도록 하자. 먼저 2003년 중의원선거의 경우, 민주당 지지층의 84%가 민주당에게 투표하고 있다. 민주당 지지층은 공명당 지지층 다음으로 지지정당 투표비율이 높은데, 이는 민주당이 지지층을 결속시키는 데 성공했음을 보여주는 것이다. 이에 반해 자민당 지지층 중 지민당에 투표한 사람은 62%에 불과하며, 14%가 민주당에 일탈투표를 하고 있다. 그외의 정당지지층에서는 공산당 지지층의 1할, 사민당 지지층의 3할이 민주당에 투표하였다. 자민당과 민주당 양당이 중심이 되는 '정권선택선거'라는 위상이 강조되고 있는 사회적 분위기 속에서 양당 모두가 고전을 면치 못하고 있던 상황이 존재했다는 점을 짐작할 수 있다.[6] 또한 무당파층에서는 민주당에게 자민당의 3배에 가까운 29%가 투표하고 있다.

---

6) 시이 카즈오(志井和夫) 공산당 위원장은 개표 후 기자회견에서 '선거의 무대가 2대정당만이 선거의 주역이라는 방식으로 형성되고, 다른 정당들을 무시하는 방식은 민주주의에 커다란 문제'라고 발언하는 가운데, 선거의 의미를 '정권선택선거'로 규정짓는 정치적 분위기가 공산당의 고전에 영향을 미쳤다고 분석했다(주니치신문, 2003년 11월 10일).

이러한 경향은 2004년 참의원선거에서도 지속되어, 무당파층에서 민주당에 투표한 사람은 자민당의 4배 이상이 되는 26%에 이르고 있다. 여기서 고이즈미 붐으로부터 3년을 경과한 뒤, 2001년 참의원선거에서 민주당으로부터 이탈해 있던 무당파층이 민주당으로 회귀했음을 알 수 있다. 또한 자민당 지지층 중에서 자민당에 투표한 사람은 불과 54%로 이는 2003년 중의원선거 때보다도 정당지지에 입각한 투표비율이 낮은 수치이다. 한편 자민당 지지층 중에서 민주당에 투표한 사람은 17%에 이르렀다. 이에 반해 민주당 지지층의 82%가 민주당에 투표하였다. 또한 공산당 지지층의 10%, 사민당 지지층의 16%가 민주당에 투표하고 있다. 여기서 우리는 입후보를 둘러싼 정치적 상황의 영향이 덜한 비례구의 경우, 민주당이 다른 야당지지층의 표를 흡수하고 있었다는 점을 알 수 있다. 민주당은 자민당 지지층의 일탈투표와, 기권 및 무당파층, 그리고 사민당과 공산당 지지층으로부터 표를 흡수하여 자민당에 대한 정당지지율의 열세를 만회하고 있다. 역으로 말하자면, 2001년 참의원선거는 민주당이 자신의 열세를 지지층 이외의 유권자로부터 만회할 수 없었던 점이 민주당의 고전, 자민당의 승리로 연결되었다고 볼 수 있다.

2. 고이즈미 붐의 담당자

정당지지의 영향을 제어(control)해서 다른 요인의 투표행동에 대한 영향을 밝히기 위해 자민당 지지층, 야당지지층, 그리고 무당파층 등 세 그룹으로 나누어, 2001년 참의원선거에서 자민당에 투표했는가, 야당에 투표했는가를 피설명변수로 하는 2항 로지스틱 회귀분석에 의한 추정을 실시했다. 설명변수는 성별·연령대와 같은 속성 외에 다섯 가지 쟁점에 대한 태도, 내각지지, 고이즈미 내각으로 바뀐 뒤에 자민당이 변화했는가,

정권형태, 사회·생활의식(생활향상감, 미래의 생활) 등이다.[7]

그 어떤 그룹에서든 자민당 중심의 정권을 기대하는가의 항목이 통계적으로 의미가 있다. 나아가 야당지지자의 경우는 내각지지, 여성이 자민당에 대한 투표에 영향을 미치고 있다(표 7-2 중간). 무당파층에서는 젊은 세대, 내각지지, 고이즈미 내각으로 바뀐 뒤의 자민당의 변화 여부에 관한 인지가 자민당에 대한 투표에 영향을 미치고 있다. 쟁점태도에서는 헌법개정, 복지를 충실하기 위한 세금 부담의 증가(커다란 정부)가 자민당의 투표에 긍정적인 영향을 미치고 있다. 한편 커다란 정부의 지향은 오히려 고이즈미 내각의 개혁노선과는 역행하는 방향이었다는 점에서 쟁점의 영향으로 평가하는 것은 어려울 것이다. 또한 정권 발족 후의 고이즈미 내각에게 내각에 관한 지지는 업적평가가 아니라 고이즈미 내각에 대한 업적기대에 기인하는 것이며, 고이즈미 내각의 등장에 의해서 자민당이 변화했는가에 대한 인상 및 기대가 무당파층의 고미즈미 붐을 가져왔다고 말할 수 있겠다.

---

7) 피설명변수 및 설명변수의 정의, 그리고 코딩은 다음과 같이 이루어졌다. 투표행동(자민당에 투표를 1, 야당에 투표를 0), 성별(여성을 0, 남성을 1), 연령대(20대 1, 30대 2, 40대 3, 50대 4, 60대 5, 70대 이상은 6), 2001년 참의원선거의 쟁점태도(불량채권 처리의 우선, 세부담의 용인, 헌법개정, 세금을 인구가 많은 지역에 배분, 복지를 충실하게 하기 위한 세부담의 증대에 관해서 반대를 응답한 사람을 1, 그 역의 사람을 0으로 코딩), 내각지지('지지한다' 5, '지지하는 편이다' 4, '모른다' 3, '지지하지 않는 편이다' 2, '지지하지 않는다' 1), 자민당의 변화(구체적인 질문은 '고이즈미 정권이 들어선 뒤 자민당은 변화했습니까'라는 질문이다. '변화했다' 4, '조금 변화했다' 3, '모른다' 2, '변화하지 않았다' 1), 생활향상감(구체적인 질문은 '1년 전과 비교해서 귀댁의 살림살이는 어떻게 변화했습니까'이다. '좋아졌다' 5, '대체로 좋아졌다' 4, '변화화지 않았다' 3, '나빠진 편이다' 2, '나빠졌다' 1), 장래의 생활전망(구체적인 질문은 '앞으로 귀댁의 살림살이는 어떠하리라고 생각하십니까'이다. '좋아진다' 5, '좋아질 것이다' 4, '변화화지 않는다' 3, '나빠질 것이다' 2, '나빠진다' 1), 기대하는 정권형태('지민당의 단독정권', '자민당·공명당·보수당의 현재정권'을 정리해서 '자민당 중심의 정권'으로 코딩해서 1, 그 외의 것은 0).

표 7-2 2001년 참의원선거 정당지지별 투표행동(2항 로지스틱 회귀분석)

| | 01/자민/00야당 | | | | | | | | |
| | 자민당 지지자(N=1141) | | | 야당지지자(N=685) | | | 무당파층(N=233) | | |
	B	SE	Wald	B	SE	Wald	B	SE	Wald
성별(남성)	-0.394	0.332	1.403	-0.879	0.399	4.862*	-0.575	0.362	2.516
연령대	-0.004	0.096	0.002	-0.074	0.127	0.339	-0.253	0.113	5.002*
자민당 중심의 정권	1.192	0.316	14.193***	1.150	0.393	8.584**	1.727	0.389	19.707***
고이즈미 내각에 대한 지지	0.126	0.154	0.675	1.112	0.269	17.028***	0.448	0.170	6.919**
자민당으로 변화	0.139	0.169	0.675	-0.190	0.211	0.813	0.476	0.201	5.602*
생활향상감	0.226	0.158	2.031	-0.218	0.218	1.000	-0.214	0.195	1.202
장래의 생활전망	-0.143	0.118	1.475	0.200	0.170	1.379	0.107	0.128	0.694
불량채권 처리의 우선	0.161	0.178	0.814	0.140	0.228	0.375	-0.094	0.188	0.253
재정재건	0.130	0.185	0.495	-0.113	0.233	0.235	-0.071	0.216	0.108
헌법개정	-0.109	0.211	0.267	-0.055	0.219	0.064	0.469	0.205	5.216*
도시중심의 세의 배분	-0.057	0.179	0.103	0.298	0.204	2.132	0.342	0.210	2.655
작은 정부	-0.078	0.167	0.220	0.053	0.208	0.064	-0.341	0.195	3.075＋
(정수)	2.941	0.948	9.627	-1.959	1.319	2.205	0.931	1.073	0.752

Cox & Snell r-sq=.019 　　Cox & Snell r-sq=.080 　　Cox & Snell r-sq=.290
Nagelkerke r-sq=.066 　　Nagelkerke r-sq=.250 　　Nagelkerke r-sq=.399
적중률=96.1% 　　적중률=95.5% 　　的中率=78.1%

*** : 0≤ρ〈0.001 **0.0C1≤ρ〈0.01 *0.01≤ρ〈0.05 ＋0.05≤ρ〈0.1

또한 투표행동의 계속성에 주목하는 경우, 2001년 참의원선거에서 자민당에 투표한 유권자는 2000년 중의원선거에 이어 자민당에 투표한 그룹, 2001년 참의원선거 전에는 민주당·자유당 등 야당에 투표했지만 2001년 참의원선거에서는 자민당으로 투표입장을 바꾼 그룹, 그리고 2000년 중의원선거에서는 기권했지만 2001년 참의원선거에서는 자민당에 투표한 그룹으로 구성되어 있다. 자민당으로 투표방향을 변경한 그룹, 소위 고이즈미 붐의 담당자에 초점을 맞춰서 모리 내각에 의한 2000년 중의원선거에서도 자민당에 투표한 그룹을 기준으로 한 다항 로지스틱 회귀분석을 실시하였다. 다항 로지스틱 회귀분석에서는 기준집단과의 비교를 통해 결과가 해석되기 때문에 고이즈미 붐의 담당자들이 2회 연속해서 자민당에 투표한 그룹과 비교하여 어떠한 특징을 지니는가를 밝힐 것이다.

표 7-3 2001년 참의원선거 자민당 투표자의 분석(다항 로지스틱 회귀분석)

	00기권 → 01자민당투표			00야당투표 → 01자민당투표		
	B	SE	Wald	B	SE	Wald
성별(남성)	-0.103	0.174	0.354	0.282	0.194	2.116
연령대	-0.438	0.052	72.331***	-0.126	0.057	4.947*
자민당 중심의 정권	-0.598	0.183	10.726**	-0.881	0.201	19.250***
고이즈미 내각에 대한 지지	0.071	0.097	0.536	0.198	0.124	2.536
자민당으로 변화	0.060	0.092	0.419	0.051	0.102	0.254
생활향상감	-0.091	0.089	1.042	0.145	0.111	1.708
장래의 생활전망	-0.075	0.060	1.584	-0.057	0.067	0.724
불량채권 처리의 우선	-0.083	0.101	0.673	-0.344	0.104	10.968***
재정재건	0.134	0.105	1.619	0.053	0.110	0.234
헌법개정	0.103	0.109	0.891	0.265	0.133	3.978*
도시중심의 세의 배분	0.285	0.093	9.447**	0.154	0.106	2.087
작은 정부	-0.176	0.091	3.778＋	-0.262	0.103	6.445*
(정수)	-0.178	0.512	0.120	0.234	0.595	0.154

분석결과는 표 7-3에 표시했다. 자민당으로 투표방향을 바꾼 두 그룹에서 공통적으로 보이는 특징은 연속해서 자민당에 투표한 그룹과 비교해서 자민당 중심의 정권을 반드시 기대하고 있는 것은 아니라는 점이다. 또한 내각지지나 고이즈미 내각이 등장한 후에 자민당이 변화했다고 느끼는 변수가 통계적으로 의미를 갖지 않았다.

2000년 중의원선거에서는 기권하고 2001년 참의원선거에서는 자민당에 투표한 그룹(00기권 → 01자민당)에서는, 쟁점태도의 경우, 세금 배분을 인구가 많은 지역에 더 많이 배분해야 한다고 생각하는 경향이 있다는 점에서 도시부의 유권자인 것으로 짐작된다. 그러나 그들은 고복지·고부담의 사회가 바람직하다고 생각하고 있다(표 7-3의 왼쪽). 또한 야당으로부터 자민당으로 투표방향을 바꾼 그룹(00야당 → 01자민당)을 보게 되면, 2회 연속해서 자민당에 투표한 그룹과 비교해서 헌법개정에 관해서는 적극적인 태도를 보이지만, 불량채권의 처리보다도 경기대책을 우선시해야 한다는 생각을 갖고 있다. 즉, 커다란 정부를 지향하고 있다. 여기서 우리는 고이즈미 붐의 담당자는 반드시 자민당의 정권담당능력을 기대하고 있던 것은 아니며, 고이즈미 수상이 주창했던 구조개혁정책과는 오히려 반대의 정책적 지향을 지닌 유권자였음을 알 수 있다. 기준집단과의 차이가 보이지 않는 고이즈미 내각에 대한 지지와 자민당이 변화했다는 인상이 자민당에 대한 투표에 영향을 미치고 있다. 동시에 분석결과는 고이즈미 붐이 안정적이고 강고한 지지와 연결되지 않았을 가능성을 시사하고 있다. 개혁이 본격화되고 유권자가 개혁의 고통을 실감하게 되며, 기대했던 경기회복이 충분한 성과를 내지 못하는 경우, 고이즈미 붐의 담당자는 또 다시 지지를 철회할 가능성이 있었던 것이다.

3. 고이즈미 붐의 진정화

앞서 정당지지와 투표행동과의 관계에서 살펴본 바와 같이, 2003년 중의원선거, 2004년 참의원선거에서는 자민당 지지층의 일탈투표와 무당파층의 동향이 자민당이 고전한 주된 원인이었다(표 7-1). 이러한 유권자의 특징을 명백히 하기 위해서 자민당에 투표했는가, 민주당에 투표했는가를 피설명변수로 하는 2항 로지스틱 회귀분석을 실시하였다. 설명변수는 성별·연령과 같은 속성, 쟁점태도, 사회·생활의식(생활향상감, 장래의 생활전망)에 덧붙여, 2003년 중의원선거의 경우는 각 정당이 도입하기 시작했던 매니페스토(정권공약)를 고려했는지 여부, 그리고 민주당과 자유당의 합병을 평가하는지 여부와 같은 변수를, 또한 2004년 참의원선거의 경우는 전년도의 중의원선거에서 제시된 매니페스토의 달성도에 대한 평가와 고이즈미 내각의 이미지를 각각 투입했다.[8]

---

8) 피설명변수 및 설명변수의 정의, 그리고 코딩은 다음과 같이 이루어졌다(각주 7과 중복되는 것은 제외함). 투표행동(민주당에 투표를 1, 자민당에 투표 0, 다른 정당에 투표할 것이라고 대답한 응답자는 분석에서 제외), 2003년 중의원선거의 쟁점에 관한 태도('우정민영화', '고속도로 무료화', '재정재건 우선', '헌법개정', '저복지·저부담(작은 정부)'이라고 응답한 사람을 1, 그 반대쪽을 응답한 사람을 0). 매니페스토를 참고했는가(구체적인 질문은 '이번 선거에서는 각 정당이 매니페스토(정권공약)을 발표하였습니다. 이 매니페스토를 투표할 때 참고하실 겁니까. '참고한다' 5, '약간 참고한다' 4, '모른다' 3, '그다지 참고하지 않는다' 2, '전혀 참고하지 않느다' 1), 민주당과 자유당의 합병을 높게 평가하는가(구체적인 질문은 '당신은 민주당과 자유당의 합병을 높게 평가하십니까'. '높게 평가한다' 5, '조금은 평가한다' 4, '모른다' 3, '그다지 평가하지 않는다' 2, '전혀 평가하지 않는다' 1), 2004년 참의원선거의 쟁점에 대한 태도('우정민영화', '재정재건 우선', '저복지·저부담(작은 정부)', 지방분권 추진', '납치 문제 해결'이라고 응답한 사람을 1, 그렇지 않은 사람을 0), '이라크 문제'에 관해서는 '다국적군에 참가', '자위대 파견에 찬성이지만 다국적군 참가에는 반대', '자위대 파견 그 자체에 반대'의 세 가지 선택지로부터 선택하게 해서, 카테고리 변수로 처리함), 고이즈미 내각에 대한 이미지('정책의 내용도 실현방법도 바람직하다', '정책의 내용은 지지하지만 정책의 실현방법은 좋지 않다', '정책의 내용도 실현방법도 바람직하지 않다'의 세 가지 선택지로부터 선택하게 해서 카테고리 변수로 처리함), 매니페스토의 달성도에 대한 평가(구체적인 질문은 '지난 1년간 자민당이 제시한 매니페스토는 몇 % 정도가 달성되었다고 생각하십니까, 0부터 100% 사이의 숫자로 대답해주십시오'이다. 달성도의 숫자를 그대로 사용함).

표 7-4 2003년 중의원선거 자민당 지지층·무당파층의 투표행동(2항 로지스틱 회귀분석)

	자민당 지지자(N=1487)			야당지지자(N=470)		
	B	SE	Wald	B	SE	Wald
성별(남성)	0.440	0.184	5.691*	0.421	0.278	2.300
연령대	0.062	0.068	0.830	-0.020	0.108	0.034
우정 민영화	-0.128	0.114	1.260	0.072	0.168	0.185
고속도로 무료화	0.269	0.103	6.778**	0.268	0.161	2.771 +
재정재건 우선	0.014	0.104	0.017	0.101	0.146	0.474
헌법개정	0.054	0.100	0.288	-0.333	0.148	5.063*
작은 정부	-0.299	0.096	9.713**	-0.234	0.142	2.724 +
고이즈미 내각에 대한 지지	-0.525	0.078	45.373***	-0.624	0.126	24.667***
생활향상감	-0.024	0.112	0.046	0.089	0.161	0.304
장래의 생활전망	-0.215	0.084	6.503**	-0.213	0.123	2.999 +
매니페스토 중시	0.173	0.066	6.810**	0.056	0.101	0.304
민주/자유 합병을 평가	0.304	0.065	22.048***	0.229	0.098	5.413*
민주당 중심의 정권	3.049	0.233	171.378***	2.796	0.486	33.123***
(정수)	-1.402	0.585	5.740*	2.141	0.918	5.440*

Cox & Snell r-sq=.306　　　　Cox & Snell r-sq=.320
Nagelkerke r-sq=.495　　　　Nagelkerke r-sq=.473
的中率=89.2%　　　　的中率=82.8%

*** : 0≦ρ〈0.001 **0.001≦ρ〈0.01 *0.01≦ρ〈0.05 +0.05≦ρ〈0.1

(1) 2003년 중의원선거

무당파층을 대상으로 한 분석에서는 민주당 중심의 정권에 대한 기대, 고속도로 무료화, 민주당과 자유당의 합병에 대한 평가가 민주당으로의 투표입장 전환에 긍정적인 영향을 미치고 있다. 한편 고이즈미 내각에 대한 지지와 헌법개정, 작은 정부, 장래의 생활전망은 무당파층의 민주당으로의 투표에 부정적 영향을 미치고 있으며, 이들 영향은 모두 통계적으로 의미가 있는 것이었다. 내각지지율은 2001년 참의원선거 때의 70%로부터 59%로 떨어졌으며, 반대로 비지지율은 15%에서 35%로 늘어나고 있다. 이렇듯 내각지지의 저하가 무당파층의 동향에 큰 영향을 미치고 있다.

민주당은 민주당과 자유당의 합병을 평가하고 그들이 매니페스토에서 내세운 고속도로 무료화를 평가한 무당파층을 자기 편으로 끌어들이는 데 성공했으며, 이는 민주당의 정권담당능력에 대한 평가에도 영향을 미쳤던 것으로 보인다. 단, 무당파층은 헌법개정, 작은 정부에는 비판적인 경향을 지니고 있으며, 헌법개정에 관한 논의를 진전시키려고 하는 민주당의 노선과도 반드시 일치하는 것은 아니었다(표 7-4의 오른쪽).

자민당 지지층에서 민주당으로 투표행동을 바꾼 것에는 민주당 중심의 정권에 대한 기대, 민주당과 자유당의 합병에 대한 평가, 매니페스토의 중시, 고속도로 무료화가 플러스 영향을 미치고 있는 것에 반해서 고이즈미 내각에 대한 지지, 작은 정부, 장래의 생활전망이 마이너스 영향을 미치고 있다(표 7-4의 왼쪽). 민주당에 투표한 자민당 지지층과 무당파층은 고이즈미 내각에 대한 비지지, 민주당 정권에 대한 기대, 민주당과 자유당의 합병에 대한 평가, 구조개혁의 방향성에 대해 비판적이라는 점에서 정치적 성향이 일치하고 있다.

이와 같이 자유당과의 합병 및 매니페스토의 도입을 통해 자민당을 대체할 수 있는 그릇이라는, 즉 정권담당능력을 지니고 있다는 점을 호소한 민주당의 전략은 어느 정도 성공했다고 볼 수 있다. 정권이 발족한 지 2년이 경과했고 고이즈미 개혁의 방향성이 명확해졌기 때문에, 민주당은 앞으로의 생활에 불안감을 느끼고 있는 그룹을 자기 편으로 끌어들이는 데 성공했던 것이다. 지금까지의 분석결과는 개혁이 본격화됨에 따라 고이즈미 붐이 진정되고, 자민당에 대한 지지를 철회하는 그룹이 생기게 된 것은 아닌가 하는 앞 절의 예상을 뒷받침하는 것이라고 볼 수 있다.

(2) 2004년 참의원선거

자민당 지지층의 일탈투표에 관해서는 매니페스토의 달성도에 대한 평가, 자위대의 다국적군 참가에 대한 지지 여부, 생활향상감이 마이너스

표 7-5 2004년 참의원선거 자민당 지지층·무당파층의 투표행동(2항 로지스틱 회귀분석)

	자민당 지지자(N=404)		
	B	SE	Wald
매니페스토 달성도	-0.031	0.008	14.504***
지방분권	0.302	0.178	2.900+
이라크 문제			29.170***
다국적군 참가	-2.160	0.684	9.984***
자위대 파견	-0.864	0.606	2.033
모두 다 반대	0.198	0.625	0.101
내각의 이미지			22.384***
정책/추진방식	0.410	0.890	0.212
추진방식에 반대	1.538	0.692	4.939*
모두 다 반대	2.564	0.703	13.290***
생활향상감	-0.355	0.166	4.598*

Cox & Snell r-sq=.407
Nagelkerke r-sq=.543
적중률=81.4%

*** : 0≤ρ〈0.001 **0.001≤ρ〈0.01 *0.01≤ρ〈0.05 +0.05≤ρ〈0.1

	무당파층(N=404)		
	B	SE	Wald
북한문제	0.480	0.281	2.918+
이라크 문제			13.664**
다국적군 참가	-0.584	0.716	0.666
자위대 파견	0.736	0.506	2.113
모두 다 반대	1.739	0.596	8.523**
생활향상감	0.558	0.181	9.534**

Cox & Snell r-sq=.442
Nagelkerke r-sq=.589
적중률=83.5%

*** : 0≤ρ〈0.001 **0.001≤ρ〈0.01
* : 0.01≤ρ〈0.05 +0.05≤ρ〈0.1

영향을 미치는 데 반해, 지방분권 추진, 고이즈미 내각에 대한 부정적인 평가(정책의 내용은 동의하지만 정책의 실현방법은 동의하지 않는다, 정책의 내용과 실현방법 모두 동의하지 않는다)가 플러스 영향을 미치고 있다(표 7-5). 이라크 문제에 대한 대응은 정당지지를 제어(control)해도 자민당 지지층의 민주당으로의 투표를 촉구하는 요인으로서 변함이 없었다. 역으로 '가장 중요한 쟁점'으로서 48%의 유권자가 들고 있는 연금 문제는 정당지지를 제어하면 투표행동에 어떠한 영향도 미치지 않았다. 고이즈미 내각의 이미지(정책의 실현방법)에 대한 비판이 민주당으로의 투표행동에 플러스 영향을 미치고 있었던 점에 비추어보건대, 연금문제는 정책상의 쟁점으로서의 의미를 상실하고, 오히려 여당의 강행 체결이나 연금 미납 문제, 수상의 불성실한 국회 답변 등 법안의 심의과정에서 여당이 보여준 일련의 야당에 대한 대응에 관한 불만이 자민당 지지층의 민주당으로의 투표라는 일탈행동을 일으킨 요인으로 보인다. 또한 매니페스토의 달성도나 생활향상감과 같은 고이즈미 내각의 업적에 대한 부정적인 평가도 자민당 지지층의 민주당으로의 투표행동에 플러스의 영향을 미치고 있다. 이상의 분석결과로부터 2004년 참의원선거는 고이즈미 내각에 대한 중간평가로서의 위상을 지니고 있었으며, 매니페스토가 유권자의 투표행동의 결정에 서서히 침투하게 되었다는 점을 확인할 수 있다.

무당파층에서는 이라크 문제에 대한 대응과 장래의 생활전망, 북한에 대한 외교(국교정상화보다도 납치 문제의 해결을 우선해야 한다)라는 변수가 민주당에 대한 투표에 영향을 미치고 있다. 이라크에 자위대를 파견하는 문제와 다국적군의 참가에 대해 반대하는 무당파층은 민주당에 투표하고 있다. 또한 1년 후의 생활을 낙관적으로 예상하는 무당파층은 민주당에 투표하고 있는데, 이는 민주당의 정권담당능력에 대한 기대를 나타내고 있다. 한편 고이즈미 내각의 이미지나 업적평가는 무당파층의 투표행동에 영향을 미치지 않고 있다. 참의원선거 공시 직전에 납치피해자 가족이 일본으로 귀환했지만, 이러한 외교적 성과는 자민당에 대한 투표에 플러스 영향을 미치지 않았다. 이는 납치 피해자 문제는 미해결인 채로 북한에 인도적 지원을 실시하는 것에 대한 비판여론이 강했던 것에서 비롯된 것으로 생각된다. 여기서 이라크 및 북한에 대한 외교정책과 같은 외교상의 쟁점은 무당파층의 민주당에 대한 지지에 긍정적인 영향을 미치고 있지만, 일반 유권자들이 높은 관심을 갖고 있는 복지나 경기대책과 같은 국내 쟁점에 관한 민주당의 정책이 적극적으로 평가를 받는 것은 아니었다는 점을 알 수 있다. 또한 민주당에 대한 기대 또한 자민당에 대한 비판의 역작용에 지나지 않은 것이며, 고이즈미 붐이 진정되는 것에 대한 역작용일 가능성이 높은 것이었기 때문에 민주당에 대한 지지가 유권자들로부터의 안정적인 지지를 기반으로 한 것이 아니었다고 말할 수 있다.

Ⅲ 정당지도자에 대한 평가

앞 절에서는 고이즈미 붐이 유권자의 정치의식 및 투표행동과 어떠한 관련성이 있는지를 검토했다. 이어서 본 절에서는 고이즈미 붐을 일으킨 고이즈미 수상에 대한 평가·인기 그 자체에 초점을 맞춰서, 2001년 참의원선거와 3년 후의 2004년 참의원선거에서 유권자가 고이즈미 내각을 어떻게 인지하고 평가하고 있었는가, 또한 유권자가 정치가를 평가하는 척도가 무엇이었는가를 밝히고자 한다.

앞 절의 분석에서 사용한 자료는 모두 전화조사에 의한 것이며, 질문항목의 수에도 한계가 있기 때문에 정당지도자의 이미지나 평가의 구조에 관한 질문을 넣을 수 없었다. 가와우토, 가바시마, 히라노에 의한 분석을 참고로 하는 가운데, 2001년과 2004년 2회에 걸쳐서 실시한 대학생을 대상으로 한 조사자료를 이용해 분석을 실시했다.[9] 정당지도자에 대한 감정온도와 16종류의 이미지 항목을 7단계의 SD 척도를 이용해서 측정한 것을 분석에 이용할 것이다. 단, 대학생을 대상으로 한 조사는 사회적 속성이나 정당지지, 그리고 정치적 관심 등에서 선입관이 있기 때문에 이 자료를 이용한 분석결과로부터 얻어진 결론 및 시사점을 일반화하는 것은 유보할 필요가 있음을 밝혀둔다.

1. 정당지도자에 대한 감정온도의 구조

정당지도자들에 대한 지지층에는 과연 공통적인 그룹이 존재하는 것일까, 또한 어떠한 유권자들로부터 어떠한 인지의 대상이 되고 있는 것일

---

9) '2001년 아이치가쿠인 대학(愛知学院大学) 정치의식조사'는 2001년 10월 18일부터 24일에 걸쳐서 아이치현 내의 대학생 326명(남성 179, 여성 147)을 대상으로 질문지법으로 실시했다. '2004년 아이치가쿠인대학 정치의식조사'는 2004년 9월 29일부터 30일에 걸쳐서 아이치현대의 대학생 452명(남성 279, 여성 173)을 대상으로 질문지법으로 실시했다.

까. 역대 수상이나 야당의 당수, 지사, 지명도가 높은 다나카 마키코(田中真紀子) 외상(당시) 등 10명의 정치가를 0~100도로 구성되는 감정온도계로 평가한 것을 이용해 인자분석을 실시했다. [10]

표 7-6 지도자에 대한 감정온도의 인자분석

2001년	1	2	3	4	2004년	1	2	3
	0.759	0.079	0.015	0.111		**0.719**	0.078	0.251
	0.708	0.125	-0.041	**0.412**		**0.668**	0.159	0.234
	0.498	-0.031	0.161	-0.183		**0.596**	0.288	-0.094
	0.007	**0.835**	0.102	0.038		**0.570**	0.145	**0.434**
	0.411	**0.590**	0.142	-0.072		0.338	**0.664**	-0.168
	0.059	-0.061	**0.849**	-0.062		-0.198	**0.657**	**0.460**
	0.339	0.247	**0.612**	0.089		0.173	**0.630**	0.178
	-0.154	**0.439**	**0.561**	0.190		0.196	**0.599**	-0.023
	0.093	-.151	0.206	**0.847**		0.189	0.052	**0.721**
	0.006	**0.454**	-0.174	**0.630**		0.155	0.013	**0.687**
	16.5%	15.6%	15.4%	13.8%		19.3%	17.7%	15.8%

분석 결과, 2001년 조사에서는 4개의 인자가 추출되었고 기여율의 합계는 61.3%였다(표 7-6). 배리맥스 회전 후 각 인자의 인자부하량을 살펴보면, 제1인자는 다나카 마키코, 고이즈미가 높다는 점에서 고이즈미 내각을 평가하는 인자라고 이름붙일 수 있을 것이다. 당내 최대 파벌 출신이고 정책적으로 고이즈미나 다나카와는 상이한 입장을 취하는 인물인 오부치(小渕恵三) 전수상의 부하량이 높은 것은 의외이지만, 이는 재직중 병으로 쓰러져 서거한 것에 대한 동정적인 평가를 반영한 것일지도 모르겠다. 제2인자는 하토야마(鳩山由紀夫), 도이(土井たかこ)에 대한 인자부하량이 높으며, 다나카 야스오(田中康夫), 오자와(小澤一郎)로 이어지고 있다는 점

____

10) 2001년 조사와 2004년 조사에서는 평가대상인 정치가로서 오부치 케이조(小渕恵三)와 하토야마 유키오(鳩山由紀夫)를 대신해서 아베 신조(阿部晋三)와 오카다 카쓰야(岡田克也)를 투입했다.

에서 야당을 평가하는 인자라고 말할 수 있다. 제3인자는 모리, 하시모토 (橋本龍太郎)가 높다는 점에서 자민당 수구파의 이미지로서 해석할 수 있다. 세 번째에 자유당의 오자와가 표시되어 있는데, 이는 오자와가 자민당과 자유당의 연립정권에서 한 축을 담당하고 있었다는 점과 자민당 출신이라는 점이 모리나 하시모토와 동일한 이미지를 형성하고 있는 것에 영향을 미친 것으로 보인다. 제4인자는 이시하라(石原愼太郎), 다나가 야스오와 지사가 상위에 위치해 있으며, 이어서 고이즈미가 뒤를 따르는 것에 비추어볼 때 행정부의 지도자를 평가하는 인자라고 말할 수 있겠다.

표 7-7 지도자에 대한 감정온도의 인자분석(미니어와 집촉빈도가 높은 그룹)

2001년	1	2	3	4	2004년	1	2	3	4
	0.700	-0.096	0.206	0.113		0.773	0.079	0.193	-0.009
	0.495	0.202	0.159	-0.176		0.788	0.074	-0.007	0.022
	0.402	0.047	-0.138	0.305		0.556	0.374	-0.041	0.401
	0.288	0.203	0.137	-0.031		0.006	0.825	0.158	0.051
	-0.022	0.709	0.178	-0.039		0.183	0.699	-0.067	0.205
	0.340	0.610	-0.023	0.028		0.079	0.582	0.339	-0.280
	0.047	0.387	-0.103	0.063		-0.057	0.034	0.797	0.268
	0.266	-0.004	0.821	0.046		0.264	0.213	0.681	-0.088
	0.030	-0.027	0.030	0.698		-0.014	0.108	0.056	0.848
	-0.020	0.158	0.020	0.173		0.424	-0.102	0.300	0.508
	11.7%	11.4%	8.2%	6.6%		18.2%	17.3%	13.8%	13.4%

마찬가지로 2004년 조사를 인자분석한 결과, 다음의 세 가지 인자가 추출되었다(누적기여율은 52.8%). 제1인자는 오자와, 오카다(岡田克也), 그리고 자민당을 탈당해서 민주당 회파에 들어가게 된 다나카 마키코, 도이의 인자부하량이 높다는 점에서 야당의원을 평가하는 인자라고 볼 수 있을 것이다. 제2인자는 다나카 야스오, 고이즈미에 이어서 아베(安部晉三), 이시하라의 인자부하량이 높은데, 아베를 제외하면 모두 지사 혹은 수상이라는 점에서 행정부의 지도자를 평가하는 인자로 이름붙일 수 있을 것이다. 제3인자는 하시모토, 모리, 고이즈미, 도이의 인자부하량이 높으

며, 여야당에 한정되지 않고 자민당과 사민당의 양당에 의한 55년체제의 영향 하에 있었던 인물, 즉 낡은 형태의 정치가를 나타내는 인자로 해석할 수 있겠다.

여기서 주목할 만한 점은 2001년 조사와 다르게 고이즈미가 하시모토 전수상이나 모리 전수상과 같은 낡은 형태의 정치적 지도자에 가까운 존재로서 인지되고 있다는 점이다. 또한 2001년 조사에서 나타났던 고이즈미, 다나카 마키코 등의 자민당 개혁파의 이미지 인자가 없어지고 있는 것에서 보여지듯이, 3년이란 시간이 흐르면서 고이즈미에 대한 이미지가 변화했다는 점이다. 지금까지의 분석결과로 가바시마(1998)의 결론과 마찬가지로 감정온도에 의한 평가는 비교적 현실정치에서 정치가들이 협조하고 및 대립하고 있는 관계를 반영하고 있다는 점이 학생들을 대상으로 한 조사에서도 확인되었다고 말할 수 있겠다(표 7-6 오른쪽).

이와 같은 정당지도자에 대한 평가·인지는 미디어로부터의 정보량에 의해서도 영향을 받고 있다고 생각할 수 있다. 따라서 뉴스 보도에 관한 접촉의 정도11)에 대응하는 형태로 두 그룹으로 분리해서 분석을 실시했다. 2001년 조사의 경우 미디어 접촉도가 높은 그룹에서는 네 개의 인자가 추출되었다. 기여율의 합계는 매우 낮은 38.0%에 그쳤다. 제1인자는 고이즈미, 제2인자는 모리, 하시모토, 제3인자는 다나카 마키코, 제4인자에서는 다나카 야스오가 각각 독보적인 위치를 차지하고 있다. 그 때문에 누적 기여율도 낮았던 것으로 생각된다. 각 인자에서 독보적인 지위를 차지하는 정치가는 미디어에서 언급되고 있는 빈도가 매우 높은 인물들이다. 미

---

11) 구체적인 질문은 '일상적인 생활 속에 신문, 텔레비전, 라디오 등의 매스컴에 의한 보도를 1일 평균 얼마나 접하고 있습니까'이다. 중앙치인 '1시간 이상'으로 응답한 사람을 미디어 접촉도가 높은 그룹으로 분류했다.

디어 접촉도가 높은 사람은 평가의 인자도 미디어에 의한 보도에 의해 영향을 받기 쉽다는 점이 시사된다(표 7-7의 왼쪽). 또 다른 원인으로는 이 시기의 보도내용이 '극장형 정치', '와이드 쇼 형태의 정치'라고 일컬어지고 있었던 것에서 짐작되듯이, 특정 정치가의 퍼포먼스에 주목한 언론보도가 많았던 것을 들 수 있을 것이다(大嶽, 2003).

2004년 조사에서도 미디어 접촉 빈도가 높은 그룹은 네 개의 인자가 추출되었다(누적기여율 62.7%). 제1인자는 오카다, 오자와, 도이와 하시모토의 인자부하량이 높으며, 이는 '야당＋반고이즈미'의 인자라고 해석할 수 있다. 제2인자는 다나카 야스오, 다나카 마키코, 이시하라, 도이가 이어지고 있다. 이는 미디어에 노출이 많은 정치가의 인자로서 해석할 수 있을 것이다. 제3인자는 고이즈미를 선호하는 인자, 제4인자는 55년체제의 낡은 유형의 정치가로 이름붙일 수 있다. 2001년 조사와 비교해서 각 정치가가 각 인자에서 돌출적인 지위를 차지하는 양상은 보이지 않지만, 제2인자에서 보이는 바와 같이 여야당, 중앙·지방을 불문하고 미디어의 주목도가 높은 정치가를 나타내는 인자가 추출된 점은 흥미로운 현상이라고 말할 수 있다(표 7-7의 오른쪽).

2. 정당지도자에 대한 이미지의 구조

이어서 정치가에 대한 평가는 정치가의 어떠한 측면과 이미지를 중심으로 구성되는가를 살펴보기 위해 정당지도자에 대한 16개의 이미지 항목을 7점 척도로 평가하게 한 뒤 인자분석에 의해 정당지도자의 이미지의 구조를 밝히도록 한다.

2001년 조사에서는 고이즈미에 대한 이미지의 구조로서 네 개의 인자가(누적기여율 52.1%)가 추출되었고, 당시의 민주당 대표인 하토야마에

표 7-8 고이즈미(小泉) 이미지의 인자분석

2001년	1	2	3	4
밝다	**0.805**	0.128	0.166	-0.161
친밀감이 느껴진다	**0.771**	0.152	0.238	0.084
유머가 있다	**0.667**	0.261	0.118	0.062
따스한 느낌이다	**0.623**	0.130	0.354	0.057
서민적임	**0.534**	0.148	0.004	0.070
깨끗하다	**0.423**	0.311	0.182	0.002
혁신적임	0.195	**0.798**	-0.094	-0.218
파워풀하다	0.240	**0.796**	0.003	0.119
유능함	0.269	**0.564**	0.321	**0.445**
결단력 있다	0.334	**0.558**	0.019	0.272
설득력 있다	0.347	**0.466**	0.258	**0.417**
정치가답다	0.022	**0.449**	0.201	0.344
협조성이 있다	0.128	-0.004	**0.776**	0.122
유연함	0.251	0.048	**0.546**	-0.026
가볍다	0.112	-0.002	0.073	**-0.535**
침착하다	0.204	0.151	0.316	**0.465**
기여율	19.2%	16.2%	9.3%	7.4%

2001년	1	2	3	4
친밀감이 느껴진다	**0.762**	0.210	0.053	0.109
밝다	**0.748**	-0.026	0.188	-0.118
따스한 느낌이다	**0.737**	0.159	0.020	0.215
유머가 있다	**0.709**	-0.063	0.217	0.038
호감이 간다	**0.663**	0.145	0.159	0.162
정치가답다	**0.589**	0.200	-0.149	-0.083
유능함	-0.069	**0.720**	0.014	-0.156
가볍다	0.356	**0.667**	0.234	0.089
침착하다	-0.015	**-0.650**	0.184	0.290
설득력이 있다	0.211	**0.629**	-0.245	-0.006
혁신적임	0.225	**0.608**	0.298	0.308
파워풀하다	-0.062	0.077	**0.787**	0.085
결단력이 있다	0.231	0.464	**0.537**	0.003
유연함	0.225	0.402	**0.531**	-0.012
협조성이 있다	-0.029	0.066	0.013	**0.854**
	0.188	0.421	-0.200	**0.597**
기여율	20.9%	17.8%	10.0%	8.8%

대한 이미지의 구조로서 세 개의 인자(누적기여율 52.3%)가 추출되었고, 세 인자는 두 지도자 모두에게 공통적인 것이었다(표 7-8, 7-9). 2004년 조사에서도 2001년 조사와 마찬가지로 고이즈미에 대한 이미지 구조로서

네 개의 인자(누적기여율 57.5%)가 추출되었고, 당시의 민주당 대표인 오카다에 대한 이미지 구조로서 세 개의 인자(누적기여율 54.0%)가 추출되었다(표 7-8의 아래, 표 7-10).

표 7-9 하토야마(鳩山) 이미지의 인자분석

2001년	1	2	3
따뜻하다	**0.811**	0.121	0.016
친밀감이 느껴진다	**0.796**	0.168	0.013
유연함	**0.732**	0.008	-0.039
서민적임	**0.668**	0.285	0.135
밝다	**0.666**	0.359	-0.112
협조성이 있다	**0.652**	-0.101	0.247
깨끗하다	**0.633**	0.111	0.144
유머가 있다	**0.550**	0.325	-0.126
파워풀하다	-0.040	**0.823**	0.173
결단력이 있다	0.236	**0.714**	0.193
설득력이 있다	0.258	**0.672**	**0.417**
혁신적임	0.083	**0.584**	-0.059
침착하다	0.213	0.082	**0.551**
가볍다	0.339	-0.031	**-0.472**
정치가답다	-0.007	0.262	**0.460**
유능함	0.317	0.591	**0.418**
기여율	26.8%	17.4%	8.1%

표7-10 오카다(岡田) 이미지의 인자분석

2004년	1	2	3
유능함	**0.767**	0.127	0.105
설득력이 있다	**0.766**	0.218	-0.017
파워풀하다	**0.741**	0.052	-0.246
정치가답다	**0.690**	-0.235	0.236
결단력이 있다	**0.669**	0.093	0.015
가볍다	**0.600**	0.429	0.299
호감이 간다	**0.539**	0.458	0.105
침착하다	**0.521**	-0.122	**0.465**
협조성이 있다	**0.421**	0.302	**0.392**
밝다	0.032	**0.785**	-0.062
유머가 있다	0.049	**0.718**	-0.176
친근감이 느껴진다	0.179	**0.756**	0.023
따스한 느낌이다	0.095	**0.732**	0.252
유연함	0.346	**0.517**	-0.048
혁신적임	-0.132	-0.110	**-0.580**
깨끗하다	0.239	0.388	**0.574**
기여율	24.9%	20.6%	8.5%

위 분석에서 공통의 인자가 세 가지 추출되었다. 먼저 고이즈미(2001년, 2004년) 제1인자, 하토야마 제1인자, 오카다 제2인자에서는 '밝다', '친근감이 느껴진다', '유머감각이 있다', '따스하다'와 같은 항목의 부하량이 높은데, 이는 소위 사람 됨됨이가 괜찮다는 감각적인 인상과 개인적 평가를 나타내는 축으로 해석할 수 있겠다. 이들 항목은 표준편차도 크지 않다는 점에서 비교적 공감대를 얻은 요소라고 할 수 있다. 이어서 고이즈미(2001년) 제2인자, 고이즈미(2004년) 제3인자, 하토야마 제2인자, 오카다 제1인자에서는 '강력해 보인다', '혁신적', '설득력이 있다', '결단력이 있다', '유능한'과 같은 항목이 높다는 점에서 정치가로서의 역동성을 평가

하는 인자로 해석할 수 있겠다. 마지막으로 고이즈미(2001년)의 제4인자, 고이즈미(2004년)의 제2인자, 하토야마의 제3인자는 '중후함', '설득력이 있다', '침착하다'와 같이 활동성을 평가하는 인자라고 할 수 있을 것이다.

또한 고이즈미 고유의 독특한 인자로서 2001년 조사의 제3인자, 2004년 조사의 제4인자를 들 수 있는데, 이는 '협조성이 있다', '유연한'과 같은 항목으로 구성되어 있어 주위와의 관계성을 평가하는 인자라고 말할 수 있겠다. 고이즈미는 당내 개혁을 통해 저항세력과의 대결 자세를 취하고 있었음에도 불구하고, 위와 같은 인자가 고이즈미를 평가하는 축이 되고 있다는 것은 흥미로운 분석결과라고 볼 수 있다.

본 조사의 결과를 히라노(平野)의 분석과 비교할 때, 거의 비슷한 평가의 축이 추출되었다. 더욱이 히라노가 정견방송 시청 후 유권자의 평가축으로서 추출한 '활동성'을 나타내는 인자가 본 조사에서도 마찬가지로 확인된 것은 텔레비전 등을 통해 정치가의 평가가 항상적으로 형성되고 있음을 시사하는 것이다. 또한 감정온도의 분석과 마찬가지로 미디어와 접촉하는 빈도가 높은 그룹만을 분석 대상으로 삼아 인자분석을 실시했지만, 모든 샘플로 분석을 실시한 경우의 인자분석 결과와 차이가 없었다. 이로부터 정치가를 평가하는 척도 및 축에 대해서는 미디어와 접촉하는 빈도가 특별한 영향을 미치고 있는 것으로 보이지는 않는다.

글을 마치며

고이즈미 붐은 무엇이었는가, 그 규모, 효과, 그리고 붐이 사라진 원인은 무엇이었는가? 본 장은 집계자료와 설문자료, 사회심리학적 수법 등 세 가지 접근방식을 이용해서 2003년 중의원선거와 2004년 참의원선거의 비교를 통해 그 원인을 밝히고자 했다. 분석 결과 얻은 결론과 남은 과제를 정리하는 것으로 결론을 대신하고자 한다.

① 2001년 참의원선거에서 일어났던 고이즈미 붐과 그 이후의 각 선거에서 자민당의 득표율이 증감했던 것은 지역특성의 영향을 뛰어넘어 전국적인 규모에서 발생한 것이었다.

② 2001년 참의원선거에서 자민당이 승리했던 것은 정당지지의 요인, 특히 자민당 지지층의 자민당에 대한 투표행동의 비율이 높고, 무당파층의 지지를 획득함으로써 무당파층의 지지분포에서도 민주당과 호각을 이룰 수 있었던 점을 들 수 있다. 무당파층은 내각에 관한 지지가 높을 뿐 아니라 자민당 중심의 정권을 바람직하다고 생각하였으며, 고이즈미 내각이 성립됨으로써 자민당이 변화할 것이라는 점을 높게 평가하고 있다.

③ 그간 자민당에 투표하지 않다가 2001년 참의원선거에서 자민당으로 투표방향을 전환했던 유권자들, 즉 고이즈미 붐의 담당자들에게 눈을 돌려보면, 고이즈미 내각을 지지하고 있지만 자민당 정권에 대한 평가는 높지 않다. 한편 쟁점태도의 경우, 고이즈미 붐의 담당자들은 고이즈미 내각의 구조개혁의 방향성에 일치하지 않는 태도를 지니고 있었다.

④ 2003년 중의원선거, 2004년 참의원선거에서는 자민당 지지층 가운데 자민당에 투표한 비율이 각각 50~60%에 머무를 만큼 낮은 편이며, 민주당에 대한 일탈투표도 적지 않게 확인되었다. 또한 무당파층도 적지 않게 민주당에 투표하는 현상이 일어났다.

⑤ 일탈투표를 한 유권자는 2003년 중의원선거에서는 민주당 중심의 정권에 대한 기대 이외에 내각지지, 구조개혁의 방향성에 관해서

부정적인 평가를 내리고 있다. 또한 2004년 참의원선거의 경우, 일탈투표를 한 유권자들은 매니페스토 달성도에 대한 평가, 생활향상감과 같은 고이즈미 내각의 업적에 대한 평가, 이라크에 대한 정책, 그리고 고이즈미 내각의 이미지에 대해 부정적인 평가를 하고 있다.

⑥ 정당지도자에 대한 평가는 다차원적이며, 여야당간 당내의 대립상황을 비교적 반영하고 있다. 또한 미디어 접촉 정도에 의해서 평가의 축이 영향을 받고 있다.

⑦ 2회에 걸친 조사를 통해서 고이즈미는 자민당 내의 개혁파 이미지로부터 과거 낡은 형태의 자민당 정치가의 이미지에 가까운 것으로 변화하고 있다.

⑧ 정당지도자를 평가하는 이미지의 구조로서 개인적 평가, 역동성, 활동성을 나타내는 인자가 추출되었다. 또한 고이즈미에 관해서는 다른 정치인들에게는 추출되지 않았던 다른 사람과의 관계성을 나타내는 특수한 인자가 추출되었다.

2001년 참의원선거의 경우, 자민당은 자민당의 정권담당능력을 높게 평가하고, 고이즈미 등장 후에 자민당이 변화하리라고 생각하는 무당파층이나 2000년 중의원선거에서 야당에 투표했던 층의 흡수에 성공했다. 그러나 고이즈미 붐의 담당자에 한정해서 분석해보면, 쟁점태도가 고미즈미 내각의 구조개혁 노선과 반드시 일치하는 것은 아니었다. 또한 자민당 정권 그 자체에 대해서 그다지 기대하지 않는 편이었다. 이러한 점에 비추어 볼 때, 자민당이 고이즈미 붐을 통해 안정적인 지지를 획득했던 것은 아니었다고 말할 수 있겠다. 3년간에 걸친 고이즈미에 대한 신선한 이미지도 과거 자민당 정치가에 유사한 것으로 점차 퇴색하였고, 그 결과 고미즈미 붐에 대한 반동 현상이 2003년 중의원선거와 2004년 참의원선거에서 확인되고 있다. 2001년 참의원선거에서 고이즈미에 대한 막연한 기대에 의존했던 붐이 구조개혁이 본격화됨에 따라 장래의 생활에 대한 불안 때문에 일어나게 된 일탈투표(2003년 중의원선거)나 매니페스토나 생활향상감을 통해 드러나는 업적평가로 인한 일탈투표(2004년 참의원선거)를 촉진함으로써 고이즈미 붐도 진정되는 양상을 보이게 된 것이다.

본 연구의 남겨진 과제 중 하나는 투표행동에 대한 정당지도자의 영향력이 최근 들어 상승되고 있는 원인이 무엇인가를 밝히는 것이라고 볼 수 있다. 정당지도자의 영향력이 높아진 것은 고이즈미라는 과거 자민당 정치의 문맥과는 다른 정치가의 특성에 기인한 것인가, 그렇지 않으면 선거제도개혁이나 정당 시스템의 변화에 의해 영향을 받은 유권자–정당의 관계가 변화했기 때문인 것일까[12], 아니면 정당지지, 특히 자민당 지지층의 질적 변화에 따른 현상인가 등에 관한 가설이 생각될 수 있는데, 이러한 가설을 검증하기 위해서는 분석 대상의 시기를 보다 확장시켜서 시계열적인 분석의 시도가 요청된다. 이는 앞으로의 연구에서 다루고자 한다.

참고문헌

荒木俊夫・相内俊一・川人貞史・蓮池穰(1983), 『投票行動における連続と変化』, 木鐸社.
池田謙一(2004), 「2001年参議院選挙と'小泉効果'」, 『選挙研究』 No.19.
大嶽秀夫(2003), 『日本型ポピュリズム ― 政治への期待と幻滅』, 中公新書.
加藤元宣(2002), 「小選挙区の地域特性に基づく2000年衆院選の分析」, 『選挙研究』 No.17

---

12) 예를 들면, 가바시마(蒲島)는 55년체제 하에서 자민당의 의석이 증감하는 현상을 버퍼 플레이어라는 개념에 의해서 설명하고 있는데, 정권담당의 그릇으로서의 역할을 수행하는 야당의 존재감은 버퍼 플레이어의 행동이나 존재에 변화를 야기하고 있다고 볼 수 있다(가바시마, 1988; 1998; 1999).

蒲島郁夫(1988),『政治参加』, 東京大学出版会.

蒲島郁夫(1992),「89年参院選自民大敗と社会大勝の構図」,『レヴァイアサン』No.10.

蒲島郁夫(1998),『政権交代と有権者の態度変容』, 木鐸社.

蒲島郁夫(1999),「98年参院選 ― 自民党はなぜ負けたか ―」,『レヴァイアサン』No.25.

蒲島郁夫(2001),「小泉政権登場で日本政治は何と訣別したか ― 2001年参院選 ―」,『中央公論』 2001年 12月号.

蒲島郁夫・今井亮佑(2001),「2000年総選挙 ― 党首評価と投票行動 ―」, 東大・蒲島ゼミ(編),『有権者の肖像』, 木鐸社.

川人貞史(1989),「衆参同日選挙と中曽根人気」,『北大法学論集』39巻2号.

小林良彰(1985),『計量政治学』, 成文堂.

小林良彰(1991),『現代日本の選挙』, 東京大学出版会.

小林良彰(1997),『現代日本の政治過程 ― 日本型民主主義の計量分析』, 東京大学出版会.

小林良彰(2000),『選挙・投票行動』, 東京大学出版会.

小林良彰(2001),「都議選と参院選に見る有権者の政治意識」,『都市問題』 2001年 10月号.

平野浩(1989),「情報・イメージ・投票行動 ― 記号としての候補者と意味としての候補者イメージ ―」,『選挙研究』No.4.

平野浩(1998),「選挙研究における'業績評価・経済状況'の現状と課題」,『選挙研究』 No.13.

三宅一郎(1986),「政党支持と政治的イメージ」,『日本人の選挙行動』, 東京大学出版会.

三宅一郎(1995),『日本の政治と選挙』, 東京大学出版会.

森正(2004),「2003年総選挙の分析 ― 構造改革・民由合併・マニフェスト」,『情報社会政策研究』 6巻2号.

森正(2005),「2004年参院選の分析 ― 小泉人気の終焉? ―」,『情報社会政策研究』 7巻1号.

リード, スティーブン R.(1996),「ブームの政治 ― 新自由クラブから細川連立政権へ ―」,『レヴァイアサン』No.18.

8장

일본의 매스 미디어 보도와 유권자의식

고노 다케시(河野武司)

시작하며

신문이나 텔레비전 같은 매스 미디어는 많은 사람들에게 세계 각지에서 일어나는 다양한 사건을 알려주는 주된 정보원이다. 예를 들면, 일본 문부과학성에 의한 21세기 COE 중 하나로 선정된 게이오대학의 '다문화·다세대·교차세계의 정치사회질서 형성 ─ 다문화 세계에서의 시민의식의 동태─'라는 프로그램(이하, '게이오대학 21세기 COE')이 실시한 조사에 따르면, "현재의 국제정세를 아는 데 당신이 가장 많이 활용하는 정보원은 무엇입니까"라는 질문에 과반수가 넘는 57.6%가 텔레비전 뉴스라고 답하고 있다. 또한 신문·잡지라고 답한 사람도 30.3%이다. 텔레비전과 신문 및 잡지를 정보원으로 하는 사람이 전체의 9할에 가까운 수치를 보이고 있다.[1]

---

1) 게이오대학 21COE-CCC 「다문화·다세대 교차세계의 정치사회질서 형성 ─ 다문화 세계에서의 시민의식의 동태 ─」 프로그램(거점 책임자: 게이오대학 법학부 교수·고바야시 요시아키)에서

물론 오늘날 인터넷을 통한 검색이라는 새로운 정보수집 수단이 항간에 확산되고 있는 것은 사실이지만, 여전히 많은 사람들에게 신문이나 텔레비전이 가장 값싼 정보원이라는 사실을 위 조사결과는 보여주고 있다. 실제로 이번 조사에서도 인터넷을 주요 정보원으로 삼고 있는 사람은 불과 2.7%에 지나지 않았다.[2] 아침에 일어나 신문을 읽으면서 혹은 텔레비전을 보면서 아침식사를 하듯이 신문이나 텔레비전으로부터 정보를 얻는 일은 어느 가정에서나 흔히 볼 수 있는 관습화된 일상행위이다.

그러나 그것만으로 세계에서 벌어지는 모든 사건을 다 아는 것은 불가능하다. 이는 부분적으로는 텔레비전 뉴스의 방송시간뿐 아니라 신문의 지면에도 제한이 있기 때문이다. 그러한 제한 때문에 미디어는 세계에서 일어나는 다양한 사건들 중 뉴스로 전한 만한 가치가 있는 것만을 골라서 우리들에게 전달하게 되는 것이다. 미국의 저명한 미디어 비평가인 백디키언(Bagdikian, 1971: vii-viii; 오카무라岡村 역, 1973: 5)이 지적한 바와 같이, 우리들의 미래를 좌우할지도 모르는 중요한 어떤 일이 일어났더라도, 미디어에 의해 전달되는 않은 것은 우리들에게 일어나지 않은 것과 마찬가지의 상황이 발생할 수 있을 것이다.

이처럼 소위 뉴스의 가치[3]에 기초해서, 미디어는 사회에서 벌어지고

는 다문화 세계에서의 시민의식의 동태를 명백히 밝히기 위해 전국의 유권자 3,000명을 대상(층화 2단계 추출법)으로 두 번에 걸친 패널조사를 개별면접법에 의해 실시하였다. 첫 번째 조사는 2003년 10월 29일부터 11월 8일에 걸쳐 실시되었으며, 회수율은 65.6%이다. 두 번째 조사는 2004년 8월 21일부터 9월 7일에 걸쳐 실시되었으며, 58.4%의 회수율을 보였다. 이 두 번에 걸친 조사에서 모두 응답에 응해준 샘플은 1,147명이며, 본 분석에서 사용하는 정보수용자에 관한 자료 또한 1,147명의 자료이다.

2) 이밖의 선택지에서는 정치가의 텔레비전 토론 2.6%, 라디오 2.4%, 전문가의 텔레비전 토론 2.2%, 동료, 친구, 친척·가족과의 토론 0.7%, 기타 0.1%, 어떤 것도 없다 0.2%, 모른다 1.1%이다.

3) '사건의 의외성·특이성·선정성'과 같은 요소 등으로 구성되는 소위 뉴스의 가치에 관한 상세한 논의는 오카다(岡田)의 문헌을 참조하기 바람(岡田, 1992: 155-186).

있는 다양한 사건들 중 특정 사건만을 선택해서 보도하고 있다. 그렇다면 미디어라는 조그만 창문은 우리들에게 어떠한 풍경을 보여주고 있는 것일까. 우리들은 그 풍경을 보고, 그 속에서 전개되는 사건이나 그와 관련된 인물 및 조직 등에 관해서 어떤 이미지를 갖게 되는 것일까. 본 장에서는 실증적인 관점에서 이러한 문제에 초점을 맞추어, 앞으로의 보다 포괄적인 연구를 위한 연구방법의 확립과 가설을 형성하는 데 도움이 되는 실마리를 얻고자 한다.

본 장은 다음과 같은 순서로 논의를 진행시킨다. 먼저 분석의 전제와 절차에 대해서 논의할 것이다. 이어서 내용분석 기법[4]을 이용해서 미디어가 전달하는 정보의 특성을 밝힌다. 마지막으로 내용분석에 의해서 밝혀진 미디어 정보의 특성이 미디어와 접촉하는 유권자의 의식에 어떠한 영향을 미치는가의 문제와 관련된 함의를 제시하고자 한다.

I 분석의 전제와 절차

1. 분석의 전제

본 절에서는 앞서 논의한 바와 같이 단지 매스 커뮤니케이션의 내용에 관한 분석을 실시하는 것이 아니라, 그것이 어떠한 영향을 정보수용자인 시민들에게 미치고 있는가를 밝히는 것을 목적으로 삼고 있다. 정보수용자에 대한 영향을 분석하기 위해서는 실험적 수법도 사용될 수 있지만, 여기서는 상관적인 방법을 이용한다. 즉, 여론조사 결과와 내용분석 결과

---

4) 내용분석의 정의로서 가장 일반적인 것은 베를렌슨에 의한 다음의 정의이다. "명시된 커뮤니케이션의 내용을 객관적·체계적으로, 그리고 정량적으로 기술하기 위한 조사기술이다"(Berelson, 1952: 18). 또한 내용분석의 이론 및 구체적인 방법에 관해서는 뉴엔도프(Neuendorf, 2002)의 문헌을 참조하기 바람.

의 대비를 통해서 영향의 유무에 대해 살펴보는 것이다. 따라서 본 논문에서는 정보수용자인 시민의 의식과 태도에 관해서는 게이오대학 21세기 COE의 조사결과를 사용한다.

본 분석에서 키워드가 되는 개념은 '변화'이다. 즉, 정보수용자의 의식과 태도의 변화에는 그에 앞서 정보의 전달자에게 그 어떤 변화가 먼저 있을 것이라고 가정하는 것이다. 이와 같은 연동성의 관점에서 영향의 유무를 분석하는 데는 두 가지 접근방식이 고려될 수 있다. 첫째는 어느 시점 t1과 그것에 이어지는 어떤 시점 t2 사이에 정보수용자의 의식과 태도에 변화가 있을 경우에는, 시점 t1과 t2 사이에 정보전달자의 보도내용에 그러한 변화를 일으킬 만한 특성이 존재했다는 관점에서 변화의 원인을 추적하는 접근방식이다. 예를 들어, 어떤 나라에 대한 정보수용자의 평가가 시점 t1과 t2 사이에서 악화되었다면, 시점 t1와 t2 사이에서 정보전달자의 보도도 그 나라에 대한 이미지를 악화시키는 데 영향을 미치는 내용이 보다 많이 보도되었다고 가정하는 것이다.

둘째 방법은 정보수용자의 미디어 접촉 행동의 다양성을 전제로 하는 것이다. 즉, 각 미디어가 동일한 사건에 관해서 상이한 관점에서 보도를 하고 있다면, 그러한 각 미디어에 접촉하는 정보수용자의 변화도 각 미디어의 보도방식의 차이에 대응하는 형태로 일어났을 것이라고 추측하는 것이다. 예를 들면, A국의 텔레비전 뉴스가 어떤 나라에 관해서 호의적인 이미지의 보도를 집중적으로 하면, A국의 텔레비전 뉴스만을 정보원으로 삼고 있는 정보수용자의 평가는 그 나라에 대해 긍정적인 방향으로 변화하는 한편, 부정적인 이미지를 집중적으로 보도하는 B국의 텔레비전 뉴스를 주된 정보원으로 삼고 있는 정보수용자의 평가는 부정적인 방향으로 변화하는 것은 아닌가 하는 점이다.

본 절에서는 제1의 접근방식에 입각하여 분석을 진행하겠지만, 구체적인 분석방법은 다음 절에서 소개하도록 한다.[5]

2. 분석의 절차

(1) 내용분석

이 글의 맨 앞에서 논의한 바와 같이, 본 절에서는 많은 사람들이 해외 사정에 관한 주된 정보원으로 삼고 있는 텔레비전의 뉴스 프로그램을 분석 대상으로 하여 내용분석을 실시한다. 즉, 본 절에서는 텔레비전 뉴스 프로그램을 통해 보도된 외국에 관한 뉴스를 대상으로 내용분석을 실시하여 외국에서 일어나는 어떠한 종류의 사건이 그 나라에 대해 어떠한 이미지를 정보수용자에게 부각시키며, 또한 그 나라에 대한 평가에 어떠한 누적적인 결과를 가져오는지 밝히고자 한다.

여기서 채택하는 내용분석방법은 먼저 제1단계로 외국에 관한 뉴스를 텔레비전 뉴스 프로그램으로부터 추출하여, 그 방송시간을 측정함과 동시에 그 뉴스의 주제와 그 뉴스에 가장 많이 관여하고 있는 나라가 어디인지를 살펴볼 것이다. 여기서는 외국을 정보의 발생원으로 하는 뉴스뿐 아니라 일본의 정보원이 취재한 뉴스일지라도 외국이나 외국인이 관계된 뉴스는 외국에 관한 뉴스로 간주했다. 앞서 기술한 바와 같이 텔레비전 뉴스는 세계의 다양한 사건을 모두 보도하지 못한다. 당연히 그러한 뉴스에는 특

---

5) 제2의 접근방식에 관해서는 다양한 미디어에 대한 접촉을 고려한 미디어간의 비교라는 관점이 매우 중요해지는데, 이러한 분석을 위해서는 다양한 텔레비전 뉴스뿐 아니라 신문을 포함한 보도 내용의 분석과 이 모두를 종합하는 것이 필요해진다. 제2의 접근방식에 기초한 분석은 앞으로 해야 할 필자의 과제이다. 한편 신문과의 대비를 통해 일본의 텔레비전 뉴스 프로그램의 보도내용과 그 사회적 역할·기능 등을 실증적으로 분석해 그 특징을 명백히 밝힌 연구로는 하기와라(萩原, 2001)를 참조하기 바람.

정 문제나 특정 나라에 관한 뉴스가 다른 것에 비해 더 많이 보도되는 경향이 존재하게 마련이다. 단기적인 영향을 차치하더라도 장기적인 누적적 영향이라는 관점에서 말하자면, 빈번하게 보도되는 사건이나 나라의 이미지에 정보수용자는 더 많은 영향을 받게 될 것이다. 따라서 이러한 양적인 분석을 통해 좋고 나쁨의 이미지와 같은 질적인 분석을 할 때는 보도되는 양이라는 측면에서 보다 적절한 분석 대상을 특정화하도록 하였다.

이어서 가장 많이 보도된 나라에 대한 좋고 싫음의 이미지를 판정하였다. 여기서는 그 뉴스를 접하면서 정보수용자가 떠올릴 것으로 예상되는 그 나라에 대한 좋고 싫음의 이미지와 신뢰감에 관한 것을 호의적·중립적·비호의적 3단계로 평가하였다. 그야말로 그 나라에서 일어난 뉴스뿐 아니라 다른 나라를 발생원으로 하는 뉴스라 할지라도 본 분석에서는 판정 대상인 나라에 대해 조금이라도 언급이 되면 분석 대상으로 삼았다. 이는 그 나라가 관여하는 특정 문제가 보도되는 것 자체가 좋고 싫음의 이미지로 연결되는 경우도 있을 것이며, 텔레비전 뉴스 중에 사용되는 영상만으로도 정보수용자에게 좋고 싫음의 이미지를 형성하는 데 영향을 미칠 수 있다고 생각했기 때문이다.

한편 특정 사건이나 영상뿐 아니라 그 속에 등장하는 인물의 언동이나 캐스터 및 해설자, 그리고 아나운서 등에 의한 코멘트 등도 정보수용자에게 좋고 싫음의 이미지를 떠올리는 경우가 있을 것이다. 이처럼 뉴스의 다양한 구성요소가 총체적으로 강도가 다른 영향력을 미치면서도 정보수용자의 이미지 형성에 영향을 미치는 것으로 생각되지만, 여기서는 그러한 강약의 정도에 대해서는 판정하지 않고 보다 단순히 분석의 대상이 되는 나라에 대해 호의적인 이미지를 형성시키는 뉴스에는 '+1'을 부여하고, 반면 비호의적인 이미지를 상기시킬 것 같은 뉴스에는 '−1'을 부여했다.

또한 언급되더라도 호의적인가 비호의적인가의 이미지를 떠올리지 않을 뉴스에 대해서는 중립적인 뉴스로 간주하여 '0'으로 코딩했다.

한편 외국에 관한 뉴스 추출과 그 개요의 기록, 방송시간 측정 및 좋고 싫음의 판정에는 필자의 세미나 팀에 속해 있는 학부 학생들의 협조를 얻었다. 또한 좋고 싫음의 판정에 대해서는 기록자간의 신뢰성을 높이기 위해서 좋고 싫음의 판정을 실시하기 전에 판정의 일치성에 문제가 발생하지 않도록 충분한 훈련을 시켰다. 또한 뉴스의 주제나 행동주체에 관한 분류는 기록자가 기록한 개요에 기초하여 필자가 최종적으로 정리했다.

분석의 대상이 된 텔레비전 뉴스 프로그램은 2003년 12월 1일부터 2004년 8월 20일까지의 264일간 방송된 TBS의 「쓰쿠시 테쓰야筑紫哲也 News 23」(이하 「뉴스 23」)의 모든 방영분이다.6) 264일간 중에 기본적으로 방송이 없는 토요일·일요일(합계 74일)이나 연말연시 등 방송이 쉬는 날(2003년 12월 23일부터 2004년 1월 2일까지의 토요일과 일요일을 제외한 합계 9일)을 제외한 181회가 최종 분석 대상이 되었다.7) 또한 프로그램의 서두나 광고를 하기 전에 방영되는 뉴스의 예고 부분, 그리고 스포츠 및 그리스 아테네에서 2004년 8월 13일부터 개최된 올림픽에 관한 뉴스는 외국이 관여된 뉴스이지만 분석 대상에서 제외했다.

(2) 정보수용자의 분석

정보수용자의 분석에서 특정화된 분석 대상의 나라에 관한 좋고 싫음의 이미지는 정보수용자인 시민의 의식이나 태도에 어떠한 영향을 미치고

---

6) 본 연구에서는 제2의 접근방식에 의한 분석도 대상에 넣어서 NHK의 「뉴스 10」이나 텔레비전 아사히의 「뉴스 스테이션」(2005년 4월부터 「보도 스테이션」으로 이름이 바뀜) 등에 관해서도 내용분석을 실시했지만, 여기서는 분석이 완료된 「뉴스 23」만을 분석의 대상으로 삼았다.

7) 분석 대상으로 한 소재는 게이오대학 21COE-CCC가 연구용으로 DVD에 녹화한 것이다.

있는 것일까. 여기서는 게이오대학 21세기 COE의 2회의 패널조사의 결과를 이용해서 양자의 조사에 응답한 샘플을 분석 대상으로 삼는다. 이 조사 항목에는 각 나라에 대한 좋고 싫음의 이미지와 신뢰감 및 역할 기대에 관한 질문항목이 있기 때문에 정보수용자의 의식이나 태도의 변화 유무, 그리고 그 방향성을 밝힐 수 있을 것이다.

단, 정보제공자에 관한 분석의 대상이 「뉴스 23」에 한정되어 있기 때문에 "당신은 보통 정치에 관한 정보를 듣거나 보거나 하는 미디어가 무엇입니까? 텔레비전 프로그램 등에 대해서는 어떻습니까?"라는 다중응답을 물어보는 질문항목을 이용해서 「뉴스 23」만을 정보원으로 삼는 시청자 혹은 다른 방송과 더불어 정보원의 하나로 삼고 있는 시청자를 특화한 후에, 「뉴스 23」을 시청하지는 않지만 그외의 텔레비전 뉴스 프로그램으로부터 정보를 얻고 있다고 대답한 샘플과의 비교를 실시할 것이다.

Ⅱ 분석결과

1. 정보제공자의 분석

(1) 뉴스의 종류와 양

분석 대상 기간중에 외국에 관한 뉴스의 수는 984개이며, 전체 방송시간은 160,320초이다. 「뉴스 23」 자체의 1회당 방송시간은 광고를 제외하면 특별히 연장되지 않는 경우 약 2,535초이다. 181회분의 전체 방송시간은 단순계산을 할 경우 약 458,835초이며, 이 중 외국에 관한 뉴스에 할당된 시간은 약 34.9%를 차지한다. 프로그램 중에서 스포츠에 관한 뉴스 코너도 있으며, 이 방송시간까지 고려한 경우에는 상당히 많은 시간이 외국에 관한 뉴스에 할애되고 있음을 알 수 있다.

	뉴스의 종류	0312	0401	0402	0403	0404	0405	0406	0407	0408	합계	%
	합계	98	172	134	114	171	105	88	70	32	984	100.0
이라크	자위대 파견 관계	23	64	37	10	9	3	14	1	2	163	16.6
	테러	9	5	15	10	8	5	6	4	2	64	6.5
	인질 일본	0	0	0	0	55	3	2	0	0	52	6.1
	정세	8	7	4	6	15	5	4	0	3	25	5.3
	정책 미국	2	2	2	3	9	2	5	0	0	22	2.5
	학대 미국	0	0	0	0	0	20	0	1	1	16	2.2
	대량 파괴무기 미국	1	4	4	5	0	0	1	1	0	15	1.6
	그 외	3	0	1	3	2	3	3	0	0	11	1.5
	후세인 구속	7	1	0	0	0	0	0	2	0	11	1.1
	오발·오폭 미국	0	1	1	1	1	7	0	0	0	11	1.1
	일본인 외교관 살해	8	1	0	1	1	0	2	0	0	11	1.1
	정책 유엔	2	1	3	0	3	0	4	0	0	6	1.1
	인질 한국	1	0	0	0	1	0	0	0	0	5	0.6
	인질 필리핀	0	0	0	0	0	0	1	5	0	4	0.5
	인질 이탈리아	0	0	0	0	3	0	1	0	0	4	0.4
	일본인 습격	0	0	0	0	0	3	0	0	0	3	0.4
	인질 각국	0	0	0	0	3	0	0	0	0	3	0.3
	정책 이탈리아	1	0	0	0	2	0	0	0	0	3	0.3
	정책 네덜란드	0	0	1	0	0	2	0	0	0	3	0.3
	정책 스페인	0	0	0	1	2	0	0	0	0	3	0.3
	대량 파괴무기 영국	0	1	1	0	0	0	1	1	0	1	0.3
	정책 한국	0	0	1	1	0	0	0	0	0	2	0.2
	인질 미국	0	0	0	0	0	2	0	0	0	2	0.2
	인질 프랑스	0	0	0	0	2	0	0	0	0	2	0.2
	정책 영국	0	1	0	0	0	1	0	0	0	2	0.2
	정책 온두라스	0	0	0	0	2	0	0	0	0	2	0.2
	정책 일본	0	0	0	0	2	0	0	0	0	1	0.1
	학대 영국	0	0	0	0	0	1	0	0	0	1	0.1
	오발·오폭 영국	0	1	0	0	0	0	0	0	0	1	0.1
	인질 영국	0	0	0	0	1	0	0	0	0	1	0.1
	인질 파키스탄	0	0	0	0	0	0	0	1	0	1	0.1
	정책 도미니카	0	0	0	0	1	0	0	0	0	1	0.1
	정책 러시아	0	0	0	0	1	0	0	0	0	1	0.1
	정책 각국	1	0	0	0	0	0	0	0	0	1	0.1
	대량파괴무기 일본	0	1	0	0	0	0	0	0	0	1	0.1
	대량파괴무기 유엔	0	0	1	0	0	0	0	0	0	1	0.1
	대량파괴무기 폴란드	0	0	0	1	0	0	0	0	0	1	0.1
	소계	66	90	71	42	123	57	45	16	8	518	52.6

표 8-1b

	뉴스의 종류	0312	0401	0402	0403	0404	0405	0406	0407	0408	합계	%
북한	납치문제	2	7	4	1	3	16	2	1	5	41	4.2
	젠킨슨 씨 문제	0	0	0	0	0	8	2	19	0	29	2.9
	북일관계	1	3	6	3	4	6	1	0	1	25	2.5
	6개국 협의	2	2	7	2	1	0	5	0	0	19	1.9
	핵문제	1	5	3	0	0	3	1	0	0	13	1.3
	기타	0	2	0	1	3	0	1	2	0	9	0.9
	소계	6	19	20	7	11	33	12	22	6	136	13.8
선거	미국	2	4	5	3	0	0	0	15	1	30	3.0
	대만	0	0	0	4	0	1	0	0	0	5	0.5
	한국	0	0	0	1	2	0	0	0	0	3	0.3
	러시아	0	0	0	1	0	0	0	0	0	1	0.1
	소계	2	4	5	9	2	1	0	15	1	39	4.0
2국간 외교	일미관계	1	1	1	2	1	2	3	0	0	11	1.1
	일중관계	1	0	0	5	0	0	1	0	3	10	1.0
	중국/북한 관계	0	0	0	0	5	0	0	0	0	5	0.5
	한일관계	0	1	0	0	0	1	0	1	0	3	0.3
	미국/아이티 관계	0	0	1	1	0	0	0	0	0	2	0.2
	한국/북한 관계	0	0	1	0	0	0	1	0	0	2	0.2
	일본/멕시코 관계	0	0	0	2	0	0	0	0	0	2	0.2
	미국/스페인 관계	0	0	0	0	1	0	0	0	0	1	0.1
	중국/대만 관계	0	1	0	0	0	0	0	0	0	1	0.1
	일본/러시아 관계	0	0	0	0	1	0	0	0	0	1	0.1
	미국/대만 관계	1	0	0	0	0	0	0	0	0	1	0.1
	소계	3	3	3	10	8	3	5	1	3	39	4.0
정치 · 정책	미국	0	3	2	2	2	2	2	1	2	16	1.6
	한국	1	1	0	4	1	0	0	0	2	9	0.9
	아이티	0	0	0	3	0	0	0	0	0	3	0.3
	유엔	2	0	0	0	0	0	0	0	0	2	0.2
	중국	0	0	0	1	0	0	1	0	0	2	0.2
	영국	0	0	0	1	0	0	0	0	0	1	0.1
	파키스탄	0	0	0	1	0	0	0	0	0	1	0.1
	프랑스	0	0	1	0	0	0	0	0	0	1	0.1
	브라질	0	1	0	0	0	0	0	0	0	1	0.1
	소계	3	5	3	12	3	2	3	1	4	36	3.7
테러	미국	1	1	2	0	2	0	1	0	0	7	0.7
	스페인	0	0	0	6	1	0	0	0	0	7	0.7
	사우디아라비아	0	0	0	0	1	1	0	0	0	2	0.2
	러시아	1	0	1	0	0	0	0	0	0	2	0.2
	우즈베키스탄	0	0	0	0	0	0	0	1	0	1	0.1
	그리스	0	0	0	1	0	0	0	0	0	1	0.1
	파키스탄	0	0	0	1	0	0	0	0	0	1	0.1
	소계	2	1	3	8	4	1	1	1	0	21	2.1

표 8-1c

	뉴스의 종류	0312	0401	0402	0403	0404	0405	0406	0407	0408	합계	%
사건·사고·재해	미국	3	0	1	2	3	1	0	1	7	18	1.8
	중국	2	2	3	1	0	1	4	0	0	13	1.3
	한국	1	1	2	2	2	0	1	2	1	12	1.2
	북한	0	0	0	0	4	0	0	0	0	4	0.4
	영국	0	1	1	0	0	0	0	1	0	3	0.3
	대만	0	0	0	0	0	0	0	3	0	3	0.3
	필리핀	0	0	1	1	0	0	0	0	0	2	0.2
	러시아	0	0	1	1	0	0	0	0	0	2	0.2
	이란	0	0	1	0	0	0	0	0	0	1	0.1
	인도	0	0	0	0	0	0	0	1	0	1	0.1
	오스트리아	0	0	1	0	0	0	0	0	0	1	0.1
	캐나다	0	0	0	0	0	0	1	0	0	1	0.1
	스리랑카	0	0	0	0	0	0	1	0	0	1	0.1
	도미니카	0	0	0	0	0	0	1	0	0	1	0.1
	멕시코	0	0	0	0	0	0	1	0	0	1	0.1
	모로코	0	0	1	0	0	0	0	0	0	1	0.1
	소계	6	4	12	7	9	2	9	8	8	65	6.6
그외	미국	1	14	4	4	1	1	6	0	0	31	3.2
	미얀마	2	1	0	3	0	0	0	0	0	6	0.6
	태국	2	0	0	0	1	0	1	0	0	4	0.4
	이란	0	0	0	2	1	0	0	0	0	3	0.3
	북한	0	0	3	0	0	0	0	0	0	3	0.3
	아프가니스탄	0	0	0	0	1	0	0	0	1	2	0.2
	한국	0	0	1	0	1	0	0	0	0	2	0.2
	이탈리아	0	0	0	0	0	0	0	1	0	1	0.1
	카타르	0	0	0	0	1	0	0	0	0	1	0.1
	쿠르드 난민	0	0	0	0	0	0	0	0	1	1	0.1
	시리아	0	0	0	0	1	0	0	0	0	1	0.1
	스페인	0	1	0	0	0	0	0	0	0	1	0.1
	중국	0	0	0	0	0	0	0	1	0	1	0.1
	핀란드	0	1	0	0	0	0	0	0	0	1	0.1
	멕시코	1	0	0	0	0	0	0	0	0	1	0.1
	모리타니	1	0	0	0	0	0	0	0	0	1	0.1
	리비아	0	0	1	0	0	0	0	0	0	1	0.1
	러시아	1	0	0	0	0	0	0	0	0	1	0.1
	각국	1	0	0	0	0	0	0	0	0	1	0.1
	소계	9	17	9	9	7	1	7	2	2	63	6.4
개별문제	미국 BSE 문제	0	12	2	0	2	1	1	4	0	22	2.2
	조류 인플렌쟈	0	9	6	2	0	0	0	0	0	17	1.7
	팔레스티나 문제	0	1	0	7	1	0	0	0	0	9	0.9
	알카에다 문제	0	1	0	1	1	4	0	0	0	7	0.7
	SARS 문제	1	6	0	0	0	0	0	0	0	7	0.7
	G8 서미트	0	0	0	0	0	0	5	0	0	5	0.5

먼저 「뉴스 23」에서 어떠한 뉴스가 어느 정도 방송되었는가에 대해
먼저 살펴보았다. 양으로 따지면, 빈도와 방송시간이라는 두 가지 지표가
가능한데, 이번 조사의 분석결과에서는 뉴스 종류별 빈도와 방송시간과의
상관계수가 0.9548로 매우 높은 수치를 보이고 있다는 점에서 양자의 사이
에 커다란 차이가 없다고 판단해 빈도만을 보기로 하였다.

표 8-1은 식별된 뉴스의 종류와 각 뉴스에 대한 방송이 분석 대상이
되었던 2003년 12월 1일부터 2004년 8월 20일 사이에 시계열적으로 어떻
게 변화했는가를 한 달을 단위로 정리한 것이다. 전체 뉴스는 115 종류가
분류되었다. 나아가 115 종류의 뉴스는 그 내용에 따라서 9개의 카테고리
로 분류되었다.[8]

커다란 분류에 관해서 먼저 살펴보면, 이라크에 관한 뉴스가 가장 많았
으며, 외국에 관한 뉴스 중 52.6%로 반수 이상을 차지하고 있다. 이는 2003
년 3월 19일(미국 동부 표준시) 공습으로 시작된 이라크전쟁의 영향을 반
영하고 있는데, 나아가 4월 중순까지 사실상 미국과 영국군이 이라크의
전역을 제압하게 되고, 그후 이라크의 부흥이나 치안유지, 그리고 민주적
인 선거에 의한 정권수립을 지향하는 연합군에 의한 점령상태가 분석기간
중에도 지속되고 있음을 반영하는 수치일 것이다. 이어서 많은 뉴스가

---

8) 기본적으로 내용이 무엇에 관한 것인가, 그리고 어느 나라가 주체가 되고 있는 뉴스인가의 관점에
서 분류한 것이지만, '이라크' 관계의 일부, 예를 들면, '정세'나 '북조선' 및 '개별문제'에 관해서는
그러한 형식을 따르고 있지 않다. 여기서 간단히 표를 읽는 방식과 '인질 일본'이라는 표기를 읽는
법에 관해서 언급해두도록 한다. 먼저 '이라크'로부터 '개별문제'에 이르는 9가지의 대분류는 기
본적으로 무엇에 관한 뉴스인가를 표시한다. 그리고 분류 뒤에 나오는 나라의 이름은 그 뉴스에
관여되고 있는 나라를 나타낸다. 또한 '인질 일본'이라는 표기의 경우, 앞의 '인질'이라는 부분은
뉴스의 내용을 가리키며, 뒤의 '일본'이라는 부분은 그 뉴스에 관여하고 있는 나라를 나타내고
있다. 즉, '이라크'라는 대분류 속에서 '인질 일본'이라는 표기의 경우는 일본의 민간인이 이라크에
서 인질로 잡힌 사건과 관련된 뉴스라는 것을 의미한다.

13.8%를 차지하는 북한 관련 뉴스이다. 북한의 납치 문제나 핵 문제 및 6자회담 등이 이 시기의 주요 화제였다. 그 뒤를 잇는 것은 사건·사고·재해에 관한 뉴스로 6.6%를 차지하고 있다. 뉴스 내용의 양에 한정하는 경우, 이라크 관계 뉴스가 압도적으로 많은 것이 특징이다.

좀 더 세밀하게 분류해서 살펴보면, 115종류의 뉴스가 식별이 가능해지는데, 그 중에서도 가장 많이 보도된 것은 16.6%를 차지하는 일본 자위대의 이라크 파견 관련 뉴스이다. 이 뉴스만으로도 앞의 커다란 분류에서 두 번째 빈도를 기록했던 북한 관련 뉴스를 넘는 양이다. 이라크부흥·지원 특별조치법이 만들어지고 5개월이 지난 2003년 12월 16일, 먼저 제1진으로 항공자위대군의 선발부대가 파견되었다. 그후 육상자위대와 해상자위대도 파견되었지만, 그러한 파견이 있기 전에 일본 국내에서 발생한 다양한 사건이나 파견 후 현지에서의 활동이, 「뉴스 23」에서는 일본인에게 가장 중요한 문제로서 간주되고 있었던 것으로 보인다. 이어서 이라크에서 발생한 외국 군인이나 이라크 당국자 및 민간인 대상의 테러에 대한 뉴스가 많았는데, 이는 전체의 6.5%를 차지하고 있다.

본 절의 분석에서 주요 관심사이기도 한 국가별 보도의 양을 살펴보면, 미국에 관한 뉴스가 가장 많다는 점을 알 수 있다. 미국은, 주체가 되는 나라를 명시하지 않는 항목을 포함하는 이라크 관계나 북한 문제를 제외한 각 항목의 모든 부분에서 언급되는 양이 가장 많으며, 전체를 합하면 139개이다. 또한 이라크 관계의 뉴스에서도 나라를 특정화한 것에 대해서만 보면, 76개가 미국을 대상으로 하는 뉴스이며, 합계는 215개이다. 이것은 전체의 21.8%를 차지하는 양이다. 미국이 일본 외교의 가장 중요한 파트너라는 점은 말할 나위도 없지만 대분류에서 가장 많이 보도되었던 이라크 관계 뉴스 속에서 중심적인 역할을 수행했던 미국에 관한 뉴스가 가장 많다는 점은 당연하다면 당연하다고도 볼 수 있을 것이다.

이러한 분석결과를 고려하면서 이후에는 가장 많이 보도되었던 미국에 대해 각 뉴스가 정보수용자에게 가져다준 좋고 싫음의 이미지에 관한 분석을 실시할 것이다.

(2) 텔레비전 뉴스를 통해 전달되는 미국에 대한 이미지

여기서 평가의 대상이 된 뉴스는 신문기사에 관한 데이터베이스를 사용해서 '미국'이라는 단어로 기사검색을 한 결과 추출된 뉴스와 동일한 이미지의 것이다. 분석 대상이 된 뉴스 속에는 미국을 발신원으로 삼는 미국을 대상으로 하는 뉴스도 있지만, 미국을 발신원으로 하지 않지만 뉴스 속에서 미국과 관련된 그 무언가를 언급한 경우로서 미국에 관한 좋고 싫음의 이미지 형성에 영향을 미쳤다고 간주되는 것도 포함된다. 한편, 단지 누군가가 미국에 갔다왔다와 같은 뉴스 등은 판정의 대상으로부터 제외했다. 예를 들면, 분석기간중에 중의원의원의 학력 사기 문제가 있었는데, 그 의원이 자신의 의혹을 조사하기 위해 미국을 방문했다는 등의 뉴스는 분석에서 제외된다.

표 8-2 미국에 대한 이미지

	0312	0401	0402	0403	0404	0405	0406	0407	0408	합계	%
플러스	0	6	1	2	5	1	2	1	0	18	1.8
중립	30	49	46	15	27	21	28	22	6	244	24.8
마이너스	23	31	20	31	42	34	17	9	8	215	21.8
-	45	86	67	66	97	49	41	38	18	507	51.5
합계	98	172	134	114	171	105	88	70	32	984	100.0

표 8-2는 분석결과를 정리한 것이다. 평가의 대상이 되었던 뉴스의 수는 477개이며 전체의 48.4%를 차지한다. 그 중 233개가 좋고 싫음의 이미지를 불러일으키는 것과 같은 뉴스였다. 이는 전체의 23.7%를 차지한다. 정보수용자가 외국에 관한 뉴스를 본 것 중에서 네 번 중 한 번은 그 어떤 형태로든 미국에 관한 이미지가 형성되는 형태의 뉴스에 접했다고 볼 수 있는 것이다. 여기서 어떠한 이미지가 적극적으로 보도되었는가를 살펴보면, 그 이미지는 미국에 친근감이나 신뢰감을 증폭시키는 것과 같은 긍정적인 이미지를 야기시키는 것이 아니라, 대부분이 미국에 대한 혐오감이나 불신감을 안겨주는 부정적인 이미지를 불러일으키는 것이었다. 긍정적 이미지를 불러일으키는 뉴스는 겨우 18개로 전체에서 1.8%를 차지하는 것에 불과하지만, 부정적 이미지를 야기하는 뉴스는 215개로 전체의 21.8%를 차지하고 있다. 이라크 전쟁의 근거가 되었던 대량파괴무기의 존재에 관한 의혹, 미군의 오폭 등에 의한 이라크 민간인 살상, 그리고 이라크 민간인에 의한 미국의 점령통치·치안유지활동에 대한 불만 등이 부정적 이미지의 보도에 영향을 미친 것으로 보인다.

그렇다면 이렇게 텔레비전 뉴스의 세계에서 미국에 대한 부정적 이미지가 범람한 것은 정보수용자들인 시민의 의식 및 태도에 어떠한 변화를 초래했을까. 다음 절에서 이를 살펴보도록 한다.

2. 정보수용자의 분석

시민의 대미 의식의 변화를 살펴보는 데 있어, 게이오대학 21세기 COE에 의한 패널조사에서는 미국에 대한 좋고 싫음이나 신뢰감 및 세계평화, 그리고 테러에 대한 전쟁, 세계경제의 성장, 빈곤과의 싸움, 환경보호라는 다섯 가지 측면에서 미국이 수행하는 역할에 관해서 질문하고 있다.[9] 여기서는 이들 질문항목에 대한 응답의 변화추이의 고찰을 통해 텔레비전 뉴스의 세계에서 미국의 부정적 이미지의 범람이 시민의 의식이나 태도에 어떠한 변화를 불러일으켰는지를 살펴보도록 한다.

표 8-3은 각 조사항목에 관해서 2003년 조사와 2004년 조사 사이의 변화를 정리한 것이다. 표 속에 있는 '접촉한 적이 있음' 및 '접촉한 적이 없음'이라는 란은 각각 다양한 미디어에 접촉한 적이 있는 샘플 중에서 전자가 「뉴스 23」을 유일한 혹은 복수의 정보원 중 하나로 삼고 있는 사람의 응답이며, 후자는 「뉴스 23」에는 접촉하지 않았지만 그밖의 뉴스 프로그램이나 신문 등의 미디어를 정보원으로 삼고 있는 사람의 응답이다. 10)

표 8-3을 통해 알 수 있는 것은 세계경제 성장에서 미국이 수행하는 역할을 제외하면 모든 항목에서 미국에 대한 이미지가 부정적인 방향으로 변화하고 있다는 점이다. '좋다', '신뢰한다', '긍정적인 역할'과 같이 긍정적으로 응답하는 사람의 비율이 감소하는 반면, '싫다', '신뢰하지 않는다', '부정적인 역할'과 같이 부정적으로 응답하는 사람의 비율은 증가하고 있다. 이 두 가지 관점에서 시민의 의식이 변화하고 있는 것은 「뉴스 23」에 관한 내용분석에서 밝혀진 미국에 관한 부정적인 이미지의 범람과 일치하

---

9) 구체적인 질문과 그 응답의 선택지는 다음과 같이 되어 있다. 먼저 좋고 싫음의 정도에 관해서는 "당신은 이 안에 있는 나라가 좋습니까, 아니면 싫습니까"라는 질문에 대해서 '상당히 좋다, 약간 좋다, 약간 싫다, 상당히 싫다, 모른다'라는 선택지 중에서 하라는 선택하게끔 요구하고 있다. 미국에 관한 신뢰도에 관해서는 "다음에서 들고 있는 기관이나 조직, 제도를 당신은 어느 정도 신뢰하고 있습니까"라는 질문에 대해서 '상당히 신뢰한다, 약간 신뢰한다, 그다지 신뢰하지 않는다, 거의 신뢰하지 않는다, 모른다'는 선택지 중에서 하나를 선택하도로 요구하고 있다. 미국이 수행하는 역할에 관해서는 "지금부터 읽어드리는 문제에 관해서 당신은 미국이 긍정적인 역할을 수행하고 있다고 생각합니까, 아니면 부정적 역할을 수행하고 있다고 생각합니까. 어느 쪽인가요?"라는 질문항목에 대해서 '긍정적 역할, 부정적 역할, 어느 쪽도 아니다, 모른다'라는 선택지 중에서 하나를 고르도록 요구하고 있다.

10) 좋고 싫음의 정도와 신뢰도에 관한 변수는 '상당히'와 '약간'이라는 선택지를 하나로 통합한 것이다.

표 8-3 미국에 대한 의식·태도의 변화

표 a

호감도	2003년	2004년	변화율
좋다	791	768	-2.9%
접촉 있음	291	279	-4.1%
접촉 없음	500	489	-2.2%
싫다	232	258	11.2%
접촉 있음	73	84	15.1%
접촉 없음	159	174	9.4%
어느 쪽도 아니다	124	121	-2.4%
접촉 있음	26	27	3.8%
접촉 없음	98	94	-4.1%

표 b

신뢰도	2003년	2004년	변화율
좋다	547	457	-16.5%
접촉 있음	209	175	-16.3%
접촉 없음	338	282	-16.6%
싫다	375	456	21.6%
접촉 있음	127	160	26.0%
접촉 없음	258	296	14.7%
어느 쪽도 아니다	225	234	4.0%
접촉 있음	54	55	1.9%
접촉 없음	171	179	4.7%

표 c

역할-세계평화	2003년	2004년	변화율
긍정적 역할	367	304	-17.2%
접촉 있음	127	98	-22.8%
접촉 없음	240	206	-14.2%
부정적 역할	380	451	18.7%
접촉 있음	138	174	26.1%
접촉 없음	242	277	14.5%
어느 쪽도 아니다	261	251	-3.8%
접촉 있음	89	91	2.2%
접촉 없음	172	160	-7.0%
모른다	139	147	5.8%
접촉 있음	36	27	-25%
접촉 없음	103	114	10.7%

표 d

역할-테러와의전쟁	2003년	2004년	변화율
긍정적 역할	309	263	-14.9%
접촉 있음	122	92	-24.6%
접촉 없음	187	171	-8.6%
부정적 역할	526	582	10.6%
접촉 있음	189	213	12.7%
접촉 없음	337	369	9.5%
어느 쪽도 아니다	169	100	-40.8%
접촉 있음	49	7	-85.7%
접촉 없음	120	93	-22.5%
모른다	143	147	2.8%
접촉 있음	30	23	-23.3%
접촉 없음	113	124	9.7%

표 e

역할-세계경제의 성장	2003년	2004년	변화율
긍정적 역할	488	508	4.1%
접촉 있음	183	197	7.7%
접촉 없음	305	311	2.0%
부정적 역할	211	200	-5.2%
접촉 있음	73	66	-9.6%
접촉 없음	138	134	-2.9%
어느 쪽도 아니다	257	257	0.0%
접촉 있음	86	91	5.8%
접촉 없음	171	166	-2.9%
모른다	191	182	-4.7%
접촉 있음	48	36	-2.5%
접촉 없음	143	146	2.1%

표 f

역할-빈곤과의 전쟁	2003년	2004년	변화율
긍정적 역할	214	143	-33.2%
접촉 있음	77	51	-33.8%
접촉 없음	137	92	-32.8%
부정적 역할	321	318	-0.9%
접촉 있음	113	127	12.4%
접촉 없음	208	191	-8.2%
어느 쪽도 아니다	390	429	10.0%
접촉 있음	136	150	10.3%
접촉 없음	254	279	9.8%
모른다	222	257	15.8%
접촉 있음	64	62	-3.1%
접촉 없음	158	195	23.4%

표 g

역할-환경보호	2003년	2004년	변화율
긍정적 역할	197	166	-15.7%
접촉 있음	63	50	-20.6%
접촉 없음	134	116	-13.4%
부정적 역할	433	427	-1.4%
접촉 있음	164	165	0.6%
접촉 없음	269	262	-2.6%
어느 쪽도 아니다	325	320	-1.5%
접촉 있음	112	124	10.7%
접촉 없음	213	196	-8.0%
모른다	192	234	21.9%
접촉 있음	51	51	0.0%
접촉 없음	141	183	29.8%

는 것이며, 미디어의 보도내용이 시민의 의식의 변화에 영향을 미치고 있을 가능성을 강하게 시사하는 결과라고 말할 수 있다.

「뉴스 23」에 대한 접촉 유무로 미국에 대한 이미지 변화가 다른가의 여부를 살펴보기 위해 '두 가지 모비율의 차이 검정'을 실시했지만, 테러와의 전쟁에서 미국이 수행하는 역할에 대해서 '어느 쪽도 아니다'라고 응답한 것을 제외하면 다른 모든 항목의 응답에서 통계적으로 의미있는 차이가 보이지 않았다. 이 결과를 분석 대상 기간중으로 한정해서 볼 때, 「뉴스 23」뿐 아니라 다른 모든 미디어에서도 미국에 대해 부정적인 이미지를 초래하는 보도가 많았음을 시사한다.

한편 「뉴스 23」에서 미국에 대한 보도가 타 방송국보다도 더 엄격한 것이었다고 한다면, 「뉴스 23」을 정보원으로 삼고 있는 시민들에게는 보다 많은 변화가 나타났을 것이다. 그러나 분석결과는 그러한 차이점을 나타내지 않았다. 이 점은 퍼스널 커뮤니케이션을 포함해 다양한 미디어와 시민들이 접촉하고 있다는 점을 고려한다면, 특정 뉴스 프로그램에 대한 접촉이 시민의 의식에 미치는 영향이 다른 미디어로부터의 영향에 의해서 상쇄되었을 가능성을 시사한다.

글을 마치며

본 장은 장기간에 걸친 미디어 접촉이 그 정보의 수용자인 시민의 의식에 어떠한 영향을 미치는가를 밝히기 위한 보다 종합적인 분석을 염두에 두고, 앞으로의 보다 체계적인 분석을 위한 예비분석의 결과를 정리한 것이다.

여기서는 거시적인 관점에서 뉴스 내용의 방향성과 정보수용자인 시민의 의식변화 방향성이 상호 연동하고 있음을 시사하는 분석결과를 얻을 수 있었다. 그러나 특정 뉴스 프로그램에 대한 접촉이 반드시 그 뉴스 프로그램에 나타나는 보도내용의 특징을 반영하는 것과 같은 특정한 변화를 불러일으키는 것이 아닐 수도 있다는 점을 밝힐 수 있었다.

다양한 특징을 지니고 있는 시민들은 퍼스널 커뮤니케이션을 포함한 다양한 미디어에 대한 접촉 속에서 다양한 입장의 정보를 받아들여, 그것을 종합하거나 취사선택한 결과로서 하나의 의식을 형성하고 있을 것이다. 앞으로는 본 장에서도 지적한 바와 같이 미디어간의 비교라는 제2의 접근방식에 의한 분석이 요구될 것으로 보인다. 즉, 상이한 미디어에 의한 영향을 규정할 것으로 보이는 시민들의 속성에 대한 차이를 통해 비교분석을 실시하는 것은 매스 미디어에 의한 정보제공이 시민의 의식이나 태도에 미치는 영향을 보다 상세히 밝히는 데 중요한 연구과제로 부각될 것이다.

참고문헌

岡田直之(1992), 『マスコミ研究の視座と課題』, 東京大学出版会.
萩原滋編(2001), 『変容するメディアとニュース ― テレビニュースの社会心理学 ―』, 丸善.

Bagdikian, Ben H.(1971), *The Information Machines: Their Impact on Men and the Media*, New York: Harper & Row(ベン H. パクディキャン(岡村黎明訳), 「インフォメーション・マシーン』, サイマル出版会, 1973年).

Benelson, Bernard(1952), *Content Analysis in Communication Research*, New York: Free Press.

Neuendorf, Kimberly A.(2002), *The Content Analysis Guidebook*, Thousand Oaks: Sage Publication, Inc.

9장

일본의 지방정치와 유권자의식

가와무라 가즈노리(河村和德)

시작하며 – 문제의 소재

1. 자치단체장선거에서의 투표율 저하 경향

최근 지방선거의 투표율 저하 현상이 더욱 심화되고 있다. 예를 들면, 밝은선거추진협회가 지방선거마다 집계하는 통계에서 나타나는 바와 같이(그림 9-1), 자치단체장선거의 투표율은 50% 가까이 떨어지는 경향이 있다. 1980년대에 일반화되기 시작했다는 자치단체장선거의 '합승화' 현상은 지방선거의 투표율 저하 현상을 야기하는 하나의 요인으로 생각된다. 여기서 말하는 '합승형 선거'란 "주요 정당이 후보자를 단독으로 입후보하지 않고 다른 정당과 협력해서 한 명의 후보자를 내세우는 선거"(石上·河村, 1999: 43)를 말하는 것으로, 다시 말해 복수정당으로부터 추천·지지를 받아낸 후보자가 존재하는 선거를 가리킨다.[1]

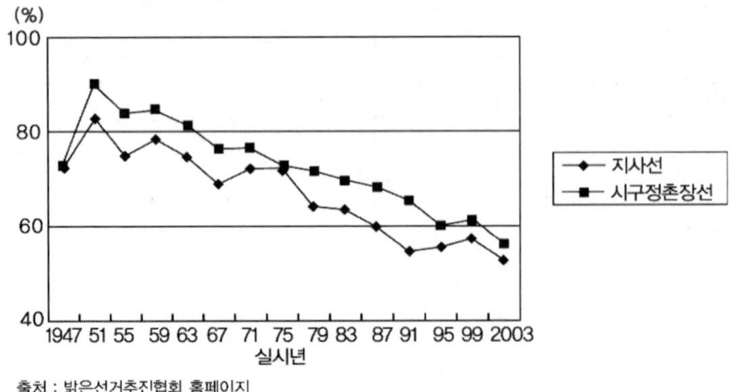

출처 : 밝은선거추진협회 홈페이지

그림 9-1 통일지방선거의 투표율의 변천

우선 표 9-1을 살펴보자. 표 9-1은 1997년부터 2002년에 걸쳐 실시된 시구(市區) 자치단체장선거 중에서 특히 투표율이 낮다고 생각되는 사례 (약 30%의 투표율)를 나열한 것이다. 현청 소재지나 도시부를 중심으로 투표율 저하 현상이 진행되고 있다는 점을 표 9-1로부터 충분히 알 수 있다. 또한 당선된 후보자가 '합승형 후보'인 선거에 ○를 표시해놓았는데, 투표율이 낮은 선거의 대부분이 '합승형 선거'임을 알 수 있다. 그렇다면 합승형 선거가 투표율 저하를 불러일으킨다고 판단되는 요인에는 어떠한 것이 있을까. 여기서는 그 중 하나가 특정 후보자를 복수의 정당이 지원하는 것에 의해서 유권자의 한 표가 지니는 유효성 감각이 낮아지는 것에서 찾을 수 있다고 본다. 특정 후보자에게 다수의 정당이 추천·지지를 표명하는

---

1) 선거에서 정당간 혹은 정당과 후보자 간의 협력실태를 어디까지로 할 것인가를 논의하게 되는 경우, 매우 복잡한 논의가 필요해진다. 정당에 따라서는 '추천'과 '지지'를 구분해서 사용하고 있으며, 또한 '추천'과 '지지'를 결정하는 절차도 각 정당에 따라 커다란 차이가 난다. 본 장에서는 합승형 선거를 정의하는 정당간 혹은 정당과 후보자 간의 협력상태를 이와가미·카와무라(石上·河村, 1999)의 논의에 입각해서 복수의 정당(정당지부를 일부 포함한다)으로부터 공적인 절차에 의해서 '추천'이나 '지지'를 획득한 상태를 가리키는 것으로 본다.

표 9-1 시구장선거의 낮은 투표율(1997~2002)을 넣음

시구명	당선이 결정된 연월	입후보자 수	투표율	합승형 후보 여부
도쿠시마(德島)시	1997년 2월	2	30.68	○
고다이라(小平)시	1997년 4월	2	27.53	○
이타미(伊丹)시	1997년 4월	2	27.14	○
나고야(名古屋)시	1997년 4월	3	24.28	○
시키(志木)시	1997년 6월	2	31.56	○
요코스카(横須賀)시	1997년 6월	2	32.22	○
가도마(門真)시	1997년 6월	2	33.34	○
이와쓰키(岩槻)시	1997년 7월	2	32.74	○
센다이(仙台)시	1997년 7월	2	31.97	○
아라카와(荒川)구	1997년 9월	2	33.01	○
미토(水戸)시	1997년 10월	2	30.93	○
가시와(柏)시	1997년 10월	2	29.62	○
이치노미야(一宮)시	1997년 10월	2	30.40	○
가스카베(春日部)시	1997년 12월	2	30.78	○
후지(富士)시	1997년 12월	2	33.66	
도야마(富山)시	1997년 12월	2	31.13	○
이코마(生駒)시	1998년 1월	2	33.96	○
요코하마(横浜)시	1998년 4월	6	34.11	○
도요나카(豊中)시	1998년 4월	2	32.95	○
나카노(中野)구	1998년 5월	3	25.21	○
마쓰도(松戸)시	1998년 6월	3	32.00	○
시즈오카(静岡)시	1998년 8월	2	33.93	○
메구로(目黒)구	1998년 10월	2	25.93	○
구마모토(熊本)시	1998년 11월	2	32.33	○
가나자와(金沢)시	1998년 11월	2	32.40	○
가스가이(春日井)시	1999년 1월	2	33.89	○
아카시(明石)시	1999년 7월	2	31.11	○
후쿠야마(福山)시	1999년 8월	5	28.67	○
모리구치(守口)시	1999년 9월	2	32.15	○
오사카(大阪)시	1999년 11월	3	33.55	
후지사와(藤沢)시	2000년 2월	3	30.99	○
미나토(港)구	2000년 6월	4	29.98	○
나라(奈良)시	2000년 9월	2	26.40	○
욧카이치(四日市)시	2000년 11월	2	31.41	○
사가미하라(相模原)시	2001년 1월	3	28.68	○
나고야(名古屋)시	2001년 4월	3	31.41	○
요코스카(横須賀)시	2001년 6월	2	33.95	○
가도마(門真)시	2001년 6월	2	32.69	○
미토(水戸)시	2001년 10월	2	27.52	○
가시와(柏)시	2001년 10월	3	25.76	○
고시가야(越谷)시	2001년 10월	2	31.60	
이치카와(市川)시	2001년 11월	2	25.22	○
가스카베(春日部)시	2001년 12월	2	26.95	
미야자키(宮崎)시	2002년 1월	2	34.00	○
도다(戸田)시	2002년 3월	2	31.38	
도요나카(豊中)시	2002년 4월	2	26.61	○
나카노(中野)구	2002년 6월	5	33.42	○
구마가야(熊谷)시	2002년 7월	2	32.50	○
시즈오카(静岡)시	2002년 8월	2	27.91	○
메구로(目黒)구	2002년 10월	3	26.99	○

경우, 유권자는 해당 후보가 당선될 확률이 높다는 것을 충분히 짐작할 수 있다. 때문에 "나 하나 정도 투표하지 않더라도 선거결과는 달라지지 않을 것"이라고 생각하는 유권자가 늘어나게 되고, 그 결과 투표율 저하 현상이 발생한다고 말할 수 있을 것이다. 실제로 미야케(三宅, 1990)가 실시한 교토시(京都市) 시장선거 분석에 의하면, 1979년의 시장선거에서 투표율이 낮았던 이유는 유권자의 투표의욕 상실에 기인한다는 점이 자료를 통해 입증되었다.

또한 무라카와(村川, 1997)가 지적한 바와 같이, 정당은 정치적 자원의 저장소의 일환이기에 많은 정당들이 협력체제로 연결되어 있다는 현상은 해당 후보자의 정치적 동원 잠재력이 높다는 것을 의미하는 것으로 간주할 수 있을 것이다. 이는 다른 후보자가 합승형 후보에게 대항하여 입후보하려는 것에 적지 않은 영향을 미칠 것이다. 따라서 필자는 정치적 자원의 보고(寶庫)로서 정당들의 협력체제가 투표율 저하로 연결된다고 가정하였다. 정당의 추천·지지가 특정 후보자에게 집중되는 것은 대항하려는 후보자의 입후보 의욕을 상실시키는 효과를 초래할 것이기 때문이다. 또한 입후보를 하고 싶지만 정당의 추천·지지를 얻지 못하고 입후보를 단념해야 했던 예비 후보자들 중에는 입후보 절차에 대한 불만으로 선거에 나서지 않는 사람도 나올 수 있다. 나아가 투표할 선택지가 좁아지는 것에 의해 투표할 후보자가 없다는 이유로 기권하는 유권자도 늘어날 것이다. 이렇게 생각해보면, '합승형 선거'는 구조적으로 투표율을 저하시키는 요인을 내포하고 있음이 거의 확실해 보인다. 지금까지의 고찰을 통해 자치단체 장선거의 투표율 저하 문제와 관련해서 오늘날 지방정치의 상황을 고려하는 데 유권자의 '합승형 선거'에 대한 의식을 검토하는 것은 중요한 과제라고 생각된다.

따라서 본 장에서는 현대 일본의 지방정치에서 중요하다고 여겨지는 '합승형 선거'를 유권자의 의식분포와 이를 규정하는 요인에 관한 설문자료를 통해 분석을 하고자 한다. 그리고 '합승형 선거'가 왜 행해지고 있는가를 유권자의 의식 차원에서 조금이나마 규명하고자 한다.

2. 자료

한편 본 장에서 이용하는 자료는 필자가 주니치신문 호쿠리쿠 본사(中日新聞北陸本社)로부터 연구지원을 받아 2000년 8월부터 9월에 걸쳐서 이시가와현(石川縣) 가나자와시(金澤市)에 거주하는 유권자에 대해 실시한 설문조사로부터 작성한 것이다. 이 조사는 2000년 중의원선거에서 가나자와시의 유권자를 모집단으로 하고 층화추출법에 의해서 샘플링을 실시한 것이다. 구체적으로는 샘플로 1,060명을 추출한 뒤 우편을 통한 조사를 했다. 8월 상순에 질문표를 우송하여 9월 초순까지 회수를 한 결과, 반송·전출 등이 25명, 유효응답 수 502명이었다. 회수율은 47.3%였다.[2]

Ⅰ 합승형 선거에 대한 접근방식

합승형 선거를 분석하는 데 있어 몇 가지 접근방식이 가능하다. 합승형 선거가 전국적으로 전개되게 된 경우를 동시대적으로 접근하는 방법이 그 중 하나이다. 이 접근방식에 입각한 분석으로는 오모리·사토오(大森·佐藤, 1986)가 있다. 그들은 ① 오일쇼크 이후의 세수입의 감소와 혁신단체장의 행정운영 능력의 결핍이 혁신자치단체에 대한 불만을 야기시킨

---

2) 가나자와시에서 실시한 조사의 집계결과는 다음의 URL에서 공개하고 있다. http://www.law. Kanazawa-u.ac.jp/kawamura/seminar(2004년 12월 10일).

것, ② 혁신단체장에 대해 대항하기 위해서 자민당을 중심으로 정치적으로 중립적이며 행정실무능력이 높은 공무원 출신자가 입후보하게 된 것이 '합승형 선거'를 가져온 요인이라고 분석하고 있다. 가모(加茂, 1993)도 오모리・사토와 마찬가지로 오일쇼크를 합승형 선거가 늘어나게 된 하나의 계기로 간주하고 있다. 가모는 오일쇼크가 지방자치단체의 개발행정으로의 회귀를 불러일으키고, 개발행정이 지방의회를 포괄하는 합의사항이 되었다고 본다. 또한 중앙정부의 정치와 지방의 정치를 분리시키는 듯한 경향이 합승형 선거를 낳는 요인이 되었다고 보는 마에다(前田, 1995)의 연구도 있다. 이들 분석은 시대배경을 고려해서 합승형 선거가 전국적으로 확산되게 된 과정을 묘사하고 있다는 점에서 긍정적으로 평가할 수 있는 반면, 전국적인 흐름에 주목한 나머지 혁신세력이 약한 조그만 지방자치단체에서도 합승형 선거가 일어나는 이유에 대해서는 충분한 설명을 할 수 없다는 문제점을 지니고 있다.

합승형 선거를 지방자치단체 내의 자치단체장과 의회의 관계로부터 접근하는 연구도 있다. 이러한 접근방식에 입각한 연구는 개별적이고 구체적인 사례를 일반화하고자 시도하는 가운데 합승형 선거의 원인을 논의하는 경향이 있다. 이러한 접근방식에 입각한 연구로는 소가・테라시마(曽我・寺島, 2001)가 있다. 그들은 이원대표제 하에서 정당이 자치단체장에 대해 영향력을 행사하기 위해서는 ① 정당의 규율이 충분히 확립되어 있으며(당에 의한 구속력이 강하며, 당의 의견을 따르지 않는 행동이 어려운 것), ② 여당의원이 의회의 구성원으로서 보다 여당의 구성원으로서 행동하는 편이 이득이라는 조건이 성립할 필요가 있다고 본다. 또한 이들 조건이 성립하지 않는다면, 과잉연합이 형성될 가능성이 있다고 지적하고 있다. 소가와 데라시마가 지적하는 조건 중에서 특히 두 번째 조건은 중요하다고 생각된다. 왜냐하면, 연립정권 이론에서도 강조되듯이 일정 조건이 성립하면 최소승리연합에 의해 의회의 여당이 결정될 수 있을 것으로 생각되기 때문이다.[3]

소가와 데라시마가 지적한 두 번째 조건이 성립하지 않는 이유를 날카롭게 지적한 연구로는 리드(Reed, 1990)의 분석을 들 수 있다.[4] 리드는 오일쇼크 이후의 재정위기가 지방의회 내부의 당파적 대립을 억제하고, 중앙정부로부터 보조금 등의 자원을 획득하는 것을 중시하는 '분배정치(distributive politics)'의 측면을 강화시켰다는 점에 주목하고 있다. 리드의 논의로부터 도출되는 것은 오늘날 일본의 세금재정제도 하에서 재정적으로 중앙의존 체질이 강한 소규모 자치단체에서는 오히려 지방의회의 과잉연합이 더 보편적인 현상이라는 점이다. 왜냐하면 일본의 정치제도 하에서는 여당의 구성원으로서 행동하는 것에 의해서 획득되는 이득보다도 중앙으로부터 얻는 이익이 더 커지기 쉽기 때문이다. 또한 재정적으로 풍부한 대도시라고 할지라도 중앙정부의 보조금 획득을 목적으로 한 합승형 선거가 이루어질 수 있다는 점도 리드의 논의를 채택한다면 논리적으로 납득될 수 있다. 나아가 합승형 선거의 틀이 시간의 변화와 더불어 성립하거나 붕괴되는 현상도 여당에 소속되어 얻어지는 이익과 중앙정부로부터 얻어지는 이익이 시대와 정치 환경에 따라서 변화하기 때문으로 생각할 수 있을 것이다.

한편 선거시기에 정당의 역할이라는 관점에서 접근하는 방법도 있다. 예를 들면 합승형 선거에서 후보자 옹립과정를 고찰한다든지 선거지원체

---

3) 연립정권에 대한 이론으로는 Riker(1962)를 참조하기 바람. 또한 연립정권에 관한 이론을 정리한 문헌으로서는 고바야시(小林, 1988)를 참조하기 바람.
4) 아울러서 히라노 · 코노(平野 · 河野, 2003)도 참조하기 바람.

제가 어느 정도 구축되어 있는가를 고찰하는 방식이다. 일본의 지방선거
에서는 가와무라(河村, 2001a)가 지적하듯이 정당에 의한 후보자 충원 기
능이 매우 취약하다. 또한 가타오카(片岡, 1994)가 지적하듯이 여러 명의
입후보 희망자가 정당의 추천 및 지지를 둘러싸고 상호 경쟁하는 경우도
있다. 그렇지만 정당의 추천 및 지지는 선거에서 이기기 위한 만능처방은
아니다. 해당 선거를 둘러싼 환경에 의해 선거협력의 정도 등이 변화하기
때문이다. 지사선거나 대도시의 시장선거와 같이 국정선거에 버금가는
선거의 경우에는 정당이 추천 및 지지를 한 후보자에 대해 적극적으로 선거
협력을 하지만, 지방의 정촌(町村) 수준의 선거에서는 형식상 추천 및 지지
에 머무르는 곳도 있다. 단, 그러한 추천 및 지지가 형식적일지라도 정당의
추천이나 지지는 후보자에게 중요한 의미를 지닌다. 그것은 후보자로서
의 정당성과 연관된 문제이기 때문이다. 후보자로서 (형식적일지도 모르
지만) 많은 정당의 지원을 얻고 있는 사실이 유권자에게 알려지는 것은
자치단체장으로서의 권위를 지니고 있다는 점을 주민들에게 과시하는 것
과 연결되기 때문이다.[5]

합승형 선거를 유권자의 의식수준에서 고찰하는 것도 가능하다. 많은
정당의 지원이 있음을 과시하더라도 유권자의 지지가 없다면 당선될 수
없다. 전국 각지에서 합승형 자치단체장이 탄생하고 있는 현상을 생각하
게 되면, 일정 정도 이상의 유권자가 합승형 선거를 긍정적으로 보고 투표

---

5) 정당의 추천이나 지지도 이른바 '지반(지역적 기반)·간반(명성, 명예)·가반(학력)'(ジバン·カ
   バン·カバン)이라는 세 가지 '간반'(看板; 간판)이라고도 볼 수 있을 것이다. 지역사회 유력자의
   지원 표명도 정당이 제시하는 추천이나 지지와 동일한 것으로 간주될 수 있을 것이다. 또한 후보자
   자신이 가지는 경력(학력과 캐리어 등)도 유권자가 후보자를 판단하는 데 필요한 정보의 역할을
   수행함으로써 간판과 동일한 역할을 수행할 수도 있을 것이다. 이와 같은 점에 관한 연구로서는
   카와무라(河村, 2001b)를 참조하기 바람.

하고 있다고 예상할 수 있다. 때때로 우리들은 "지방에는 정당정치가 어울리지 않는다"는 소리를 듣게 되는데, 이러한 의견도 유권자가 합승형 선거를 긍정적으로 바라보고 있다는 점을 시사하는 것으로 생각할 수 있을 것이다. 필자가 2003년에 보수(保守)의 아성이라고 일컬어지는 도야마(富山)와 이사카와(山石川) 두 현에서 실시한 여론조사에서는 "지방에는 정당정치가 어울리지 않는다"는 의견에 대해 '찬성'이라고 응답한 유권자는 23.8%, '그럭저럭 찬성'이라고 대답한 유권자가 19.3%로, 이 두 응답을 합하게 되면 전체의 약 절반을 차지한다(平野・河野, 2003; 그림 10-3). 또한 직접적으로 '합승형 선거'에 대한 시비를 유권자에 질문하고, 이를 검토하는 것도 가능하다. 미야케(三宅, 1990)는 교토시 시장선거에서 '합승형 선거'에 대한 유권자의 의견분포를 살펴본 뒤, 그러한 응답의 분포가 어떠한 요인에 의해서 규정되고 있는가에 대해 검토하고 있다.

지금까지 살펴본 바와 같이 합승형 선거를 분석하기 위해서는 다양한 접근방식이 가능하지만, 본 장에서는 마지막에 제시했던 유권자의식의 고찰을 통한 접근방식을 선택한다. 국정선거와 비교하면, 지방선거를 분석한 연구는 많지 않은데[6], 그 이유는 유권자를 대상으로 설문조사를 실시하여 합승형 선거를 다변량 분석에 의해 검증한 연구가 무엇보다 적기 때문이다. 자치단체장선거는 거의 매일 전국 어딘가에서는 행해지고 있다는 점에서 일상적인 이벤트라고 말할 수 있다. 그러나 연구 대상으로 삼을 경우, 몇 년에 한 번 하는 국정선거에 비해 선거횟수가 매우 많으며 수집해야 할 자료가 방대해진다는 난점을 지니고 있다. 또한 각 지역의 선거사정을 고려할 필요가 있기 때문에 논의의 일반화가 어려우며, 그러한 의미에

---

6) 예를 들면, 지방선거의 구조를 다룬 문헌으로서는 나카무라(中村, 1996)나 무라카미(村上, 2003)
도 참조하기 바람.

서 일상적인 이벤트라고 생각되는 것에 반해 연구의 축적은 매우 빈약한 상황이다. 본 장의 연구의의는 자료의 제약은 있지만 유권자의 의식 차원에서 합승형 선거를 검토한 시도라는 점에서 찾을 수 있겠다.

II 합승형 선거에 대한 의견의 분포와 관련성이 예상되는 변수

1. 합승형 선거에 대한 의견을 측정하는 척도

미야케는 교토시 시장선거에서 합승형 선거에 대한 의견을 다음의 질문에 대한 찬반에 의해 측정하고 있다(三宅, 1990: 130-140). 합승형 선거를 측정하는 중요한 질문이기에 여기서 몇 가지 지적해두고자 한다.

① 각 정당은 자주성을 가지고 독자적인 후보를 추천해야지 보수에서 혁신에 이르기까지 동일한 후보를 합승형으로 추천하는 것은 정당으로서의 책임을 방기하는 것이다.

② 지방자치는 특정 정당의 입장에 편향되어서는 안 된다. 그러한 관점에서 모든 정당으로부터 추천받는 것은 시민 대다수의 지지를 얻을 수 있는 가능성이 높기 때문에 오히려 바람직하다.

③ 현실 정치에서는 선거의 승리가 중요하기 때문에 승리할 수 있는 후보자에게 (각 정당이) 합승하는 것은 어쩔 수 없는 일이다.

단순집계의 결과에서는 다수의 응답은 ①의 경우 '찬성(44%)', ②가 '찬성(41%)', ③이 '반대(61%)'였지만, 각 응답간의 관련성은 그다지 높지 않았다. 즉 상관계수가 '①-②' 사이는 -0.12, '②-③'은 0.10, '②-③'은 0.16이다.

①에서 ③까지의 질문항목은 합승형 선거의 특징을 반영한 질문이라

고 말할 수 있다. 그러나 ①은 정당의 바람직한 모습을 묻고 있는 데 비해 ②는 지방자치의 보편성과 후보자의 바람직한 모습이 혼재된 질문이다. 이러한 질문항목 설계는 계량분석의 해석을 어렵게 만들 수 있다.

따라서 가나자와시에서 실시한 조사에서는 합승형 선거에 대한 의견을 측정할 뿐 아니라 해석을 용이하게 할 수 있는 질문항목을 준비했다. 구체적인 질문으로서 사용한 것은 "현재 도도부현의 지사선거나 시장선거에서 대부분의 정당이 합승형 후보를 추천하고 있는데, 이에 관해서 어떻게 생각하십니까. 해당되는 선택지 중 하나에 ○를 표시해주십시오"라는 질문이다. 그리고 이 질문에 대한 선택지로는,

① 자치단체장과 의회의 무모한 대립이 없어지기 때문에 바람직하다.
② 지방정치에 정당정치는 어울리지 않기 때문에 어쩔 수 없다.
③ 유권자가 후보자를 선택할 여지가 없기 때문에 바람직하지 않다.
④ 잘 모른다.

를 준비했다. ①의 선택지는 합승형 선거에 대해서 적극적인 긍정을 나타내는 것으로, ②의 선택지는 합승형 선거에 대해서 소극적인 긍정을 나타내는 것으로, 그리고 ③의 선택지는 합승형 선거에 부정적인 태도를 나타내는 것으로 볼 수 있다. 즉 ①에서 ③까지의 선택지는 순서척도로 구성된 것으로 볼 수 있다. 이 응답결과의 단순집계를 그림으로 표시한 것이 그림 9-2이다.

그림 9-2로부터 알 수 있는 것은 자치단체장과 의회의 갈등을 피할 수 있다고 응답한 '합승형 선거에 대한 적극 긍정파'가 전체의 11.3%에 지나지 않으며, 35.5%가 유권자의 선택의 폭이 좁아진다는 이유로 합승형 선

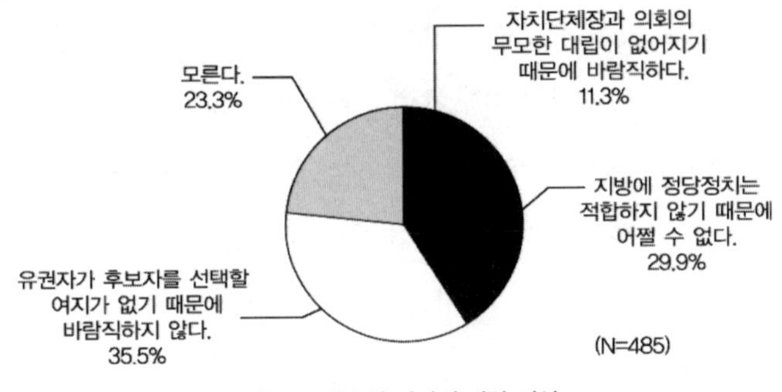

그림 9-2 합승형 선거에 대한 의식

거에 반대하는 '합승형 선거에 대한 부정파'가 다수를 차지하고 있다는 점
이다. 또한 지방에 정당정치는 어울리지 않기 때문에 어쩔 수 없다는 '합승
형 선거에 대한 소극적 긍정파'는 29.9%, '잘 모른다'고 대답한 사람도
23.3%였다. 전체적으로 합승형 선거에 대한 의견의 분포가 분산되어 있는
편이다. 지방에 거주하는 유권자는 합승형 선거에 대해 긍정적이라는 인
상이 일반적으로 강한 편이지만, 본 조사의 결과는 그렇지 않다는 점을
보여주고 있다. 정당정치는 현대 민주정치의 근간이 되는 것임에도 불구
하고, 비교적 많은 사람들이 "지방에는 정당정치가 어울리지 않는다"고
응답하는 것은 주목할 만한 결과라고 할 수 있다.

2. 관련성이 예상되는 변수

(1) 지방정치에 대한 관심과 신뢰감

합승형 선거에 대한 의견분포를 규정하는 요인으로서 생각되는 변수
로는 어떠한 것이 있을까. 여기서는 먼저 '지방정치에 대한 관심'을 지적하
고자 한다. 정치에 대한 관심이 쟁점태도나 다양한 정치의식, 그리고 정치
행동을 규정하는 요인이라는 것은 수많은 연구들에 의해서 지적되고 있는
것으로, 합승형 선거에 대한 의견분포를 규정하는 정치의식의 한 요인으

로 일정한 관련성이 있을 것으로 예상된다.

표 9-2 지방정치에 대한 관심과 신뢰

지방정치에 대한 관심	도수	%	지방정치에 대한 신뢰	도수	%
매우 관심이 있다	103	21.2	항상 신뢰할 수 있다	17	3.4
조금 관심이 있다	267	54.9	대체로 신뢰할 수 있다	231	46.7
거의 관심이 없다	77	15.8	때때로 신뢰할 수 있다	153	30.9
전혀 관심이 없다	11	2.3	전혀 신뢰할 수 없다	27	5.5
모른다	28	5.8	모른다	67	13.5
N	486		N	495	

(참고)

중앙정치에 대한 관심	도수	%	중앙정치에 대한 신뢰	도수	%
매우 관심이 있다	97	19.5	항상 신뢰할 수 있다	8	1.6
조금 관심이 있다	301	60.4	대체로 신뢰할 수 있다	135	27.2
거의 관심이 없다	76	15.3	때때로 신뢰할 수 있다	204	41.1
전혀 관심이 없다	6	1.2	전혀 신뢰할 수 없다	76	15.3
모른다	18	3.6	모른다	73	14.7
N	498		N	496	

또한 '지방정치에 대한 신뢰감'도 의견분포를 규정하는 요인의 하나일 것이다. 고바야시·쓰쓰미(小林·堤, 2000)에서 지적되듯이, 일반적으로 정치에 관심이 있는 유권자는 설사 정치를 신뢰하지 않더라도 현실 정치에 대해서 적극적으로 접촉하리라고 생각된다. 또한 지방정치에 대해 신뢰하는 경향이 있는 유권자는 지방정치의 모습에 대해 비교적 관용적인 태도를 보일 것으로 예상되며, 따라서 자치단체장이나 의회의 다수가 협조하는 합승선거 정치풍도에 대해서도 관용적일 가능성이 높다고 생각된다. 역으로 지방정치에 대해 신뢰가 부족한 사람은 외부로부터의 후보자 옹립 과정이 투명하지 않은 합승형 선거가 그다지 바람직하지 않다고 간주할 것으로 보인다.

가나자와시에서 실시한 이번 조사결과에 의하면(표 9-2), 지방정치에 '매우 관심이 있다', '조금 관심이 있다'를 합한 유권자의 비율은 75%였다. 이로부터 많은 유권자가 지방의 정치에 관심을 가지고 있다고 말할 수 있다. 한편 지방정치에 대한 신뢰는 '항상 신뢰할 수 있다', '대체로 신뢰할 수 있다'는 대답을 합하면 약 50%를 차지하고 있다. 한편 일반적으로 유권자들은 중앙정부보다도 지방정치에 관해 관심이 높고 신뢰감도 높다고 일컬어지지만, 이번 자료에 한정해서 말한다면, 지방의 정치보다도 중앙정부의 정치에 대한 관심이 더 높았다(0.1% 수준에서 유의함). 또한 지방정치에 대한 관심과 신뢰 간의 관계(그림 9-3)는, 전체적으로 지방정치를 신뢰하고 관심이 높은 '시스템 유지형'이 다수를 차지하고 있지만, 지방정치에 관심은 있지만 신뢰가 적은 '내부 비판형'도 상당한 비율을 차지하고 있다. 지방정치를 신뢰하지만 관심은 적은 '만족 위임형'의 유권자는 상당히 소수였다.[7]

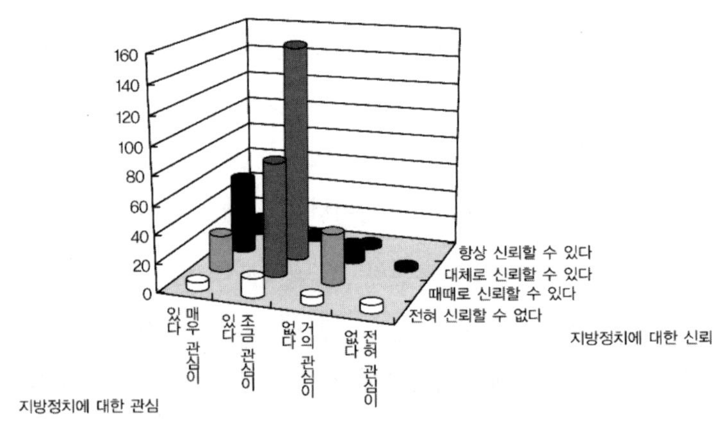

그림 9-3 지방정치에 대한 관심과 신뢰의 교차분석표

---

7) '시스템 유지형', '내부 비판형'과 같은 분석틀은 고바야시·쓰쓰미(小林·堤, 2000)를 참조하기 바람.

(2) 사회적 의사결정에 관한 협조성

유권자 개인이 가지는 사회적 의식도 합승형 선거에 대한 의견을 검토하는 데 유용한 변수가 될 수 있다. 예를 들면, 일본인의 사회적 의사결정은 합의와 협조를 중시하는 경향이 있다고 언급된다.[8] 이렇게 주위와 협조하는 의사결정은 많은 이해관계자가 협조하는 합승형 선거와 상통하는 점이 있을 것으로 생각된다. 즉, 협조적인 의사결정을 지향하는 사람은 합승형 선거와 같은 틀에 대해 관용적이지 않을까 하는 가설이 생각될 수 있다.

단, 본 장에서 이용하는 설문자료에는 유권자가 이러한 일본 특유의 의사결정에 관해서 어떻게 생각하는지에 관해 직접 질문한 항목이 없다. 유사한 질문으로서 사회적인 의사결정을 할 때, 주위와 협조하는 가운데 목소리가 큰 사람에게 순응하는 것이 좋다고 생각하는가 여부를 질문한 항목이 있는데, 본 장에서는 이 변수를 사회적 의사결정에 관한 의견을 측정한 변수로 이용하기로 한다.

(3) 정당의 보수와 혁신 및 보혁에 관한 자기 이미지

정당의 보혁이나 보혁에 관한 자기 이미지도 합승형 선거에 대한 사고 방식에 영향을 미치는 변수로 생각될 수 있다. 교토시 시장선거에 관한 미야케의 분석에 의하면, 공명당 지지층은 비교적 합승형 선거에 대해 긍정적인 데 반해 공산당 지지자는 전체적으로 합승형 선거에 대해 부정적인 태도를 취하고 있다고 한다(三宅, 1990: 139). 표 9-3에서 나타났듯이 가나자와시에 실시한 조사에서도 공산당 지지자는 상대적으로 합승형 선거에 부정적이었다. 단, 미야케가 분석한 1970년대에서 80년대에 걸친 교토시와는 달

---

8) 예를 들면, 이러한 지적을 하는 문헌으로서 지방자치연구 자료센터편(1979)이 있다.

표 9-3 지지정당별로 보는 '합승형 선거'에 대한 의견의 분포

			지지정당							합계
			자민당	민주당	공명당	자유당	공산당	사민당	무당파	
합승형 선거에 대한 의견	적극적 긍정	도수 의견의 % 지지정당의 %	30 56.6 20.3	9 17.0 12.0	2 3.8 25.5	3 5.7 12.5			9 17.0 10.7	53 100.0 14.5
	소극적 긍정	도수 의견의 % 지지정당의 %	67 46.9 45.3	28 19.6 37.3	2 1.4 25.0	9 6.3 37.5	3 2.1 20.0	7 4.9 58.3	27 18.9 32.1	143 100.0 39.1
	부정	도수 의견의 % 지지정당의 %	51 30.0 34.5	38 22.4 50.7	4 2.4 50.0	12 7.1 50.0	12 7.1 80.0	5 2.9 41.7	48 28.2 57.1	170 100.0 463.4
		도수 의견의 % 지지정당의 %	148 40.4 100.0	75 20.5 100.0	8 2.2 100.0	24 6.6 100.0	15 4.1 100.0	12 3.3 100.0	84 23.0 100.0	366 100.0 100.0

리, 합승형 선거에 대해 긍정적인 것은 자민당 지지자인데, 이는 본 조사의 결과와 차이를 보이는 점이다. 공산당 지지자가 합승형 선거에 대해 부정적인 것은 최근 지방선거의 구도와 관계가 있을 것이다. 실제로 지방의 경우, 합승형 선거의 대결구도가 합승형 후보 대 공산당 후보로 되는 사례가 적지 않았기 때문이다. 공산당 후보의 합승형 선거에 대한 비판은 여당 비판과 연동되어 있다고 보는 것이 옳을지도 모른다.

또한 스스로가 보혁의 어느 쪽에 위치해 있는가 하는 '보혁에 관한 자기 이미지'는 정당지지와 밀접한 관련성을 가지고 있는 변수이기 때문에, 마찬가지로 합승형 선거에 관한 의견 및 태도와 관련성이 있을 것으로 생각된다.

(4) 기타 변수

연령이나 거주연수와 같은 사회적 속성도 합승형 선거를 규정하는 변수라고 생각될 수 있다. 단, 그러한 변수들은 직접적으로 관련되는 변수라

기보다도 정치적 관심이나 신뢰감, 보혁에 관한 자기 이미지를 경유해서 간접적으로 관련되어 있을 가능성이 높을 것이다.

Ⅲ 분석

먼저 합승형 선거에 대한 의견의 분포를 종속변수로 하는 다항 로지스틱 회귀분석을 실시하여, 의견의 분포를 규정하는 요인에 관해서 논의하자. 합승형 선거에 대한 의견은 순서척도로 간주할 수 있지만, 여기서는 우선 선택지를 명의척도로 간주해서 분석하기 때문에 다항 로지스틱 회귀분석을 실시하도록 한다.

이 분석에서 이용되는 독립변수로는 '지방정치에 대한 관심', '지방정치에 대한 신뢰', '협조적인 사회적 의사결정 여부', '보혁에 관한 자기 이미지'에 사회적 속성을 나타내는 '성별', '연령', '학력', '거주연수', '수입'의 다섯 변수를 추가해서 9가지 변수를 투입하였다.[9] 구체적인 척도는 표 9-4에 표시해놓았다. 즉 사회적 속성을 나타내는 변수로서 '성별', '연령', '학력', '거주연수', '수입'을, 유권자의 정치적 태도를 나타내는 변수로 '보혁에 관한 자기 이미지'를, 지방정치에 대한 의식과의 연동성을 탐색하는 변수로서 '지방정치에 대한 관심', '지방정치에 대한 신뢰'를, 그리고 일본 특유의 의사결정을 고찰하는 변수로서 '사회적 의사결정에 대한 협조성'을 독립변수로 투입하였다.

---

9) 과거의 선행연구와 대비하는 경우, 공명당 지지의 더미 변수를 투입해야겠지만, 본 장에서 이용하는 자료는 공명당 지지자가 3.1%밖에 없으며, 결손치(缺損値) 처리 등을 실시하는 과정에서 분석하는 데 적정한 샘플을 확보할 수 없었기 때문에 분석에서 제외하기로 했다.

표 9-4 분석에 사용되는 독립변수의 척도

성별	1=남성/2=여성
연령	2=20대/3=30대/4=40대/5=50대/6=60대/7=70세 이상
학력	2=중졸 이하/3=고졸/4=단기대학·전문학교/5=대졸 이상
거주연수	3=10년 미만/4=10년 이상(태어난 이후는 제외)/5=태어난 이후 계속
수입	1=200만 엔 미만/3=200~500만 엔/5=600~1,000만 엔/7=1,000만 엔 이상
보혁 자기 이미지	1=매우 혁신/2/3/4/5/6/7/8/9/10=가장 보수의 10점 척도
정치관심(지방)	1=매우 관심/2=조금 관심/3=거의 관심없음/4=전혀 관심없음
정치신뢰(지방)	1=언제나 신뢰/2=대체로 신뢰/3=때때로 신뢰/4=전혀 신뢰할 수 없음
사회적 의사결정에 대한 협조성	1=유력자에게 의뢰/2/3=모른다/4/5=스스로의 힘으로의 5점 척도

표 9-5 다항 로지스틱 회귀의 결과 '합승형은 바람직하지 않다(N=127)' 를 기준

	합승형은 바람직하다(N=41)				합승형은 어쩔 수 없다(N=115)			
	B	Wald	자유도	유의확률	B	Wald	자유도	유의확률
절편	-3.62	1.87	1	0.17	-1.21	0.43	1	0.51
성별	0.10	0.07	1	0.79	-0.31	1.21	1	0.27
연령	0.02	1.24	1	0.27	0.01	1.00	1	0.32
학력	-0.36	1.94	1	0.16	-0.17	1.00	1	0.32
거주연수	0.35	1.20	1	0.27	0.35	2.48	1	0.12
수입	0.19	3.40	1	0.07 +	0.11	2.10	1	0.15
보혁 자기 이미지	0.26	5.99	1	0.01*	0.15	4.07	1	0.14*
정치관심(지방)	0.39	1.49	1	0.22	0.41	3.22	1	0.07 +
정치신뢰(지방)	-0.71	4.78	1	0.03*	-0.81	12.58	1	0.00**
사회적 의사결정에 대한 협조성	-0.12	0.57	1	0.45	-0.05	0.21	1	0.65

Cox와 Snell=0.15 Nagelkerke=0.18 McFadden=0.08

** : $0 \leq p < 0.01$ * : $0.01 \leq p < 0.05$ + : $0.05 \leq p < 0.1$

위와 같은 변수를 이용해서 합승형 선거에 대한 의견을 규정하는 요인에 관해서 다항 로지스틱 회귀분석을 실시한 결과를 표시하는 것이 표 9-5이다. 분석결과는 "합승형 선거는 바람직하지 않다"는 의견을 기준으로 한 것이다.

　　먼저 합승형 선거에 적극적인 의견으로 10% 수준에서 통계적으로 의미가 있는 변수는 '수입', '보혁에 관한 자기 이미지', '지방정치에 대한 신뢰'의 세 변수였다. 이 결과로부터, 합승형 선거에 매우 긍정적인 태도를 보이는 유권자는 지방정치에 대한 신뢰가 높은 보수적인 유권자이며, 수입이 비교적 높은 편이라는 점을 알 수 있다.

　　또한 합승형 선거에 대해서 소극적인 의견에 관해서는, '보혁에 관한 자기 이미지', '지방정치에 대한 관심', '지방정치에 대한 신뢰'가 10% 수준에서 통계적으로 유의미한 변수였다. 계수의 기울기로부터 판단하는 경우, 보수적이며 지방정치에 대한 신뢰가 높은 유권자가 전체적으로 합승형 선거에 관해서 소극적이지만 긍정적인 의견을 표하는 경향이 있다고 지적할 수 있겠다. 이러한 결과는 합승형 선거의 적극적인 긍정파와 유사한 경향을 보이고 있지만, 합승형 선거에 대해 소극적인 긍정을 표시하는 사람은 상대적으로 정치적 관심이 낮다는 결과가 얻어진다는 점에서 지방정치에 대한 적극적인 관심이 합승형 선거를 적극적으로 긍정하는가, 아니면 소극적으로 긍정하는가의 차이를 만들고 있다고 볼 수 있을 것이다.

　　한편 협조적인 사회적 의사결정 여부는 그 어느 쪽에서든 통계적으로 의미있는 결과를 도출하지 못했다. 질문항목에 다소 문제가 있다는 점은 부인할 수 없지만, 적어도 표 9-5로부터는 일본 특유의 의사결정방식이 좋다고 생각하는 유권자가 합승형 선거를 긍정적으로 평가하고 있다고 말하기는 어려울 것 같다.

　　분석결과를 정리하면 다음과 같다.

　　먼저, 지방정치에 대한 신뢰감은 유권자의 합승형 선거에 대한 의견을 측정하는 데 중요한 변수이며, 전체적으로 지방정치를 신뢰하고 있는 유권자는 합승형 선거를 긍정적으로 보는 경향이 있다.

보혁에 관한 자기 이미지도 유권자의 합승형 선거에 대한 의견을 검토하는 데 중요한 변수이다. 전체적으로 보자면, 보수층이 합승형 선거에 대한 긍정파가 되는 경향이 있다. 이것은 합승형 선거에서 대립구도가 어떻게 형성되는가를 예상하게 해주는 결과이다.

협조적인 사회적 의사결정에 관한 사고방식은 합승형 선거에 대한 의견과 관련성이 있다고 말할 수 없다. 합승형 선거를 일본인 특유의 협조성과 연결시켜 논의하는 것은 타당성이 있다고 말할 수는 없을 것 같다.

합승형 선거에 관한 적극적 긍정과 소극적 긍정의 차이는 유권자의 정치적 관심에 의해 좌우된다. 상대적으로 적극적인 긍정파는 정치적 관심이 높으며, 소극적인 긍정파는 정치적 관심이 낮은 경향이 있다. '만족위임형'의 유형에 속하는 사람은 합승형 선거의 소극적 긍정파가 되기 쉽다고 볼 수 있다.

글을 마치며 – 분석결과에서 얻어지는 함의

지금까지의 분석을 통해 얻어진 결과와 과거의 선행연구로부터 합승형 선거의 틀을 성립시키는 것을 곤란하게 만드는 상황이 어떠한 것인지에 대해 검토해보자. 그것은 다음과 같은 사항이 될 것이다.

첫째, 여당의 구성원으로서 얻어지는 이익보다도 중앙으로부터 획득되는 이익이 적은 경우이다. 자치단체 내부에 지역적인 대립이나 이익집단 간의 주도권 쟁탈이 일어나며, 지방선거가 국회의원의 대리전 성격을 지니는 경우에는 합승형 선거의 틀은 형성되기 어려울 것이다.

둘째, 지역사회의 염원을 해결하기 위해 지역 내부의 갈등을 피해야 한다고 생각하는 유권자들, 혹은 중앙으로부터의 보조금 획득이 지역의 지상명제라고 생각하는 유권자가 많지 않은 경우이다. 이러한 사례에 해당되는 것으로서 지역사회의 염원이 달성되는 것에 의해서 연기되어왔던 지역 내부의 대립이 분출되는 사례를 들 수 있다.

셋째, 많은 유권자가 지방의 정치·행정을 신뢰하지 않고, 합승형 선거에 대해서 부정적인 감정을 가지고 있는 경우, 특히 의외의 불상사 등 유권자를 실망시키는 사건이 벌어지는 경우이다. 지방정치에 대한 불신감이 지방의회의 여당화 현상을 뒷받침하고 있는 정당이나 지방의원에 대한 불신으로 연결되어 합승형 후보자에 대한 신뢰 저하로 연결되기 때문이다. 또한 그와는 별도의 차원에서 정치적 신뢰의 상실은 합승형 선거에 대한 유권자의 부정적인 태도를 야기할 것이다. 이러한 유권자의식 차원의 변화가 합승형 후보에 대해 투표하지 않는 상황을 만들어내는 것이다. 한편 이러한 경우는 합승형 선거와 관련된 정당의 틀이 형성되어 있더라도 유권자의 투표에 의해서 그러한 틀이 부정되고 있다는 점에서, 정당의 협조 자체를 어렵게 만드는 첫 번째나 두 번째의 가상적인 상황과는 상이하다. 유권자에게 불신감을 준 합승형 후보가 패배하고 새롭게 개혁파 자치단체장이 탄생하는 사례는 세 번째에 해당한다고 말할 수 있을 것이다.

본 장에서는 합승형 선거를 유권자의 의식수준에서 분석하여 합승형 선거에 대한 긍정적인 평가가 유권자의 정치신뢰와 연결되어 있다는 점을 밝혀냈다. 그리고 합승형 선거에 대한 적극적 긍정과 소극적 긍정 간에는 유권자의 정치적 관심이 중요한 의미를 지니고 있음을 밝힐 수 있었다. 이러한 분석을 통해 합승형 선거의 한 측면이 밝혀졌다고 평가할 수 있을 것이다. 그러나 자료의 제약으로 인해 명백히 밝혀지지 않은 부분도 적지 않다. 예를 들면, 지방정치에서의 정당 역할에 관해 유권자의 생각이 어떠한지에 대해서는 분석이 이루어지지 않았다. 또한 유권자가 중앙의 정당

조직에 대한 감정과 지방지부에 대한 감정에 차이가 있는지에 대해서도 정당구조의 중앙과 지방의 차이라는 관점에서 합승형 선거와 연결짓는 문제도 분석이 이루어지지 못했다. 이러한 문제들을 명백히 밝힐 수 있는 조사를 계획하고 분석하는 것은 앞으로의 중요한 과제라고 말할 수 있다.

참고문헌

石上泰州・河村和德(1999),「80年代以降における市長の経歴と党派性」,『北陸法学』7巻3号, 33-55頁.

大森彌・佐藤誠三郎(1986),『日本の地方政府』, 東京大学出版会.

片岡正昭(1994),『知事職をめぐる官僚と政治家』, 木鐸社.

加茂利男(1993),『日本型政治システム』, 有斐閣.

河村和德(2001a),「首長選挙における政党の役割相乗り型選挙を手がかりとして」,『都市問題』 92巻10号, 27-37頁.

河村和德(2001b),「知事の政治的態度と市長選挙 — 松山市長選挙をケースとして —」,『選挙研究』 No.16, 78-88頁.

小林良彰(1988),『公共選択論』, 東京大学出版会.

小林良彰・堤英敬(2000),「無党派層の政治意識と投票行動(2)」,『選挙』53巻9号, 14-19頁.

曽我謙悟・待鳥聡史(2001),「革新自治体の終焉と政策変化 — 都道府県レヴェルにお ける首長要因と議会要因」,『年報行政研究36 日本の行政学 — 過去, 現在, 未来 —』, 156-176頁.

地方自治研究資料センター編(1979),『地方自治の日本的風土』, 第一法規.

中村宏(1996),『地方選挙 — 英国, 日本, ヨーロッパー 』, 日本評論社.

平野浩・河野勝(2003),『アクセス日本政治論』, 日本経済評論社.

前田幸男(1995),「連合政権構想と知事選挙 — 革新自治体から総与党化へ」,『国家学会雑誌』108 巻11・12号, 108-182頁.

村上弘(2003),『日本の地方自治と都市政策ドイツ・スイスとの比較』, 法律文化社.

村川一郎(1997),『政党学 — その理論と実際についての研究 —』, 第一法規.

三宅一郎(1990),『政治参加と投票行動 — 大都市住民の政治生活 —』, ミネルヴァ書房.

リード, スティーヴン・R.(森田朗・新川達郎・西尾隆・小池治訳)(1990),『日本の政府関係 — 都道府県の政策決定』, 木鐸社.

Riker, William H.(1962), *The Theory of Political Coalitions*, New Haven: Yale University Press.

10장

일본의 지방선거와 유권자의식

이와가미 야스쿠니(石上 泰州)

시작하며

이원대표제를 취하는 일본의 지방정치에는 도도부현(都道府縣)의회와 시정촌(市町村)의회라는 두 의회선거와 함께, 지사선거와 시정촌장선거라는 두 수장(首長)선거가 행해지고 있다. 전국 각 지역에서 행해지는 네 종류의 선거는 각기 다른 배경을 지니며 다른 결과를 보여주고 있으나 대체적인 공통의 동향(動向)을 지적할 수 있다. 하나는 50년에 걸쳐 여전히 계속되고 있는 투표율 감소를, 또 하나는 90년대 중반 이후 이른바 탈정치라는 정당이탈의 진행을 지적할 수 있다. 지방선거 투표율은 통일지방선거에 관한 모든 차원의 선거에서 계속 감소하고 있으며, 통일지방선거와 별도로 실시된 지방선거의 부표율은 더욱 낮아지는 경향을 나타낸다. 또한 무당파 수장과 무소속의원의 증가에서 보듯이 지방 정치가의 탈정치, 즉 정치이탈현상이 진행되고 있으며, 지방정치에서 정당의 존재의의는 점차 감소되고 있다. 본 장에서는 이러한 투표율 감소와 정당이탈이라는

두 가지 동태의 배경을 유권자의 의식변화라는 관점에서 검토하고자 한다. 이와 더불어 지방선거에서 주목해야 할 동향과 논의가 필요한 무투표 당선의 증가에 대해서도 짚고 넘어갈 것이다. 본 장에서 사용하는 자료는 밝은선거추진협회(明るい選挙推進協会, 이하 밝은선추협)가 통일지방선거 후 실시한 여론조사의 집계결과이다.

I 투표율의 감소

1. 속성별 투표율

일본에서는 국정선거 투표율도 감소경향을 보이지만 지방선거 투표율은 더 뚜렷한 감소경향을 보이고 있다. 통일지방선거시 행해진 선거를 보면, 투표율이 정점을 이루었던 51년 선거에서 각종 선거의 투표율이 모두 80%를 넘은 데 반해, 2003년 선거에서는 모두 50% 정도로 낮아져 투표율은 50년간 약 30% 포인트나 감소했다. 그동안 일시적으로 투표율 감소 경향이 멈춘 듯한 상황도 있었지만[1] 전반적으로 보면 지방선거 투표율은 거의 일직선으로 계속 하향 추세에 있다. 시험적으로 통일지방선거의 도부현(道府縣)의회선거의 투표율을 종속변수로 하고 1회부터 15회까지의 통일지방선거 횟수를 독립변수로 해 단순회귀 모델을 만들어보면, 통일지방선거가 거듭될 때마다 투표율이 2.079%씩 내려가는 회귀식이 결정계수 0.94로 얻어진다.[2] 다른 지방선거에서도 거의 같은 경향을 보이며 지방

---

1) 예를 들어 1999년 선거에서는 네 선거 모두에서 이전 선거보다 투표율이 높아져 투표율 감소가 멈춘 듯 보였다. 이는 1998년 시행된 투표시간의 연장과 부재자투표 요건의 완화라는 제도개혁이 유권자에 일정 임팩트를 부여한 것으로 생각된다. 하지만 각 선거의 투표율은 2003년 선거에서 다시 감소해 투표율의 회복은 일시적인 현상으로 그쳤다.

2) 같은 계산을 중의원선거에 관해 해보면 1회마다 0.54%씩 감소하는 회귀식이 결정계수 0.45로

표 10-1 속성별 투표율의 변화(도부현 의원선거)

		1991	2003	증감
총수		77.8	74.3	-3.5
성별	남	79.4	76.7	-2.7
	녀	76.5	72.4	-4.1
연령	20대	53.7	45.0	-8.7
	30대	70.9	67.0	-3.9
	40대	77.5	75.8	-1.7
	50대	85.0	76.8	-8.2
	60대	85.6	90.6	5.0
	70대 이상	83.5	89.1	5.6
도시 규모	대도시	75.6	66.2	-9.4
	기타 도시	75.8	72.9	-2.9
	정촌	85.8	89.6	3.8
교육 정도	중학	83.1	78.7	-4.4
	고교	76.3	75.4	-0.9
	단기대학	76.5	68.4	-8.1
	대학(원)	73.4	74.2	0.8
본인 직업	자영업자	86.1	87.4	1.3
	피고용자	71.9	67.3	-4.6
	기타	78.6	76.0	-2.6
지지정당	있다	83.7	87.4	3.7
	없다	66.1	63.4	-2.7
	잘 모르겠다	88.6	77.4	-11.2
후원회	가입	89.9	90.8	0.9
	비가입	72.8	68.7	-4.1

주 : 무투표당선의 선거구를 제외한 투표율
출처 : 『통일지방선거의 실태 -원자료-』 각 판에서 작성

선거의 투표율은 마치 오른쪽 어깨가 기울어진 듯한 경향이 계속되고 있다. 이하에서는, 지방선거의 투표율 감소 배경을 정리하기로 한다.

먼저 표 10-1은 밝은선추협 자료의 91년 선거와 2003년 선거 투표율 변화를 속성별로 정리한 것이다. 본 연구에서는 통일지방선거의 실시율이 가장 높은 도부현의회선거를 선택했다. 자료의 투표율은 1991년에 77.8%, 2003년에 74.3%로 3.5% 포인트 감소했으나 속성별로 보면 감소의 정도에 차이가 보인다. 먼저 성별에서는 남성의 투표율이 여성보다 비

___

얻어진다. 참의원선거에 관해서는 유의미한 회귀식이 얻어지지 않아 명확한 감소경향을 지적할 수 없다.

교적 높은 경향을 나타냈고, 여성의 투표율이 약간 큰 폭으로 떨어졌기 때문에 여성의 투표율 감소경향이 비록 미미하지만 눈에 띈다. 연령대는 20대와 50대의 투표율이 크게 떨어지는 반면에, 60대와 70세 이상의 투표율은 높아졌다. 젊은 층일수록 투표율이 낮아지는 경향은 더욱 심해지고 있다. 도시 규모를 보면 대도시 거주자의 투표율이 크게 떨어진 반면, 정촌(町村) 거주자의 투표율은 상승하고 있다. 따라서 대도시 거주자의 투표율이 낮고 정촌 거주자의 투표율이 높은 경향이 더욱 두드러졌다. 교육 정도에서는 중졸의 투표율이 평균보다 다소 크게 낮아진 데 반해 대졸의 투표율이 약간 높아져, 교육 정도에 따른 차이는 축소되고 있다.[3] 직업에서는 자영업자의 투표율이 높고 피고용자의 투표율이 낮은 경향이 있으나 그 격차가 점점 벌어지고 있다. 또한 지지정당이 있는 유권자의 투표율이 높고 무당파층의 투표율이 낮으며 역시 그 차이가 더욱 두드러지고 있다. 마찬가지로 후원회 가입 유권자와 미가입 유권자 가운데 후원회 가입 유권자의 투표율이 높고 미가입 유권자의 투표율이 낮은데, 이 또한 그 격차가 벌어지는 경향이 있다. 이와 같이 교육 정도를 제외하고 성별, 연령, 도시규모, 직업, 정당지지, 후원회 가입에서 보이는 투표율의 차이는 약 10년 사이에 더욱 벌어지고 있음을 지적할 수 있다. 지방선거의 최근 투표율 감소는 젊은 층, 대도시 거주자 등 기존의 투표비율이 낮았던 층이 더욱 투표로부터 멀어지고 있는 것으로부터 초래되고 있다고 말할 수 있다.

2. 기권 이유와 투표 이유

다음으로 기권 이유의 변화를 보자. 밝은선추협 자료에서는 기권 이유

---

3) 단 교육 정도는 연령에 따라 크게 달라지기 때문에 투표율에 대해 직접적인 영향은 없다고 생각해야 한다. 가바시마(蒲島, 1988: 103-114) 참조.

를 10개 정도의 선택항목 중에서 고르도록 했다(복수응답 가능). 여기에서도 도부현의회선거를 논하겠지만 다른 세 선거에서도 대체로 같은 경향이 보인다.[4] 기권 이유로 가장 많은 것은 '다른 용무가 있어서'였고 꾸준히 40%가 넘는 추이를 보이고 있다(표 10-2). 다음으로 많은 것은 '선거에 별로 관심이 없어서'였는데 이 선택항목을 선택하는 비율이 증가하는 경향이 있어 1999년 선거와 2003년 선거에서는 30%를 넘어섰다. 다른 이유로는 '선거에 따라 정치가 좋아지는 것이 아니라서'가 최근의 선거에서 증가하고 있는 것이 두드러진다.

여기서 기권 이유를 ① 어쩔 수 없는 사정(용무가 있었다, 아팠다), ② 무관심(귀찮다, 관심이 없다), ③ 선거효용성에 대한 의문(적당한 후보자가 없다, 투표를 하지 않아도 결과는 마찬가지이다, 무풍선거라서, 선거로 정치가 좋아지지 않는다), ④ 정보 부족(잘 몰랐다) 등 네 가지로 나누어[5] 현재와 같은 선택항목으로 구성된 87년 선거와 2003년 선거를 비교해보자. 결과를 보면 ① 어쩔 수 없는 사정의 비율(62.0% → 49.9%)이 줄어든 데 반해 ② 무관심(13.4% → 36.6%), ③ 선거효용성에 대한 의문(18.7% → 33.6%), ④ 정보부족(6.8% → 14.8%)의 비율은 모두 늘어났다. '어쩔 수 없는 사정'의 비율이 감소한 것은 부재자투표 요건의 완화 등을 권장한 98년의 제도개혁의 영향이 있을지도 모른다. 이러한 것들로부터 선거 자체에 관심이 없는 정치적 무관심층과 선거참여가 쓸모없다고 느끼는 정치적 효용성이 낮은 층, 양쪽 모두가 확대되고 있는 현실이 투표율 감소가 멈춰지지 않는 배경이라고 볼 수 있을 것이다.

---

4) 또한 기권 이유의 변화에 대해서는 중의원선거에서도 거의 같은 경향을 보인다. 야마다(山田, 2002, 46-47) 참조.

5) 밝은선거추진협회(明るい選挙推進協会, 2004: 36-39) 참조.

표 10-2 기권 이유의 추이(도부현의회선거)

	1979	1983	1987	1991	1995	1999	2003
다른 용무가 있어서	40.2	42.9	49.3	52.7	45.9	42.3	40.9
아파서	12.2	11.2	12.7	14.4	9.0	9.5	9.0
귀찮아서	7.1	5.1	5.7	4.7	5.9	3.9	6.3
선거에 별로 관심이 없어서	17.7	14.1	17.0	20.7	25.9	31.4	30.3
적당한 후보가 없어서	6.8	10.5	8.5	8.2	16.8	10.7	11.3
나 한 사람 투표하지 않아도 결과는 마찬가지라서	4.5	4.4	4.8	2.8	4.9	4.6	8.3
무풍선거라서			3.1	2.8	1.2	2.2	3.0
선거에 따라 정치가 좋아지는 것이 아니라서	3.2	3.4	2.3	2.5	7.8	9.0	11.0
정책이나 후보를 잘 몰라서	9.6	9.0	6.8	10.0	12.9	13.1	14.8
지금 살고 있는 곳에서 선거권이 없어서	5.1	3.7	4.5	1.3	0.0	1.5	1.0
(조사의 기권율)	17.6	20.6	18.8	20.8	25.7	23.2	24.4

주 : 수치는 기권자의 비율(복수 응답 있음). 공란은 항목이 없는 경우
출처 :『통일지방선거의 실태 - 원자료 -』각 판에서 작성

투표 이유에도 변화가 있는지 확인해보자. 투표 이유는 지방선거의 종류에 따라 다소 다른 경향을 나타내고 있기 때문에 네 선거 모두를 논하기로 한다. 투표 이유의 선택항목은 '어떻게든 당선시키고 싶은 투표가 있었기 때문에'(후보자지향), '내가 지지하는 정당이 추천한 후보를 당선시키고 싶었기 때문에'(정당지향), '내 이익을 지켜줄 것 같은 사람을 당선시키고 싶었기 때문에'(이익지향), '정치가 개선되기 위해서는 투표하는 것이 중요하기 때문에'(바람직한 정치지향), '투표하는 것은 주민의 의무이기 때문에'(의무감), '단체, 지역, 아는 사람으로부터 부탁받아서'(타인지향)의 6개이다.[6] 표 10-3은 투표 이유에 관해 1987년 선거와 2003년 선거를 비교한 것으로 전반적으로 후보자 지향은 의회선거에서 많고, '바람직한 정치지향'은 단체장선거에 많은 경향이 있다. 또한 의무감에 따른 투표는 어느 선거에서나 많다. 87년에서 2003년에 걸친 변화를 보면 증가한 것은 '바람직한 정치지향'으로 지사선거, 도부현의회선거, 시정촌장선거에서 8% 포인트

---

6) '~지향'의 네이밍에 관해서는 밝은선거추진협회(明るい選挙推進協会, 1983: 7-9)를 참조.

정도 증가하였다. 반대로 감소한 것은 정당지향으로 특히 지사선거에서는 그 경향이 현저해 9.3% 포인트 감소하였다. 나중에 다시 논의하겠지만 최근 지방선거에서 정당이탈이 늘어나고 있는 것은 투표 이유에서도 알 수 있다. 다시 말해 정당이탈이 늘어나면서 '지지정당을 이기게 하겠다'를 주된 이유로 투표하던 사람들이 선거에 무관심해지는 경향을 볼 수 있다.

3. 지방선거에의 관심

다음으로 지방선거에 대한 관심을 검토해보자. 밝은선추협 자료에서는 지방선거의 관심도를 시계열적으로 추적힐 수 있는 통일된 질문항목은 없으나 중·참의원 국정선거를 포함한 6개의 선거 중 관심이 있는 선거를 2개 택하라는 질문이 계속되었다. 이에 대한 응답추이를 정리한 것이 표 10-4이다. 2003년 선거 중 관심 높은 선거는 중의원선거(41.8%), 시정촌장선거(40.8%), 시정촌의회선거(34.1%), 지사선거(25.7%), 도도부현의회선거(13.6%), 참의원선거(11.4%) 순이었다. 시계열적으로 보면 국정선거 선택자의 비율이 83년 선거 이전과 비교해 87년 선거 이후는 비교적 높은 수준을 유지하고 있는 경향이 보이지만 지방선거 선택자의 비율은 그다지 두드러진 변화는 없다.[7] 지방선거에 대한 관심은 국정선거의 관심과 비교하면 상대적으로 감소하는 경향이 있다고 할 수 있다.

국정선거 가운데에는 참의원선거에 대한 관심이 거의 일정한 데 반해 중의원선거에 대한 관심은 높아지는 경향이 있다. 지방선거에서는 시정촌의회선거가 정점을 이루었던 79년 선거에서 48.9%로 거의 반수가 관심

---

7) 국정선거를 선택하는 비율이 증가하고 '관심있는 선거 없다'의 항목에 그다지 변화가 없음에도 불구하고 지방선거를 선택하는 비율이 줄고 있는 것은 2개의 항목을 선택하는 질문이지만 1개만 답한 응답자가 이전 조사에 비교적 많았기 때문으로 추정된다.

표 10-3 투표 이유의 변화

	지사선거			도부현의회선거			시정촌장선거			시정촌의회선거		
	1987	2003	증감	1987	2003	증감	1987	2003	증감	1987	2003	증감
후보자지향	10.7	16.7	6.0	18.3	22.6	4.3	19.3	20.7	1.4	26.8	27.9	1.1
정당지향	15.4	6.1	-9.3	14.3	9.6	-4.7	10.2	5.0	-5.2	11.1	9.4	-1.7
이익지향	13.1	14.8	1.7	13.4	10.9	-2.5	13.9	14.9	1.0	15.4	12.8	-2.6
바람직한 정치지향	22.4	32.1	9.7	17.9	26.3	8.4	17.8	26.3	8.5	12.9	18.0	5.1
의무감	34.7	27.4	-7.3	29.8	30.0	0.2	30.8	27.9	-2.9	24.2	22.1	-2.1
타인지향	2.3	2.0	-0.3	5.0	6.5	1.5	6.3	4.2	-2.1	8.3	8.3	0.0
(조사의 투표율)	76.6	75.7		81.4	74.3		84.7	79.7		82.9	75.9	

주 : 각 연도의 수치는 투표자의 비율(복수 응답 있음)
출처 :『통일지방선거의 실태 -원자료-』각 판에 작성

표 10-4 '관심 있는 선거'의 추이

	1971	1975	1979	1983	1987	1991	1995	1999	2003
중의원	32.8	32.2	29.2	32.4	41.2	44.4	40.8	41.7	41.8
참의원	8.6	11.2	7.6	10.1	10.1	12.6	11.8	12.1	11.4
(국정선거 합계)	41.4	43.4	36.8	42.5	51.3	57.0	52.6	53.8	53.2
지사선거	27.2	23.8	20.1	18.9	19.0	20.3	22.5	22.1	25.7
도도부현의회선거	13.0	13.7	15.4	14.7	15.4	13.2	14.2	13.2	13.6
시정촌장선거	41.3	38.5	46.0	40.0	42.4	40.1	40.6	42.4	40.8
시정촌의회선거	41.6	42.5	48.9	44.0	47.2	40.0	37.6	38.8	34.1
(지방선거 합계)	123.1	118.5	130.4	117.6	124.0	113.6	114.9	116.5	114.2
관심 없다	8.3	9.0	7.7	10.2	6.5	8.5	10.7	8.5	9.9

있는 선거를 택한 데 반해 2003년 선거에서는 34.1%로 떨어진 것이 두드러진다. 시정촌의회선거는 83년 선거까지는 가장 관심이 높은 선거였으나 최근에는 중의원선거, 시정촌장선거에 이어 3번째로 떨어졌다. 한편 지사선거를 선택한 응답자의 비율은 80년대에 20%대에 미치지 못했으나 최근에는 증가경향을 보인다. 지사선거는 70년대 중반까지는 비교적 높은 관심을 모았으나 80년대에 들어서 관심이 떨어졌는데 이는 보혁격돌형(保革激突型) 선거가 줄어들고 합승형의 무풍선거가 늘어난 것과 관계가 있을 것으로 추론된다. 최근 지사선거에 대한 관심이 높아지는 것은 80년대

후반부터 보혁분열형(保革分裂型) 선거가 늘어난 점, 이른바 무당파 지사의 등장 등에 의한 전형적인 합승형 무풍선거가 줄어든 점, 지명도 높은 후보자의 출마 및 정보 영향력이 높은 지사의 증가 등이 영향을 미쳤다고 생각된다. 도도부현의회선거, 시정촌장선거에 관해서는 관심도에 큰 변화가 보이지 않는다.

다음으로 관심 있는 선거를 속성별로 정리해보면(표 10-5), 성별로는 남성이 중의원선거와 함께 국정선거에 대한 관심이 높은 데 반해 여성은 시정촌 차원의 선거에 관심이 높은 경향이 있다. 도도부현 차원의 선거에서는 남녀 차이가 거의 보이지 않는다. 연령에 관해서는 20대가 '관심 있는 선거가 없다'는 비율이 높았으나 그외는 그다지 명확한 경향이 보이지 않는다. 도시 규모에 관해서는 대도시 거주자일수록 국정선거 및 지사선거에 관심이 높고 정촌 거주자는 시정촌 차원의 선거에 관심이 높다. 교육 정도에서는 대졸·단기대졸이 국정선거 및 지사선거에 관심이 높고 중졸·고졸은 시정촌 차원의 선거에 관심이 높다. 정치관심도에 관해서는[8] 정치관심도가 높은 응답자일수록 국정선거에 관심이 많고 정치관심도가 낮은 응답자일수록 시정촌 차원의 선거에 관심이 높았으며, 정치관심도가 낮은 응답자는 '관심 있는 선거가 없다'의 비율이 반수를 넘었다. 지방선거에 관해 정리해보면, 시종일관 지사선거에 관심을 가진 층과 시종일관 시정촌 차원의 선거에 관심을 가진 층이 존재한다. 지사선거에 관심을 가진 층은 30대, 대도시 거주자, 단기대·대졸자가 많고, 시정촌 차원의 선거에 관심을 가진 층은 여성·성촌 거주지·중졸이 많다. 도도부현의회선거에 관해서는 특별히 두드러지는 경향이 보이지 않는다.

---

8) 정치관심도는 '귀하는 정치상의 사안에 얼마나 주의를 귀울이십니까?'라는 질문에 대한 응답이다.

표 10-5 속성별 '관심 있는 선거' (2003년)

		중의원	참의원	(국정)	지사	현의회	시장	시의회	(지방)	관심없다
총수		41.8	11.4	53.2	25.7	13.6	40.8	34.1	114.2	9.9
성별	남	53.4	13.2	66.6	25.1	13.8	37.1	30.7	106.7	8.2
	녀	32.7	9.9	42.6	26.2	13.4	43.8	36.7	120.1	11.3
연령	20대	30.8	9.4	40.2	28.2	12.8	35.0	23.9	99.9	18.8
	30대	41.8	11.1	52.9	33.5	15.5	40.2	25.6	114.8	9.8
	40대	35.8	11.3	47.1	28.6	16.2	40.8	39.6	125.2	7.8
	50대	44.4	14.6	59.0	22.0	13.2	42.2	34.0	111.4	10.5
	60대	48.4	10.2	58.6	24.9	13.9	42.9	38.8	120.5	4.7
	70세 이상	42.5	10.3	52.8	20.5	10.0	40.7	36.5	107.7	12.8
도시 규모	대도시	49.5	16.0	65.5	35.2	11.2	21.2	20.0	87.6	14.7
	기타 도시	42.9	11.0	53.9	25.2	14.1	42.1	34.4	115.8	8.6
	정촌	31.3	7.7	39.0	17.5	14.6	57.7	47.3	137.1	8.5
교육 정도	중학	31.4	8.4	39.8	15.1	11.8	45.6	44.4	116.9	13.9
	고교	41.2	11.3	52.5	23.1	13.6	40.7	36.9	114.3	10.7
	단기대학	60.1	15.1	75.2	37.3	15.4	33.7	19.5	105.9	5.0
	대학(원)	60.4	15.4	75.8	37.9	15.1	33.0	18.8	104.8	4.8
본인 직업	자영업자	49.7	13.5	63.2	21.9	15.9	41.1	36.2	115.1	6.5
	피고용자	41.4	12.4	53.8	27.7	13.7	40.0	30.3	111.7	10.8
	기타	38.7	9.4	48.1	25.5	12.6	41.6	36.7	116.4	10.6
정치 관심	늘 관심갖는다	66.4	19.5	85.9	28.0	11.6	32.7	30.5	102.8	2.3
	자주 관심갖는다	45.9	11.8	57.7	28.5	14.2	44.8	37.1	124.6	3.4
	가끔 관심갖는다	31.0	7.9	38.9	25.8	15.4	46.2	36.3	123.7	11.2
	관심없다	9.4	4.1	13.5	7.6	8.2	21.6	20.5	57.9	55.6

주 : 「국정」은 국정선거의 합계, 「지방」은 지방선거의 합계
출처 :『통일지방선거의 실태 -원자료-』각 판에서 작성

4. 지방정치에 대한 평가

앞서 기권 이유로 선거효용성에 대한 의문을 거론한 응답자가 늘어나
는 것을 보아, 이는 지방정치에 대한 평가가 악화되고 있음을 짐작케 한다.
밝은선추협 자료에 따르면, 1979년 선거부터 1991년 선거까지 지방정치
는 도도부현 차원과 시정촌 차원의 양쪽 모두가 절반 정도의 유권자로부터
계속해서 긍정적인 평가를 받아왔다(표 10-6). '일본 정치 전체[9]'에 대한

---

9) 질문은 '일본 정치 전체를 생각한 경우'지만 밝은선추협의 보고서에서는 이를 '국가정치'에 대한
　 평가로 정리했다.

평가와 비교해보면, 지방정치가 얻은 긍정적 평가가 상당히 높다는 점이 눈에 띈다. 예를 들어 91년 선거에서 '일본 정치 전체'에 대한 긍정적 평가가 40.0%('아주 좋다' 1.1%, '좋은 편이다' 38.9%)에 머무른 데 반해, 시정촌 정치를 긍정적으로 평가하는 응답자는 52.8%('아주 좋다' 2.4%, '좋은 편이다' 49.9%), 도도부현 정치를 긍정적으로 평가한 응답자는 51.4%('아주 좋다' 1.5%, '좋은 편이다' 49.9%)로 양쪽 모두 절반 이상이 긍정적으로 평가했다. 그러나 95년 선거 이후 양쪽 선거에 대한 평가가 급속도로 떨어져, 2003년 선거에 대한 긍정적 평가는 시정촌 정치에서 35.2%('아주 좋다' 0.7%, '좋은 편이다' 34.5%), 도도부현 정치에서 31.2%('아주 좋다' 0.5%, '좋은 편이다' 30.7%)까지 떨어졌다. '일본 정치 전체'에 대한 평가가 지방 정치에 대한 평가보다도 크게 떨어졌기 때문에 지방정치에 대한 평가만 나빠진 것은 아니지만, 지방분권이 추진되고 있는 상황에서 지방정치로서는 상당히 심각한 수치가 아닐 수 없다. 단 도도부현 정치에 대한 긍정적 평가가 2003년 선거에서 비록 약간이지만 상승 쪽으로 전환된 점과 시정촌 정치에 대한 평가가 계속 저하되고 있는 점이 다소 대조적이다.

이와 같이 지방정치에 대한 최근의 평가가 낮아지고 있는 가운데 특히 어떤 층의 평가가 낮아지고 있는 것일까? 표 10-7은 지방정치에 대한 평가가 높은 수준이었던 91년 선거와 2003년 선거에 관한 긍정적 평가('아주 좋다'와 '좋은 편이다'를 합한 수치)의 변화를 속성별로 정리한 것이다. 먼저 지적할 수 있는 것은 일본 정치 전체, 도도부현 정치, 시정촌 정치 모두 여성보다도 남성의 평가저하가 두드러진다는 것이다. 시정촌 정치에 관해서는 여성이 13.1 포인트 낮아진 데 반해 남성은 22.6 포인트 낮아졌다. 마찬가지로 도도부현 정치에 관해서도 여성 경우가 15.5 포인트가 평가저하된 반면, 남성은 25.4 포인트나 떨어졌다. 지방정치에 대한 평가는 모든

표 10-6 정치에 대한 긍정적 평가의 추이

	1975	1979	1983	1987	1991	1995	1999	2003
시정촌 정치	46.6	54.3	53.8	53.8	52.8	51.8	39.3	35.2
도도부현 정치	38.6	49.7	47.8	50.5	51.4	43.6	30.1	31.2
일본정치 전체	25.3	36.8	36.8	37.8	40.0	23.4	17.0	13.7

주 : 긍정적인 평가('아주 좋다'와 '좋은 편이다'의 합)의 비율
출처 : 『통일지방선거의 실태 -원자료-』 각 판에서 작성

선거에서 남성 쪽에서 크게 저하되고 있다고 할 수 있다.

　다음으로 연령에 관해 살펴보면 50·60대의 저하가 현저하다. 시정촌 정치에 관해 40대까지의 평가저하가 그다지 크지 않은 데 비해, 50·60대의 평가는 양쪽 모두 약 25.5 포인트나 낮아졌다. 도도부현 정치에 관해서도 40대까지의 평가 저하가 평균에 못 미치는 데에 비해, 50대가 30.6 포인트라는 대폭적인 저하를 보이고 있다. 또한 성별과 연령층별로 검토해보면 그러한 경향은 더욱 명확해져 시정촌 정치에 대한 60대 남성의 평가와 도도부현 정치에 대한 50대 남성의 평가 모두 약 35 포인트의 저하를 나타내고 있다. 도시 규모에 있어서 도도부현 정치에 관해 그렇게 큰 차이는 보이지 않지만, 시정촌 정치에 관해서는 정촌 거주자의 저하가 소폭으로 멈춘 데 반해 대도시 거주자의 저하가 현저하다. 또한 교육 정도에 관해 도도부현과 시정촌 모두 중졸의 저하가 두드러지는 결과를 보이고 있다. 직업으로는 어느 차원에서나 피고용자보다 자영업자 쪽이 약간 저하의 폭이 크다. 십수 년의 지방정치에 대한 평가는 특히 '남성'과 '50·60대'에서 크게 낮아지는 결과를 보인다. 이상 지방선거의 투표율 감소의 배경을 검토해보았으나, 종래의 투표하는 비율이 낮았던 층이 투표로부터 더욱 멀어지고 있고, 정치적 무관심과 정치적 효용성의 결여로 기권을 하는 유권자가 늘어나고 있으며, 지방정치 자체에 대한 평가가 나빠지고 있다는 것이 밝혀졌다.

표 10-7 속성별 정치에 대한 긍정적 평가의 비율

		시정촌 정치			도도부현 정치			일본 정치 전체		
		1991	2003	증감	1991	2003	증감	1991	2003	증감
총수		52.7	35.2	-17.5	51.4	31.2	-20.2	40.0	13.8	-26.2
성별	남	56.6	34.0	-22.6	51.2	31.8	-25.4	45.5	15.4	-30.1
	녀	49.3	36.2	-13.1	46.3	30.8	-15.5	35.1	12.4	-22.7
연령	20대	42.4	29.1	-13.3	44.7	27.4	-17.3	27.1	7.3	-19.8
	30대	44.8	31.6	-13.2	46.2	30.1	-16.1	31.4	10.1	-21.3
	40대	47.4	34.7	-12.7	47.4	28.6	-18.8	35.9	11.3	-24.6
	50대	56.3	30.7	-25.6	57.1	26.5	-30.6	44.1	9.1	-35.0
	60대	61.2	36.5	-24.7	56.7	34.3	-22.4	47.4	15.7	-31.7
	70세 이상	64.0	47.6	-16.4	53.4	39.6	-13.8	53.4	27.6	-25.8
도시 규모	대도시	53.8	29.7	-24.1	48.5	27.2	-21.3	33.3	10.2	-23.1
	기타 도시	50.7	34.3	-16.4	50.6	30.1	-20.5	41.3	13.5	-27.8
	성촌	56.5	43.3	-13.2	55.5	38.3	-17.2	42.0	18.1	-23.9
교육 정도	중학	58.1	36.2	-21.9	54.6	28.5	-26.1	42.6	16.3	-26.3
	고교	51.4	35.5	-15.9	50.6	31.5	-19.1	38.7	13.8	-24.9
	단기대학	51.5	34.9	-16.6	50.6	32.0	-18.6	39.0	12.9	-26.1
	대학(원)	46.8	34.5	-12.3	47.9	33.6	-14.3	39.2	11.7	-27.5
본인 직업	자영업자	57.8	38.8	-19.0	59.4	33.3	-26.1	46.2	17.4	-28.8
	피고용자	49.0	31.1	-17.9	49.4	28.2	-21.2	37.1	10.2	-26.9
	기타	53.4	37.0	-16.4	48.8	33.1	-15.7	40.2	15.5	-24.7

주 : 긍정적인 평가('아주 좋다'와 '좋은 편이다'의 합)의 비율
출처 :『통일지방선거의 실태 -원자료-』각 판에서 작성

II 탈정당

1. 무당파층

다음으로 탈정당, 즉 정당이탈 등으로 거론되는 동향에 대해 검토해보자. 지사선거, 시정촌장선거에 상관없이 수장선거에서 정당의 추천이나 지지를 받지 않는 유력 후보자가 늘어나고 있다. 그러한 지사가 2003년 통일지방선거에서는 지사의 절반에 이르렀으며, 시장의 절반 이상이 정당의 추천이나 지지를 받지 않은 '무당파 단체장'이었다.[10] 또한 의회선거에서도 최근 무소속이 증가하는 경향이 있고, 노부현의회선거에서는 1991년 선거까지 무소속의원이 점하는 비율이 15% 정도였으나, 1999년 선거 이

---

10) 이와가미(石上, 2003a)를 참조.

후에는 25%를 넘게 되었다. 지방정치에 있어 정당의 존재의의는 점차 약해지고 있다고 말할 수 있다. 처음부터 정당과의 관계에 있어 공천·추천·지지 등의 공식적인 관계가 없는 '무당파 단체장'과 '무소속의원' 가운데, 실질적으로 특정 정당과 연결되어 있는 사람도 적지 않지만, 지방정치의 정당과 정치가의 관계가 전반적으로 약해지고 있는 것은 부정할 수 없다. 다음에서는 지방정치의 정당에 대한 유권자의식을 정리해보고자 한다.

우선 정당지지 상황을 보자. 1993년 정계재편부터 무당파층이 늘어난 사실을 다시 언급할 필요는 없지만 이 상황을 밝은선추협 자료에서 확인해보면 '지지정당이 없다' 비율은 35.0%(83년), 33.2%(87년), 36.0%(91년), 55.3%(95년), 50.6%(99년), 52.5%(2003년)로 변해왔다. 1991년과 1995년을 경계로 유권자의 '정당이탈'이 진행되고 있음을 알 수 있다. 1991년 선거와 2003년 선거의 무당파층의 증가를 주요 속성별로 정리한 것이 표 10-8이다. 성별에서 남성보다 여성 쪽에 무당파층이 많은 경향에는 변화가 없고, 양쪽 모두 같은 비율로 무당파층이 증가했다. 연령에서는 젊은 층일수록 무당파층이 많다는 경향이 존재하며, 무당파층의 증대가 두드러진 것은 30대와 50대이다. 한편 도시 규모에서도 큰 변화를 보였다. 1991년 선거에서는 대도시 거주자에 무당파층이 많고 정촌 거주자는 적었으나, 그후 대도시 거주자의 무당파층은 그다지 늘지 않은 반면(5.5 포인트 증가) 정촌 거주자의 무당파층이 크게 늘었기 때문에(22.4 포인트 증가) 2003년 선거에서는 도시 규모에 따른 차이가 거의 나타나지 않았을 뿐 아니라 오히려 대도시부의 무당파층 비율이 약간 낮다는 경향이 나타났다. 교육 정도에 관해서는 무당파층이 중졸보다 고졸, 고졸보다 단기대졸이 많고, 대졸로 가면 적어지는 경향이 유지되고 있다. 직업에서는 종래의 무당파층이 적었던 자영업자에서의 증가가 두드러지고 기타 직업(학생

표 10-8 속성별 무당파층의 비율

		1991	2003	증감
총수		36.0	52.5	16.5
성별	남	30.5	46.5	16.0
	녀	40.8	57.1	16.3
연령	20대	64.9	75.2	10.3
	30대	45.1	67.459.8	22.3
	40대	38.6		21.2
	50대	28.6	50.8	22.2
	60대	25.1	38.4	13.3
	70세 이상	20.2	38.5	18.3
도시규모	대도시	43.8	49.3	5.5
	기타 도시	36.2	53.9	17.7
	정촌	29.5	51.9	22.4
교육정도	중학	26.0	42.0	16.0
	고교	39.5	51.5	12.0
	단기대학	44.4	65.9	21.5
	대학(원)	37.6	53.3	15.7
본인직업	자영업자	22.1	46.6	24.5
	피고용자	42.3	60.1	17.8
	기타	38.3	47.6	9.3

출처 : 『통일지방선거의 실태 -원자료-』각 판에서 작성

· 주부 · 무직)에서는 소폭 증가했다. 무당파층은 전반적으로 늘어나고 있지만 30대에서 50대의 중간층의 무당파층 증가가 두드러지는 점과 함께, 전에는 비교적 무당파층 비율이 낮았던 정촌 거주자의 증가 폭이 커졌고, 도시 규모와 상관없이 무당파층이 늘어나고 있음을 알 수 있었다.

그렇다면 무당파층의 투표행태는 어떨까? 2003년 도부현의회선거와 시정촌의회선거에 관해 지지정당이 있는 그룹과 무당파층으로 나누어 투표행태를 비교한 것이 표 10-9이다. 이 표에 의하면 지지정당이 있는 그룹은 기권율이 낮고(11.7%) 정당공천 후보에 무표하는 비율이 높지만(72.1%) 무당파층은 기권율이 높고(35.0%) 정당공천 후보에 투표하는 비율이 낮으며(25.1%) 무소속후보에 투표하는 비율이 비교적 높다(19.5%). 무당파층은 투표정당을 '명확하지 않다'로 응답한 유권자 비율

이 높기 때문에 단순한 비교는 유보할 필요가 있지만, 무당파층은 지지정당이 있는 층과 비교해 무소속후보에 투표하는 경향이 강하다고 볼 수 있다. 시정촌의회선거에 관해서도 거의 비슷한 경향이 나타나고 있다.

표 10-9 무당파층의 투표행태(2003년)

	도부현의회선거				시정촌의회선거			
	기권	무소속 후보에 투표	정당 후보에 투표	명확하지 않다	기권	무소속 후보에 투표	정당 후보에 투표	명확하지 않다
지지정당 있음	11.7	11.3	72.1	4.9	9.7	22.8	59.3	8.3
무당파층	35.0	19.5	25.1	20.4	34.3	28.8	17.0	19.8
(잘 모르겠다)	20.9	8.7	14.8	55.7	21.7	14.8	8.7	54.8
총수	24.4	15.4	43.8	16.5	23.6	25.3	33.1	18.0

출처 :『통일지방선거의 실태 -원자료-』각 판에서 작성

2. 정당중시와 후보자중시

유권자의 정당이탈을 다른 자료로 확인해보자. 밝은선추협 자료에서 각 선거에 관해 정당관계를 중시하는지 후보자 개인을 중시하는지를 묻는 질문이 있었다. 그 응답추이를 나타낸 것이 표 10-10이다. 지사선거에서는 87년 선거까지 후보자중시가 50%대를 점하고 있었으나, 91년 선거 이후 70% 정도로 증대되어 2003년 선거에서는 79.1%에 달하고 있다. 한편 정당중시는 87년 선거까지 30% 전후였던 것이 그 후 감소하기 시작해 이번 선거에서는 10%까지 떨어졌다. 시정촌장선거에 관해서는 91년 선거부터 질문이 포함되었는데, 그 이후에는 지사선거와 거의 마찬가지 경향을 보였다. 자치단체장선거에서 정당을 중시하는 투표자는 계속 감소해 '무당파 자치단체장'의 증대와 부합하는 결과를 보인다. 한편 의회선거에서는 도부현의회선거의 정당중시가 감소했지만 지사선거만큼의 감소는 보이지 않았다. 시정촌의회선거는 정촌의회선거를 중심으로 정당화가 진행되지 않는 점 때문에 정당중시가 적었으나 더욱 낮아지는 경향이 보이고 있다.

표 10-10 지방선거의 후보자중시와 정당중시의 추이

		1975	1979	1983	1987	1991	1995	1999	2003
지사선거	후보자	51.0	57.0	51.4	50.6	69.5	71.0	70.4	79.1
	정당	32.2	26.8	32.4	27.3	16.4	17.7	18.1	10.2
도부현의회선거	후보자	49.9	57.4	56.9	57.2	56.8	70.7	63.1	68.6
	정당	27.7	23.1	26.9	26.7	28.8	18.3	23.8	19.6
시정촌장선거	후보자					69.5	74.4	77.8	75.6
	정당					16.4	11.5	10.8	9.0
시정촌의회선거	후보자	64.1	70.9	66.2	66.6		79.6	74.9	75.2
	정당	18.8	14.6	19.1	19.9		11.2	14.8	14.2

수 : 빈칸은 짐뮤 없음
출처 :『통일지방선거의 실태 -원자료-』각 판에서 작성

표 10-11 속성별 투표의 정당중시 비율

		지사선거			도부현의회선거		
		1991	2003	증감	1991	2003	증감
총수		23.4	10.2	-13.2	28.8	19.6	-9.2
성별	남	25.1	10.0	-15.1	30.4	23.1	-7.3
	녀	21.9	10.3	-11.6	27.4	16.6	-10.8
연령	20대	16.7	2.9	-13.8	27.3	17.1	-10.2
	30대	29.0	5.3	-23.7	25.4	16.7	-8.7
	40대	27.6	7.6	-20.0	28.3	16.3	-12.0
	50대	18.2	9.3	-8.9	29.5	22.1	-7.4
	60대	26.2	9.4	-16.8	29.4	22.5	-6.9
	70세 이상	22.1	14.0	-8.1	32.6	18.1	-14.5
도시규모	대도시	21.6	12.5	-9.1	39.8	24.5	-15.3
	기타 도시	23.2	10.0	-13.2	27.3	20.1	-7.2
	정촌	27.1	5.5	-21.6	25.5	13.7	-11.8
교육정도	중학	22.6	14.6	-8.0	26.8	17.3	-9.5
	고교	23.3	9.4	-13.9	31.9	19.4	-12.5
	단기대학	23.8	7.1	-16.7	23.4	17.4	-6.0
	대학(원)	25.0	10.2	-14.8	27.6	24.9	-2.7
본인직업	자영업자	20.6	8.2	-12.4	22.4	18.5	-3.9
	피고용자	24.3	9.0	15.3	32.0	19.7	-12.3
	기타	24.2	11.8	-12.4	30.3	20.2	-10.1
지지정당	있다	28.5	16.3	-12.2	35.9	27.2	-8.7
	없다	12.6	4.9	-7.7	14.3	9.3	-5.0

출처 :『통일지방선거의 실태 -원자료-』각 판에서 작성

그럼 특히 어떤 층에서 정당중시가 낮아지고 있는지를 살펴보자(표 10-11). 여기서는 91년 선거와 2003년 선거를 비교하기로 한다(시정촌장 선거는 2003년 선거에서 정당중시 샘플이 적기 때문에 분석에서 제외했다). 우선 지사선거에 관해서는 전체에서 13.2 포인트 감소했지만 감소폭은 남성·30~40대·정촌부·피고용자 등에서 컸다. 특히 도시 규모에서는 91년 선거에서 정촌 거주자의 정당중시가 크고 대도시 거주자가 적은 경향이 보였지만, 2003년 선거에서 역전되어 정당중시가 대도시 거주자에 많고 정촌 거주자에 적은 결과가 되었다. 또한 지지정당 유무를 별도로 살펴보면, 당연한 결과이지만 지지정당이 있는 층에는 정당중시가 많고 무당파층에는 정당중시가 적다. 이상에서 살펴본 것처럼 정당추천 등을 받지 않은 '무당파 자치단체장'과 무소속의원이 증가하고 있는 가운데 유권자도 무당파층이 증대하고 있으며, 정당을 중시해 투표하는 비율이 줄어들고 있다. 정당과 거리를 두려는 양상은 지방정치가와 유권자 쌍방에서 진행된다고 볼 수 있다. 그 중에서도 종래 정당과의 결속력이 비교적 강했던 정촌부에서 지지정당을 가진 층과 투표의 정당중시파가 대폭 감소했으며, 이를 통해 탈정당·정당이탈의 '전국화'가 진행되고 있는 것을 엿볼 수 있다.

Ⅲ 무투표 당선

2003년 통일지방선거에서는 무투표 당선이 전체에서 5,209명으로 이전 선거에서의 3,004명을 큰 폭으로 상회해 전체 무투표 당선율(개선정수 改選定數를 점하는 자의 비율)은 15.9%로 과거 최고를 기록했다.[11] 지사선거에서 돗토리(鳥取)현의 가타야마(片山) 지사가 무투표로 당선된 것을

표 10-12 무투표 당선에 대한 평가의 추이

	1979	1983	1987	1991	1995	1999	2003
투표없이 결정되는 것은 이상하다	31.6	29.9	32.9	37.5	37.0	37.8	40.8
무투표라도 할 수 없다	41.8	42.9	45.7	39.6	43.8	42.2	40.0
무투표 당선도 좋다	12.3	13.4	11.4	9.2	9.6	10.2	9.1
기타·잘 모르겠다	14.3	13.9	10.0	13.5	9.6	9.8	10.1

출처 : 『통일지방선거의 실태 - 원자료-』 각 판에서 작성

표 10-13 속성별 무투표 당선에 대한 평가(2003년)

		이상하다	할 수 없다	좋다	기타 등
총수		40.8	40.0	9.1	10.1
성별	남	42.1	40.9	9.7	6.4
	녀	39.8	39.4	8.6	11.7
연령	20대	38.0	38.0	9.4	14.1
	30대	39.0	39.0	15.4	6.6
	40대	46.5	41.1	9.3	2.3
	50대	38.8	42.5	9.1	7.8
	60대	49.3	36.4	7.1	5.3
	70세 이상	39.3	41.7	10.4	8.0
도시규모	대도시	40.5	37.8	6.7	14.5
	기타 도시	41.3	40.3	8.5	9.1
	정촌	39.8	41.7	13.1	4.8
교육정도	중학	31.9	41.5	12.2	13.4
	고교	40.5	41.1	8.0	9.6
	단기대학	43.8	37.6	9.9	8.1
	대학(원)	49.9	37.9	8.3	3.7
본인직업	자영업자	44.5	37.5	10.7	5.5
	피고용자	42.3	41.0	8.4	7.7
	기타	37.9	40.2	9.0	12.4
정치관심	늘 관심 갖는다	54.8	33.0	5.9	4.3
	자주 관심 갖는다	45.3	42.2	7.0	5.2
	가끔 관심 갖는다	34.3	42.2	12.4	10.7
	전혀 관심 없다	14.0	40.9	13.5	31.6

출처 : 『통일지방선거의 실태 - 원자료-』 각 판에서 작성

필두로 무투표 당선율은 시장선거에서 11.4%, 정촌장선거에서 50.8%, 도부현의회선거에서 19.5%, 정촌의회선거에서 23.2% 등이었다. 이하에

---

11) 2003년 선거의 무투표 당선에 관해서는 이와가미(石上, 2003b)를 참조.

서는 유권자가 무투표 당선을 어떻게 생각하는지 보겠다.

　밝은선추협 자료에서는 무투표 당선에 대해 질문을 계속해왔다. '공직자(자치단체장과 의회의원)는 투표를 통해 결정되는 것이 본질이므로 투표 없이 결정되는 것은 이상하다', '정수를 넘는 후보자가 출마하지 않았기 때문에 무투표라도 할 수 없다', '선거의 번거로움, 나중에 갈등이 남는 것, 경비 등을 고려하면 무투표 당선도 좋다', '잘 모르겠다'는 4항목 중에 고르도록 하는 질문이다. 같은 질문을 실시한 79년 선거부터의 응답추이가 표 10-12로 79년 선거에서 '할 수 없다'가 41.8%, '좋다'가 12.3%였으나 '이상하다'가 증가해 2003년 선거에서는 40.8%가 되어 처음으로 '할 수 없다'(40.0%)를 상회했다. '좋다' 역시 지금까지의 조사 중에 가장 낮은 9.1%가 되어 무투표 당선에 대한 유권자의 의식은 점차 부정적으로 변해 가고 있음을 확인할 수 있었다.

　그렇다면 무투표 당선에 대한 부정적인 의식을 가진 속성을 보자(표 10-13). 성별, 연령, 도시 규모에 관해서는 두드러진 경향이 보이지 않는다. 교육 정도에 관해서는 무투표 당선을 '이상하다'라고 답한 비율이 중졸 31.9%, 고졸 40.5%, 단기대졸 43.8%, 대졸 49.9%로 나타나, 교육 정도가 높은 층일수록 무투표 당선에는 부정적이다. 또한 정치관심도에서 '늘 관심을 갖는다' 54.8%, '자주' 45.3%, '가끔' 34.3%, '전혀 관심이 없다' 14.0%로 정치관심도가 높은 층일수록 무투표 당선에 부정적인 의견을 갖는 경향이 나타났다. 한편 무투표 당선을 긍정적으로 보는 유권자가 비교적 많은 층은 30대·정촌 거주자·중졸·정치관심도가 낮은 층 등이었다. 무투표 당선의 확산은 결코 바람직한 상황이 아니며 유권자의 무투표 당선에 대한 시선이 점차 부정적으로 되어가는 가운데 무투표 당선을 줄이기 위한 제도 개혁도 논의될 필요가 있다고 생각된다.

글을 마치며

이상으로 지방선거에서 진행되고 있는 투표율의 감소·'탈정당'·무투표 당선의 증가에 관해 유권자의식의 측면에서 검토해보았다. 마지막으로 지금까지의 내용을 정리해보자. ① 성별·연령별·도시 규모별·직업별 등에서 나타나는 투표율의 차이가 더욱 확대되고 있으며 여성·20대·대도시 거주자의 감소 폭이 커지고 있다. ② 기권 이유로 정치적 무관심과 정치적 효용성의 결여를 꼽은 유권자가 늘고 있다. ③ 지방선거에 대한 관심은 지사선거에서는 높아지고 있으나 시정촌의회선거에서는 감소하고 있다. 지사선거에의 관심은 30대, 대도시 거주자, 단기대·대졸이 높았고, 시정촌 차원에서의 관심은 여성, 정촌 거주자, 중졸이 높았다. ④ 지방정치에 대한 평가는 최근 크게 감소했고 특히 남성과 50·60대에서 크게 떨어졌다. ⑤ 무당파층은 전체적으로 늘고 있으나 정촌부의 증가 폭이 크고 도시 규모에 관계없이 무당파층이 늘어나고 있다. 무당파층은 무소속의원에 대한 투표 또는 기권을 많이 하는 편이다. ⑥ 투표시 정당을 중시하는 유권자가 줄어들고 있으며 특히 남성, 30·40대, 정촌 거주자, 피고용자의 감소 폭이 크다. ⑦ 무투표 당선에 대해서는 고학력, 정치에 관심이 높은 층 등에서 부정적인 의견을 가진 유권자가 많고 전체적으로 부정적인 평가가 늘어나고 있다.

마지막으로 앞으로의 과제를 짚어보자. 본 장은 통일지방선거 후 실시된 밝은선추협 조사의 결과보고서에 보고된 단순집계와 교차(cross)집계 결과를 바탕으로 유권자의 정치의식을 시계열적 변화에 따라 검토해보았으나, 각회 선거의 조사자료를 직접 분석해 투표와 기권의 메커니즘, 정당 이탈의 메커니즘을 밝힐 필요가 있을 것이다. 그러한 연구는 네 가지 다른 레벨의 지방선거의 차이 해명을 고려해야겠지만 그와 더불어 국정선거와 지방선거의 차이에도 초점을 맞추어 분석해볼 필요가 있다.[12] 이러한 점을 명확히 함으로써 일본의 지방선거에 관한 지식을 축적해가는 것을 앞으로의 과제로 삼고자 한다.

참고문헌

明るい選挙推進協会,『統一地方選挙の実態―調査の概要―』各版.

明るい選挙推進協会,『統一地方選挙の実態―原資料―』各版.

石上泰州(2003a),「第15回統一地方選挙における'脱政党'」,『都市問題』94卷11号, 17-31頁.

石上泰州(2003b),「第15回統一地方選挙の分析 ―'脱政党'と無投票当選―」,『選挙学会概要』 No.1, 5-12頁.

蒲島郁夫(1988),『政治参加』, 東京大学出版会.

中條美和(2003),「国政選挙と地方選挙における投票参加の違い ― 教育程度と選挙関心, 投票義務感の関係 ―」,『国家学会雑誌』 116卷9・10号, 967-1012頁.

三宅一郎・木下富雄・間場寿一(1967),『異なるレベルの選挙における投票行動の研究』, 創文社.

山田真裕(2002),「2000年総選挙における棄権と政治不信」,『選挙研究』 No.17, 45-57頁.

---

12) 이에 관해서는 미야케외(三宅ら, 1967)의 쿄토(京都)시를 사례로 한 상세 연구 또는 최근 연구로 밝은선추협 자료를 활용한 추죠(中條, 2003)의 연구가 있다.

11장

환태평양지역의 가치관과
사회·정치참가 및 또 하나의 측면[1]

이케다 겐이치(池田謙一)

고바야시 데쓰로(小林哲朗)

시작하며

사회적 자본(social capital)이 시민참가에 어떻게 영향을 미치는가? 이 문제는 사회적 자본 연구의 기본적인 관심 대상이다(Norris, 2000; Putnam, 1993; 2000; Skocpol & Fiorina, 1999). 필자도 사회 네트워크와의 관련성을 검토하는 가운데 사회참여 및 정치참여 행동의 분석을 통해 사회적 자본 형성의 집합적인 양상을 검토해왔다(예를 들면, Ikeda, 2002). 한편 사회적 자본의 일부를 구성하는 일반적 신뢰감이나 제도에 대한 신뢰감에 관해서도 다양한 연구가 이루어져왔다[논문집도 많다. 예를 들면, Edwadrs et al.(eds.), 2001; Ostrom & Ahn(eds.), 2003].

사회적 자본의 구성요소와 가치에 관한 요인과의 사이에 상호작용 내

---

1) 교토대학의 스즈키 모토시(鈴木基史) 교수로부터는 국제 심포지엄 『현대 일본의 사회의식의 동태』(장소: 게이오대학, 2004년 11월 23일)에서 본 논문의 초기의 원고에 입각한 발표에 관해서 유익한 논평을 해주셨다. 이 자리를 빌어 감사의 뜻을 전한다.

지는 상호규정적인 관련성이 있다는 연구도 이루어지고 있다. 잉글하트의 물질주의-탈물질주의의 가치 축은 잘 알려져 있는바(Inglehart, 1977; 1990), 이 연구는 본 장이 분석의 대상으로 삼는 세계가치관조사와 같이 거대한 프로젝트를 실현할 만큼의 영향력을 가지고 있다. 그러한 연구 속에서 사회적 자본에 관한 연구와 관련된 몇 가지 관점을 도출할 수 있다. 달튼(Dalton, 2000)이 지적했듯이 탈물질주의는 기존 정치질서의 비판을 촉진시킨다. 따라서 탈물질주의자는 전통적인 제도에 대한 신뢰감이 낮은 경향이 있다. 또한 탈물질주의적 가치 그 자체가 언론의 자유나 정책결정과정에 대한 발언력의 강조처럼 정치에 대한 참가의식을 포함하고 있기 때문에, 탈물질주의가 사회참여·정치참여 행동과 관련성을 보이는 것은 매우 자연스러운 논리적 귀결이라고 볼 수 있다.

그러나 가치관은 반드시 물질주의·탈물질주의처럼 일원적인 것이 아닐 수도 있다. 실제로 산업사회가 오로지 물질주의·탈물질주의의 축에 입각하여 변화하였다는 주장에는 비판의 목소리가 적지 않다(Dalton, 2002에 의한 소개를 참조). 예를 들어, 일본의 자료를 이용한 한 연구로는 탈물질주의와 교차하는 축으로서 권위주의와 자유주의의 축을 제안하고 있으며(Flanagan & Inglehart, 1987), 또한 탈물질주의에는 공적 측면과 사적 측면이 있어서 전자의 자기실현은 사회참여를 촉진하지만 후자는 소비적 자기실현을 촉진할 뿐 오히려 사회참여를 억제하는 경향이 있다는 실증적인 논의가 소개되고 있다(사회경제국민회의, 1988). 여기서 추론할 수 있는 바와 같이 탈물질주의적 가치가 항상 퍼트남(Putnam)이 강조하는 사회적 자본을 증진한다든지, 민주주의에 대한 지지에 대해 긍정적 방향으로 영향을 미친다고는 할 수 없을 것이다. 그러한 영향은 다른 차원의 가치관이 존재하는 사회에서는 달라질 수도 있을 것이다. 이와 같은 인식에 주목한 것으로 보이는 잉글하트 등은 헌팅턴의 문명 충돌에 관한 논의에 입각해서 이슬람세계의 가치관 하에서도 탈물질주의적 가치가 민주주의적 가치나 리버럴한 사회적 가치에 대해 긍정적인 효과를 미치고 있는가를 검토하고 있다(Norris & Inglehart, 2003).

본 장에서는 가치의식의 양상이 크게 다른 태평양지역의 나라들을 대상으로 세계가치관조사(World Value Survey: WVS)의 2000년 자료(Inglehart et al., 2004)를 이용해서 가치관과 사회적 자본의 관련성에 대한 검토를 목적으로 한다. 이러한 시도를 통해서 탈물질주의의 사회적 자본 형성에 대한 효과가 보편성을 지니고 있는가 확인하고자 한다. 나아가 이러한 검토를 아시아적인 문화의 기저에 나타나는 가치관으로서 주목을 받고 있는 집단주의나 권위주의와는 상이한 관점에서 다루고자 한다. 가치관으로서의 집단주의의 타당성에는 의문이 제기되고 있으며, 또한 권위주의에 관해서는 달튼에 의해 분석이 이루어지고 있다(종속변수는 민주주의에 대한 지지: Dalton & Ong, 2003; 그밖에 Nevitte & Kanji, 2003). 여기서는 가치관의 상이한 측면으로서 불확실성의 회피 개념에 초점을 맞추며, 사회적 자본과 관련된 변수를 종속변수로 삼고 분석을 진행시킬 것이다.

이러한 분석을 통해서 본 장에서는 불확실성의 회피지향이 강한 조건 하에서는 탈물질주의가 사회적 자본을 증진하는 경향이 억제된다는 점을 검증할 것이다. 또한 그러한 경향이 문화를 초월하여 성립된다는 점을 개인 단위 자료를 이용한 분석에 의해서 밝힐 것이다.

Ⅰ 문화의 차이에 의한 설명 논리

홉스테드는 1980년대 초부터 주장해왔던 일련의 주장들을『다문화세계』(*Cultures and organizations: Software of the mind*)라는 저서를 통해 요약하고 있다. 그리고 이 실증적 연구서를 통해 문화를 분류하는 커다란 축의 하나로 개인주의·집단주의라는 축을 제시했다(Hofstede, 1991; 2001). 이 축은 비교-문화심리학(cross-cultural psychology)의 발전과 더불어 커다란 주목을 받게 되어 마커스 등의 레뷰(revue)를 통해서 문화 차이를 설명하는 논리로서 이용되었다(Markus & Kitayama, 1991).

그러나 그는 개인주의·집단주의를 심리적 메커니즘으로 간주함으로써 사람들의 행동을 통해 드러나는 문화의 차이를 설명하는 데 성공했다고 볼 수는 없을 것 같다. 예를 들어, 다음과 같은 반대 입장의 연구들이 대표적이다. 첫째, 실증연구의 메타 분석에 따르면 집단주의 문화가 보이는 것은 아시아의 경우 중국에 한정되고 있다는 연구[Oyserman et al., 2002; 개념적 레뷰로는 Matsumoto(1999)를 참조할 것. Takano & Osaka(1999)는 일본 자료의 종합적인 분석을 통해 일본인이 집단주의적이라고 말할 수 없다는 점을 밝히고 있다]를 들 수 있다. 둘째, 집단주의를 개인의 심성으로 생각하기보다는 제도적 틀이 사람들을 집단주의적으로 행동하게끔 유도하고 있다는 점이 야마기시 등에 의한 실험에 의해 명백히 밝혀졌다[Yamagishi et al., 1998; 山岸(1999)는 집단 속의 호혜적인 기대가 집단주의의 형성에 영향을 미친다고 주장하고 있다].

또한 사람이나 물건의 이동에 의한 문화변용(moving culture)에 의한 각 나라의 문화의 혼성화(hybrid) 현상은 국경이나 집단의 경계를 초월하는 가치를 어떻게 포착할 것인가에 관해서 주목해야 한다는 점을 시사하고 있다(Herman & Kempen, 1998). 이 논문의 저자들은 문화의 혼성화 현상에 의해서 문화의 혼합이 촉진되어 새로운 문화적 아이덴티티가 등장하고 있다고 주장하고 있으며, 또한 그러한 현상은 비교-문화심리학의 가정을 무효화시키고 있다고 주장하고 있다. 전후 일본의 보편적인 가치에 관한 교육의 성공은 문화의 차이에 의한 설명을 무효화시키는 예에 해당될 것이다. 즉, 일본의 전후 교육은 의심할 여지가 없을 만큼 서구의 근대화 교육과 동일한 내용으로 이루어져 있으며, 이는 곧 아시아적 문화가 개입할 여지를 줄이는 교육이기도 했다. 그러한 가운데 새로운 세대는 개인주의적인 인간상, 비권위주의적이며 민주주의적인 가지관에 의해 시회화된 것이다. 일본의 학교교육은 제도적 틀에서 보면 규칙을 지나치게 강조한 집단주의적인 색채를 가지고 있지만 공적인 교육의 이념은 전후 50년 이상 비권위주의적이며 민주주의적인 것이었다.

Ⅱ 불확실성의 회피 개념에 대한 주목

위와 같은 선행연구를 돌이켜보면, 탈물질주의와 사회적 자본 간의 관련성을 검토할 때, 그 관련의 보편성 여부를 비판적으로 검토하는 경우에 고려해야 할 점은 집단주의–개인주의라는 문화의 차원이 아니라는 사실을 알 수 있다. 이는 다른 차원에서 탐구하는 것이 생산적일 것이다.

그렇다면 어떠한 차원이 검토의 대상이 되어아 할 것인가. 홉스테드의 분류에 따르자면, 그러한 차원은 (사회적 불평등에 관한) 권력의 격차에 관한 지향(53개국 중 일본은 33위), 남성성 대 여성성의 지향(일본은 1위), 불확실성의 회피지향(일본은 7위), 인생의 장기·단기 경향(일본은 장기

	미국	캐나다	일본	한국	중국	필리핀	베트남	싱가포르
권력의 격차 (순위가 높을수록 거리가 크고 불평등성이 큼)	38	39	33	27	15*	4	-	13
집단주의 대 개인주의 (순위가 높을수록 개인주의가 강함)	1	4	22	43	37*	31		39
남성성 대 여성성 (순위가 높을수록 남성성이 강하고, 성별역할이 분화)	15	24	1	41	18*	11	-	28
불확실성 회피지향 (순위가 높을수록 불확실성 회피지향이 강함)	43	41	7	16	49*	44	-	53
인생의 장기/단기 지향 (순위가 높을수록 장기 지향이 강함**)	17	20	4	5	1	21	-	9

* 홍콩의 자료에 의한 것.
** 이 차원만은 23개국의 자료.

지향에서 4위)의 차원일 것이다(표 11-1). 여기서는 불확실성의 회피지향에 검토의 초점을 맞추도록 하겠다.

그 이유는 일본의 경험에 유래한다.

홉스테드의 불확실성의 회피 차원에서 일본은 불확실성 회피지향이 높은 나라로 위치해 있지만(53개국 중 7위), 이러한 지향 및 그것과 관련된 위험부담(risk) 회피지향이 일본의 발전을 저해하고 있다는 점을 뒷받침하는 사실이 적지 않다.

1990년대 후반, 세계적으로 경제가 퇴조(버블경제 붕괴)하는 가운데 그 영향이 가장 심각한 나라 가운데 하나였던 일본에서는 자국이 선진산업국가의 모범이라고 불려졌던 80년대 후반의 의식이 붕괴됨과 더불어 어떠한 사회를 지향하고 또한 어떠한 가치를 강조해야 할 것인가에 관해서 광범위한 모색과 논의가 일어났다. 그것은 아직 완벽하게 결말이 지어진 상태

는 아니지만, 논의중에 있는 것의 하나가 위험부담을 회피하지 않는 사회를 지향해야 한다는 것이었다(Human Studies, 2001). 행정개혁과 재정개혁, 그리고 기업혁신이 늦어지고, 사회의 발전이 정체되고 있는 밑바탕에는 일본인의 '평준화(よこならび) 지향, 즉 차이를 두지 않고 동등하게 취급하는 경향'이나 '집단주의'가 위험부담 회피를 전제로 하고 있다는 점이 지적되었고, 그것을 변화시킬 필요성을 논의하게 된 것이다.

실제로 일본인에게 위험부담(risk) 회피지향이 강한 것은 그간 적지않게 지적되어왔던 바이다. 예를 들면, 「일본은행보고서」에 의한 일본과 미국의 비교에 따르면, 일본의 개인 금융자산은 안전한 사산에 치우쳐 있다는 점에서 미국과는 크게 다르다는 점이 지적되고 있다.[2] 그 원인은 일본인의 부동산 자산에 관한 집착이라는 구조적인 요인에 있다는 설명도 있지만(닛세이연구소 보고서 No.2002-02), 그것보다는 일본인의 위험부담 회피지향에서 그 이유를 모색하는 것이 타당한 것으로 보인다.

예를 들면, 스기노오(杉之尾, 2001)는 덴쓰(電通)종합연구소의 국제비교 자료를 분석하여 '능력이나 실력에 의한 급료'의 선호를 국가별로 비교한 결과, 일본인은 미국, 중국, 한국, 태국, 싱가포르 등 다른 국가 사람보다도 낮다(위험부담을 떠안지 않는다)는 점을 밝히고 있다. 또한 일본은 '자신이 새로운 회사나 가게 등을 개업해보고 싶다'는 항목에 관해서도 비슷한 경향을 보이고 있으며, 나아가 미국·영국·프랑스·독일과의 비교하는 경우 자산운영에 관해서 '높은 안전성'을 강조하는 경향이 강하다는 점을 밝히고 있다.

또한 비쉬워너스(Vishwanath)는 웹사이트의 e-베이(e-bay) 옥선 사

---

2) http://www.boj.or.jp/wakaru/keiki/whikaku/htm 越智誠 『일본은행 Quarterly』 2003년 봄

이트를 일본, 미국, 독일의 비교분석을 실시하여, 불확실한 정보 게임인 옥선에서 상품 정보의 불확실함이 어떻게 옥선의 양을 규정하는가를 검토했다. 그 결과, 그가 찾아낸 것은 불확실성의 회피지향이 높은 일본에서는 온라인상에서의 행동이, 독일이나 미국과 비교할 경우, 애매한 결정 맥락에서 한정된 정보밖에 없을 때에는 매우 극단적인 모습을 보인다는 점이다. 즉, 일본에서는 상품의 사진이 없는 등 정보가 부족하면 옥선의 입찰 수량이 크게 떨어진다는 것이다.

이러한 연구결과들에 입각해, 여기서 검토해야 할 가치의 고찰 대상으로서 불확실성에 대한 회피지향에 주목하는 것은 타당한 것으로 보인다. 불확실성의 회피와 위험부담 회피는 같은 개념은 아니지만 양자는 깊게 관련되어 있다. 불확실성의 회피지향이 높은 것이 사회적 자본에 부정적 효과를 미친다고 하는 주장은 선행연구에서 보이지 않지만, 앞서 살펴보았듯이 사회 발전을 저해하는 요인으로서 위험부담 회피지향이 높다는 점을 꼽고 있다는 점을 보아도 불확실성 회피지향이 사회적 자본의 축적에 부정적 효과를 미치는가 여부를 탐구하는 것은 분석할 만한 가치가 있다.

또 불확실성 회피의 변수를 검토할 이유가 또 하나 있다. 그것은 환태평양 국가의 불확실성 회피 점수를 보면 명백하다. 홉스테드는 불확실성 회피에 대해 83년의 조사결과를 이용해 다음과 같이 보고하고 있다. 태평양 주변의 각 나라를 대상으로 하는 경우(표 11-1), 일본은 53개국 중에서 7위, 한국 16위, 캐나다 41위, 미국 43위, 필리핀 44위, 홍콩 49위, 싱가포르 53위였다. 아시아의 경우, 한국과 일본은 다른 아시아 국가들과 순위가 크게 달랐다. 이는 문화에 관한 변수의 관여를 단지 동양 대 서양이라는 구도에 입각해서 검토하는 것과 다른 관점에서 분석하는 것이 가능하다는 점을 시사하고 있다. 그러한 의미에서도 불확실성의 회피 변수를 고려하여 분석하는 것이 필요하다.

흥미롭게도 한국에서는 1990년 후반의 경제위기에 대응하기 위해 일본에 비해 상당히 근본적인 개혁이 실시되었고, 그 결과 위험부담을 적극적으로 수용하는 문화가 형성되었다. 이것은 앞서 살펴본 홉스테드의 자료에 대해 의문을 갖게 만들지만, 불확실성의 회피라는 변수의 중요성이 줄어드는 것은 아니다.

문화의 혼성화 현상을 고려할 경우, 불확실성 회피의 문화도 20세기 후반의 문화적 변용 속에서 영향을 받았다고 생각할 수 있다. 일본의 예에서 보듯이 서구 교육의 침투 속에서 불확실성 회피의 문화도 변용됐다고 볼 수 있을 것이다. 따라서 본 분석에서는 각 문화 속에서 불확실성의 회피가 야기하는 효과의 정도가 다른 사람들이 공존할 것이라고 가정한다. 즉, 문화 대 문화의 비교, 국가 대 국가의 비교가 아니라 각 국가 안에서 불확실성의 회피지향이 강한 사람들과 그렇지 않은 사람들 사이에서 탈물질주의와 사회적 자본과의 관련성의 흐름이 다른지 여부를 개인 수준의 자료를 이용한 분석을 통해서 검토할 가치가 있다고 생각한다.

Ⅲ 홉스테드의 불확실성의 회피 개념

홉스테드의 '불확실성의 회피' 개념(1991)은 광범위한 현상을 다루고 있다는 점에서 매우 애매한 개념이다. 그는 다음과 같이 말한다. "마즈로(Abraham Harold Maslow)[3]의 안전 욕구는 불확실성의 회피지향이 높

---

3) 마즈로(A. H. MAslow)의 인격이론은 통상 '자기실현이론'(욕구계층설)이라고 칭해진다. 심리학뿐만 아니라 경제학 간호학 등의 분야에서 언급된다(역자).

은 나라에서는 다른 욕구보다도 우선시되는 경향이 있다”, “불확실성 회피
의 지향이 높은 사회에서는 애매모호함에 대해서 관용적이지 않다”, “알몬
드와 버바(Almond & Verba)의 ‘시민의 힘’의 척도는 불확실성의 회피지
향과 마이너스(−)의 상관관계를 나타낸다. …불확실성의 회피지향이 약
한 나라의 시민은 정치의 외곽지대인 지방 차원에서의 의사결정에도 참여
할 수 있다고 믿고 있다. 그들은 불확실성의 회피지향이 높은 나라의 시민
과 비교해서 정부의 결정사항에 항의하는 것에 적극적이며, 만약 온당한
행동이 제대로 평가를 못 받는 경우에는 항의행동을 통해 강경하게 호소하
려고 한다”, “불확실성의 회피지향이 강한 국가의 학생들은 선생님이 정답
을 모두 알고 있는 전문가라고 기대하는 경향이 크다”, “불확실성 회피지향
이 강한 문화를 지닌 사회에서는 사람들이 심정적으로 규칙을 중시한다”,
“불확실성의 회피지향이 약한 나라에서는 기발한 아이디어에 대해서 관
용적이기 때문에 근본적인 혁신을 야기시키는 자극이 생기기 쉽다. 그러
나 근본적인 혁신을 발전시켜 광범위하게 보급시키려는 경우, 정확함과
올바른 규칙이 필요해진다(그것은 불확실성의 회피지향이 강한 나라에서
는 유리하다)”, “(불확실성의 회피지향이 높은 사회에서는)서로가 다르다
는 점이 곧 위험한 것이다.”

이러한 점에 기초하여, 그는 불확실성의 회피지향을 ‘어떤 문화의 성원
이 불확실함 내지는 미지의 상황에 대해서 위험을 느끼는 정도’(1991: 113)
라고 정의하고, 세 가지 항목으로 구성되는 척도를 작성하고 있다(Hofstede,
1991; 2001).

규칙 지향: 회사의 규칙을 어겨서는 안 된다고 생각하는가?

고용의 안전성: 앞으로 몇 년간 회사에 재직할 수 있다고 생각하는가?

(재직 기간이 길다고 대답할수록 불확실성 회피지향이 높다)

스트레스: 일 때문에 얼마나 신경이 곤두서며 긴장감을 느끼는가?

그러나 홉스테드는 이러한 항목을 통해 왜 불확실성 회피지향의 척도
가 작성될 수 있는가에 관해서 통계적으로 적절한 설명을 전혀 하지 않고
있다(Hofstede, 1991: 112). 한편 WVS(세계가치관조사) 자료에서는 고
용의 안전성에 관한 질문 항목 이외에 규칙 지향이나 스트레스와 관련된
불확실성의 회피지향의 항목을 측정하는 조사항목이 존재하지 않는다.
따라서 본 논문에서는 홉스테드의 기본적인 발상의 일부만을 재용해서
고용의 안전성 지향을 나타내는 항목을 불확실성의 회피지향의 척도로
사용하기로 한다. 그것은 WVS 2001-2001의 질문항목 중에서 v84, v85에
해당된다. 이들 항목에서 직업선택과 관련해서 돈걱정이 없는 직업이나
도산과 실업의 위험이 없는 안정적인 직업을 선택하고 싶다고 응답하는
경우, 그러한 선택을 '고용의 안전성'과 관련된 척도로 삼기로 한다. 이 척
도는 불확실성의 회피뿐만 아니라 위험부담 회피를 측정하고 있는 것으로
도 간주할 수 있을 것이다.

Ⅳ 위험부담 회피와 불확실성 회피의 관련성

홉스테드(2001)는 위험부담(risk) 회피와 불확실성의 회피를 개념적
으로 구별하고 있다. 예컨대, 그는 자신의 저서에서 '불확실성 회피는 위험
부담으로부터의 회피보다는 애매모호함으로부터 회피이다'(p.148)라고
진술하고 있다. 그러나 홉스테드가 채용하고 있는 척도는 이미 살펴본 바

와 같이 위험부담 회피의 요소를 포함하고 있다.

위험부담 회피와 불확실성 회피와의 관련성에 관해서는 다음과 같은 사고방식도 존재한다. 예를 들면, 야마모토(山本, 2001)는 위험부담과 관련된 가치관의 두 요소에 불확실성 회피가 포함된다고 말한다. 즉 위험부담과 관계된 가치에는 두 가지 요소가 있다. 하나는 잠재적으로 부정적인 결과인 손실과 고통에 대한 가치관이며, 다른 하나는 결과에 확실성이 결여된 상황에 대한 허용성이다. 후자는 불확실성의 회피를 가리킨다. 이러한 관점에서 보자면, 위험부담 회피를 변수로 측정하는 것은 그 일부인 불확실성의 회피를 측정하고 있는 것으로 볼 수 있다. 따라서 본 논문에서 이용하는 고용의 안정성 항목은 불확실성의 회피임과 동시에 위험부담의 회피라는 의미도 가지고 있는 지표로 간주할 수 있을 것이다.

이하에서는 '위험부담 회피'라는 표현을 주로 사용한다. 그것은 분석을 위한 지표인 고용의 안전성이 야마모토가 지적하고 있는 위험부담과 관련된 가치관의 두 가지 요소를 모두 포함하고 있다고 생각되기 때문이다. '돈 걱정'이나 '실업에 대한 두려움'은 잠재적으로 부정적인 경험임과 동시에 결과의 불확실성을 의미하고 있다. 따라서 본 논문에서는 야마모토의 논의에 입각해서 고용의 안전성에 대한 항목을 위험부담 회피의 지표로 간주할 것이다. 이 지표는 경제면, 특히 고용과 관련된 사항을 측정한 것이지만, 가상적인 직업선택 장면을 설정한 것이며, 그러한 점에서 현실적 제약으로부터 벗어나 가치관 전반을 반영하기 쉬운 척도라고 가정한다.[4]

---

4) 한편 불확실성 회피 개념을 위험부담 회피 개념과 구별해서 심리적인 지향성으로서 연구하는 어프로치도 있다(Sorrentino & Roney, 2000). 여기서도 문화의 차이 요인이 검토되지만, 본 논문에서 다루는 관점과는 조금 상이한 관점에 의해 연구가 이루어지고 있다. 또한 세계가치관 조사에서는 그것에 대응하는 변수가 포함되어 있지 않기 때문에 본 논문에서는 위험부담 회피를 포함한 불확실성에 초점을 맞춘다.

V 사회적 자본과 위험부담 회피와의 관련성

불확실성의 회피나 위험부담의 회피는 '사회적 자본'과 관계가 있을까? 즉, 사회적 자본의 필수적인 형성요인인 네트워크를 통한 커뮤니케이션이나 신뢰감의 형성은 불확실성 회피·위험부담 회피와 관계가 있는 것일까?

민주주의를 심화시키기 위해서는 자신과 이질적인 의견과 만남이 중요하다는 것은 널리 인식되고 있지만(Huckfeldt & Sprague, 2002), 이질적인 타자는 본래 불확실성과 위험부담의 원천이기도 하다는 점에서 일상적인 회화는 정치적 커뮤니케이션의 원천으로서 충분하지 않다고 하는 사변적인 지적조차도 존재한다(Schudson, 1997). 또한 Mutz(2002)는 사회적 네트워크에 관한 엄밀한 분석을 통해서 이질적인 사회적 네트워크 안에 있는 사람들은 자신의 사회관계가 위험부담에 노출되는 것을 두려워하기 때문에 정치적 활동을 하지 않는 경향이 있다는 점을 밝히고 있다.

일본의 경우, 정치에 대한 논의란 때로는 위험한 것으로 간주되고 있다. 특히 회사에 근무하는 경우, 정치에 대한 언급이 금기사항까지는 아니더라도 회피되는 경향이 있다(Ikeda, 1997). 이는 노조와 경영진 간의 오랜 대립의 역사가 이어져온 것도 하나의 요인일 것이다. 즉, 일본에서는 정치에 대해 언급하는 것에 위험부담이 수반된다고 인식하는 경향이 보인다. 이와 유사한 인식이 널리 공유되는 국가는 물론 또 있을 수 있을 것이다.

한편 불확실성이나 위험부담이 신뢰감과도 일정한 관련성을 가진다는 점을 생각해볼 수 있다. 일반적 신뢰감이라는 개념은 미지의 타자와 만났을 때 그 사람을 신뢰해서 교섭을 시작할 것인가의 여부와 관련된 확신의 정도를 의미한다. 물론 우리들은 그러한 판단에 '신뢰할 수 없는 사람'인지의 여부를 신중히 판단하는 능력을 이용하게 되지만, 미지의 타자를 신뢰할 것인가 여부를 판단하는 경우에는 이미 알고 있는 사람을 신뢰할 것인가 여부를 판단할 때와 비교하면, 불확실성이나 위험부담의 정도가 높을 것이다. 하지만 폭넓은 대인 커뮤니케이션의 가능성은 높은 편익을 낳을 가능성이 있다는 점에서 일반적 신뢰감은 사회적 자본 형성에 커다란 역할을 수행한다고 간주된다. 물론 야마기시 등은 그들의 신뢰 이론에 기초해서 일반적 신뢰감이 낮은 사람이 코미트멘트(Commitment) 관계 형성으로 대인관계의 불확실성을 회피하는 데 반해 일반적 신뢰감이 높은 사람은 그것을 회피하지 않는 경향이 있다는 점을 일본과 미국의 실험을 통해서 검증하고 있다.

마지막으로 홉스테드 자신(Hofstede, 2001)도 사회적 자본과 관련된 변수를 리뷰하고 있다. 그는 국가별 자료의 비교를 통해서 불확실성의 회피지향이 일반적 신뢰감과 마이너스의 상관계수를 보이고 있으며, 다양한 형태의 자발적(voluntary) 조직에 참가하는 것과도 마이너스 상관관계를 가지고 있다는 점을 지적하고 있으며, 나아가 불확실성의 회피지향은 법제도, 경찰, 행정조직 등의 제도에 대한 신뢰감과도 마이너스의 상관관계를 지니고 있다는 점을 밝히고 있다.

VI 탈물질주의와 위험부담 회피의 관련성

위험부담 회피와 탈물질주의의 관련성은 어떻게 파악해야 할 것인가. 탈물질주의 지향성은 사회참여를 촉진시키는 역할을 포함하고 있다. 예컨대 직장이나 지역사회에서 발언권을 행사한다든지, 언론의 자유를 추구하는 부분은 사회참여를 촉진하는 일이라고 볼 수 있다. 그러나 이는 앞서 살펴보았듯이 불확실성 회피지향과는 양립하지 않는 경우가 있다는 것을 시사한다. 위험부담 회피지향 또는 불확실성 회피의 지향이 높을수록, 예를 들어 이질적인 사람들과 만남이 있는 사회참여를 주저하고, 대인관계의 위험스럽고 불확실한 귀결을 수반할 수 있는 자유로운 발언을 억제할 가능성이 높아진다고 생각되기 때문이다. 한편 이와 반대의 경우를 생각할 수도 있다. 따라서 위험부담 회피지향이 높은 경우에는 탈물질주의가 잘 기능하지 않는다는 가설을 생각할 수 있을 것이다. 위험부담 회피지향이 높은 조건 하에서는 탈물질주의는 사회참여나 신뢰감을 규정하는 요인이 되지 않는다고 생각된다.

역으로 불확실성의 회피를 망설이지 않고, 위험부담 감수(risk taking)를 망설이지 않는 사람들의 경우에는 탈물질주의가 효과를 가지는 조건이 존재하기 때문에 탈물질주의가 사회참여나 신뢰감을 규정하는 요인이 될 수 있다. 바꿔 말하면, 위험부담 회피의 득점이 낮은 것이 탈물질주의가 사회참여나 신뢰감에 대해 효과가 있는 전제조건이라고 생각할 수 있다.

VII 검토의 대상이 되는 변수와 분석 모델

노리스(Norris, 2000)는 퍼트남의 사회적 자본의 핵심은 두 가지 구성 요소로 분해될 수 있다고 주장한다. 사회적 네트워크와 사회적 신뢰감이 그것이다. 사회적 네트워크는 사회적 자본의 구조적인 현상이며, 사회적 신뢰감은 문화적 현상, 즉 사회규범과 관계되는 사회적 자본의 구조적 부분이라고 볼 수 있다는 것이다. 일반적 신뢰감이 규범에 관계된다는 주장은 위화감이 느껴질 수도 있지만, 구조와 문화라는 분류의 축은 옳다고 생각되기 때문에 여기서는 그러한 축에 입각해서 주요한 독립변수를 네 개 설정했다. 단, 노리스가 실시한 분석과는 조금 상이한 구성변수를 설정 했다. 즉 사회적 자본의 형성과 관련되는 종속변수로서 다음의 네 변수를 설정했다. 사회적 자본의 구조에 관련되는 네트워크의 지표로서 정치적 토론, 사회참여의 변수를, 문화와 관련된 부분으로서 제도에 대한 신뢰와 대인적 신뢰의 변수가 그것이다.

다음에 독립변수로서는 탈물질주의와 위험부담 회피를 주요한 변수 로서 설정했다. 한편 제어(control)변수로서는 성, 연령, 교육 정도, 수입 을 투입했다.

1. 사용되는 자료

세계가치관조사 WVS 2002-2001의 환태평양 국가들의 자료. 미국, 캐나다, 일본, 한국, 중국, 필리핀, 베트남, 싱가포르이다.

2. 변수의 작성방법

정치적 토론: v32를 역전해서 사용. 질문내용은 "당신은 친구들과 함께 있을 때, 정치에 관한 이야기를 어느 정도 합니까?"

사회참여: (orgtot1)v54-v67에서 참가하고 있는 자발적(voluntary) 조 직의 수

제도에 대한 신뢰: (tr_nat) v153-v156을 가산. 정부, 정당, 국회, 행정과 같이 정치에 직접 관련되는 제도의 척도. 단, 싱가포르에서는 이 척도를 측정하고 있지 않기 때문에 이 척도가 이용되는 분석에서는 싱가포르를 제외한다.

일반적 신뢰: v25로부터, '대체로 신뢰할 수 있다'를 더미(dummy) 변수
　　로서 채용함.

탈물질주의: (pmat 12)12항목에 의한 탈물질주의 척도

위험부담 회피: v84, v85의 두 항목으로부터 '급료가 좋고 돈격정도 하지
　　않아도 되는 것', '도산이나 실업의 염려가 없어서 안정적인 것'의
　　선택을 가산.

3. 분석 모델

본 분석에서는 계층선형 모델(HLM)을 사용한다. 레벨 1에서는 개인
수준의 자료를 이용하여 분석을 실시하며, 레벨 2에서는 국가 단위의 분석
을 실시하지만, 양자는 동시에 추정된다.

(1) 레벨 1

사회적 자본을 구성하는 변수간의 구조에 관해서는 문화에 관한 변수
가 더 외생적이라는 모델을 채용한다. 즉, 정치적 토론이나 사회참여를
종속변수로 하는 분석에서는 일반적 신뢰와 제도에 대한 신뢰를 독립변수
로 투입한다. 즉, 사회적 네트워크가 문화적 요인에 의해 규정된다고 생각
하는 것이다. 또한 정치적 토론을 종속변수로 하는 분석에서는 사회참여
를 독립변수로 투입한다. 일상적인 커뮤니케이션에 대해서 중간집단에
참가하는 것은 외생적인 것으로 생각되기 때문이다. 또한 사회적 자본을
구성하는 변수 간의 관계를 상정하지 않는 모델도 검토한다. 즉, 사회적
자본을 구성하는 변수간의 관계성은 상호 독립적이라고 보는 모델이다.

사회적 자본과 관련된 변수 이외의 독립변수로서는 탈물질주의와 위험
부담 회피지향, 그리고 탈물질주의와 위험부담 회피지향 간의 상호작용의

변수를 투입하며, 통제(control)변수로서는 인구학적 요인을 투입한다.

본 분석의 연구과제는 탈물질주의와 사회적 자본의 연관성이 위험부담 회피지향에 의해 매개되고 있으며, 위험부담 회피지향이 클수록 사회적 자본에 대한 탈물질주의 효과가 줄어든다는 것이다.

한편 본 연구에서는 위험부담 회피지향을 개인 수준의 변수로서 취급하여 그 효과를 검토한다. 즉, 위험부담 회피지향을 문화적 변수 혹은 사회적 변수가 아니라 개인적 가치관을 측정하는 변수로 간주하는 것이다.

(2) 레벨 2

레벨 2에서 분석과제는 레벨 1에서 나타난 연관성이 문화 또는 국가에 따라 차이를 나타내는가를 확인하는 데 있다. 본 분석에서는 계층선형 모델 속에서 '동서'(동양과 서양의 문화 차이)로 표시되는 대립축이 탈물질주의와 위험부담 회피지향과의 상호작용 항의 기울기를 레벨 2(여기서의 분석 단위는 국가 차원)에서의 분산으로 설명하는 것에 관해서 통계적으로 의미있는 효과를 가지는가의 여부를 검토한다.

즉, 개인 레벨 1의 상호작용의 기울기를 국가를 단위로 하는 레벨 2에서

$$B=G1+G2*(WEST)+U1$$

B는 레벨 1의 상호작용의 계수

G1은 레벨 1의 상호작용 항의 계수를 예측하는 직선의 절편

WEST는 '동서' 더미(dummy)

G2는 레벨 1의 상호작용 항의 계수를 예측하는 WEST의 계수

U1은 레벨 1의 상호작용 항의 계수를 예측하는 직선의 잔차(殘差)

로 하는 경우에, G2가 효과를 갖지 않으며 U1의 분산이 크다는 점, 즉 상호작용의 기울기의 분산은 동서 더미로는 설명할 수 없으며 국가 차원의 변수로

설명될 수 있는 여지가 있음을 나타내는 것이다. 한편 그 이외의 요인(예를 들면 경제발전의 정도)의 국가 차원에서의 차이가 가지는 영향이 당연히 예상되지만, 그것이 왜 그런가에 관해서 여기서는 살펴보지 않으며, 또한 본 분석의 목적에서 벗어나기 때문에 그 점에 관해서는 검토하지 않는다.

Ⅷ 기본적인 자료의 분석

그림 11-1은 위험부담 회피지향의 득점을 국가별로 비교한 것의 결과를 표시한 것이다.

위험부담 회피지향의 절대치에서는 홉스테드가 분석했던 자료의 결과와 일치하지 않는 경향이 보였다. 홉스테드에 따르면, 위험부담 회피지향이 일본과 한국에서는 높고, 중국권에서는 낮은 것으로 예측되지만, 그런 결과가 얻어지지 않았다. WVS 자료에서는 일본의 자료가 낮으며, 미국과 캐나다가 비슷한 수치를 보이고 있다. 이어서 중국이 낮다. 한국은 예상한 바와 같이 높은 득점을 기록하지고 있지만, 필리핀이나 싱가포르의 득점은 예상 외로 높았다.

그 이유의 하나는 위험부담 회피와 탈물질주의 사이에 약한 상관관계가 존재하고 있는 데서 찾을 수 있을지도 모른다. 즉 탈물질주의 지향성이 상대적으로 높은 일본에서는 탈물질주의의 영향에 의해서 불확실성 회피의 점수가 좀 낮아질 수 있으며, 반면 한국이나 필리핀 및 싱가포르에서는 역으로 좀 높아질 수 있다. 하지만, 이러한 논리를 가지고서는 미국이나 캐나다의 자료에 관한 설명이 여전히 불충분하지 않을 수 없다. 더욱이 홉스테드도 탈물질주의를 통제한 분석을 실시한 것은 아니기 때문에 앞서

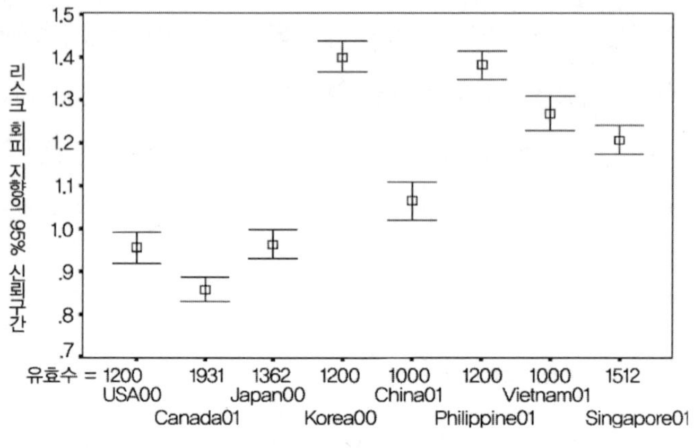

그림 11-1 위험부담 회피지향의 각 나라의 득점

의 설명은 충분하다고 볼 수 없다. 한편 본 연구에서는 위험부담 회피지향의 지표가 직업선택에 관련된 것뿐이었기 때문에 경제상황 등의 다른 요인에 의해 위험부담 회피지향의 점수가 좌우될 가능성이 있을 것이다. 그 외에도 본 연구의 자료가 홉스테드가 사용한 불확실성 회피 지표의 일부를 채용하고 있다는 점, 홉스테드의 자료가 IBM 사원 샘플에 한정된 것인데 반해, WVS 자료는 무작위 샘플에 의한 국민 샘플이라는 점, 그리고 자료의 취득연대가 상이하며(홉스테드는 1968, 72년, WVS는 2002~2001년), 나아가 그 사이에 가치의 변용이 진행되었을 가능성이 있다는 점 등이 본 연구의 결과가 홉스테드의 그것과 상이한 이유로서 생각될 수 있을 것이다.[5]

한편 위험부담 회피지향의 득점과 탈물질주의와의 관련성에 관해서 검토한 결과, 마이너스의 상관관계가 확인되었지만, 순위상관계수로

---

5) 그림 11-1에서 보여지는 일본의 불확실성 회피의 고득점에 관해서는 연령층에 따라서 차이가 있는가와 직업을 가지고 있는 사람은 고득점을 보이고 있는가에 관해서 검토했지만, 어그리게이트 데이터 수준에서는 그러한 문제에 대한 해답과 관련되는 실마리가 얻어지지 않았다.

0.11 정도였으며, 국가별로도 커다란 차이는 없었다. 즉, 탈물질주의적 지향이 약한 사람이 위험부담 회피지향이 강하다고 단언하기 힘들 정도로 상관관계의 정도는 낮았다.

IX 다변량 분석

1. 레벨 1

레벨 1의 분석 결과를 표 11-2, 표 11-3에 표시한다.[6] 표 11-2는 레벨 2에서 '동서'(동양과 서양의 문화 차이) 더미 변수를 투입하기 전의 분석이며, 표 11-3은 투입한 후의 것이다. 개인 차원의 결과는 표 11-2가 보기 편하기 때문에 먼저 표 11-2를 중심으로 검토하기로 한다. 한편, 표 11-2와 11-3에서 절편의 계수는 레벨 1에서의 설명변수 계수의 국가별 분포의 절편을 나타낸다. 즉, 어떤 변수의 절편의 계수가 통계적으로 의미가 있다는 것은 레벨 1에서 설명변수의 계수의 국가별 분산의 평균치가 0이 아니라는 검정결과를 나타내고 있다.

분석 결과를 통해 다음과 같은 사항이 밝혀졌다. 첫째, 탈물질주의는 잉글하트나 달튼의 논의를 통해 예측되었던 효과가 정치적 토론 이외의 종속변수에 대해서 지니고 있음을 알 수 있다. 탈물질주의적 경향이 강한 사람일수록 참가하고 있는 자발적 조직의 숫자가 늘어나고, 일반적 신뢰감이 높은 반면에 제도에 대한 신뢰는 떨어진다.

---

6) 이미 논의한 바와 같이 싱가포르에서는 '제도에 대한 신뢰'에 관해서 측정하고 있지 않기 때문에 표에서 N이 변화하고 있다. 싱가포르를 모든 분석 모델에서 제외하는 분석을 실시해보았지만 본 논문의 분석결과와는 차이가 거의 보이지 않았다.

표 11-2 '동서' 더미 변수 투입 전의 HLM분석결과

종속변수		정치적 토론		정치적 토론		사회참여		사회참여		일반적 신뢰감		일반적 신뢰감 (Unit-specific model)	
For slope of		Coef.	T-ratio	Coef.	T-ratio	Coef.	T-ratio	Coef.	T-ratio	Coef.	T-ratio	Coef.	T-ratio
절편	절편	1.62	35.31**	1.35	21.96**	-0.46	-3.27**	-1.38	-6.92**	-2.42	-31.38**	11.91	4568**
성별(여성)	절편	-0.18	-14.36**	-0.19	-13.16**	0.05	1.37	0.12	2.47*	0.00	0.23	-0.11	-1.61
연령	절편	0.00	10.21**	0.00	7.99**	0.01	10.50**	0.01	8.93**	0.01	14.34**	-0.00	-2.01*
학력	절편	0.03	9.91**	0.03	7.81**	0.14	14.90**	0.16	14.32**	0.05	10.06**	-0.24	-14.83**
수입	절편	0.03	10.15**	0.02	4.63	0.11	12.21**	0.10	9.18**	0.13	28.66**	0.14	9.16
사회참여	절편	0.04			10.61**								
일반적 신뢰감	절편			0.03	1.67 +			-0.02	-0.30				
제도에 대한 신뢰	절편			0.03	12.17**			0.07	9.07**				
탈물질주의	절편	0.02	1.46	0.02	1.53	0.14	4.36**	0.17	4.53**	0.24	14.11**	-0.42	-7.41**
위험부담 회피	절편	-0.04	-1.74 +	-0.00	-0.04	-0.26	-4.13**	-0.24	-3.17**	0.03	0.99	0.06	0.53
탈물질주의* 위험부담 회피	절편	-0.00	-0.27	-0.01	-0.90	0.01	0.53	0.01	0.21	-0.15	-11.42**	0.03	0.75
N		8867		6947		8914		6981		8914		6983	

표 11-3 '동서' 더미 변수 투입 후의 HLM분석결과

종속변수	고정효과												
For slope of		Coef.	T-ratio	Coef.	T-ratio	Coef.	T-ratio	Coef.	T-ratio	Coef.	T-ratio	Coef.	T-ratio
절편	절편	1.63	35.37**	1.38	22.30**	-0.24	-1.71 +	-0.98	-5.00**	-2.28	-12.89**	11.09	48.07**
성별(여성)	절편	-0.18	-14.38**	-0.19	-13.01**	0.03	0.69	0.08	1.77 +	0.00	0.10	-0.09	-1.44
연령	절편	0.00	10.12**	0.00	8.79**	0.01	9.55**	0.01	8.83**	0.01	4.46**	0.00	0.86
학력	절편	0.03	10.02**	0.03	7.14**	0.13	13.91**	0.15	13.33**	0.08	6.35**	-0.11	-7.03**
수입	절편	0.02	7.93**	0.01	4.36**	0.10	11.11**	0.10	9.52	0.10	9.63**	0.09	6.17**
사회참여	절편			0.04	10.97**								
일반적 신뢰감	절편			0.02	1.46			0.01	0.20				
제도에 대한 신뢰	절편			0.03	9.17**			0.05	5.60**				
탈물질주의	절편	0.02	1.87 +	0.02	1.72 +	0.13	4.11**	0.15	4.08**	0.23	6.01**	-0.41	-8.23**
위험부담 회피	절편	-0.05	-2.35*	-0.01	-0.64	-0.25	-4.09**	-0.22	-3.01**	0.07	0.86	-0.11	-1.09
탈물질주의* 위험부담 회피	절편	0.02	0.80	0.02	0.84	-0.07	-0.88	-0.11	-1.07	-0.17	-1.45	0.30	-1.08
		-0.03	-0.74	-0.04	-1.27	0.22		0.24	1.33	0.04	0.18	-0.37	-0.72
N		8866		6946		8913	1.41	6980		Bernoulli dependent 8913		6982	
변량효과													
		분산성분	카이지승	분산성분	카이지승	분산성분	카이지승	분산성분	카이지승	분산성분	카이지승	분산성분	카이지승
탈물질주의* 위험부담 회피		0.00	207.13**	0.00	207.13**	0.04	385.98**	0.04	385.98**	0.07	350.85**	0.38	2150.66**
레벨1		0.36		0.36		3.21		3.57		-		6.52	

** : ρ〈0.01 * : 0.01≦ρ〈0.05 + : 0.05≦ρ〈0.1

둘째, 위험부담 회피지향의 주된 효과에 대해 살펴보면, 일반적 신뢰감과 제도에 대한 신뢰의 효과는 확인되지 않았다. 단, 상호작용의 효과에 주목하는 경우, 일반적 신뢰감은 위험부담 회피지향이 높을수록 낮아지는 경향을 부분적으로 보이고 있다. 한편 자발적 조직의 참가 숫자에 관해서는 위험부담 회피지향이 낮을수록 참가하는 자발적 조직의 숫자가 증가하는 경향이 있으며, 또한 (사회적 자본의 그밖의 변수를 제어하지 않는 경우) 위험부담 회피지향이 낮을수록 정치적 토론의 빈도가 줄어드는 경향이 (강하지는 않지만) 확인된다.

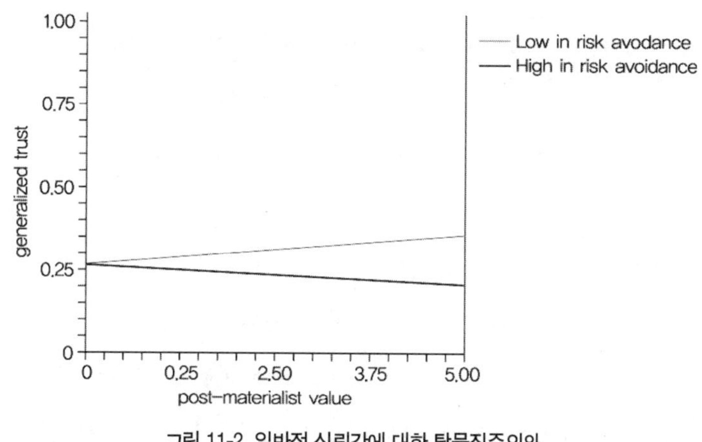

그림 11-2 일반적 신뢰감에 대한 탈물질주의와
위험부담 회피지향의 상호작용 효과

이어서 본 논문의 주요한 연구과제인 사회적 자본에 대한 탈물질주의와 위험부담 지향의 상호작용 효과에 대해서 살펴보사. 종속변수에 대해서 상호작용의 효과가 예측한 대로 관측된 것은 일반적신뢰감뿐이었다. 탈물질주의에 의한 긍정적 효과를 위험부담 회피지향이 억제하고 있는데, 이는 본 연구의 주장과 일치한다. 이를 포스트 호크 시뮬레이션(post hoc

표 11-4 상호작용 항의 표준화 회귀계수: 레벨 1의 OLS

	종속변수			
	정치적 토론	사회참여	일반적 신뢰감	제도에 대한 신뢰
미국	-0.07	-0.13	-0.13	0.02
캐나다	0.11	0.04	-0.05	-0.04
일본	-0.05	0.01	-0.12	-0.02
한국	-0.01	0.03	-0.03	0.06
중국	0.08	0.05	-0.07	-0.16
필리핀	-0.13	0.07	-0.17	-0.13
베트남	0.02	0.05	-0.16	0.06
평균치	-0.01	0.01	-0.14	0.02

주: 평균치가 표 11-2의 결과와 약간 차이가 나는 것은 오차에 의한 것임.

simulation)에 의해 그림으로 나타내면 그림 11-2와 같다. 이 그림은 탈물질주의가 일반적 신뢰감을 높여주는 효과를 나타내는 것은 위험부담을 감수할 경우로만 한정되고 있음을 보여주고 있다.

2. 레벨 2

이어서 레벨 1에서 나타난 연관성이 문화에 의한 차이인가, 즉 본 논문의 경우로 국한해서 말하자면 국가 차원의 차이에 의해 설명되는가 여부를 검토했다. 즉, 계층선형 모델 속에서 '동서'로 표기되는 대립 축이 탈물질주의와 위험부담 회피지향의 상호작용 항의 기울기를 레벨 2(여기서의 분석 단위는 국가 차원)에서의 분산에 의해서 설명하는 것에 관해서 통계적으로 의미를 지니는 효과를 갖고 있는가의 여부를 검토하였다.

표 11-4에서 보는 바와 같이 탈물질주의와 불확실성 회피의 상호작용 항의 계수에는 분산이 나타난다. 그래서 이러한 차이가 서양과 동양의 문화 차이에 기초한 것이 아님을 확인하기 위해 미국과 캐나다를 1, 다른 국가를 0으로 하는 '동서' 변수(WEST 변수)라는 더미 변수를 작성하여,

위 기울기의 분석에 독립변수로 투입했다. 분석 결과, '동서' 변수는 그 어떤 종속변수의 경우에도 상호작용 항의 기울기에 대해서 통계적으로 유의미한 효과를 지니지 않았다. 또한 레벨 2에서의 오차분산(誤差分散)은 매우 큰 것이었다. 따라서 상호작용 항의 기울기의 국가별 분산 정도는 동양과 서양이라는 문화적 차이에 의해 설명하는 것이 곤란하며, 그밖의 설명변수를 필요로 한다는 점이 시사되었다. 그러나 본 분석에서는 이러한 상호작용 항의 기울기의 국가별 분산을 설명하는 요인이 무엇인가를 따지는 것이 목적이 아니므로 더 이상의 분석은 하지 않는다.

글을 마치며

인간행동을 설명하는 데는 두 가지 접근방식이 있을 수 있다.

첫째는 보편적인 행동 모델이다. 이는 어떤 문화적 배경 하에서도 인간의 행동을 설명·예측하는 요인을 동일한 변수의 구성, 동일한 인과 메커니즘을 가정해서 탐구하는 접근방식이다. 한편 고유문화적(indigenous) 접근방식에서는 문화에 따라 사람들의 행동이 크게 달라진다고 주장한다. 이를테면 고유문화적 접근방식을 취하는 사람들은 보편적인 행동의 설명 모델은 성립되지 않는다고 생각한다. 예를 들어, 일본의 전후 교육은 보편적 가치를 교육하는 것에 의해, 사람들의 행동은 문화의 차이에 관계 없이 일관될 것이라고 암묵적인 가정을 하는 것이었다. 즉, 민주주의적 가치는 문화의 차이를 뛰어넘어 존중되어야 할 가치라는 짐, 그리고 개인주의적 관점을 교육을 통해 사회화시켜왔던 것이다. 그러나 문화 고유의 가치를 강조하는 입장은 일본의 집단주의적 문화가 지닌 긍정적 측면을 강조하며, 또한 관습에 대해서도 그 특수성을 강조해왔다. 최근 '문화심리학'에 의한 일련의 주장들은 고유문화적 접근방식의 변형판에 불과하다고도 볼 수 있다. 그러나 이러한 고유문화적인 인간 행동의 모델은 전후 교육 속에서 보편적 경향이 가장 높았던 시기에 교육을 받은 필자와 같은 세대에게는 위화감을 갖게 만드는 측면이 있다. 즉, 사회화 과정 속에서 우리들은 사회참여의 가치와 발언의 가치를 교육받아왔다. 즉 탈물질주의적 가치를 교육받아온 것이다. 이는 잉글하트적 가설에 입각하면, 고유한 문화의 가치에 대해 강조하는 이론을 부정하는 사례라고 할 수 있다.

이러한 관점이 본 논문을 집필하는 동기의 하나였다. 필자는 '사람들이나 상품의 이동에 의한 문화의 변용'이란 주장에서도 엿보이는 바와 같이 더 이상 문화나 사회를 각각 단일한 것으로 볼 수 없다는 입장을 취하고 있다. 때문에 자료 분석의 단위를 개인으로 설정하여 분석을 실시했던 것이다.

하지만, 분석의 제2단계의 결과는 국가별 차이를 명료하게 나타내고 있으며, 그것이 비록 동양과 서양의 문화 차이에 기인한 것이 아니라는 점을 명백히 밝히기는 했지만, 그 차이가 어떻게 야기되는가에 대해서는 충분한 실마리를 찾을 수가 없었다. 이것은 본 연구의 성과에 대한 커다란 제약 중 하나이다.

그러나 개인의 행동에 대한 레벨 1의 분석 결과는 두 가지 측면에서 위험부담 회피와 탈물질주의의 효과를 지지하는 것이었다. 첫째 일반적 신뢰감에 대한 두 변수의 상호작용 효과를 확인할 수 있었다. 이것은 '위험부담 회피지향이 강한 경우에는 탈물질주의가 잘 기능하지 않는다'는 추론의 유효성을 부분적으로 제시하고 있다. 둘째, 종속변수를 사회참여로 하는 경우에는, 사회참여에 대한 위험부담 회피와 탈물질주의 간의 상호작용 효과가 나타나지 않지만, 위험부담 회피지향의 효과는 확인되었다. 이는 가치관의 차이를 불문하고 사회참여 그 자체에 위험부담이 수반된다는 인식을 사람들이 갖고 있음을 보여주는 것이다.

한편 효과가 확인되지 않았던 다른 두 변수(정치적 토론과 제도에 대한 신뢰)에 관해서는 개념적 내지는 측정상의 문제점을 지적하는 것으로 설명이 가능할지도 모른다. 첫째, 종속변수를 정치적 토론으로 삼는 경우에 위험부담 회피지향과 탈물질주의 간의 상호작용의 효과가 통계적으로 유의미하지 않으며, 또한 다른 사회적 자본의 변수를 투입했을 때 위험부담 회피지향의 통계적 유의성이 소멸되었던 것은, 측정된 종속변수 그 자체가 본래부터 위험부담 회피와 그다지 관련성이 없기 때문일 가능성이 높다는 점을 지적해두고자 한다. 왜냐하면, 정치적 토론을 얼마나 하고 있는가를 측정할 때, 토론의 상대방이 WVS 자료에서는 '친구와의 대화'로 특정해서 질문이 행해지고 있기 때문이다. 그러한 대화에서는 미지의 타자나 이질적인 타자, 그리고 불확실성이 높은 타자와 상호작용하는 측면이 낮을 가능성이 높다. 또한 그러한 토론에서는 탈물질주의의 공적인 측면이 관여하는 정도도 낮을 것이다(실제로 주된 효과는 '동서' 변수를 레벨 2에서 투입한 경우에만 높지는 않지만 통계적으로 유의미하다). 이러한 이유로 인하여 위험부담 회피지향의 효과가 나타나지 않았을 가능성이 높다.

또한 제도에 대한 신뢰는 애초부터 위험부담 회피지향과 연관이 없는지도 모른다. 이 신뢰감에서는 일반적 신뢰감으로 표현되는 신뢰의 요소와는 상이한 것이 측정되고 있기 때문이다. 즉, 이미 알고 있는 정보, 정당, 국회, 행정부 같은 제도에 대해 신뢰하는가의 여부는 미지의 타자를 신뢰할 수 있는가와 연관된 신뢰감과는 다른 차원의 것이며, 따라서 제도에 대한 신뢰는 위험부담을 감수하는 행동과 직결될 가능성이 적다. 위험한 정당을 지지하면 위험한 정책이 시행될 것이라는 가능성은 물론 존재할

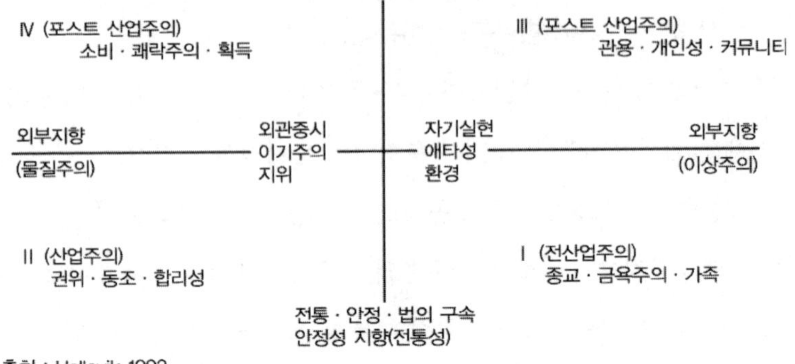

그림 11-3 탈물질주의와 위험부담 감수(risk taking)과의 관련성

수 있지만, 그 위험이 직접적이라고는 생각하기 어려울 것이다.

약 10년 전에 노르웨이의 대규모 시계열 자료를 이용한 분석을 통해 탈물질주의와 위험부담 감수의 연관성에 대해 검토한 논문이 있다(Hellevik, 1993). 이 논문은 노르웨이의 가치와 관련된 문화적 공간은 두 개의 독립된 차원에 의해서 만들어지고 있다고 주장하고 있다. 그것에 따르면, 물질주의 대 이상주의 및 변화 지향(위험부담 감수) 대 안전 지향이라는 두 가지 차원이 존재하며, 이러한 차원에 입각하는 경우, 물질주의로부터 탈물질주의로의 변용은 물질주의와 위험부담 회피(안정성 지향)의 상한으로부터 탈물질주의와 위험부담 감수의 상한으로의 이동을 통해 나타나는 현상이라고 논의하고 있다(그림 11-3을 참조). 그림 11-3을 통해 말하자면, Ⅱ → Ⅲ의 방향성이다. 또한 이 논문은 젊은 세대에서는 물질주의와 위험부담 감수를 강조하는 경향이 있어서 전체가 1차원의 것이 아니라는 점을 밝히고 있다.

이러한 주장은 탈물질주의 척도 그 자체 안에 위험부담 감수의 상호작용 효과가 포함되어 있다는 점을 시사하는 것으로서 본 논문의 주장에 부합하는 것이다. 앞으로 이러한 연관성은 더욱 더 검토될 필요가 있을 것이다. 또한 탈물질주의에 안정성 지향의 요소는 포함되지 않는가, 즉 위험부담이나 불확실성을 회피하는 가운데 자기실현을 추진하는 탈물질주의자도 있을 수 있다는 점을 검토할 필요가 있을 것이다. 예를 들어 본 논문의 서두에 언급했듯이 소비생활중심의 자기실현이 존재한다면, 그러한 자기실현은 위험부담이 수반되지 않는 것으로 볼 수 있지 않은가라는 질문이 제기될 수도 있을 것이다. 소비생활중심의 자기실현은 21세기 초반 일본인의 행동을 고찰해보는 경우, 있을 수 있다고 생각되기 때문이다. 마찬가지로 사회보장제도 속에서 안전 네트워크가 필요하다고 주창되는 것은 사기실현을 중시하는 사회 속에서의 위험부담 회피에 대한 대책의 차원으로도 이해할 수 있을 것이다. 즉, 위험부담 회피가 항상 부정적인 것으로만 간주되는 것은 아니라는 것이다. 이러한 의미에서도 탈물질주의와 위험부담 감수나 불확실성 허용의 관련성은 더욱 더 검토될 필요가 있을 것이다.

참고문헌

池田謙一(1997), 『転変する政治のリアリティ』, 木鐸社.
社会経済国民会議(1988), 『戦後世代の価値観変化と行動様式の変容 ― わが国における脱工業的価値の政治的合意』(岡野加穂留(代表)・前田和敬(主担当)) 社会経済国民会議(総合研究開発機構助成研究).
杉之尾剛生(2001), 「リスクへの挑戦意識の低い日本」, *Human Study*, No.27, 35-37頁.
山岸俊男(1998), 『信頼の構造』, 東京大学出版会.
山岸俊男(1999), 「一般的互酬佐の期待としての集団主義文化」, 『組織科学』 No.33, 24-34頁.
山本浩一(2001) 「日本人のリスク観は変わるか」, *Human Studies*, No.27, 21-26頁.

Dalton, Russell J.(2000), "Value change and democracy," Susan J. Pharr & Robert D. Putnam(eds.), *Disaffected democracies: What's troubling the trilateral coun-*

tries?, Princeton NJ: Princeton University Press, pp.252-269.

Dalton, Russell J.(2002), *Citizen politics: Public opinion and political parties in advanced industrial democracies*(3rd edition), New York: Chatham House.

Dalton, Russell J. & Ong, Nhu-Ngoc T.(2003), "Authority orientations and political values in East Asia: A test of the 'Asian values' hypothesis," Paper presented at the 2003 annual meetings of the Midwest Political Science Association, Chicago, April 3-4, 2003.

Edwards, Bob, Foley, Michael W. & Diani, Mario(eds.)(2001), *Beyond Tocqueville: Civil society and the social capital debate in comparative perspective*, Hanover, NH: University Press of New England.

Hellevik, Ottar(1993), "Postmaterialism as a dimension of cultural change," *International Journal of Public Opinion Research*, 5, pp.211-233.

Herman, Hubert J. M. & Kempen, Harry J. G.(1998), "Moving cultures: The perilous problems of cultural dichotomies in a globalizing society," *American Psychologist*, 53, pp.1111-1120.

Hofstede, Geert(1991), *Cultures and Organizations: Software of the mind*, London: McGraw-Hill(岩井紀子・岩井八郎訳, 1995, 『多文化世界』, 有斐閣).

Hofstede, Geert(2001), *Culture's consequences: Comparing values, behaviors, institution, and organization across nations*(2nd ed.)(1st edition was published in 1980), Thousand Oaks, CA: Sage.

Huckfeldt, Robert, Johnson, Paul E.& Sprague, John(2002), "Political environments, political dynamics, and the survival of disagreement," *The Journal of Politics*, 64, pp.1-21.

Human Studies(Journal)(2001), *Special issue: Challenging Japan*, No.27. Dentsu Institute for Human Studies(DIHS)(in Japanese).

Ikeda, Ken'ichi(2002), "Social capital and social communication in Japan: Political participation and tolerance," *Research Paper CSD02-05*, Center for the Study of Democracy, University of California, Irvine.

Inglehart, Ronald(1977), *The silent revolution: Changing values and political systems among Western publics*, Princeton: Princeton University Press(三宅一郎・金丸輝男・富沢克訳, 1988, 『静かなる革命：政治意識と行動様式の変化』, 東洋経済新報社).

Inglehart, Ronald(1990), *Culture shift and advanced industrial society*, Princeton: Princeton University Press(村山皓・富沢克・武重雅文訳, 1993, 『カルチャーシフトと政治変動』, 東洋経済新報社).

Markus, Hazel R. & Kitayama, Shinobu(1991), "Culture and the Self: Implications for cognition, emotion, motivation," *Psychological Review*, 98(2), pp.224-253.

Matsumoto, David(1988), "Culture and Self: An empirical assessment of Markus and Kitayama's theory of independent and self-construals, and some speculations about new directions," *Asian Journal of Social Psychology*, 2, pp.289-310.

Mutz, Diana C.(2002), "The consequences of cross-cutting networks for political participation," *American Journal of Political Science*, 46, pp.838-855.

Nevitte, Neil & Kanji, Mebs(2003), "Authority orientations and political support: A cross-national analysis of satisfaction with governments and democracy," in Ronald Inglehart(ed.), *Human values and social change: Findings from the value surveys*, Leiden: Brill, pp.157-182.

Norris, Pippa(2000), Making democracies work: Social capital and civic engagement in 47 societies(www version), Paper for the European Science Foundation EURSCO conference on social capital, 2000.

Norris, Pippa & Inglehart, Ronald(2003), "Islamic culture and democracy: testing the 'Clash of civilizations' thesis," in Ronald Inglehart(ed.), *Human values and social change: Findings from the value surveys*, Leiden: Brill, pp.5-33.

Ostrom, Elinor & Ahn, T. K.(eds.)(2003), *Social capital: A reader*, Northampton, MA: Edward Elgar Publishing.

Oyserman, Daphna, Coon, Heather M. & Kemmelmeier, Markus(2002), "Rethinking individualism and collectivism: Evaluation of theoretical assumptions and meta -analyses," *Psychological Bulletin*, 128, pp.3-72.

Putnam, Robert D.(1993), *Making democracy work: Civic traditions in modern Italy*, Princeton, NJ: Princeton University Press.

Putnam, Robert D.(2000), *Bowling alone: The collapse and revival of American community*, New York: Simon & Schuster.

Schudson, Michael(1997), "Why conversation is not the soul of democracy," *Critical Studies in Mass Communication*, 14, pp.297-309.

Skocpol, Theda & Fiorina, Morris P.(1999), *Civic Engagement in American Democracy*, Brooking Institution Press.

Sorrentino, Richard M. & Roney, Christopher J. R.(2000), *The uncertain mind: Individual differences in facing the unknown*, Philadelphia: Psychology Press.

Sorrentino, Richard M. & Roney, Christopher J. R.(2000), *The uncertain mind: Individual differences in facing the unknown*, Philadelphia: Psychology Press(安永悟・大坪靖直・甲原定房訳, 2003, 『未知なるものに揺れる心: 不確定志向性理論からみた個人差』, 北大路書房.)

Sullivan, J. L. & Transue, J. E.(1999), "The psychological underpinnings of democracy: A selective review of research on political tolerance, interpersonal trust, and social capital," *Annual Review of Psychology*, 50, pp.625-650.

Takano, Yohtaro & Osaka, Eiko(1999), "An unsupported common view: Comparing Japan and U.S. on individualism/collectivism," *Asian Journal of Social Psychology*, 2, pp.311-342.

Vishwanath, Arun(2003), "Comparison online information effects: A cross-cultural comparison of online information and uncertainty avoidance," *Communication Research*, 30, pp.579-598.

Yamagishi, Toshio, Cook, Karen S. & Watabe, Motoki(1998), "Uncertainty, trust, and commitment: Formation in the United States and Japan," *American Journal of Sociology*, 104, pp.165-194.

나일경(쥬쿄대학 종합정책학부)

현재의 후쿠다 야스오(福田康夫) 정권의 전 내각인 아베 신조(安倍晋三) 정권이 작년에 급작스럽게 퇴진을 한 것이 바로 엊그제 같다. 아베 수상이 "정권을 내던져버렸다"는 야유를 받으면서까지 퇴임하지 않을 수 없었던 가장 큰 원인은 정부의 어처구니없는 국민연금의 관리 문제였다. 야당 1당인 민주당의 끈질긴 추적에 의해 국민연금을 관리하는 사회보험청이 30년 전부터 어떤 사람이 어느 기간 동안 얼마를 냈는지를 파악할 수 없는 국민연금의 기록이 5,000만 건에 이르는 것으로 밝혀졌고, 이에 대한 국민의 분노는 2007년 7월의 참의원선거에서 집권 자민당의 참패로 표출됐다. 아베 정권은 "최후의 한 사람, 최후의 1엔까지 확인한다"며 내년 3월까지 시간을 달라고 공언했지만, 국민은 신뢰하지 않았고, 정치적 구심력이 하락한 아베 정권은 결국 물러났고 후쿠다 정권으로 교체되었다.

'증발된 5,000만 건'이라는 국민연금의 문제가 발생했을 때, 일본의 정치문화와 정치참가의 특징을 다시 한 번 생각하게 되었다. 만약 이런 문제가 한국에서 발생했다면 국민들의 분노가 어떻게 표출됐을까. 이러한 의문을 갖자마자, 몇 주 전 텔레비전 화면을 통해서 접한 적이 있는 프랑

스 젊은이들의 폭동이 연상되었다. 그것은 청년실업 문제에 대한 분노가
집단행동으로 표출된 것에 관한 보도중에 비춰진 것이었다. 그래! 한국이
나 프랑스였다면 '연금 대폭동'이 일어나지 않았을까? 이것이 역자의 첫
번째 느낌이었다.

대학에서 '투표행동론' 강의를 담당하고 있는 역자는 다음과 같은 질문
을 학생들에게 던졌다. "여러분들은 정부에 대한 국민들의 불만이 정치행
동으로 직접 표출되지 않는 까닭을 뭐라고 생각하세요? 오늘 아침 뉴스
프로그램을 보니 어느 코멘테이터는 폭동이 좋다는 건 아니지만 국민연금
에 대한 분노를 차분한 어조로 표현하는 일본 국민들의 정치적 감각에 위화
감을 느끼지 않을 수 없다고 하더군요. 여러분들은 그의 코멘트에 관해서
어떻게 생각하는지요?"

이러한 질문을 던지는 역자의 내심은 정치적 분노를 집단행동으로 표
출하지 않는 일본 국민에 대한 의구심과 안타까움 같은 것으로 사로잡혀
있었다.

역자가 국민연금을 둘러싸고 의구심과 더불어 안타까운 심정까지도
가졌던 까닭은 고이즈미(小泉純一郎) 정권 시절에 부각됐던 일본의 유권
자상과 관련되어 있었다. 고이즈미 정권이 연출한 '극장정치'를 관람하고
소비하는 듯한 일본 유권자들의 행태는 실망스러운 것이었지만, 다른 한
편 지난 10여 년간 일본에서 생활해왔던 역자는 정치를 견제하고 정치의
질을 향상시키기 위한 도구로서 민주주의를 지혜롭게 사용하는 건전한
시민을 곳곳에서 접할 수 있었다. 고이즈미 정권 시절에 부각되었던 수동
적인 시민상은 일본의 시민에 대한 기대를 배반하는 것이었지만, 그럼에
도 불구하고 역자는 그것이 일시적인 현상에 지나지 않는 것이라고 자위하
고 있었다. 그런데 국민연금의 문제를 둘러싼 유권자들의 반응은 정치를

관람하고 소비하는 유권자의 모습이 일시적인 현상이 아닐 수도 있다는 불안감을 갖게 한 것이다. 더불어 '극장정치'의 무대 뒤에서 관람을 하고 있는 유권자들을 보면서 미소를 짓고 있을 정치인들을 떠올릴 때면, 일본의 민주주의를 작동시키는 메커니즘이 변색되고 있는 것이 아닌가 하는 염려까지 하게 되었다.

그러나 이러한 의구심과 안타까움은 참의원선거를 통해 부분적으로 풀리고 해소되었다. 의구심이 부분적으로 풀렸던 것은 일본의 국회의원선거가 역자가 생각하는 것 이상으로 민주주의를 작동시키는 메커니즘으로서 유효하게 기능하고 있다는 점 때문이었다. 한편 안타까움이 부분적으로 해소되었던 것은 선거 결과가 세간의 예상을 훨씬 뛰어넘는 집권 자민당의 참패였기 때문이었다. 정부에 대한 유권자들의 분노가 선거를 통해 집단적으로 (다행스럽게도?) 표출되었고, 그 결과 또한 민의를 (역자의 기대 이상으로?) 반영한 것이었기 때문이다. 여기서 다시 한 번 한국과 일본의 정치변동과 민주주의와의 관계의 차이점을 학습할 수 있었다. 즉, 한국의 정치변동이 국회의원선거보다는 대통령선거를 둘러싸고 역동적으로 이루어지는 데 반해, 일본의 정치변동은 한국보다 국회의원선거가 정치변동과 민주주의를 작동시키는 메커니즘으로서의 중요성이 크다는 것이다.

이 번역서는 일본의 국회의원선거와 지방의회선거를 대상으로 정치가들과 유권자의 관계를 분석한 논문들로 구성되어 있다. 2000년 이후의 일본 정치는 관객과 소비자로서의 유권자 층이 늘어나는 것에 대한 걱정이 컸던 만큼 '쟁점투표'와 '업적투표'를 통해 정치가들을 심판하는 유권자 층이 증대하기를 바라는 기대로 점철되었던 것이었다. 이와 같은 관점에서 보자면, 이 책의 제2장부터 제6장까지의 내용은 유권자들이 쟁점투표와 업적투표의 현황을 분석함과 동시에 쟁점투표와 업적투표의 증대를 통한 정치개혁을 목적으로 하는 매니페스토 선거의 효과를 분석하고 있는 내용의 것이라고 말할 수 있다. 반면, 제7장은 고이즈미 선풍이 일본 유권자들의 투표행동에 미친 영향을 분석하고 있다. 즉, 정당지도자가 연출하는 연출능력에 대한 평가가 유권자들의 투표행동에 미치는 영향을 분석한 것이 제7장의 내용을 이루고 있다.

한편, 제9장과 제10장은 유권자들에게 쟁점투표 혹은 업적투표를 할 기회를 박탈해왔던 일본의 지방정치 및 지방선거의 현재 모습과 과제에 관해서 분석한 내용으로 채워져 있다. 나아가 제11장은 일본 유권자들의 가치관의 변용과 사회적 자본과의 관계를 통해 일본 유권자들의 정치의식의 한 단면을 분석하고 있으며, 제8장은 매스 미디어의 보도가 유권자들의 정치의식의 형성에 미치는 영향을 분석하고 있다.

한일 양국 모두 그 이유는 상이할 수 있지만, 쟁점투표와 업적투표를 하는 유권자의 증대와 정치가들의 정책형성능력과 실천능력 및 어카운터빌리티가 민주주의를 작동시키는 효과적인 메커니즘으로서 주목받고 있는 중이다. 양국 모두 매니페스토 선거를 정착시키기 위한 움직임이 활발히 전개되고 있는 것이 일례이다. 이러한 의미에서 양국의 정치학자들이 민주주의의 핵심적인 제도 중 하나인 선거를 보다 민주적으로 작동시키는 하부 메커니즘을 발견하고 진단하고 과제를 창출하는 작업은 한일 양국을 위한 공동자산이 될 수 있을 것이다. 이 책이 그러한 자산을 형성하는 데 조금이라도 도움이 될 수 있었으면 하는 바램을 가져본다.

마지막으로 논형 출판사의 소재두 사장님과 편집진 여러분께 감사를 드린다.

2007년 12월 28일 나고야에서
나일경

지은이 소개(게재순)

고바야시 요시아키(小林良彰)

 1982년 게이오대학(慶應義塾大学) 대학원 법학연구과 박사과정 수료, 박사(법학)

 현재 게이오대학 법학부 교수

 주요 논문 및 저서로는『計量政治学』(成文堂, 1985年),『公共選択』(東京大学出版会, 1988年),
『現代日本の選挙』(東京大学出版会, 1991年),『政治過程の計量分析』(編著, 芦書房,
1991年),『選挙制度』(丸善, 1994年),『現代日本の政治過程』(東京大学出版会, 1997年),
『日本人の投票行動と政治意識』(編著, 木鐸社, 1997年),『日本政治の過去・現在・未来』
(編, 慶應義塾大学出版会, 1999年),『選挙・投票行動』(東京大学出版会, 2000年),『地方
自治の国際比較』(編著, 慶應義塾大学出版会, 2001年),『地方分権と高齢者福祉』(共著,
慶應義塾大学出版会, 2004),『リーダーシップから考える公共性』(共著, 東京大学出版
会, 2004年),『日本と韓国における政治とガバナンス』(共編, 慶應義塾大学出版会, 2004
年) 등.

쓰쓰미 히데노리(堤英敬)

 가가와대학(香川大学) 법학부 준교수

 1999년 게이오대학 대학원 법학연구과 박사과정 단위취득 중퇴

 주요 논문 및 저서로는「都道府県知事選挙における選挙公約」,『都市問題』92巻10号(2001),
「選挙制度改革と候補者の政策公約 ― 小選挙区比例代表並立制導入と候補者の選挙戦略
―」,『香川法学』23巻3号(2002),「地方政治に対する信頼 ― 参加経験・社会関係資本・対
人情報環境―」,『香川法学』24巻3号(2004) 등.

히라노 히로시(平野 浩)

 가쿠슈인대학(学習院大学) 법학부 교수, 정치학 박사

 1988년 가쿠슈인 대학 대학원 정치학 연구과 박사과정 수료

 주요 논문 및 저서로는『現代の政党と選挙』(共著, 有斐閣, 2001年),『アクセス日本政治論』
(共編著, 日本経済評論社, 2003年),「政治・経済的変動と投票行動」,『日本政治研究』1巻
2号(2004年),「政治的対立軸の認知構造と政党有権者関係」,『レヴァイアサン』35号
(2004 年) 등.

다니구치 나오코(谷口尚子)

　데이쿄대학(帝京大学) 문학부 사회학과 전임강사, 캘리포니아대학 샌디에고 방문연구원,
　박사(법학)

　1988년 게이오기쥬쿠대학 대학원 법학연구과 박사과정 단위취득 퇴학.

　주요 논문 및 저서로는 「中小政党の連立政権参加と有権者の投票行動」, 『選挙研究』 17号
　(2002年) 등.

오오와다 무네노리(大和田宗典)

　주쿄대학(中京大学) 전임강사(4월부터 준교수)

　2004년, 게이오대학대학원 법학연구과 박사과정 단위취득 퇴학

　주요 논문 및 저서로는 「中央省庁の予算に対する国政選挙の影響に関する分析」, 『法学政治
　学論究』 54号(2002年), 「補助金配分における国政選挙の影響に関する分析」, 『法学政治
　学論究』 58号(2003年), 「国政選挙における業績評価投票に関する実証分析」, 『日本政治
　研究』 1巻2号(2004年) 등.

모리 다다시(森 正)

　아이치가쿠인대학(愛知学院大学) 정보사회정책학부 준교수

　1998년 게이오대학 대학원 법학연구과 박사과정 단위취득 퇴학

　주요 논문 및 저서로는 『現代政治を見る眼』(竹尾降・井田正道編, 八千代出版, 2002年), 「連
　合政権構想の転換過程 ―日本社会党を中心に―」, 『選挙研究』 14号(1999年), 「地方議会
　にお けるリクルートメント― 愛知県議会・名古屋市議会を中心に―」, 『選挙学会紀要』
　3号 (2004年) 등.

고노 다케시(河野武司)

　게이오대학(慶應義塾大学) 법학부 교수

　1986년 게이오대학 대학원 법학연구과 박사과정 단위취득 퇴학

　주요 논문 및 저서로는 『90年代初頭の政治潮流と選挙』(共編著, 新評論, 1998年), 『選挙制度
　と政党』(浅野一郎編, 信山社, 2003年), 『利益誘導政治 ― 国際比較とメカニズム―』(共
　編著, 芦書房, 2004年), 「国内新聞記事データベース・サービスと内容分析 ― PKO報道
　を事例として―」, 『杏林社会科学研究』 9巻2号(1993年), 「第40回及び41回総選挙に関
　するテレビ報道の比較内容分析」, 『選挙研究』 13号(1998年) 등.

가와무라 가즈노리(河村和徳)

　도후쿠대학(東北大学) 대학원 정보과학연구과 준교수

　1988년 게이오대학 대학원 법학연구과 박사과정 단위취득 퇴학

　주요 논문 및 저서로는 『アクセス日本政治論』(平野浩・河野勝編著, 日本経済評論社, 2003

年), 『地方自治の実証分析』(小林良彰編著, 慶應義塾大学出版会, 1998年), 『日本人の投票
行動と政治意識』(小林良彰編著, 木鐸社, 1997年), 「統一地方選挙の意義と課題」, 『選挙
学会紀要』2号(2004年), 「首長選挙における政党の役割 ― 相乗り型選挙をてがかりと
して―」, 『都市問題』 92巻10号(2001年) 등.

이와가미 야스쿠니(石上泰州)

헤이세이국제대학(平成国際大学) 법학부 준교수

1994년 게이오대학 대학원 법학연구과 박사과정 단위취득 퇴학

주요 논문 및 저서로는 『日本と韓国における政治とガバナンス』(小林良彰・任燐伯編著, 慶應
義塾出版会, 2004年), 『日本行政の歴史と建論』(等原英彦・桑原英明編著, 芦書房, 2004
年), 『政治社会学』(加藤秀治郎・岩測美克編著, 一藝社, 2004年), 『地方自治の実証分析』
(小林良彰編著, 慶應義塾大学出版会, 1998年) 등.

이케다 겐이치(池田謙一)

도쿄대학(東京大学) 대학원 인문사회계 연구과 교수, 박사(사회심리학)

1984년 도쿄대학 대학원 사회학연구과 박사과정 단위취득 퇴학

주요 논문 및 저서로는 "Political Communication and Disageement among Citizens
in Japan and the United States," *Political Behavior*, No.23(2001), 『コミュニ
ケーション』(東京大学出版会, 2000年), 『転変する政治のリアリティ投票行動の認知社
会心理学』(木鐸社, 1997年), 『相会のイメージの心理学ぼくらのリアリティはどう形成
きれるか』(サイエンス社, 1993年), 『緊急時の情報処理』(東京大学出版会, 1986年) 등.

고바야시 데쓰로(小林哲朗)

도쿄대학(東京大学) 대학원 인문사회계 연구과 박사과정

2004년 도쿄대학 대학원 인문사회계 연구과 석사과정 수료

주요 논문 및 저서로는 「インターネソト利用は社会参加を促進するか ― PC携帯電話の社会
的利用の比較を通して―」, 『平成15年度情報通信学会年報』(共著, 2004年) 등.